Mastodontes

Joshua B. Freeman

Mastodontes

A história da fábrica e a construção do mundo moderno

tradução
Pedro Maia Soares

todavia

Como sempre, para Debbie, Julia e Lena

A releitura de seu livro lembrou-me lamentavelmente de nosso envelhecimento. Com que frescor e paixão, com que intuições ousadas e ausência de dúvidas eruditas, acadêmicas e sistemáticas a coisa ainda é tratada aqui! E a própria ilusão de que o resultado vai saltar para a luz da história amanhã ou no dia seguinte dá à coisa toda um calor e um humor vivaz; em comparação, o "cinza sobre cinza" posterior fornece um desagradável contraste.

Karl Marx, em carta de 1863 para Friedrich Engels
sobre *A situação da classe trabalhadora na Inglaterra*

No mar, os marinheiros [...] *fabricam uma espécie desajeitada de barbante, chamado de fio-tecido.* [...] *Como matéria-prima, usam restos de cordame velho* [...], *cujos fios são cortados em pedaços e depois retorcidos em novas combinações, mais ou menos como é feita a maioria dos livros.*

Herman Melville, *Redburn: sua primeira viagem* (1849)

Introdução

Vivemos em um mundo feito por fábricas, ou, pelo menos, a maioria da população vive. Quase tudo na sala em que estou escrevendo proveio de uma: os móveis, a lâmpada, o computador, os livros, os lápis e as canetas, o copo de água. O mesmo acontece com minhas roupas, meus sapatos, meu relógio de pulso e meu celular. Grande parte da própria sala foi feita numa fábrica: as paredes de gesso acartonado, as janelas e seus caixilhos, o ar-condicionado, o piso de parquê. Fábricas produzem os alimentos que comemos, os medicamentos que tomamos, os carros que dirigimos, os caixões em que somos enterrados. A maioria de nós acharia extremamente difícil sobreviver, mesmo por pouco tempo, sem produtos feitos em fábricas.

No entanto, na maioria dos países, com exceção dos próprios operários fabris, prestamos pouca atenção às instalações industriais das quais dependemos. A maior parte dos consumidores nunca esteve numa fábrica nem sabe muito sobre o que acontece dentro delas. Nos Estados Unidos, é antes a ausência de fábricas que ganha divulgação, em vez de sua presença. A perda de cerca de 5 milhões de empregos industriais entre 2000 e 2016[1] provocou críticas veementes, da direita e da esquerda, aos acordos comerciais internacionais considerados culpados pelo desaparecimento delas. Os empregos fabris são tidos como bons, com pouco exame do que realmente implicam. As fábricas se tornam notícia importante apenas ocasionalmente, como quando, em 2010, os maus-tratos infligidos aos trabalhadores chineses que montavam iPhones e outros equipamentos eletrônicos foram submetidos ao escrutínio internacional.

As coisas nem sempre foram assim. As fábricas, especialmente as maiores e tecnicamente mais avançadas, já foram objeto de grande admiração. Escritores, de Daniel Defoe e Frances Trollope a Herman Melville e Máximo Gorki, maravilharam-se ou ficaram horrorizados com elas. Turistas, tanto comuns como célebres — Alexis de Tocqueville, Charles Dickens, Charlie Chaplin e Kwame Nkrumah —, visitaram-nas. No século XX, elas se tornaram um dos temas favoritos de pintores, fotógrafos e cineastas, incluindo artistas de ponta como Charles Sheeler, Diego Rivera e Dziga Vertov. Os pensadores políticos, de Alexander Hamilton a Mao Tsé-tung, debateram seu significado.

A partir da Inglaterra do século XVIII, os observadores reconheceram a natureza revolucionária das fábricas. Elas visivelmente marcaram o início de um mundo novo. Seu maquinário inovador, sua força de trabalho de tamanho sem precedentes e a produção de mercadorias uniformes exigiram atenção. O mesmo aconteceu com os arranjos físicos, sociais e culturais feitos para acomodá-las. Ao gerar grandes quantidades de bens de consumo e de produção, as grandes indústrias causaram uma ruptura radical com o passado, a vida material e os horizontes intelectuais. A grande fábrica se tornou um símbolo incandescente da ambição e da realização humanas, mas também do sofrimento. Repetidas vezes, serviu de régua para as atitudes em relação ao trabalho, ao consumo e ao poder, uma personificação física dos sonhos e pesadelos em relação ao futuro.

Em nossa época, a onipresença de produtos fabricados e a falta de novidades com relação à existência da fábrica entorpeceram a apreciação da extraordinária experiência humana associada a ela. Pelo menos no mundo desenvolvido, chegamos a considerar a modernidade fabricada uma condição natural da vida. No entanto, ela é tudo menos isso. Um breve lampejo na história da humanidade, a era da fábrica não é mais antiga do que a primeira peça de Voltaire ou do que os navios baleeiros de Nantucket. A criação dela exigiu engenhosidade, obsessão e sofrimento excepcionais. Herdamos seu milagroso poder produtivo e sua longa história de exploração sem pensar muito a respeito.

Mas deveríamos. A fábrica ainda define nosso mundo. Há quase meio século, estudiosos e jornalistas americanos vêm anunciando o fim da era industrial e mencionando a transformação dos Estados Unidos numa "sociedade pós-industrial". Hoje, apenas 8% dos trabalhadores americanos estão no setor manufatureiro, em comparação com 24% em 1960. A fábrica e seus trabalhadores perderam o poder cultural que tiveram. Mas, em todo o mundo, estamos no apogeu da fabricação. De acordo com dados compilados pela Organização Internacional do Trabalho, em 2010, quase 29% da força de trabalho mundial trabalhava na "indústria", muito pouco abaixo dos 30% de 2006 e consideravelmente acima dos 22% de 1994. Na China, o maior fabricante mundial, 43% da força de trabalho estava empregada na indústria em 2015.[2]

As maiores fábricas da história estão em operação neste momento, fazendo produtos como smartphones, laptops e tênis, que para bilhões de pessoas em todo o mundo definem o que significa ser moderno. Elas são gigantescas, com 100 mil ou 200 mil trabalhadores, se não mais. No entanto, não há nenhuma novidade nelas. Fábricas enormes são uma característica da vida industrial há mais de dois séculos. Em cada época, desde que elas entraram no palco da história, houve complexos industriais que se destacaram na paisagem social e cultural graças à dimensão, ao maquinário e aos métodos, às lutas dos trabalhadores e aos produtos que produziam. Seus próprios nomes — Lowell ou Magnitogorsk, ou agora Foxconn City — evocam conjuntos de imagens e associações.

Este livro conta a história dessas fábricas históricas enquanto o gigantismo industrial migrava da Inglaterra do século XVIII para as indústrias têxteis e siderúrgicas americanas do século XIX, para a indústria automobilística do início do século XX, para a União Soviética da década de 1930 e para os novos Estados socialistas após a Segunda Guerra Mundial, culminando nos mastodontes asiáticos de hoje. Em parte, trata-se de uma exploração da lógica da produção que levou, em alguns momentos e lugares, à intensa concentração da manufatura em instalações enormes e proeminentes e, em outros momentos e lugares, à sua dispersão e invisibilidade social. Além disso, é um estudo de como e por que fábricas gigantescas se tornaram portadoras dos sonhos e pesadelos associados à industrialização e à mudança social.

A fábrica liderou uma revolução que transformou a vida humana e o meio ambiente. Durante a maior parte da nossa história, até as primeiras manifestações da Revolução Industrial e a criação das fábricas, no início do século XVIII, a vasta maioria da população mundial era rural e pobre, levando uma existência precária, atormentada pela fome e pela doença. Na Inglaterra, em meados do século XVIII, a expectativa de vida não chegava a quarenta anos, enquanto em partes da França somente metade das crianças sobrevivia para comemorar seu vigésimo aniversário. O crescimento médio anual per capita da produção econômica global durante o período entre o nascimento de Jesus e a primeira fábrica foi basicamente zero. Mas, no século XVIII, começou a aumentar, e entre 1820 e 1913 se aproximou de 1%. Desde então foi maior, com um pico de quase 3% entre 1950 e 1970. O efeito cumulativo do aumento da produção de bens e serviços foi transformador, medido basicamente em expectativa de vida, hoje acima dos oitenta anos no Reino Unido, um pouco maior na França e quase 69 anos na média mundial. O suprimento constante de alimentos, a água potável e o saneamento básico se tornaram norma em boa parte do mundo, não mais restritos a minúsculos bolsões de ricos nas áreas mais avançadas. Enquanto isso, a superfície da Terra, a composição dos oceanos e a temperatura do ar foram profundamente alterados, a ponto de ameaçar a existência da própria espécie. Nem tudo isso foi estritamente consequência da Revolução Industrial, muito menos das fábricas gigantescas, mas grande parte foi.[3]

Tanto nos países capitalistas como nos socialistas, alardeou-se que os mastodontes eram uma forma de alcançar um novo e melhor modo de vida através do aumento da eficiência e da produção, da tecnologia avançada e da economia de escala. Mais do que simplesmente uma forma de aumentar os lucros ou as reservas, os projetos industriais de grande escala foram vistos como instrumentos para alcançar uma ampla melhoria social. Enquanto as fábricas passavam a encarnar a ideia de modernidade, suas estruturas e seus processos físicos eram saudados por escritores e artistas por suas características simbólicas e estéticas. Mas, ao mesmo tempo que inspiravam sonhos utópicos e devaneios de adoração à máquina, essas fábricas também provocavam temores a respeito do futuro. Para muitos trabalhadores, críticos sociais e artistas, a fábrica gigantesca significava miséria proletária, conflito social e degradação ecológica.

Entender a história dos mastodontes industriais pode nos ajudar a pensar sobre que tipo de futuro queremos. Eles foram uma maravilha no sentido de reduzir custos unitários e produzir enormes quantidades de mercadorias. No entanto, esses testamentos da engenhosidade e do trabalho humano frequentemente se revelaram de curta duração. A maioria das instalações fabris examinadas neste livro não existe mais ou funciona em uma escala de operação muito reduzida. Na Europa, nas Américas e, mais recentemente, na Ásia, a fábrica abandonada tornou-se uma visão angustiante e demasiado comum. A concentração da produção em poucos complexos enormes criou vulnerabilidades, à medida que reservas de mão de obra disponível minguavam e os empregados começavam a reivindicar remuneração adequada, tratamento humano e voz democrática (demandas que os fabricantes de muitos países estão enfrentando hoje). O pesado investimento de capital reduzia a flexibilidade quando surgiam novos produtos e técnicas de produção. Os resíduos industriais e o grande consumo de energia levaram à espoliação ecológica. O que manteve vivo o modelo do gigantismo industrial não foi sua sustentabilidade em qualquer local, mas seu ressurgimento em novos lugares, com novas forças de trabalho, novos recursos naturais e condições de atraso a ser exploradas. Hoje, quando podemos estar testemunhando o apogeu histórico das fábricas gigantescas, as condições econômicas e ecológicas sugerem que precisamos repensar o significado da modernidade e se ela deve ou não continuar a ser equiparada com cada vez mais produção material em instalações industriais vastas e hierarquicamente organizadas, do tipo que constituiu a desgraça e a glória do passado.

Quando as fábricas que foram marcos históricos na Europa e nos Estados Unidos fecharam, deixando para trás ruínas físicas e miséria social, surgiu uma nostalgia pela fábrica e por seu mundo, particularmente nas comunidades operárias. Sites documentam carinhosamente fábricas há muito fechadas, o que alguns estudiosos apelidaram de "nostalgia da chaminé" ou, de forma mais mordaz, "pornografia das ruínas". Existem também versões literárias. Em um ensaio sobre Philip Roth, Marshall Berman observou que seu romance *Pastoral americana* tem por tema "a trágica ruína das cidades industriais dos Estados Unidos". Roth

> escreve com vivacidade sobre a decadência, mas sua escrita realmente decola quando ele tenta imaginar a cidade como uma utopia da indústria. A voz que ele desenvolve para contar essa história poderia ser chamada de "pastoral industrial". O sentimento comum é que a vida era muito mais "real" e "autêntica" ontem, quando homens de botas faziam coisas, do que é hoje, quando é muito mais difícil dizer o que fazemos o dia todo.

Berman nos lembra: "Uma qualidade importante da visão pastoral é que ela deixa de lado o trabalho sujo".[4]

Parte do poder dessa nostalgia vem da associação da fábrica à ideia de progresso. Foi no Iluminismo que surgiu a noção de que o mundo poderia ser transformado pelo esforço e pela racionalidade humana em nome da abundância, do bem-estar e da ordem moral, crença central tanto dos empreendedores que lideraram a Revolução Industrial quanto dos socialistas que foram seus críticos mais severos. A fábrica foi repetidamente retratada como um instrumento de progresso, um meio quase mágico de alcançar a modernidade, parte de um projeto prometeico maior, que também nos trouxe os grandes canais, represas, usinas de energia e ferrovias que transformaram a superfície de nosso planeta.

Hoje, para muitas pessoas, a própria ideia de progresso parece antiquada, até mesmo assassina, um artefato da era vitoriana que não deveria sobreviver à guerra mundial, ao genocídio e à abundância. O moderno parece antigo em um mundo que se declara pós-moderno. Para outros, a noção de progresso mantém uma forte atração e um profundo significado moral, indicando um anseio por um retorno — ou chegada — a um mundo de indústrias de grande escala.

Entender a fábrica gigante requer compreender as ideias de progresso e modernidade. Em vez de um exercício restrito ao estudo da arquitetura, da tecnologia ou das relações industriais, uma história completa desses mastodontes leva-nos além das paredes das fábricas para a mudança das sensibilidades morais, políticas e estéticas e o papel deles em produzi-las.

Modernidade, a que a fábrica tem sido ligada, é um termo escorregadio. Pode simplesmente denotar a qualidade de ser moderno, algo contemporâneo, que existe no momento atual. Mas muitas vezes foi usado como uma categorização mais do que neutra. Até o século XIX, o moderno costumava ser comparado desfavoravelmente ao passado. Na era da fábrica, passou a significar, cada vez mais, algo melhorado, desejável, o melhor que pode haver. Ser moderno implicava um repúdio do passado, uma rejeição do antiquado em troca do mais atualizado, um abraço no progresso. Um dicionário define a modernidade como "caracterizada pelo afastamento ou repúdio de ideias, doutrinas e valores culturais tradicionais em favor de valores e crenças contemporâneos ou radicais".

O modernismo nas artes e na literatura que surgiu no século XIX tomou a modernidade como seu grito de guerra, naquilo que Jürgen Habermas chamou de "o culto do novo", mesmo quando às vezes o criticava ou zombava dele. A novidade tornou-se sua própria virtude, uma arma no ataque aos valores convencionais e às autoridades dominantes. O sistema fabril e a vertiginosa taxa de mudança que ele tornava possível foram sua precondição. Não surpreende, portanto, que a própria fábrica tenha se tornado um tema preferido dos artistas modernistas.[5]

Este estudo não trata de todas as fábricas, concentrando-se nas gigantes, as maiores de seu tempo se medidas pelo número de empregados.[6] Essas fábricas serviram de modelo para o futuro, estabelecendo os termos da discussão tecnológica, política e cultural. Não eram típicas. A maioria das fábricas era muito menor e menos sofisticada. Com frequência, tinham condições piores para seus trabalhadores. Mas as maiores monopolizavam a atenção do público. Os debates sobre o significado da fábrica tendiam a se concentrar nas gigantes da época.

Existem poucos estudos abrangentes no tempo e no espaço das fábricas, e menos ainda das gigantes. Elas raramente foram consideradas uma instituição em si mesma, com características históricas, estéticas, sociais, importância política e impacto ecológico distintos.[7] Mas muito foi escrito sobre algumas fábricas em particular. Isso é especialmente verdadeiro no que se refere àquelas discutidas nas páginas seguintes, selecionadas em parte porque foram muito celebradas ou condenadas em sua época. Sem o trabalho de outros estudiosos, bem como a riqueza de relatos jornalísticos, relatórios governamentais, representações visuais, representações ficcionais e descrições em primeira pessoa, este estudo não teria sido possível. O trabalho de meus antecessores é particularmente impressionante porque, embora algumas fábricas tenham sido exibidas com orgulho por seus criadores, muitas outras, desde as primeiras indústrias têxteis inglesas até os mastodontes de hoje, foram cuidadosamente ocultadas, num esforço para proteger segredos comerciais e práticas abusivas.

Para muitos habitantes do mundo moderno, pode parecer que as fábricas estão distantes de sua rotina e de suas preocupações cotidianas. Não estão. Sem elas, sua vida não poderia existir como tal. Exceto em alguns lugares muito isolados, todos fazemos parte do sistema fabril. Tendo em vista os grandes custos e os grandes benefícios da fábrica gigante, precisamos entender como ela surgiu.

I.
"Como Minerva do cérebro de Júpiter"
A invenção da fábrica

Em 1721, a pouca distância da Igreja de Todos os Santos (hoje catedral), em Derby, na Inglaterra, o primeiro exemplo de sucesso de uma fábrica, como usamos o termo hoje, foi construído numa ilha do rio Derwent. Ao contrário de muitos tipos mais antigos de edifícios — igreja, mesquita, palácio ou fortaleza, teatro, casa de banhos, dormitório ou auditório, tribunal, prisão ou prefeitura —, a fábrica é estritamente uma criatura do mundo moderno, o qual ajudou a criar. Já no mundo antigo, houve grandes agrupamentos episódicos de trabalhadores para guerrear ou construir estruturas como pirâmides, estradas, fortificações ou aquedutos. Mas até o século XIX a manufatura se dava geralmente em escala muito mais modesta, realizada por artesãos e ajudantes que trabalhavam sozinhos ou em pequenos grupos, ou ainda por membros da família que produziam bens para consumo doméstico. Nos Estados Unidos de 1850, os estabelecimentos fabris empregavam, em média, menos de oito trabalhadores.[1]

Com a Derby Silk Mill, de John e Thomas Lombe, a fábrica aparentemente surgiu do nada, completamente desenvolvida, sem infância.[2] Ao vermos uma foto, reconhecemos de imediato que se trata de uma fábrica. Era um prédio retangular de cinco andares, com a fachada de tijolos marcada por uma série de janelas grandes, que externamente se assemelhava aos milhares de fábricas que estavam por vir, inclusive muitas que continuam em funcionamento. No interior, encontravam-se as principais características de uma fábrica moderna: uma grande força de trabalho dedicada à produção coordenada usando maquinário movido, no caso, por uma roda-d'água de sete metros de altura. A combinação de equipamentos movidos por uma força externa e numerosas pessoas trabalhando juntas em um mesmo espaço pode não parecer muito atual, mas na época representava o começo de um mundo novo.[3]

432.—Sir Thomas Lombe's Silk-mill, Derby.

Derby Silk Mill, fábrica de Sir Thomas Lombe, em 1835.

As primeiras fábricas não foram construídas a partir de visões sociais grandiosas, mas para aproveitar oportunidades comerciais ordinárias. Os Lombe pretendiam lucrar com a escassez de organsim, um tipo de fio de seda usado para urdir. Para fazer pano, esse fio, que é chamado de trama, é tecido sobre e sob um conjunto de outros fios cruzados, chamado de urdidura. Como os fios alternados da urdidura são puxados repetidamente para cima, a fim de permitir que a trama passe através deles, precisam ser mais fortes. Para fazer organsim, fios longos produzidos por bichos-da-seda eram enrolados em meadas. Elas precisavam ser colocadas em bobinas, torcidas, "dobradas" com outros fios, e depois torcidas de novo para fazer um novo fio, uma sequência conhecida como "lançamento da seda". Enquanto no continente europeu se usavam máquinas com tal finalidade, na Inglaterra isso era feito com o uso de rocas de fiar, um processo lento demais para atender a demanda dos tecelões.

Em 1704, um advogado de Derby construiu um moinho de três andares movido a água para abrigar máquinas importadas da Holanda, mas não conseguiu produzir fios de qualidade. Thomas Lombe, um negociante de tecidos local, arriscou-se em seguida: ele mandou seu meio-irmão John ao norte da Itália para estudar os métodos usados lá. Desafiando leis que proibiam a divulgação de informações sobre a construção de máquinas de lançamento de seda, John retornou com vários trabalhadores italianos e informações suficientes para que, trabalhando com um engenheiro local, construíssem e equipassem sua fábrica. Aparentemente, crianças faziam boa parte do trabalho lá.

Thomas Lombe alegava que sua fábrica nunca tinha sido um grande sucesso, em parte devido à dificuldade de obter seda crua da Itália. Talvez tenha sido uma estratégia para desencorajar os concorrentes e convencer o Parlamento a estender a patente de suas máquinas. Em vez disso, para promover o desenvolvimento industrial, o governo britânico fez um grande pagamento em dinheiro a Lombe em 1732 em troca de tornar público um modelo de seu maquinário.[4]

O sistema fabril se disseminou lentamente. Em 1765, havia apenas sete fábricas produzindo organsim, embora uma delas, perto de Manchester, tivesse, no final do século, 2 mil trabalhadores, um empreendimento gigantesco pelos padrões da época. Mais comuns eram as pequenas fábricas que usavam máquinas movidas a energia para produzir um tipo mais fraco de fio de seda usado na trama.[5]

Enquanto os empresários, levados por cálculos práticos, seguiam cautelosamente os passos dos Lombe, os observadores quase de imediato reconheceram a novidade e a importância da fábrica de Derby. Daniel Defoe visitou a fábrica — "um enorme volume" — na década de 1720 e declarou que se tratava de "uma curiosidade de uma natureza muito extraordinária". Como o Thomas Gradgrind de Charles Dickens, arquétipo fictício do início da era industrial, Defoe, em face dessa maravilha moderna, recorreu a "Fato, fato, fato!" e "nada além de fatos!". Antecipando o espanto maravilhado de tantas descrições futuras de grandes fábricas, ele relatou sobre a máquina de Lombe: "contém 26586 rodas e 97746 movimentos, que trabalham 73726 jardas de fio de seda, toda vez que o moinho d'água faz uma volta, que é três vezes em um minuto, e 318504960 jardas* em um dia e uma noite".[6] James Boswell, que visitou a mesma fábrica meio século mais tarde,

* Os números de jardas equivalem, respectivamente, a cerca de 67385 metros e 29113 quilômetros. [N. T.]

na onda de turistas que vinham conhecer essa coisa nova sob o sol, descreveu mais sucintamente o mecanismo como "uma agradável surpresa".[7]

Sozinha, a fábrica de Derby poderia ter permanecido "uma curiosidade de uma natureza muito extraordinária", mas ela acabou sendo a inauguração da era fabril. Em seu rastro vieram cada vez mais fábricas, que transformariam radicalmente a economia britânica e, em última instância, a sociedade mundial. A grande fábrica seria a linha de frente e o principal símbolo de uma Revolução Industrial mais ampla, que criou o mundo em que vivemos.

Algodão

A importância duradoura da fábrica dos Lombe não foi como modelo para as fábricas de seda, e sim para os cotonifícios. A demanda limitada, a concorrência estrangeira e a dificuldade em obter matéria-prima adequada restringiram a produção de seda britânica. Mas com o algodão foi diferente, e ele se tornou a força motriz da Revolução Industrial e da criação do sistema fabril que ainda usamos.

O tecido de algodão, usado para vestuário e decoração, antecedeu em muito as primeiras fábricas de algodão britânicas. No século XVI, os têxteis produzidos na Índia por fiandeiras e tecelões que trabalhavam em casa com equipamentos manuais simples já eram exportados para a Europa, a África Ocidental e as Américas. Um século depois, constituíam uma mercadoria verdadeiramente global.[8]

Até o final do século XVII, era raro ver alguém na Europa vestindo roupas de algodão; os tecidos importados desse material eram utilizados em grande parte para a decoração doméstica. A maioria das roupas era feita de outras fibras: lã, linho, cânhamo ou seda.[9] Mas a qualidade e a variedade do tecido de algodão logo fizeram dele o preferido para as roupas europeias. Com o crescimento da população e o aumento da renda impulsionando a demanda, os comerciantes locais tentaram reproduzir pelo menos alguns dos processos da fabricação de tecidos de algodão dos produtores estrangeiros, um exemplo do que mais tarde seria chamado de "substituição de importações".[10] Em vez de importar chitas — tecidos de algodão com padrões impressos —, os comerciantes europeus começaram a comprar tecidos indianos brancos simples e mandar artesãos locais decorarem. Em meados do século XVIII, grandes estamparias de chita, algumas com centenas de trabalhadores, funcionavam em várias partes da Europa.[11] Os comerciantes ingleses também começaram a tecer fios de algodão importados com linho para produzir fustão.[12]

Em 1774, a Inglaterra acabou com as restrições à produção e à decoração de tecidos de algodão puro, antes instituídas para proteger as indústrias de seda e lã. A desregulamentação, junto com a produção de fustão, contribuíram para aumentar a demanda por fios de algodão.[13] Comerciantes, artesãos e empresários decidiram conquistar o mercado com produtos produzidos localmente. Mas os obstáculos que precisavam enfrentar eram consideráveis.

O primeiro problema era simplesmente obter quantidade de algodão cru suficiente. Os produtores indianos usavam algodão de seu país, mas o clima europeu não era adequado para esse cultivo. No final do século XVIII, a Inglaterra importava algodão de todo o mundo, inclusive da Ásia e de várias partes do Império Otomano. A oferta ficava aquém da demanda, levando ao cultivo crescente de algodão nas Américas com o uso de mão de obra escrava, primeiro nas Índias Ocidentais e na América do Sul, e no sul dos Estados Unidos depois da invenção do descaroçador de algodão de Eli Whitney (patenteado em 1794). No início do século XIX, mais de 90% do algodão usado na Inglaterra era cultivado por escravos nas Américas. Quando a produção têxtil britânica explodiu, os produtores de algodão americanos foram para o oeste e ocuparam o vale do rio Mississippi, onde surgiu um império brutal construído em cima do trabalho de escravos africanos ("comida para o campo de algodão", Frederick Douglass os chamou). Assim, a ascensão do sistema fabril, com sua associação à modernidade, dependia totalmente da expansão do trabalho escravo. "Sem escravidão, não há algodão; sem algodão, não há indústria moderna", escreveu Karl Marx — certo exagero, mas ainda assim verdade.[14]

As exigências técnicas de transformar o algodão cru em trama e urdidura representavam um segundo desafio. Como Edward Baines escreveu em sua *História da manufatura de algodão na Inglaterra*, publicada em 1835, enquanto "a seda precisa apenas que os fios produzidos pela larva sejam torcidos juntos, para dar-lhes a força necessária", "algodão, linho e lã, tendo filamentos curtos e delgados, precisam ser urdidos em um fio antes que possam ser transformados em tecido". O algodão cru usado na Inglaterra tinha fibras individuais geralmente com menos de uma polegada de comprimento. Para convertê-lo em fio, era preciso que fosse "cardado", penteado para separar as fibras e alinhá-las em paralelo, a fim de criar uma mecha.

As mechas eram então esticadas até uma espessura prescrita (pavio) e torcidas para ganhar resistência. Tanto o último passo como todos os processos juntos foram chamados de fiação.[15]

Até a década de 1760, a fiação era uma indústria doméstica, com homens fazendo o trabalho pesado de cardar, mulheres usando rocas de fiar para criar fios acabados e crianças ajudando de várias maneiras. Como Blaines observou: "as máquinas usadas [...] eram quase tão simples quanto as da Índia". No entanto, custava mais caro produzir fios de algodão na Inglaterra do que na Índia e a qualidade era mais baixa, de modo que eram frágeis demais para serem usados como urdidura. E não havia o suficiente: eram necessários pelo menos três fiandeiras e alguns operários auxiliares para manter um tecelão (geralmente homem) na fiação, o que significava que ele frequentemente precisava ir além de sua própria família para obter suprimentos, um problema exacerbado pela introdução da lançadeira transportadora na década de 1730, que aumentou muito a produtividade da tecelagem.[16]

As condições estavam maduras para uma mudança radical. A expansão da produção de fustão, de meias e de tecidos de algodão garantia aos inventores e investidores uma recompensa se conseguissem aumentar a produção, melhorar a qualidade e reduzir o custo do fio de algodão. Comerciantes empreendedores já tinham experiência com produção em grande escala mediante a organização de extensas redes de fiandeiras e tecelões domésticos, que recebiam matérias-primas de um agente central para fabricar tipos específicos de fios ou tecidos e eram pagos por peça. Embora o sistema bancário nos distritos têxteis tivesse capacidade financeira e técnica limitada, os fabricantes, comerciantes e a pequena nobreza rural tinham capital para apoiar novos empreendimentos. Uma força de trabalho agrícola grande e subempregada constituía uma fonte de mão de obra para a indústria em grande escala.[17]

Nas últimas décadas do século XVIII, inventores, artesãos e fabricantes mercantis ingleses desenvolveram uma série de máquinas para aumentar a qualidade e a quantidade de fios de algodão produzidos na Inglaterra. James Hargreaves criou o primeiro dispositivo mecânico de fiação em 1764, conhecido como "*spinning jenny*". Era uma máquina de uso limitado, uma vez que só produzia trama e exigia um operário qualificado para seu manuseio. Richard Arkwright foi mais bem-sucedido. Funileiro que teve seus altos e baixos como barbeiro, fabricante de perucas e dono de bar, Arkwright solicitou a patente de uma máquina de fiar em 1768 e, sete anos depois, de um equipamento para cardar. Com sócios, construiu uma fábrica em Nottingham que usava cavalos para mover máquinas de fiar. Logo mudou para a energia hidráulica, usada havia muito tempo em serrarias, moinhos de grãos, moinhos de minério e manufaturas de papel, construindo uma fábrica em Cromford, um local isolado junto ao rio Derwent, 25 quilômetros acima do lugar onde os Lombe haviam instalado sua fábrica. Depois de aperfeiçoar suas máquinas de cardar e fiar, Arkwright e vários sócios construíram outras fábricas ao longo do Derwent e, mais tarde, em outros lugares. O lucro das fábricas e os royalties das patentes fizeram de Arkwright um homem muito rico.[18]

Em parte para contornar as patentes de Arkwright, inventaram-se outras máquinas de cardar e fiar, entre elas a mula de fiar de Samuel Crompton, dando àqueles que queriam entrar na fabricação de fios de algodão opções de equipamentos, alguns mais adequados para urdidura e outros para trama. O aumento na produtividade foi impressionante: as primeiras *jennies* aumentaram a produção por trabalhador em seis vezes ou mais, enquanto os equipamentos de Arkwright, uma vez aperfeiçoados, mostraram ser centenas de vezes mais eficientes. No final do século XVIII, surgiram os primeiros teares mecânicos, mecanizando o próximo passo na produção têxtil. Os primeiros teares tinham muitos problemas e produziam somente tecidos de baixa qualidade. Em consequência, a tecelagem manual continuou a dominar a produção de algodão até a década de 1820 e, até mais tarde, a de lã e lã penteada. Mas, com melhorias paulatinas, o tear mecânico se tornou gradualmente a norma em quase todas as formas de tecelagem.[19]

A fábrica de Arkwright em Nottingham empregava trezentos operários, quase o mesmo número que a dos Lombe. Sua primeira fábrica em Cromford era menor, com cerca de duzentos empregados, a maioria crianças. A segunda que construiu em Cromford tinha oitocentos trabalhadores. Jedidiah Strutt, fabricante de meias e antigo sócio de Arkwright, ergueu um complexo fabril em Belper, onze quilômetros ao sul de Cromford, que empregava de 1200 a 1300 trabalhadores em 1792, 1500 em 1815 e 2 mil em 1833. O complexo fabril em New Lanark, Escócia, que Arkwright ajudou a construir, mas Robert Owen e seus sócios assumiram, tinha entre 1600 e 1700 operários em 1816. Àquela altura, já se construíam cotonifícios movidos a vapor em áreas urbanas, com várias fábricas em Manchester empregando mais de mil trabalhadores. O gigante havia chegado.[20]

O inventor e empresário inglês
Sir Richard Arkwright em 1835.

Por que fábricas gigantes?

Por que os fabricantes de algodão adotaram a produção fabril? E por que suas fábricas ficaram tão grandes? Eis um tema que foi objeto de considerável discussão tanto na época em que as primeiras grandes fábricas foram construídas quanto entre estudiosos mais recentes. Os relatos mais comuns sobre o nascimento da fábrica costumam apresentá-la como um imperativo tecnológico, resultado de uma série de invenções que mudaram o paradigma, como as máquinas de fiar de Arkwright. Mas, como muitos pesquisadores demonstraram, não havia uma relação simples entre inovação mecânica, organização social e escala de produção.

O equipamento de fiação mecanizada inicial não exigia um ambiente de fábrica. Os primeiros modelos das máquinas de Arkwright eram pequenos e podiam ser movidos à mão num ambiente reduzido. O mesmo acontecia com as primeiras *jennies* e mulas. Arkwright aparentemente promoveu a produção centralizada de fábricas não por considerações técnicas, mas para proteger sua capacidade de cobrar royalties de patentes. Raciocinando que, se fossem amplamente usadas na produção doméstica, suas máquinas seriam copiadas sem que ele fosse remunerado, Arkwright só licenciava seu equipamento para ser usado em unidades de mil fusos ou mais, prático apenas em grandes fábricas movidas a água do tipo que ele mesmo construíra (daí suas máquinas de fiação serem apelidadas de "*water frames*" [quadros de água]). Mesmo assim, Arkwright tentou manter em segredo as informações sobre seu equipamento; em 1772, ele escreveu para Strutt: "Estou determinado a não permitir que ninguém entre para ver as fábricas no futuro".[21]

Embora as fábricas grandes tenham se tornado uma visão familiar no início do século XIX, não eram o modo de produção mais comum da indústria têxtil britânica. A produção não fabril, longe de desaparecer, continuou e até cresceu em vários setores. Ainda em meados do século XIX, muitos fabricantes de tecidos tinham fábricas de fiação e tecelagem e redes de tecelões manuais domésticos.[22] Além disso, em pleno século XIX, a típica fábrica têxtil britânica era pequena. Em 1838, o cotonifício médio tinha 132 trabalhadores, enquanto o lanifício médio tinha apenas 39. Em Lancashire, a região têxtil mais importante, somente 85 de 1105 fábricas empregavam mais de quinhentos operários em 1841.[23]

As fábricas não seguiam necessariamente o modelo de Lombe/Arkwright de um único fabricante operando uma fábrica inteira movida a energia. Algumas abrigavam um grande número de trabalhadores que usavam equipamentos manuais. Além disso, até a década de 1820, era comum que as fábricas alugassem espaço e energia para vários pequenos empregadores. Em 1815, dois terços das firmas de algodão de Manchester ocupavam somente parte de uma fábrica. Uma fábrica de Stockport abrigava 27 mestres artesãos, que coletivamente empregavam 250 trabalhadores, um sistema não muito diferente daquele comum nas fábricas de objetos de metal, onde os artesãos alugavam espaços de trabalho individuais e o acesso à energia a vapor. Sobre a indústria da lã em meados do século XIX, um historiador escreveu: "múltiplos arrendamentos de fábricas e a sublocação de espaço e energia eram características comuns". Havia até mesmo algumas fábricas "cooperativas", usadas por pequenos produtores subscreventes. Na indústria da seda, quando os teares a vapor começaram a ser usados nas décadas de 1840 e 1850, a tecnologia foi adaptada à produção doméstica. Motores a vapor foram erguidos no final de fileiras de casas ocupadas por tecelões, cada uma com alguns teares, e a energia foi transmitida através de dutos para as pequenas construções.[24]

Desse modo, era possível encontrar inúmeros arranjos de tecnologia, escala de produção e organização de negócios quase um século após a construção das primeiras grandes fábricas de algodão movidas a água. Somente em meados do século XIX, os equipamentos movidos a vapor ou água localizados em fábricas pertencentes a apenas uma entidade e operadas por ela se tornaram o modelo dominante em todas as principais subdivisões da indústria têxtil britânica. E, mesmo então, o que pelos padrões da época poderiam ser consideradas fábricas muito grandes, com mais de mil empregados, eram a exceção, não a regra, tanto em ambientes urbanos quanto rurais.[25] Mas as grandes fábricas receberam uma quantidade desproporcional de atenção, na época e desde então, porque eram vistas como a vanguarda não apenas da indústria e da tecnologia, mas também dos arranjos sociais.[26]

Por que os donos dessas instalações escolheram crescer e adotar o modelo de fábrica grande e centralizada? Charles Babbage, grande matemático e inventor inglês, dedicou a isso um capítulo inteiro, "Sobre as causas e consequências das grandes fábricas", em seu influente livro de 1832, *Sobre a economia de máquinas e fabricantes*. Babbage começava com o óbvio: a introdução de máquinas tendia a levar a um maior volume de produção, resultando no "estabelecimento de fábricas grandes". Importante estudioso da divisão do trabalho, ele argumentou que unidades de produção eficientes tinham de ser múltiplos do número de trabalhadores necessários para a divisão mais eficiente de trabalho em determinado processo de produção. Babbage também observou várias economias de escala, entre elas o custo dos trabalhadores de manutenção e reparação e da equipe de contabilidade, que seriam subutilizados numa fábrica pequena demais. Além disso, a centralização de vários estágios de produção em um único prédio reduzia os custos de transporte e tornava uma única entidade responsável pelo controle de qualidade, fazendo com que a ocorrência de lapsos fosse menos provável.[27]

Mas o que exatamente era grande? Babbage elucidou os fatores que definiam o tamanho eficiente de uma fábrica, mas não como determinar o ideal. Na indústria do algodão, eram necessários poucos trabalhadores para operar cada máquina de fiação ou tecelagem. Na prática, durante as primeiras décadas do século XIX, parecia haver poucas economias de produção alcançadas pelos gigantescos cotonifícios que as empresas de tamanho médio ou até mesmo menores não compartilhassem. No final do século XIX, o inovador teórico da economia Alfred Marshall observou:

> existem [...] alguns negócios em que as vantagens que uma grande fábrica deriva da economia das máquinas quase desaparecem assim que um tamanho moderado é alcançado. [...] Na fiação de algodão e na tecelagem de chita, uma fábrica comparativamente pequena dá conta do recado e emprego constante para as máquinas mais conhecidas para cada processo, de modo que uma grande fábrica é apenas várias fábricas paralelas menores sob o mesmo teto.[28]

Escrevendo logo depois de Babbage, o jornalista Edward Baines, de Leeds, repetiu algumas de suas explicações para a adoção do modelo fabril, ao mesmo tempo que acrescentava razões que apontavam numa direção diferente. A centralização, argumentou ele, permitia uma maior supervisão de cada estágio da produção por um profissional qualificado. Também diminuía o risco de desperdício e roubo de materiais. Finalmente, facilitava a coordenação de várias etapas do processo de produção, evitando "o extremo inconveniente que resultaria do fracasso de uma classe de operários em desempenhar sua parte, quando várias outras dependiam dela".[29] Em suma, a centralização dava aos fabricantes a capacidade de supervisionar e coordenar melhor o trabalho de muitos indivíduos que, sob o sistema descentralizado e de produção doméstica, supervisionariam seu próprio trabalho (e o dos membros da família) em ambientes distantes.

Estudiosos que tentaram explicar a ascensão do sistema fabril aprofundaram os argumentos de Baines. Até a década de 1970, os historiadores da industrialização enfatizavam a tecnologia como a força motriz da mudança. David Landes iniciou seu longo capítulo "A Revolução Industrial na Inglaterra" em *Prometeu desacorrentado*, seu clássico de 1969, afirmando: "No século XVIII, uma série de invenções transformou a manufatura de algodão na Inglaterra e deu origem a um novo modo de produção: o sistema fabril". Novas máquinas abriram possibilidades de aumento da produtividade e dos lucros, desencadeando uma série de mudanças organizacionais e sociais, muitas vezes repentinas, entre elas a ascensão da grande fábrica e a "revolução" industrial que a acompanhou.

O renascimento acadêmico neomarxista que começou quando Landes estava terminando seu livro levou a uma reconsideração dessa história, apontando para vantagens na supervisão do trabalho, em vez da superioridade técnica, na ascensão do sistema fabril. Era possível fazer os trabalhadores concentrados trabalharem mais tempo e com mais intensidade do que os trabalhadores dispersos, enquanto se criavam produtos mais consistentes e se limitavam o roubo e o desfalque endêmicos. Daí o exemplo das primeiras fábricas que punham os trabalhadores sob o mesmo teto, sem introduzir máquinas ou mudanças nos métodos de produção. Outros estudiosos contestaram então a ideia de que a reorganização do trabalho foi responsável pela economia obtida pela produção industrial, apontando, em vez disso, para algumas das vantagens que Babbage, Baines e Marshall observaram na concentração em um único lugar e dentro de uma única empresa dos múltiplos processos que no passado haviam sido conduzidos por agentes externos: os estoques podiam ser reduzidos, os custos de transporte, diminuídos e a produção, mais alinhada às mudanças na demanda.[30]

Concomitante a esses debates sobre as razões para a adoção do modelo fabril, surgiu uma literatura crescente que rejeitava a ideia de que a industrialização implicava uma ruptura radical com as práticas do passado. Em vez disso, argumentavam os historiadores econômicos, um processo menos visível de "protoindustrialização" lançara as bases para mudanças posteriores, mais dramáticas e amplamente notadas, que vieram a ser rotuladas de Revolução Industrial. No início do século XVIII, tanto na Inglaterra quanto em outros lugares da Europa, comerciantes e empreendedores estavam organizando redes cada vez maiores de produtores domésticos, vendendo para mercados em expansão e acumulando capital. Nesse processo, a manufatura urbana migrou para o campo, onde trabalhadores agrícolas excedentes e fora da estação de colheita proporcionavam uma fonte de mão de obra pronta. Desse modo, a produção rural em larga escala já havia surgido antes da invenção de máquinas movidas a energia e das grandes fábricas, de modo que o salto aparentemente revolucionário não foi tão grande.[31]

Mesmo com as velhas e com as novas explicações para a ascensão do sistema fabril, ainda não está claro por que os cotonifícios atingiram rapidamente um tamanho muito grande, na faixa de mil a 1500 trabalhadores, mas depois pararam de crescer, enquanto as novas fábricas tenderam a ser menores. Num primeiro momento, a economia da energia hidráulica pode ter tornado as fábricas de grande porte atraentes, tendo em vista a relativa escassez de locais e o investimento de capital necessário para construir barragens e canais, a fim de fornecer um fluxo constante aos moinhos d'água. Em New Lanark, o maior complexo fabril da Inglaterra, os trabalhadores tiveram de abrir um túnel de cem metros para levar água às rodas do moinho. A energia do vapor proporcionou maior flexibilidade. Embora algumas fábricas movidas a vapor também fossem grandes, talvez como forma de conquistar rapidamente uma fatia do mercado, o historiador V. A. C. Gatrell sugeriu que, após a primeira onda de construção de cotonifícios, os novos concorrentes viram pouca economia e riscos maiores em igualar o tamanho das fábricas pioneiras, reconhecendo que as restrições gerenciais poderiam tornar as fábricas maiores *menos* eficientes.[32]

O tamanho da fábrica talvez não refletisse simplesmente o cálculo econômico. Em um momento em que a maior parte da riqueza na Inglaterra assumia a forma de propriedade de terras ou títulos do governo, as grandes fábricas proporcionavam uma maneira de obter status social. Arkwright construiu o castelo de Willersley perto de suas fábricas de Cromford, tendo comprado a maior parte das terras circundantes. O ex-barbeiro logo passou a atuar como um magnata paternalista: construiu uma capela e uma escola (de frequência compulsória) para as crianças, que compunham grande parte de sua força de trabalho, e patrocinou festejos para seus trabalhadores. Em um gesto extravagante que simbolizava a elevação social possibilitada por suas invenções e fábricas, Arkwright emprestou à duquesa de Devonshire 5 mil libras esterlinas para cobrir suas dívidas de jogo. Enquanto continuava a dirigir as fábricas da família, seu filho investiu pesadamente em terras e títulos do governo e forneceu hipotecas para a pequena burguesia e até para a nobreza, tornando-se o plebeu mais rico da Inglaterra. A família Strutt, embora mais bem estabelecida que Arkwright, seguiu uma trajetória similar. Frances Trollope retratou o uso de uma grande fábrica para transformar o status social em seu romance de 1840, *A vida e as aventuras de Michael Armstrong, o menino da fábrica*, no qual Sir Matthew Dowley constrói uma mansão numa fazenda da qual era possível ver as "chaminés de aparência sombria" de sua fábrica.[33] Como faria repetidas vezes, a fábrica gigantesca deu à luz não só um novo modo de produção, mas também uma nova classe de industriais ricos que buscavam entrar para a elite dominante.

Os cotonifícios estavam numa escala totalmente diferente das pequenas construções comerciais e residenciais dos vales e cidades onde apareceram pela primeira vez. A Inglaterra tinha grandes edifícios, maiores do que as maiores fábricas novas de algodão. As grandes catedrais eram muito maiores. E nos séculos XVII e XVIII surgiram novos tipos de grandes prédios urbanos: hospitais, quartéis, cidadelas, prisões, faculdades, armazéns e estaleiros. Mas as catedrais e outros grandes edifícios tinham espaços interiores organizados para atividades muito diferentes da produção.[34] Para acomodar a fabricação em grande escala, máquinas movidas a energia e massas de trabalhadores, eram necessários novos projetos arquitetônicos e técnicas e materiais de construção aprimorados. As inovações para atender às necessidades específicas da indústria do algodão logo se espalharam para outros setores, moldando o ambiente construído na Inglaterra e em outros lugares pelos próximos dois séculos.

Arkwright aparentemente tomou por modelo para primeira fábrica de Cromford a dos Lombe, mantendo os cinco andares. As "longas e estreitas proporções, a altura, o número de janelas [...] e os espaços interiores grandes relativamente ininterruptos", escreveu o historiador R. S. Fitton, "tornaram-se o projeto básico da arquitetura industrial pelo restante do século XVIII e até o século XIX". A segunda fábrica de Arkwright em Cromford tinha sete andares e 36 metros de comprimento; uma terceira fábrica, que ele construiu nas proximidades, tinha 45 metros de comprimento e era coberta por uma cúpula.[35]

Arkwright utilizou uma estrutura de postes e vigas de madeira no interior de suas fábricas, deixando-as vulneráveis ao sempre presente risco de incêndio, com tanto fio e tecido inflamáveis espalhados ao redor e poeira de algodão no ar. No início da década de 1790, William Strutt (filho de Jedidiah) ergueu uma fábrica com colunas de ferro fundido, vigas de madeira revestidas de ferro e suportes de arcos de tijolos para reduzir o perigo de incêndio. Pouco depois, Charles Bage, um amigo de Strutt, projetou uma fábrica de linho de cinco andares que foi o primeiro edifício totalmente de ferro do mundo, precursor dos prédios com estrutura de ferro e aço que estavam por vir, inclusive os arranha-céus que se tornaram possíveis. Logo vieram melhorias nas vigas de ferro; a substituição da madeira por ferro não só reduziu o risco de incêndio como aumentou o tamanho dos espaços livres, permitindo que pisos mais amplos acomodassem as grandes mulas mecânicas de fiar que foram introduzidas na década de 1820. Para aquecer as fábricas de múltiplos andares (o que reduzia o rompimento de fios), Arkwright e os Strutt seguiram o exemplo da fábrica de Lombe, projetando sistemas complexos de circulação de ar quente.[36]

Os teares mecânicos, que se tornaram cada vez mais comuns na segunda e na terceira década do século XIX, não se encaixavam facilmente nas fábricas existentes, porque sua operação criava vibrações tão fortes que não podiam ser colocados em segurança acima do térreo. Tornou-se prática comum a construção de galpões de tecelagem de um único andar, muitas vezes encostados em fiações no quintal delas. Para iluminar essas estruturas extensas, as coberturas eram compostas de fileiras de telhados de duas águas, com janelas em uma das faces para deixar entrar luz solar indireta. Esse formato de telhado, também conhecido como "telhado dente de serra", logo encimou todos os tipos de edifícios industriais e ainda pode ser visto em ambos os lados do Atlântico.[37]

Nas primeiras fábricas têxteis, arranjos complexos de eixos e engrenagens distribuíam energia de moinhos d'água para cada máquina. A energia da água era barata e eficiente, desde que houvesse um fluxo constante dela. Isso significava que as fábricas precisavam ser instaladas junto a rios com correntes substanciais e contínuas, como o Derwent. Mesmo assim, às vezes não havia água suficiente, levando alguns proprietários de fábricas, inclusive Arkwright, a experimentar motores a vapor — então recentemente aperfeiçoados para drenar minas —, a fim de elevar a água a reservatórios, que poderiam suprir um moinho de forma contínua.

A escassez de mão de obra nas áreas frequentemente isoladas que eram bons locais de instalação fabril representava um problema maior. (Arkwright escolheu Cromford, entre outros motivos, porque ficava perto de uma mina de chumbo, esperando contratar esposas e filhos de mineiros.)[38] O uso da energia a vapor para acionar diretamente os equipamentos de fiação e tecelagem, embora fosse mais caro, permitia a construção de fábricas em áreas urbanas, dando acesso a fontes maiores de mão de obra e evitando a necessidade dos proprietários de fornecer moradia.

Tecnicamente, eram necessárias apenas pequenas modificações para adaptar a fábrica movida a água para a energia a vapor, mas a mudança teve enormes efeitos. Os motores a vapor exigiam caldeiras, levando a uma vasta expansão da indústria do carvão, que se tornou outra força motriz da

Revolução Industrial. As fábricas movidas a vapor contribuíram fortemente para a degradação ambiental, tanto pela mineração do carvão quanto pelos volumes de fuligem e fumaça preta emitidos pelas caldeiras. Em *Tempos difíceis*, Dickens descreveu o "barulho" e o "tremor" dos motores a vapor das fábricas, nas quais pistões subiam e desciam "como a cabeça de um elefante num estado de loucura melancólica" e caldeiras expeliam "monstruosas serpentes de fumaça". A fumaça preta e o ar poluído se tornaram símbolo de Manchester e outros centros urbanos de produção têxtil, e da própria Revolução Industrial.[39]

Outra inovação, vista pela primeira vez em cotonifícios, foi o elevador, uma solução inteligente para o desafio de mover rapidamente pessoas e materiais por edifícios de vários andares. Guindastes primitivos movidos a água foram instalados em várias fábricas dos Strutt por volta da virada do século XIX. Uma grande fábrica de Stockport, construída em 1834 e projetada por William Fairbairn, incluía um elevador a vapor em cada ala, um aparelho tão novo que uma descrição contemporânea não tinha palavras para ele, de modo que os poços foram chamados de "túneis verticais".

Fairbairn foi uma figura central na difusão de inovações de design. Sua empresa era capaz de fornecer uma fábrica completa e totalmente equipada de acordo com as especificações: "O capitalista precisa apenas declarar a extensão de seus recursos, a natureza de sua manufatura, o local pretendido e a posição das instalações em relação à água ou ao carvão, então serão fornecidos projetos, estimativas e ofertas". A firma de Fairbairn construiu fábricas em todo o mundo, inclusive um lanifício perto de Istambul para o sultão da Turquia e um gigantesco complexo de fiação e tecelagem em Bombaim.[40]

Nada captou melhor o senso de invenção nos distritos têxteis da Inglaterra do que a "Fábrica Redonda" construída no complexo fabril dos Strutt em Belper. O edifício circular de pedra de três andares, dividido em oito segmentos, derivava claramente do panóptico de Samuel e Jeremy Bentham. Em seu centro havia uma estação de inspeção, da qual um supervisor podia observar a atividade em todo o prédio, concretizando o ideal de vigilância constante que os Bentham defendiam. Os Strutt podem ter adotado esse desenho para minimizar o risco de incêndio, já que o observador central poderia desligar qualquer um dos segmentos do edifício fechando portas, isolando as chamas e protegendo o resto da estrutura.[41] Embora a Fábrica Redonda tenha encontrado poucos imitadores diretos, a ideia de vigilância contínua seria cada vez mais parte do regime fabril, chegando ao auge em nossos tempos.

A mudança transbordou para fora da grande fábrica, para além de suas paredes. Os donos precisaram criar uma infraestrutura física, social e psicológica para possibilitar a produção industrial. A simples atividade de levar pessoas e material ida e volta para as fábricas rurais exigia um esforço extraordinário. Quando Arkwright chegou a Cromford, a estrada mais próxima apropriada para veículos com rodas estava a quilômetros de distância; foi preciso transportar pequenos fardos de algodão cru através de charnecas no lombo de cavalos até 1820, quando os industriais construíram uma nova estrada paralela ao Derwent. Mesmo com trabalhadores que caminhavam de seis a oito quilômetros para trabalhar todos os dias, não havia gente suficiente morando perto das fábricas para atender a necessidade total de mão de obra. Assim, muitos dos primeiros donos de fábricas construíram moradias para seus trabalhadores, o que às vezes equivalia a criar novos vilarejos, com igrejas, escolas, pousadas e mercados.[42]

Alimentar tantas pessoas agrupadas perto de fábricas isoladas também representava um desafio. Alguns montaram fazendas para fornecer alimentos aos trabalhadores. Era muito comum que os operários recebessem apenas uma pequena parte do salário em dinheiro; o resto ficava com o patrão na forma de pagamento de aluguel pelas casas de propriedade da empresa e pelo "*truck*", mercadorias ou crédito nas lojas, que vendiam alimentos, carvão e outros suprimentos, muitas vezes de baixa qualidade e acima do preço de mercado, gerando uma fonte de ressentimento latente por parte dos trabalhadores.[43]

O sistema de *truck* ajudou a resolver outro problema enfrentado pelos proprietários de fábricas: a falta de moeda para pagar os empregados. As de pequeno valor não circulavam em quantidade suficiente para atender às grandes folhas de pagamento, que eram extremamente incomuns antes das fábricas. A acumulaçao de moedas exacerbava o problema. Os donos de fábricas precisavam improvisar, pagando os trabalhadores com fichas ou dinheiro estrangeiro carimbados com novas denominações, ou emitindo suas próprias cédulas, que esperavam que os comerciantes locais aceitassem.[44]

Por mais difíceis que fossem, esses problemas não eram nada diante da questão da disciplina. Para Andrew Ure, um dos principais impulsionadores do sistema fabril, o maior obstáculo enfrentado pelos donos de fábricas era "treinar os seres humanos a renunciar a seus hábitos inconstantes de trabalho e se identificar com a regularidade invariável da automação complexa". É claro que a manufatura manual doméstica, como todo trabalho, também exigia disciplina, mas era de um tipo diferente, com o ritmo do trabalho ligado à conclusão de tarefas específicas. Como na agricultura, a atividade intensa se alternava com períodos de pouca atividade. Os produtores domésticos intercalavam cardação, fiação e tecelagem com tarefas domésticas, agricultura, outros tipos de trabalho e lazer. Em muitas atividades, era famosa a "Segunda-Feira Santa" (e às vezes a "Terça-Feira Santa" também), dia que os trabalhadores tiravam para cuidar de negócios pessoais, recuperar-se da ressaca ou provocar uma nova, cultivar as relações sociais ou simplesmente relaxar, gastando algumas horas que poderiam ser de trabalho produtivo. Em 1819, ao relembrar a época da fiação manual, uma testemunha declarou diante de uma comissão parlamentar que "era generalizada a prática de beber no primeiro dia da semana ou nos dois primeiros e tentar compensar trabalhando muito mais horas até o final da semana".

A autonomia às vezes romantizada do trabalho doméstico abrangia apenas os chefes de família, geralmente homens. Esposas, filhos, aprendizes e ajudantes não tinham o mesmo controle sobre seu tempo; estavam sujeitos à disciplina externa que regulava não apenas seus períodos e seu ritmo de trabalho, mas todos os aspectos do processo de produção. A disciplina era familiar, embutida na subserviência geral ao chefe do lar. Isso podia ser duro, mas ainda era definido por tarefas, com a produção para o mercado misturada à produção para o lar, as tarefas domésticas e, se tivessem sorte, a recreação.

Em contraste, a produção fabril exigia uma atividade coordenada de dezenas ou centenas de trabalhadores, que deveriam começar e parar o trabalho ao mesmo tempo, dia após dia. As empresas criaram conjuntos elaborados de regras e sistemas de multas e punições por sua violação. Supervisores monitoravam as idas e vindas dos operários e o que faziam dentro da fábrica. Alguns trabalhadores tinham suas atividades reguladas pelas demandas das máquinas em que trabalhavam, tendo de cumprir determinada tarefa em determinado ponto da operação cíclica do aparelho. Ure desdenhou a tensão desse trabalho com ritmo definido pela máquina; os "*piecers*", da fiação fina, crianças encarregadas de reatar os fios rompidos, tinham "pelo menos três quartos" de cada minuto de folga, o que, em sua opinião, tornava o trabalho fácil. Uma década depois, Friedrich Engels viu as coisas de maneira diferente:

> Cuidar de máquinas — por exemplo, amarrar fios rompidos continuamente — é uma atividade que exige atenção total dos trabalhadores. É, no entanto, ao mesmo tempo, um tipo de trabalho que não permite que a mente se ocupe com qualquer outra coisa. [...] [Isso] não dá ao operário nenhuma oportunidade de exercício físico ou atividade muscular. [...] Não passa de uma tortura do tipo mais severo [...] a serviço de uma máquina que nunca para.

"No artesanato e na manufatura", escreveu Marx em *O capital*, "o operário faz uso de uma ferramenta; na fábrica, a máquina faz uso dele."[45]

Se, como disse David Landes, "a fábrica era um novo tipo de prisão e o relógio, um novo tipo de carcereiro", isso criava outro problema: como ser pontual num mundo em que os trabalhadores não possuíam relógios? No passado, eles nunca tinham precisado ser pontuais ou ajustar seu trabalho para determinados momentos do tempo. Para impor a nova disciplina temporal, algumas fábricas tocavam sinos para despertar seus operários. Nos distritos urbanos, os trabalhadores contratavam um "*knocker up*" [despertador humano], que usava uma vara comprida para bater na janela do andar de cima todas as manhãs, a fim de que levantassem a tempo de ir para o trabalho. Ele acabou por se tornar um tipo comum nos palcos do music-hall de Lancashire, adicionando ao significado original do termo um segundo que se mantém até hoje.[46]

Turismo de fábrica

Embora estudos recentes tenham desmentido a ideia de que o sistema fabril surgiu da genialidade de alguns inventores e empreendedores que mudaram tudo, substituindo-a por um quadro mais sutil de mudanças econômicas e sociais que começaram muito antes do início da Revolução Industrial, ela *foi*, não obstante, uma revolução, e vista como tal já naquela época. Os observadores coetâneos não tinham dúvidas de que o cotonifício e as mudanças que provocou representavam uma ruptura técnica, econômica e social com o passado. A partir do final do século XVIII, fábricas, vilarejos industriais e cidades manufatureiras atraíram turistas, jornalistas e filantropos da Europa Continental e da América do Norte, além da própria Inglaterra.[47] Parte da atração era a novidade. W. Cooke Taylor, filho de um fabricante irlandês que percorreu os distritos industriais de Lancaster no início da década de 1840, escreveu: "a locomotiva a vapor não tinha precedentes, a *jenny* de fiar não tem ancestralidade, a mula e o tear mecânico entraram em cena sem preparação: surgiram subitamente, como Minerva do cérebro de Júpiter".[48]

Os visitantes se surpreendiam com a escala e o cenário dos prédios das fábricas, fosse nos vales fluviais rurais ou nas cidades industriais lotadas. O poeta britânico laureado Robert Southey escreveu que a chegada às fábricas de New Lanark lembrou-o "da descida aos banhos de Monchique", construídos pelos romanos no sul de Portugal. Como muitos outros observadores, Southey procurou por precedentes para entender a novidade com que deparava. A visão o surpreendeu, escreveu ele, por causa da "aparência regular demais" dos edifícios, que "à distância poderiam ser confundidos com conventos, se estivéssemos num país católico". Alexis de Tocqueville, que visitou Manchester em 1835, comentou que as fábricas lembravam "enormes palácios", uma comparação comum num mundo com poucas estruturas seculares daquela escala. Um alemão que visitou o norte da Inglaterra escreveu que "poderia ter chegado ao Egito uma vez que tantas chaminés de fábrica [...] se alongam para o céu como grandes obeliscos". "Exatamente quando parecem engajados em se revolucionar e em criar algo que nunca existiu" — escreveu Marx três décadas depois de Southey ter visitado New Lanark —, "precisamente nesse período de crise revolucionária" as pessoas "evocam ansiosamente os espíritos do passado ao seu serviço e tomam-lhes emprestado nomes, gritos de guerra e trajes para apresentar a nova cena da história mundial nesse disfarce consagrado pelo tempo e nessa linguagem emprestada."[49]

Ainda mais do que os prédios das fábricas, as máquinas que abrigavam hipnotizavam os visitantes. Em *Michael Armstrong*, Trollope escreveu sobre pessoas que faziam uma visita guiada à fábrica: "Foi o vasto, o belo e o elaborado maquinário pelo qual estavam cercados que chamou toda a atenção e todo o assombro deles. O movimento uniforme e incessante, sublime em sua força robusta e atividade implacável, atraía todos os olhos e extasiava a mente do observador com uma admiração ilimitada do maravilhoso poder da ciência!". Trollope lamentou a falta de atenção dos visitantes para com crianças operárias próximas: "Os estrangeiros não visitam fábricas para olhá-las; é a perfeição triunfante do mecanismo britânico que eles vêm ver". A socialista e feminista francesa Flora Tristan escreveu sobre uma locomotiva a vapor que viu na Inglaterra: "Na presença do monstro, não se tem olhos e ouvidos para mais nada".[50]

A modernidade das fábricas deslumbrava os observadores. Para prolongar as horas de operação, no início do século XIX os proprietários de usinas começaram a instalar lâmpadas a gás, um espetáculo que atraía visitantes de perto e de longe. Em *Tempos difíceis*, Dickens descreveu a manhã em "Coketown" com a seguinte frase: "Os palácios de contos de fadas arderam em iluminação". O tamanho das fábricas e dos armazéns anexos possibilitava até mesmo novos tipos de entretenimento. Em 1837, Sam Scott atraiu uma imensa multidão de Manchester quando pulou do telhado de um armazém de cinco andares no rio Irwell, sobrevivendo para repetir o feito em Bolton. Outro temerário, James Duncan Wright, atraiu multidões ainda maiores na década de 1850 com seu ato de usar uma roldana para deslizar por cordas presas às chaminés das fábricas, o que alegava que fazia dele o homem mais rápido do mundo.[51]

O debate sobre o sistema fabril

Apesar de toda a maravilha dos edifícios e das máquinas, foi a inovação social mais ampla — o que veio a ser chamado de "sistema fabril" — que ocupou o centro da discussão, do debate e do conflito na primeira metade do século XIX. Expressão imprecisa, o "sistema fabril" referia-se geralmente a todo o novo modo de produção que acompanhava a fábrica, inclusive a força de trabalho que tinha de ser reunida, as condições de trabalho e de vida desses trabalhadores e o impacto da fábrica sobre a organização econômica e social. Cooke Taylor, aliado aos novos fabricantes, reconhecia que, como a Inglaterra "já estava lotada de instituições", o rápido desenvolvimento da produção industrial mecanizada "deslocou toda a maquinaria existente da sociedade". "Um gigante abrindo à força seu caminho numa multidão densamente apinhada", escreveu ele, "leva dor e perturbação à extremidade mais remota: os indivíduos a quem ele empurra para o lado empurram os outros por sua vez [...] e, desse modo, o sistema fabril também faz com que sua presença seja sentida em distritos onde não há fábricas estabelecidas: todas as classes são pressionadas para dar lugar ao estranho."[52]

Para muitos de seus críticos e até mesmo alguns de seus defensores, a exploração do trabalho, em particular do infantil, tornou-se o foco no julgamento do novo sistema. Embora os trabalhadores agrícolas subutilizados fossem um chamariz para os industriais, a escala das fábricas tornou o recrutamento e a retenção da força de trabalho um desafio, especialmente no campo. Muitos locais mostraram-se relutantes em aceitar empregos em fábricas, sem disposição para submeter-se à supervisão e à disciplina rigorosas com que não estavam acostumados. De qualquer modo, os donos não queriam homens adultos para a maioria dos cargos, preferindo mulheres e crianças às quais podiam pagar menos e que não tivessem o sentimento de orgulho e habilidade que vinha do treinamento de aprendizes. A energia mecânica eliminava a necessidade da maior parte do trabalho pesado, especialmente na fiação. Os novos equipamentos de fabricação de fios exigiam um monitoramento constante para procurar fios rompidos, bobinas cheias e outros problemas que precisavam ser resolvidos com rapidez, trabalho que exigia dedos ágeis e mente alerta, mas não força. Assim, os industriais recrutavam uma força de trabalho jovem e principalmente do sexo feminino. Em 1835, Ure estimou que um terço dos trabalhadores dos cotonifícios da Inglaterra tinha menos de 21 anos; na Escócia, metade.[53] Muitos eram bastante jovens; em Cromford, alguns empregados tinham sete anos de idade (embora a empresa preferisse contratar trabalhadores entre os dez e os doze). Em algumas fiações, os supervisores eram praticamente os únicos adultos. Hoje, nos Estados Unidos, as fábricas estão associadas à

Cardando, esticando e torcendo, ilustração de 1835, com uma visão um tanto idealizada da vida fabril inglesa.

masculinidade, mas, em seus primórdios, eram espaços ocupados, em sua maioria, por mulheres e crianças.[54]

As condições de trabalho eram duras. Entrar numa fábrica pela primeira vez podia ser uma experiência aterrorizante: o ruído e o movimento do maquinário; o ar sufocante, cheio de pó de algodão, muitas vezes, mantido opressivamente quente para reduzir a quebra; o fedor penetrante de óleo de baleia e de gordura animal usados para lubrificar as máquinas (antes da disponibilidade de produtos petrolíferos) e do suor de centenas de trabalhadores; os semblantes pálidos e os corpos doentios dos operários; o comportamento feroz dos supervisores, alguns dos quais carregavam cintos ou chicotes para impor disciplina. Nas salas de tecelagem, o barulho ensurdecedor de dezenas de teares, cada um com uma lançadeira recebendo pancadas de martelo umas sessenta vezes por minuto, impossibilitava que os trabalhadores se ouvissem.

Nas primeiras décadas, as fábricas costumavam funcionar dia e noite, com dois turnos de doze ou treze horas (incluindo uma de intervalo para o jantar), seguindo o horário lançado pela Derby Silk Mill. Havia crianças trabalhando nos dois turnos. Como domingo era o único dia de folga, semanas de trabalho de mais de setenta horas eram normais. Para manter as crianças exaustas acordadas e trabalhando, os supervisores e os operários adultos batiam nelas, usando as mãos, cintas e até bastões de madeira (embora haja muito debate sobre quão comum era esse tipo de agressão).[55]

Talvez não seja surpreendente que os primeiros industriais muitas vezes não conseguissem preencher todas as vagas de suas fábricas com trabalhadores dispostos. Então, alguns foram atrás de trabalhadores relutantes. As *workhouses* — asilos de última instância para órfãos e desamparados — eram percorridas em busca de crianças que os funcionários paroquiais punham como aprendizes dos donos de fábricas, dando-lhes plena autoridade legal sobre elas e tornando um ato criminoso sua fuga. Em Yorkshire, não era incomum que 70% ou mais da força de trabalho de uma fábrica fosse composta por aprendizes da paróquia. Em New Lanark, antes de Robert Owen assumir a administração, alguns deles tinham apenas cinco anos. Aprendizes comuns, enviados por seus pais, também podiam ser presos por fugir. O mesmo poderia acontecer com os trabalhadores que assinavam contratos por tempo determinado se desistissem antes da data de término. Além disso, uma lei de 1823 tornava qualquer trabalhador que deixasse seu emprego sem notificação sujeito a três meses de prisão. Desse modo, o poder do Estado ajudava a reunir e manter a força de trabalho para o novo sistema fabril. Ademais, não era incomum que Estado e patrão fossem efetivamente o mesmo, já que proprietários de fábricas eram às vezes os magistrados que julgavam casos de deserção envolvendo seus próprios operários.[56] O trabalho não livre e legal, não apenas no cultivo de algodão, mas nas próprias fábricas, desempenhou um papel essencial nas primeiras décadas do sistema fabril.

No discurso popular e na ideologia dominante hoje, a Revolução Industrial é frequentemente associada à liberdade individual e ao que se chama de livre mercado.[57] Mas nos primeiros anos do sistema fabril podia ser tanto considerada uma nova forma de escravidão quanto uma nova forma de liberdade. Joseph Livesey, famoso editor de jornal e ativista da temperança, filho de um dono de fábrica, escreveu sobre os aprendizes que viu durante sua infância: "Eles eram aprendizes de um sistema que não apresenta analogia com nada além da escravidão nas Índias Ocidentais".[58] Em *A vida e as aventuras de Michael Armstrong*, Trollope escreveu que os aprendizes pobres levavam "vidas horríveis, em trabalho e pobreza, *incomparavelmente mais severas* do que qualquer outra produzida pela escravidão dos negros". Em sua estrutura, *Michael Armstrong* é uma versão da narrativa do resgate de escravos que relata os frustrados esforços da heroína, filha rica de um dono de fábrica, de libertar Armstrong de seu vil aprendizado em uma fábrica isolada e da fuga final dele.[59]

Essa metáfora do trabalho fabril refletia, sem dúvida, o intenso debate sobre a escravidão durante as primeiras décadas do século XIX e que levou à emancipação no Império Britânico em 1834. Contudo, o fato de que tantos observadores o equiparassem à escravidão era um sinal do horror do trabalho na fábrica. Um autodenominado "oficial fiandeiro de algodão" escreveu sobre o calor terrível nas salas de fiação, onde os trabalhadores não tinham pausas: "O escravo negro nas Índias Ocidentais, se trabalha sob um sol escaldante, provavelmente tem uma brisa para ventilá-lo às vezes; ele tem um pedaço de terra e tempo para cultivá-lo. O escravo inglês fiandeiro não goza de atmosfera aberta e da brisa do céu". Engels, ao escrever sobre operários têxteis ingleses poucos anos depois de Trollope, disse: "a escravidão deles é mais abjeta do que a dos negros nos Estados Unidos, porque são supervisionados com mais rigor". Ele também lamentou que, como na escravidão, as esposas e as filhas dos trabalhadores fossem forçadas a satisfazer os "desejos básicos" dos industriais. Em outro lugar, comparou os trabalhadores do sistema fabril ao "servo saxão sob o chicote do barão normando". De modo semelhante, no romance *Sybil, ou as duas nações*, de Benjamin Disraeli, um personagem declara: "existem grandes conjuntos das classes trabalhadoras deste país mais próximos da condição de brutos do que em qualquer época desde a Conquista". Richard Oastler intitulou sua carta de 1830 ao *Leeds Mercury*, que lançou o Movimento das Dez Horas para reduzir o horário de trabalho das fábricas, de "Escravidão de Yorkshire".[60]

Para Robert Southey, a associação da escravidão com o sistema fabril não decorria de abusos individualizados, mas da natureza do próprio sistema. Ele chamou as fábricas de New Lanark administradas por Owen, que mesmo antes de sua virada radical era conhecido pelo tratamento humano dos trabalhadores, de "perfeitas dentro de sua espécie", mas, não obstante, achava que:

> Owen, na realidade, se ilude. Ele é um dos proprietários e único diretor de um grande estabelecimento, que difere mais em acidentes do que em essência de uma plantação: as pessoas sob seu comando acontecem de ser brancas e têm liberdade legal para deixar seu serviço, mas enquanto permanecem nele estão sob sua administração absoluta como muitos escravos negros.

O sistema fabril, acreditava Southey, mesmo em sua melhor versão, tendia a "destruir a individualidade de caráter e a vida doméstica". Na pior das hipóteses, era totalmente diabólico; depois de visitar um cotonifício de Manchester, ele escreveu: "se Dante tivesse povoado um de seus infernos com crianças, aqui estaria uma cena digna de lhe fornecer novas imagens de tormento".[61]

Alguns críticos do sistema fabril — e alguns defensores da escravidão — questionaram a própria distinção entre trabalho livre e escravo, tendo em vista as circunstâncias em que os operários viviam. Os trabalhadores britânicos eram "escravos da necessidade", escreveu Samuel Martin em 1773, incapazes de "mitigar sua labuta" ou "aumentar seu salário". Owen perguntou a respeito dos operários da fábrica: "Eles são, em alguma coisa que não seja aparência, trabalhadores realmente livres? [...] Que alternativa têm ou que liberdade existe nesse caso, se não a liberdade de morrer de fome?".[62] Aqui temos uma crítica que vai ao cerne da disseminação das relações de mercado, parte integrante da Revolução Industrial.

Além de maus-tratos à mão de obra, a espoliação ambiental figurava fortemente nas críticas ao sistema fabril. Repetidas vezes, os relatos sobre Manchester e outros centros industriais apontavam a escuridão e o ar fétido. O geólogo escocês Hugh Miller escreveu a respeito de Manchester em 1845: "Recebe-se uma primeira insinuação de sua existência da escuridão da atmosfera que a cobre". Da mesma forma, Cooke Taylor escreveu: "Lembro-me bem do efeito produzido em mim [...] quando olhei para a cidade [...] e vi a floresta de chaminés despejando volumes de vapor e fumaça, formando uma cobertura negra que parecia abraçar e envolver todo o lugar". O ar estava tão poluído, observou Taylor, que quem pudesse morar fora de Manchester o fazia.[63] O general de divisão Sir Charles James Napier, nomeado em 1839 para comandar o distrito norte da Inglaterra, que incluía Manchester, descreveu a cidade como "a entrada para o inferno concretizada", com seus ricos e pobres, sua imoralidade e poluição generalizada. A cidade inteira era "uma chaminé".[64]

A poluição da água era tão severa quanto a do ar. Hugh Miller relatou a contaminação do rio Irwell por tinturas de tecido, esgoto e outros resíduos, de modo que se assemelhava "consideravelmente menos a um rio do que

Cotonifícios, Union Street, Manchester, uma gravura de 1835 que mostra a proliferação de fábricas na Inglaterra e a poluição resultante.

a uma inundação de adubo líquido, em que toda a vida morre".[65] O aspecto mais impressionante do salto de Sam Scott talvez não fosse a altura de cinco andares, mas ter sobrevivido à mistura tóxica em que mergulhou.

Os danos ambientais da fabricação de algodão iam muito além do local das próprias fábricas. O cultivo de algodão exigia o desmatamento e rapidamente esgotou o solo, uma das razões pelas quais nos Estados Unidos ele migrou (junto com a força de trabalho escrava) do litoral leste para o vale do Mississippi. A mineração de carvão poluía rios e deixava cicatrizes na paisagem.[66]

Aquela que é talvez a crítica mais famosa do sistema fabril — pelo menos a mais lembrada em nossa época — captou a espoliação da natureza em poucas palavras: a denúncia das "negras fábricas satânicas" que maculavam "o verde das montanhas" e as "pastagens agradáveis" da Inglaterra, em um verso escrito por William Blake em 1804 que fazia parte do prefácio de seu longo poema visionário *Milton*. Musicadas em 1916, com o título de "Jerusalém", as palavras de Blake são hoje cantadas em todo o mundo de língua inglesa, tanto em igrejas como em estádios de futebol. Pelo menos em parte, Blake parecia estar reagindo diretamente ao céu escurecido pela fumaça, que estava se tornando uma característica da vida urbana inglesa. Perto de sua casa em Londres, um grande moinho a vapor operava até ser consumido pelo fogo em 1791 (segundo alguns relatos, ateado por trabalhadores furiosos). No entanto, para Blake, não era apenas a fumaça que tornava os moinhos "satânicos". Para o grande poeta místico, a fábrica simbolizava uma queda espiritual de uma Inglaterra pré-industrial na qual Deus havia sorrido, uma metáfora para todo um estilo de vida que Blake estava decidido a superar, a fim de construir uma nova Jerusalém "na terra verde e agradável da Inglaterra".[67]

A pobreza urbana era frequentemente retratada como outra forma de espoliação, outra queda da graça. A mecanização da indústria do algodão trouxe um enorme aumento populacional nos distritos em que se localizavam as fábricas. A população de Lancashire quase dobrou, passando de 163310 em 1801 para 313957 em 1851. "O que antes era um pântano obscuro e mal cultivado", escreveu Engels em 1845, "é hoje um distrito industrial densamente povoado." As cidades fabris, como Manchester, Glasgow, Bolton e Rochdale "cresceram como cogumelos". Manchester e a vizinha Salford mais do que triplicaram sua população, passando de 95 mil em 1800 para mais de 310 mil em 1841. Somente em Lancashire, em 1830 havia mais de 100 mil trabalhadores de cotonifício.[68] Os migrantes rurais de outros lugares da Inglaterra compunham grande parte da nova força de trabalho industrial, assim como os recém-chegados da Escócia e da Irlanda, onde a pobreza nos campos levou milhares e milhares de pessoas a emigrar.[69]

Os bairros densamente povoados de classe operária que surgiam perto das fábricas eram, à sua maneira, tão diferentes e perturbadores quanto as próprias fábricas. A congregação de tantos trabalhadores em um só lugar não tinha precedentes. Taylor escreveu: "O fenômeno mais notável do sistema fabril é a quantidade de pessoas que se acumulou subitamente em certos pontos". "Tivessem nossos ancestrais testemunhado o ajuntamento dessa multidão que jorra todas as noites das fábricas da Union Street [em Manchester], magistrados teriam se reunido, policiais especiais teriam sido contratados, a lei do tumulto teria sido lida, os militares teriam sido chamados, e muito provavelmente alguma colisão fatal teria ocorrido." O que parecia tão assustador a Taylor não eram apenas os números, mas o fato de que os operários eram criaturas novas, uma raça desconhecida e descontrolada, "novos em seus hábitos de pensamento e ação, que foram formados pelas circunstâncias de sua condição, com pouca instrução e menos orientação, de fontes externas".[70]

Escrevendo quase ao mesmo tempo, em *A situação da classe trabalhadora na Inglaterra*, Engels fez algumas das descrições mais realistas que temos das condições miseráveis de vida dos operários ingleses: a pobreza, a exiguidade e a sujeira de suas habitações, suas roupas esfarrapadas, o cheiro horrível de suas casas e das ruas em que viviam. (O comissário assistente de Manchester para os pobres descreveu as ruas "tão cobertas de lixo e matéria excrementícia que ficam quase intransitáveis devido à profundidade da lama e intoleráveis pelo fedor".) Tal como Blake, Engels comparou a vida no sistema fabril a uma visão idealizada da vida pré-industrial, o mundo "idílico" dos trabalhadores têxteis caseiros, que "vegetavam alegremente", autossuficientes, embora fora do âmbito da consciência intelectual ou política. Não era apenas a pobreza da nova classe trabalhadora que consternava Engels, mas também o próprio trabalho, a produção em ritmo de máquina, a "disciplina de ferro" exigida pelos supervisores, o "tédio sem fim". "Não pode haver destino pior para um homem do que ter de trabalhar todos os dias, da manhã à noite, contra sua vontade, num emprego que abomina."[71]

No fim das contas, porém, tanto para Engels como para Taylor, o aspecto mais significativo da concentração de um grande número de trabalhadores em fábricas e na vizinhança delas era a criação de uma nova formação social, um "proletariado [...] que nasceu graças à introdução das máquinas". "A urbanização", escreveu Engels, "ajuda a fundir o proletariado num grupo compacto com seu próprio modo de vida e pensamento e sua própria visão da sociedade." O historiador E. P. Thompson resumiu o sentimento predominante na Inglaterra do século XIX: "Por mais diferentes que fossem seus juízos de valor, observadores conservadores, radicais e socialistas sugeriam a mesma equação: energia a vapor e cotonifício = nova classe trabalhadora". E essa classe, para Engels e muitos outros, significava a chegada de uma nova etapa da história.[72]

Mas o sistema fabril teve também seus defensores no debate nacional que provocou, mais especificamente, em torno dos esforços feitos a partir do início do século XIX para proteger as crianças e as mulheres, com a limitação de suas horas de trabalho.[73] Os defensores alegavam que não havia problemas, ou pelo menos que não eram de responsabilidade dos donos das fábricas. Andrew Ure — que Marx apelidou de "o Píndaro da fábrica automática" — sustentou que o espancamento de crianças que trabalhavam em máquinas que preparavam fios para fiação de lanifícios era estritamente culpa dos adultos que trabalhavam nelas também. Segundo Ure, essas máquinas, que eram alimentadas manualmente, permitiam que seus operadores diminuíssem o ritmo, levando-os a bater em seus assistentes em seus esforços para recuperar o tempo. Os equipamentos mecânicos, ao definir o ritmo de trabalho, eliminariam a agressão às crianças. Depois de reconhecer que tais problemas também existiam em fiações de algodão que usavam energia a vapor ou hidráulica, Ure recuou para a simples negação, e escreveu que em suas visitas a fábricas em Manchester e distritos vizinhos "nunca vi um único caso de castigo corporal infligido a uma criança e, com efeito, tampouco vi crianças de mau humor. [...] O trabalho desses elfos vivazes parecia se assemelhar a um esporte, no qual o hábito lhes dava uma agradável destreza".[74]

W. Cooke Taylor reconheceu a pobreza dos operários fabris e admitiu que "o trabalho juvenil é uma injustiça". Ele não culpava o sistema fabril nem os industriais, mas as condições econômicas decorrentes do longo conflito britânico com a França e das restrições ao comércio, opinião repetida por Charlotte Brontë em seu romance *Shirley* (ambientado na época das guerras napoleônicas). Para Taylor, havia uma coisa pior do que trabalho juvenil: a "inanição juvenil". "Prefiro ver meninos e meninas ganhando os meios de sustento na fábrica a vê-los passar fome na beira da estrada, tremer de frio na calçada, ou mesmo ser transportados em um ônibus para [o abrigo de] Bridewell." Como propagandista contra as Leis dos Cereais, que impunham uma tarifa sobre os grãos importados, Taylor via a solução para os males da fábrica no livre comércio, que expandiria os mercados no exterior e baratearia a comida na Inglaterra.[75] Thomas Carlyle compartilhava da opinião de Taylor de que os males do sistema fabril não lhe eram intrínsecos: "A fiação do algodão é a roupa do nu em seus resultados; o triunfo do homem sobre a matéria em seus meios. A fuligem e o desespero não são a essência dela; são separáveis dela". Essa fé em que o triunfo prometeico da fábrica representa fundamentalmente o progresso humano e pode ser purificada de seus abusos permaneceu desde então no cerne da crença liberal.[76]

Enquanto os reformadores defendiam o sistema fabril apesar de suas falhas, outros se opunham a todos os esforços para regulamentar as fábricas. No debate sobre uma lei de 1833 que limitava as horas de trabalho de crianças, o ministro da Fazenda, Lord Althrop, temia que as novas regras diminuíssem a competitividade do país e reduzissem a demanda internacional por têxteis britânicos, prejudicando aqueles que deveriam ser protegidos. Alguns defensores das fábricas se opunham à regulamentação, alegando que os direitos de propriedade eram absolutos.[77]

Um argumento potencialmente poderoso na defesa do sistema fabril — de que as condições eram ruins, mas não eram piores do que em outros lugares — ganhou pouca adesão, embora em muitos aspectos fosse verdade. Cooke Taylor cutucou a pequena nobreza rural — defensora das Leis dos Cereais — ao afirmar que as condições dos trabalhadores agrícolas eram piores do que as dos operários fabris. Ure argumentou que a sina dos trabalhadores manuais era pior do que "a daqueles trabalhadores muito lamentados que cuidam das máquinas movidas a energia de uma fábrica", enquanto crianças que trabalhavam em minas de carvão estavam em situação pior do que nas fábricas têxteis. Engels não discordou fundamentalmente disso. Seu estudo da situação da classe trabalhadora inglesa documentou as circunstâncias terríveis dos mineiros, dos trabalhadores domésticos, dos trabalhadores de olarias e dos trabalhadores rurais, bem como dos operários fabris. Em sua opinião, os "trabalhadores mais oprimidos" não eram os empregados por fábricas, mas "aqueles que têm de competir contra uma nova máquina que está em processo de substituir o trabalho manual".[78]

O historiador John Gray, num estudo do debate sobre a regulamentação fabril, mostrou que as fábricas passaram a simbolizar as amplas mudanças causadas pela industrialização e se tornaram o foco dos esforços para amenizar a situação muitas vezes terrível dos trabalhadores, especialmente mulheres e crianças. Os que não trabalhavam em fábricas — alguns trabalhando por menos dinheiro em condições mais duras — eram praticamente ignorados. A novidade do sistema fabril chamou a atenção para a exploração de sua força de trabalho, enquanto a exploração de longa data de trabalhadores rurais, produtores domésticos, criadas (abrangendo quase o dobro de mulheres da indústria têxtil) e outros foi, em grande medida, ignorada pelos políticos, jornalistas e escritores, que geralmente tinham pouco interesse pelas classes mais baixas.[79]

As Leis Fabris aprovadas pelo Parlamento em 1802, 1819, 1825, 1829 e 1831 regulamentavam somente o trabalho infantil e em fábricas de algodão, nada fazendo pela vasta maioria dos operários britânicos.[80] Elas tiveram uma influência muito modesta nas condições reais, carecendo de mecanismos de aplicação eficazes. Durante o debate sobre a lei de 1833 — que trouxe de fato mudanças substanciais ao acabar com o emprego de menores de nove anos, limitar as horas de trabalho e proibir o trabalho noturno de crianças —, uma comissão real endossou a regulamentação das fábricas, não porque fossem necessariamente o local do trabalho infantil mais pesado, mas porque a regulamentação era mais viável em "edifícios de construção peculiar, que não podem ser confundidos com residências particulares" e onde a marcação do tempo estava sujeita à "regularidade da disciplina militar", do que em outros locais de trabalho. Precisamente porque se tornara tão concentrada em grandes e conhecidas fábricas, a fabricação de tecidos era mais suscetível à regulamentação e à melhoria do que o emprego disperso. A respeito das volumosas investigações oficiais e dos amplos debates parlamentares sobre o trabalho nas fábricas têxteis, Gray observa: "A identificação de problemas que exigiam intervenção foi dissociada de qualquer crítica sistemática do capitalismo industrial e, com efeito, ligada a uma concepção da fábrica bem regulamentada como local de melhoria social e moral, assim como símbolo do progresso econômico". Desse modo, a grande fábrica tornou-se veículo não somente para visões de produtividade e de recompensa material cada vez maiores, mas também para a noção de que uma versão mais humana do sistema econômico que em breve seria chamado de capitalismo era possível.[81]

Nem todos concordavam. Engels disse, sobre a lei de 1833: "Por essa lei, a ganância brutal da classe média foi hipocritamente camuflada por uma máscara de decência". Admitindo que a lei controlava os "piores excessos dos industriais", ele apontava para a ineficácia de algumas de suas disposições, como a exigência de duas horas diárias de escolaridade para os operários infantis, que segundo Engels era cumprida pelos industriais com a contratação de aposentados não qualificados como professores. Indo mais fundo, Engels, tal como Marx, acreditava que a exploração do trabalho era uma característica inerente do capitalismo, cuja ponta mais avançada eram as fábricas têxteis. Os dois achavam que a miséria não era separável do sistema fabril; para os trabalhadores, era sua própria essência.[82]

O capital de Marx é uma análise muitas vezes abstrata de todo o sistema de criação, circulação e reprodução do capital e dos processos sociais a ele relacionados. Hoje, é geralmente estudado como uma descrição e crítica universal do capitalismo como sistema econômico. No entanto, é um livro profundamente enraizado em um tempo e um lugar específicos, numa Inglaterra em que a indústria têxtil reinava suprema. O algodão está em todo o livro: na explicação de Marx das ideias centrais, como a mais-valia; em seu relato de amplos desenvolvimentos históricos, como a transição da manufatura no antigo sentido da produção manual para a produção por máquinas movidas a energia; em seu exame de um novo conjunto de relações de classe; e em sua indignação com a exploração dos trabalhadores. A posição central que Marx atribuiu à luta pelo dia de trabalho em *O capital*, "uma luta entre o capital coletivo, ou seja, a classe dos capitalistas, e o trabalho coletivo, ou seja, a classe trabalhadora", que ele via como o principal campo de batalha pelo grau de exploração dos trabalhadores, espelha a centralidade da questão das horas no debate nacional sobre a regulamentação dos cotonifícios ingleses, sobre os quais Marx e Engels escreveram com grande detalhamento.[83]

Repetidas vezes, quando usa um exemplo em *O capital* para ilustrar suas teorias, Marx apela para o cotonifício. Em um trecho típico, no qual está explicando seu método para calcular a "taxa de mais-valia", ele tenta explicar a seus leitores "os novos princípios subjacentes a ela" com exemplos:

> Primeiro, tomemos o caso de uma fiação que contém 10 mil fusos de mula, urdindo o fio nº 32 de algodão americano e produzindo uma libra de fio semanalmente por fuso. Presumimos que o desperdício seja

> de 6%; nessas circunstâncias, 10 600 libras de algodão são consumidas por semana, das quais seiscentas vão para o lixo. O preço do algodão em abril de 1871 era de 7¾ pence por libra; a matéria-prima, portanto, custa em números redondos 342 libras. Os 10 mil fusos, incluindo maquinário de preparação e potência motriz, custam, vamos supor, uma libra por fuso [...].

E assim ele segue por mais meia página de cálculos detalhados. Não há nada abstrato aqui; Marx está falando sobre os meandros do negócio cotidiano de fabricar fios de algodão, tirando boa parte de suas informações de Engels, que passou quase vinte anos ajudando a administrar um cotonifício de Manchester do qual sua família era uma das donas.[84] Assim, o cotonifício figura com destaque no surgimento do capitalismo industrial e no pensamento de seus críticos mais importantes, que deram um lugar privilegiado em sua compreensão do sistema capitalista para uma forma particular de produção e um grupo particular de operários que eram vistos como representantes da forma futura da sociedade, embora, na época, ainda constituíssem uma fração modesta da atividade econômica e da classe trabalhadora.

Protesto dos trabalhadores

Jornalistas, críticos, comitês de investigação do governo, romancistas e até poetas, quase todos das classes média e alta, proferiram uma torrente de palavras sobre o sistema fabril durante a primeira metade do século XIX. Em contraste, temos apenas um pequeno corpo de avaliações dos próprios trabalhadores, a maioria dos quais, se não iletrados, tinha pouca oportunidade ou capacidade de registrar seus pensamentos em formas que recebessem muita atenção ou sobrevivessem ao longo dos anos.[85] Na medida em que podemos reconstruir a atitude dos operários em relação ao sistema fabril, temos de fazê-lo em grande parte olhando para suas ações, não suas palavras.

Há, porém, uma palavra relevante que foi trazida para a língua inglesa pelos trabalhadores: "luddismo". Hoje, "luddismo" é amplamente usada como slogan dos tecnofóbicos, oponentes do avanço baseado em máquinas, despojada de seu contexto original.[86] A palavra deriva dos bandos de trabalhadores e seus partidários que, em 1811 e 1812, e novamente de 1814 a 1817, atacaram máquinas têxteis, fábricas e donos de fábricas nas Midlands e no norte da Inglaterra, alegando que estavam agindo sob o comando do general (às vezes capitão ou rei) Ned Ludd.

A Inglaterra teve uma longa história de quebra de máquinas como forma de protesto e pressão, a qual antecedeu o luddismo e continuou depois dele. Somente na indústria têxtil, incidentes de destruição de equipamento ocorreram já em 1675, com um ataque a máquinas de tecelagem de seda, e continuaram até a década de 1820, com ataques periódicos a equipamentos de fabricação do algodão. Tanto Hargreaves quanto Arkwright tiveram as primeiras instalações de suas máquinas destruídas por turbas, levando Arkwright a projetar seu complexo de Cromford para ser facilmente defendido, com disposição dos prédios, muros e portões restringindo o acesso.[87] Mas o luddismo representou um episódio mais vasto, ameaçador e cativante de quebra de máquinas do que qualquer coisa antes ou depois.

Os ataques eram geralmente precedidos por cartas com ameaças de destruição de máquinas e prédios, e até assassinatos, a menos que os empregadores atendessem a demandas específicas. Uma carta de 1811, aparentemente enviada para um fabricante de meias e artigos de malha chamado Edward Hollingsworth, dizia (tal como transcrito do original danificado): "Senhor, se não remover os teares ou parar de pagar apenas [em] mercadorias pelo trabalho ou f[azer] grandes peças minha companhia vai [vi]sitar suas máquinas para execução con[tra] [v]ocê... Assinado "Ned Lu[d]".[88]

Os tecelões, que faziam meias, rendas e outros artigos em teares dos quais às vezes eram donos, mas que com frequência alugavam de comerciantes/fabricantes, foram o primeiro grupo a entrar em ação. Para reduzir os custos de mão de obra, os comerciantes aumentaram o aluguel e introduziram teares largos, nos quais, em vez de fabricar um único item, era possível produzir grandes peças de material tricotado e depois cortá-las e costurá-las para fazer mercadorias baratas, inclusive meias. Além disso, muitos começaram a pagar em alimentos em vez de dinheiro. Diante do declínio da renda e do que consideravam uma degradação de sua atividade, os tecelões se reuniram sob a bandeira do mítico general Ludd e tomaram por alvo os teares largos e os comerciantes que estavam cortando salários. No decurso de um ano, cerca de mil teares de tricô em Nottinghamshire, Leicestershire e Derbyshire foram destruídos. Foi necessário aprovar uma lei que fazia da destruição de teares um crime capital para deter os ataques.

Os "aparadores" de West Riding, Yorkshire, formaram um segundo batalhão do exército do rei Ludd. Eles faziam o acabamento final, altamente qualificado, na lã tecida, levantando as felpas e usando tesouras grandes e pesadas para cortar e nivelar a superfície. A mecanização desse processo, com a introdução de uma máquina para levantar as felpas e de outra para apará-las, ameaçava eliminar a apara como uma atividade qualificada e bem paga. Depois de tentar, sem sucesso, usar ações judiciais e lobby parlamentar para deter o avanço das novas máquinas, os aparadores passaram a fazer ataques armados às fábricas que abrigavam os equipamentos, entre eles um bem-sucedido de cerca de trezentas pessoas a uma fábrica perto de Leeds e uma batalha armada numa fábrica de Rawfolds que deixou dois revoltosos mortos (e forneceu o enredo para *Shirley*). Logo depois, um dono de fábrica particularmente odiado foi assassinado. Para restaurar a ordem, 4 mil soldados foram enviados para ocupar a West Riding.[89]

Em Lancashire, eclodiu uma terceira onda de violência de trabalhadores, incluindo revoltas por alimentos e ataques a fábricas que usavam equipamentos de tecelagem movidos a vapor. Os ataques a fábricas — entre eles o efetuado por um bando de mais de cem, marchando atrás de uma efígie de palha do general Ludd, que incendiou a casa de um industrial antes de ser atacado por uma unidade militar que matou a tiros pelo menos sete manifestantes — refletiam o impacto da mecanização sobre os tecelões manuais. No início, o sistema fabril levou a tempos de prosperidade para eles, uma vez que as máquinas de fiar produziam uma oferta abundante de fio barato e uma demanda de trabalho crescente. É provável que a força de trabalho manual ultrapassasse meio milhão entre 1820 e 1840, superando todos os trabalhadores têxteis fabris. Mas a "era dourada" dos tecelões, como E. P. Thompson a chamou, teve vida curta. Os empresários que os abasteciam com fios e compravam seus produtos pressionaram os salários para baixo, mesmo antes que as fábricas mecanizadas começassem a representar uma concorrência substancial. Depois que o fizeram, a pressão para baixar os salários e os padrões de vida tornou-se horrível, e o empobrecimento em massa — às vezes envolvendo inanição literal — tomou conta das famílias. Olhando para o passado, não muito tempo depois que a tecelagem quase eliminou o trabalho manual, Marx escreveu: "a história não revela nenhuma tragédia mais horrível do que a gradual extinção dos tecelões manuais ingleses". E não foi só na Inglaterra que a incorporação da tecelagem ao sistema fabril cobrou seu preço; o governador-geral da Índia, William Bentinck, relatou em 1834-5 que "os ossos dos tecelões de algodão estão alvejando as planícies da Índia".[90]

O luddismo, embora foco do debate sobre a industrialização, em sua maior parte estava apenas indiretamente ligado — quando tinha alguma ligação — às imensas fábricas que surgiram a partir do final do século XVIII. A fabricação de malhas de tricô ocorria geralmente em oficinas de tamanho modesto. O acabamento da lã também. Somente os ataques aos teares mecânicos ocorreram no território de fábricas gigantescas.

Em geral, o luddismo estava mais preocupado com queixas particulares contra determinados empregadores do que com a oposição abstrata à tecnologia. Algumas quebras de máquinas faziam parte de uma tradição do que Eric Hobsbawm chamou de "negociação coletiva por motim", usando a destruição de propriedade para pressionar os empregadores a aumentar salários e fazer outras concessões. Muitos dos próprios manifestantes usavam máquinas, embora manuais, e a maioria dependia de fios produzidos industrialmente para sua subsistência.[91]

Mais do que uma expressão de oposição às máquinas ou ao sistema fabril, o luddismo foi uma das muitas formas de protesto contra os sofrimentos experimentados pelos trabalhadores — nas fábricas, competindo com elas e não comprometidos de forma alguma com elas — durante a industrialização atabalhoada da primeira metade do século XIX. Em certa medida, a ação dos trabalhadores assumiu as formas que teve porque outras formas de atividade coletiva estavam bloqueadas. A concentração de operários nas fábricas e nos bairros urbanos criou uma massa crítica para a discussão política e a organização, um contexto no qual "a classe trabalhadora se fez", na descrição famosa de Thompson.[92] Mas as válvulas de escape para a ação eram limitadas.

A classe trabalhadora foi excluída da participação direta na governança durante a maior parte do século XIX; mulheres e operários estavam impedidos de votar durante as décadas em que a fábrica surgiu como uma instituição social fundamental. Os trabalhadores procuravam obter reparação do Parlamento, propondo leis, recolhendo assinaturas em petições, testemunhando nas audiências de comissões e enviando delegações aos membros do lobby, geralmente com resultados escassos. Nas décadas de 1830 e 1840, as demandas dos cartistas, que lideraram enormes mobilizações populares pelo sufrágio universal masculino e pela democratização do Parlamento, foram ignoradas.[93]

O governo também limitava severamente a capacidade dos trabalhadores de se unir para pressionar os patrões a melhorar salários e condições de trabalho. Em reação ao crescimento no final do século XVIII de protossindicatos (de operários não fabris) e do medo dos governantes britânicos provocado pela Revolução Francesa de qualquer tipo de radicalismo ou ação popular, o Parlamento aprovou uma série de leis contra a organização dos trabalhadores, sendo a mais importante a Lei da Combinação de 1800. Entre 1792 e 1815, o governo construiu 155 quartéis militares em zonas industriais.[94]

Apesar das proibições legais, os trabalhadores criaram organizações abertas ou secretas, realizaram greves e participaram de passeatas e manifestações em massa. Na década de 1810, ocorreram as primeiras greves substanciais de operários fabris, algumas envolvendo milhares de fiandeiros de algodão. Foi dura a reação do governo, que deteve, prendeu e deportou para as colônias os principais ativistas e mandou enforcar alguns que destruíram máquinas. Em 1819, quando cerca de 70 mil manifestantes se reuniram em Manchester para exigir reformas democráticas, uma unidade militar composta por industriais, comerciantes e lojistas da cidade atacou a multidão pacífica, matando onze pessoas e deixando centenas de feridos no que ficou conhecido como Massacre de Peterloo. A reação do governo foi aprovar uma legislação ainda mais repressiva que, entre outras coisas, proibia reuniões com mais de cinquenta pessoas.

A década de 1820 trouxe ainda mais greves, destruição de máquinas e campanhas por reforma, seguidas na década de 1830 por um grande esforço para obter uma legislação que limitasse o horário de trabalho das fábricas. Em 1842, houve uma greve generalizada dos operários fabris e mineiros, chamada de Revolta dos Plugues, porque os grevistas removeram os plugues dos motores a vapor, deixando-os inoperantes. Na década de 1850, sindicatos maiores e mais estáveis (embora ainda predominantemente locais) começaram a se formar entre os trabalhadores têxteis. Alguns deflagraram greves grandes e prolongadas, embora geralmente fracassadas. Mais de meio século depois da construçao das primeiras fábricas gigantescas, apesar dos esforços repetidos e eventualmente de grande escala, os operários ainda não tinham qualquer método político ou organizacional eficaz para melhorar sua sorte ou moldar a sociedade em que viviam.[95]

A Inglaterra do final do século XVIII e início do XIX costuma ser retratada como uma sociedade mais livre do que a Europa Continental. Alguns estudiosos, como Landes, sugerem que essa foi uma das razões pelas quais a Revolução Industrial se iniciou ali.[96] Mas para os trabalhadores, especialmente os fabris, a Inglaterra estava longe de ser uma sociedade livre. As fábricas cresceram sob um regime político autocrático, pelo menos no que dizia respeito a eles. Os trabalhadores não tinham direito de votar, de se reunir, de se unir para negociar coletivamente com seus patrões, de deixar o emprego quando quisessem ou de dizer o que pensavam. Nada simboliza melhor o apoio que o Estado dava ao sistema industrial emergente do que o enforcamento de trabalhadores não pelo crime de atacar pessoas, mas objetos inanimados, quebrando máquinas. Exaltado mais tarde como o triunfo de um novo tipo de liberdade, o sistema fabril era alimentado por severas restrições aos direitos daqueles cujo trabalho o tornava possível. Foi preciso — e continuou sendo — o poder repressivo do Estado para permitir que a fábrica gigante criasse raízes em solo intacto.[97]

Tornando-se comum

Na segunda metade do século XIX, os cotonifícios deixaram de ser o centro das discussões e lutas a respeito da estrutura da sociedade britânica e seu futuro. Para começar, não eram mais uma novidade. Para várias gerações, as grandes fábricas já faziam parte do mundo em que viviam. Outras maravilhas mais recentes haviam assumido o lugar de símbolos da modernidade, sobretudo as ferrovias, que atraíram extraordinária atenção de escritores, artistas e do público em geral. Em 1829, cerca de 10 mil a 15 mil pessoas se reuniram em Lancashire para assistir a um teste competitivo de locomotivas recém-projetadas. No ano seguinte, quando a primeira linha ferroviária moderna foi inaugurada, ligando Liverpool a Manchester, dignitários lotaram o primeiro trem e enormes multidões se alinharam ao longo dos trilhos. Os trens se tornaram, como disse Tony Judt, "a encarnação da vida moderna".[98]

As fábricas têxteis não ocupavam mais o primeiro lugar em tamanho, à medida que outros tipos de locais de trabalho surgiam para competir com elas ou superá-las. O sistema ferroviário tinha uma enorme força de trabalho, e algumas oficinas que construíam e mantinham equipamentos empregavam tantos operários quanto as grandes fábricas têxteis. Outras indústrias, especialmente a metalurgia, também construíram fábricas enormes. No final da década de 1840, a siderúrgica de Dowlais, no País de Gales, empregava cerca de 7 mil homens em um complexo que contava com dezoito altos-fornos, fornos de pudlagem, laminadores e minas, cujo tamanho superava em muito até mesmo o da maior fábrica têxtil.[99]

As mudanças nas circunstâncias econômicas e políticas também desviaram a atenção das fábricas têxteis. Em meados do século XIX, a economia britânica começou a melhorar significativamente, e o crescente mercado internacional para tecidos ingleses contribuiu para o aumento da receita e a melhoria da situação dos trabalhadores. A legislação também começou a amenizar o fardo dos operários fabris, especialmente a Lei do *Truck* de 1831, que exigia que os trabalhadores fossem pagos em dinheiro, a lei de 1833 que regulamentava o trabalho infantil e a lei de 1847 que limitava o dia de trabalho das crianças e mulheres nas fábricas a dez horas, concretizando um objetivo de longa data dos reformadores da classe trabalhadora. Quando retornou a Manchester em 1849, apenas sete anos depois de começar a pesquisa para o que veio a ser *A situação da classe trabalhadora na Inglaterra*, Engels encontrou uma cidade muito diferente, mais próspera e pacífica. "O proletariado inglês está se tornando cada vez mais burguês", queixou-se.[100]

A transformação foi tanto política quanto econômica. O fracasso das demandas dos cartistas, apesar de seu enorme sucesso em mobilizar apoio, esvaziou grande parte do impulso dos movimentos radicais. Ao mesmo tempo, o cartismo, com sua ênfase no sufrágio masculino, desviou a atenção das mulheres e crianças que trabalhavam nas fábricas para os homens adultos: artesãos, operários da construção civil e outros trabalhadores não industriais. A campanha contra as Leis dos Cereais, que começou em 1838 e triunfou oito anos depois, também reorganizou o terreno político, pondo trabalhadores e donos de fábricas em aliança contra a nobreza fundiária, pelo menos nessa questão tão debatida. Para aliviar ainda mais as tensões, mais industriais começaram a adotar práticas paternalistas, que haviam sido predominantes entre alguns dos primeiros fabricantes têxteis, como Arkwright e Strutt, embora rejeitadas por muitos outros.[101]

Os operários têxteis continuaram a protestar contra as condições das fábricas, mas sua luta não era mais proeminente que a dos mineiros e a de outros grupos que agiam por meio de sindicatos. Depois de meados do século XIX, a atenção dos reformadores e observadores da classe média deixou de se concentrar nas fábricas, ainda que as condições de trabalho dos operários fabris, embora melhoradas, permanecessem muitas vezes opressivas, e o trabalho das crianças, ainda que um pouco mais velhas, continuasse a ser amplamente explorado no século XX. As questões em torno da grande fábrica têxtil e do sistema fabril se tornaram parte de um debate mais geral e menos apocalíptico sobre os direitos e as normas de trabalho. Em 1849, quando publicou *Shirley*, Charlotte Brontë via as grandes lutas dramáticas em torno do sistema fabril como algo do passado. O grande cotonifício havia sido, em suma, uma fonte de progresso social.[102]

Àquela altura, o cotonifício gigantesco havia levado a novas formas de organização da produção, novos conjuntos de relações sociais e novas formas de pensar o mundo. Todos, exceto seus defensores mais inflexíveis, reconheciam que, no curto prazo, a grande fábrica trouxera consigo um enorme sofrimento humano, tanto para os operários fabris quanto para os que haviam sido deslocados por eles. No entanto, para muitos, a fábrica significava a promessa de um mundo melhor. Num artigo não publicado que se tornaria a base do *Manifesto comunista*, Friedrich Engels escreveu: "Precisamente aqueles atributos da indústria em grande escala que na sociedade atual produzem todo o sofrimento e todas as crises comerciais são os que dentro de uma organização social diferente destruirão esse mesmo sofrimento e essas flutuações desastrosas".[103] Para o bem e para o mal, a extraordinária invenção social que apareceu pela primeira vez com os Lombe e as primeiras fiações de algodão, a fábrica gigante representou um grande salto em direção a um novo mundo: nossa modernidade.

2.
"A luz viva"
A indústria têxtil da Nova Inglaterra e visões da utopia

Durante uma visita aos Estados Unidos em 1842, Charles Dickens passou um dia visitando Lowell, Massachusetts, o maior centro de produção de algodão do país. Fundada apenas vinte anos antes, aquela cidade de médio porte, situada no interior do país, tornara-se um conglomerado movimentado de fábricas, pensões e igrejas, e suas ruas ladeadas de árvores e flores estavam cheias de jovens animadas. Se fosse fazer uma comparação entre Lowell e as fábricas da Inglaterra, escreveu Dickens, "o contraste seria forte, pois seria entre o bem e o mal, a luz viva e a sombra mais profunda". Dickens estava longe de ser o único viajante europeu a ver Lowell como uma sociedade diferente daquela dos centros manufatureiros da Inglaterra. O inglês John Dix escreveu em 1845: "um contraste mais impressionante do que o proporcionado por Manchester [...] e Lowell dificilmente pode ser imaginado". Michael Chevalier, um economista político francês, descreveu a manufatura como "o cancro da Inglaterra", que pelo menos "temporariamente acarreta as consequências mais desastrosas". Em contraste, ele achou Lowell "limpa, decente, pacífica e sábia". O romancista Anthony Trollope, filho de Frances Trollope (que escreveu *Michael Armstrong*), chamou Lowell de "uma utopia comercial".[1]

Os escritores europeus que visitavam Lowell — uma parada habitual no circuito das maravilhas do Novo Mundo — ficavam particularmente entusiasmados com seu ambiente pastoral e sua força de trabalho jovem e feminina. "FÁBRICAS DE ALGODÃO! Na Inglaterra, essas palavras são sinônimo de sofrimento, doença, miséria, sujeira, dissolução e crime!", escreveu Dix. "Quão diferente da vizinhança e do estrépito das máquinas é o chilrear dos gafanhotos ou a canção do tordo." Chevalier achou a visão de Lowell "nova e fresca como uma cena de ópera". Testemunhando jovens "bem vestidas" trabalhando "em meio a flores e arbustos, que cultivam, eu disse a mim mesmo:

isso, então, não é como Manchester". Dix também ficou impressionado com os "rostos saudáveis, bem-humorados e bonitos, e os trajes honestamente ganhos" dos trabalhadores de Lowell, que, escreveu ele, "pertenciam a outra raça de seres" comparados aos seus equivalentes de Manchester.[2]

Se, no Velho Mundo, os cotonifícios passaram a ser vistos como distópicos, no Novo Mundo, foram repetidamente saudados como faróis de um futuro brilhante. Na verdade, muitas das características da indústria têxtil da Nova Inglaterra que conquistaram esses elogios — o ambiente bucólico das fábricas, as cidades fabris bem cuidadas e as jovens trabalhadoras atraentes — duraram somente poucas décadas. Mas outros aspectos do sistema fabril local, que recebiam menos atenção dos visitantes ocasionais, anteciparam o que quase um século depois viria a ser chamado de "produção em massa". Ao promover uma visão da cidade industrial como moralmente edificante, com uma comunidade culturalmente esclarecedora, e ao desenvolver um sistema de manufatura barata e padronizada, Lowell difundiu a ideia de que a melhoria econômica e social poderia ser alcançada por meio de indústrias tecnicamente avançadas. Assim, reduziu os temores da industrialização, ao mesmo tempo que equiparou o progresso com a produção eficiente de bens de consumo. Isso fez da indústria têxtil da Nova Inglaterra importante não só para a história da fábrica gigantesca, mas também para a do desenvolvimento de nosso mundo moderno.[3]

Primórdios

Lowell não foi a primeira tentativa de estabelecer a fabricação de algodão nos Estados Unidos. Mais cedo, o setor começara a se desenvolver conforme o modelo da Inglaterra. No final do século XVIII, foram feitos alguns esforços para construir máquinas de fiação e cardagem, inclusive uma que usava cavalos como fonte de energia, tal qual a primeira fábrica de Arkwright.[4] Mas o sucesso só veio quando, numa repetição do roubo dos irmãos Lombe da tecnologia italiana, o operador de máquina têxtil Samuel Slater escapou da proibição britânica da emigração de trabalhadores qualificados, vigente até 1825. Tal como os italianos, os britânicos esperavam manter, por força da lei, o monopólio da tecnologia avançada — máquinas têxteis não podiam ser exportadas até 1843 —, mas essa tentativa se mostrou inútil.

Slater, nascido em Belper, em meio aos primeiros cotonifícios bem-sucedidos do mundo, foi aprendiz de Jedidiah Strutt, morou com a família dele e trabalhou numa de suas fábricas, onde se familiarizou com o equipamento de Arkwright. Em 1789, escapou da Inglaterra sem contar seus planos para ninguém. Ao chegar aos Estados Unidos, uniu-se a Moses Brown, sócio da empresa mercantil Almy and Brown, de Rhode Island, que o contratou para construir e equipar uma fábrica movida à água em Pawtucket. Comparada com as fábricas inglesas de tijolo ou pedra, a da Almy and Brown era muito modesta: uma estrutura de madeira de dois andares e meio, com maquinário feito quase inteiramente de madeira também. Começando devagar, fazia inicialmente cardagem e fiação com uma força de trabalho de nove crianças locais. Em 1801, já tinha mais de cem trabalhando.[5]

A fábrica logo gerou novas operações, pois Slater e outros mecânicos que haviam trabalhado lá lançaram seus próprios empreendimentos, muitas vezes em parceria com comerciantes. As fábricas do estilo Slater continuaram pequenas, pois os rios junto aos quais eram construídas só podiam alimentar operações modestas. Além disso, não havia crianças suficientes por perto para sustentar fábricas grandes, e não havia albergues onde buscar mão de obra forçada, como na Inglaterra. As fábricas anunciavam a contratação de famílias numerosas, cujos homens trabalhariam como mecânicos qualificados e as crianças cuidariam das máquinas. Mas, com a mão de obra escassa nos Estados Unidos pouco povoados, o recrutamento de trabalhadores mostrou-se difícil. Assim, a produção cresceu não por meio do aumento do tamanho das instalações, mas pela replicação, com as fábricas avançando ainda mais para o interior do país, onde poderiam encontrar fontes de mão de obra inexploradas. Em 1809, havia pelo menos 27 em Rhode Island, no leste de Connecticut e no sul de Massachusetts.[6]

As fábricas americanas imitavam as práticas inglesas, mais obviamente no uso amplo do trabalho infantil, inclusive de crianças de até quatro anos. Também costumavam pagar a seus funcionários com crédito em uma loja da empresa, em vez de dinheiro, exceto os mecânicos qualificados, refletindo, como na Inglaterra, uma escassez de moedas de menor valor, bem como um capital de giro limitado. Para economizar e reter trabalhadores, as fábricas costumavam pagar salários somente uma vez por trimestre, ou até com menos frequência, e atrasavam por semanas os pagamentos finais quando os trabalhadores se demitiam.

No início, a produção fabril total era modesta, por um lado porque a demanda por fios de algodão era limitada. A maioria dos americanos usava roupas de linho ou lã. Aqueles que preferiam algodão podiam comprar importações britânicas. Por outro lado, o algodão cru era difícil de obter. Seu cultivo era pequeno nos Estados Unidos quando Slater começou, então ele usou algodão importado de Caiena e Suriname, e só mais tarde o plantado nos estados do Sul.[7]

A produção disparou na segunda década do século XIX. As guerras napoleônicas, a Lei do Embargo (em vigor entre 1807 e 1809) e a Guerra de 1812 interromperam as importações inglesas justamente quando um gosto crescente por roupas de algodão e um mercado de tecidos dessa origem se desenvolvendo nos assentamentos a oeste dos montes Allegheny aumentaram a demanda. No afã de tirar partido disso, os comerciantes e mecânicos iniciaram uma onda de construção de fiações nos estados do Norte. A tecelagem permanecia estritamente feita à mão. Na Pensilvânia, artesãos especializados trabalhando em tempo integral produziam tecidos de alta qualidade. Na Nova Inglaterra, algumas fábricas montaram redes de trabalhadores para tecer, mas raramente como ocupação em tempo integral. Frustrada com a dificuldade de obter o fruto desse trabalho em tempo hábil, a Almy and Brown contratou tecelões para trabalhar em sua fábrica.[8]

Foi nesse contexto que Frances Cabot Lowell, um rico comerciante de Boston, concebeu uma maneira diferente de produzir tecidos de algodão. Durante uma estada prolongada na Inglaterra, ele decidiu que poderia obter grandes lucros com a produção integrada em larga escala de têxteis, usando equipamentos mecânicos para todas as fases da operação dentro de uma única fábrica. Na época, poucas empresas britânicas fiavam e teciam no mesmo local e nenhum tear mecânico jamais havia sido usado nos Estados Unidos, devido ao embargo de tecnologia da Inglaterra. Ao voltar para casa, Lowell contratou Paul Moody, um mecânico experiente, para ajudá-lo a construir máquinas baseadas no que havia visto na Inglaterra. Em 1814, eles já tinham um tear mecânico operando com sucesso e uma máquina para preparar a urdidura.[9]

Enquanto isso, Lowell criava com outros comerciantes locais a Boston Manufacturing Company, uma sociedade por ações, para construir e operar uma fábrica. Os investidores perceberam que, com a retomada total do comércio britânico após a Guerra de 1812, suas oportunidades de lucros no comércio internacional seriam reduzidas. A manufatura prometia ser uma alternativa lucrativa, mesmo que continuassem ativos no comércio e na especulação imobiliária.

Criar a empresa foi uma inovação radical. No início do século XIX, as sociedades anônimas eram raras, pois exigiam uma lei estadual separada. Em geral, elas eram usadas somente para empreendimentos considerados serviços públicos, como a construção de um canal. A forma corporativa tinha grandes vantagens: permitia a agregação de capital numa escala que poucos indivíduos tinham condições de suportar e compartilhava o risco entre várias partes, uma prática bem conhecida dos mercadores, que frequentemente formavam parcerias para financiar as viagens dos navios. As sociedades anônimas também facilitavam a continuidade das empresas quando investidores optavam por retirar seus fundos e facilitavam o processo de herança, importante para os acionistas ricos, em grande parte passivos, que seriam atraídos para a indústria têxtil. (As corporações adquiriram uma vantagem adicional quando ganharam responsabilidade limitada na maioria dos estados da Nova Inglaterra durante as décadas de 1830 e 1840.) Em cinco anos, a Boston Manufacturing levantou 400 mil dólares em capital (logo aumentado para 600 mil). Em contraste, ainda em 1831, a capitalização média de 119 fábricas de Rhode Island estava abaixo de 45 mil dólares.[10]

Para começar a funcionar, a Boston Manufacturing comprou uma fábrica em Waltham, às margens do rio Charles, acima de Boston, onde uma fábrica de papel já usava a energia hidráulica. Lá, construiu um prédio de tijolos de quatro andares, com doze metros de largura e 27 de comprimento, encimada por uma cúpula onde havia um sino para chamar os empregados ao trabalho. Embora não fosse muito maior do que os grandes cotonifícios existentes nos Estados Unidos, a fábrica de Waltham diferenciava-se fundamentalmente pelo fato de possuir equipamentos de tecelagem e fiação, de modo que dentro de uma única estrutura fardos de algodão cru eram transformados em tecido acabado. Além disso, a Boston Manufacturing recrutou uma força de trabalho diferente daquela das fábricas anteriores, contratando, além de alguns trabalhadores qualificados, mulheres jovens locais para operar tanto o equipamento de fiação quanto o de tecelagem.[11]

Os teares da Boston Manufacturing eram rudimentares, exigindo fios rústicos — muito mais grossos do que aqueles usados na Inglaterra — para evitar quebras excessivas. Em consequência, a fábrica só podia produzir tecidos básicos e pesados. No início, produzia lençóis brancos de um metro de largura, do tipo que era importado da Índia, produto popular nos assentamentos em crescimento no Oeste, onde a fiação e a tecelagem domésticas eram menos comuns do que na Nova Inglaterra e a durabilidade era valorizada. Alguns dos tecidos eram vendidos no Sul para fazer roupas de escravos. A empresa distribuía toda a sua produção através de um único agente, pago por comissão, e não pelo sistema de consignação utilizado pelas outras fábricas. Lowell protegeu inteligentemente seu mercado fazendo lobby para que a Lei de Tarifas de 1816 impusesse um imposto mais alto sobre os têxteis importados baratos do que sobre os bens de preço mais alto, do tipo que as fábricas de Rhode Island estavam produzindo, bloqueando efetivamente a concorrência estrangeira.[12]

A fábrica de Waltham, concluída no final de 1814, mostrou quase imediatamente que era lucrativa. Em 1817, a Boston Manufacturing pagou seu primeiro dividendo, 12,5%. Em 1822, a empresa já havia reembolsado integralmente seus investidores iniciais, com um dividendo cumulativo de 104,5%. Em 1816, a empresa construiu, próximo da primeira, uma segunda fábrica um pouco maior, de doze por 45 metros. Um pequeno prédio separado foi erguido para desfazer os fardos de algodão cru que produziam pó de algodão altamente inflamável. Como a primeira fábrica, a segunda tinha torres do lado de fora da estrutura principal para acomodar escadas e banheiros (que despejavam seus resíduos no rio Charles).[13]

Com a conclusão da segunda fábrica de Waltham, instalava-se um modelo para a indústria têxtil do norte da Nova Inglaterra. Num processo parecido com o que ocorrera um século antes na fábrica dos Lombe, formou-se rapidamente um novo modelo de produção, seguido por um longo período de reprodução e melhorias graduais, mas sem mudanças radicais. Nathan Appleton, um dos primeiros investidores de Waltham, observou em 1858 que "muito poucas mudanças foram feitas desde os arranjos estabelecidos [...] na primeira fábrica construída em Waltham".[14]

O que tornou o sistema Waltham diferente e importante? Primeiro, a integração da produção num único espaço e numa única firma. As matérias-primas entravam e os produtos acabados saíam. Eliminaram-se todos os problemas e custos associados à coordenação e ao transporte de materiais em várias etapas da produção de e para diferentes fábricas ou trabalhadores externos, garantindo-se a qualidade. Ter todos os processos sob o mesmo teto possibilitava ganhos de produtividade, como fiar a trama diretamente nas bobinas usadas na tecelagem posterior.

Em segundo lugar, as fábricas de Waltham se concentraram em fazer produtos padronizados em alta velocidade. A maioria delas produzia um único tipo de tecido ou, no máximo, alguns poucos, e suas máquinas eram operadas em velocidades mais altas do que equipamentos equivalentes na Inglaterra. As inovações introduzidas por Lowell e Moody trocaram flexibilidade por velocidade. Ficava caro, por exemplo, reconfigurar suas maçaroqueiras "de velocidade dupla" para diferentes tipos de fios, encorajando longos ciclos de produção do mesmo produto. Posteriormente, Moody introduziu outras mudanças para acelerar o equipamento, como o uso de cintos de couro em vez de eixos para transmitir energia a máquinas individuais, e eixos principais de ferro forjado em vez de madeira. Mas o equipamento de alta velocidade só podia produzir tecidos relativamente simples, e não complexos, fosse xadrez, com estampas coloridas ou ornamentais.

Em terceiro lugar, o sistema Waltham automatizou o maior número possível de processos para reduzir a necessidade de mão de obra qualificada. Muitas máquinas desse tipo tinham dispositivos que paravam o equipamento se um fio quebrasse ou se surgisse outro problema, reduzindo a habilidade necessária dos operadores e aumentando o número de máquinas que podiam monitorar.[15]

Em quarto lugar, o grupo de Boston, pioneiro no uso da forma corporativa para manufatura, vinculou o grande capital à produção de bens. A corporação não ia se tornar a norma para a manufatura fora da área têxtil nas próximas décadas, mas as vantagens que trouxe acabaram por torná-la o padrão para indústrias de grande escala. Com pesado investimento de capital em fábricas e equipamentos e grandes reservas, a Boston Manufacturing e as empresas que a tomavam por modelo podiam construir fábricas maiores e mais eficientes e eram mais capazes de resistir às vicissitudes da economia do que as empresas menores baseadas no modelo das fábricas de Slater.

Em quinto lugar, o uso de um único agente de vendas, em vez de múltiplos intermediários, criou uma identificação próxima entre produtos específicos e empresas específicas, um passo em direção ao que mais tarde seria chamado de "branding". Às vezes, era o agente de vendas e não a fábrica que decidia quais produtos deveriam ser fabricados, da mesma forma que, quase dois séculos depois, as empresas de marcas e cadeias de lojas gigantescas diriam aos fabricantes de roupas, calçados e eletrônicos o que produzir. O agente de vendas sentia o pulso do mercado, e não o fabricante.[16]

Por fim, as fábricas do modelo Waltham se desenvolveram principalmente como empresas nacionais, não internacionais. Grande parte da literatura recente sobre a indústria do algodão enfatiza seu caráter global. Era certamente o caso da Inglaterra, que importava algodão cru e exportava tecidos de algodão, como um centro de comércio mundial. Mas as fábricas de Waltham-Lowell usavam algodão cultivado nos Estados Unidos e vendiam seus produtos principalmente dentro das fronteiras do país. Em 1840, as exportações representavam menos de 8% da produção americana de tecidos de algodão, em 1860 ainda menos de 10% — ou seja, eram uma boa fonte de lucro e uma válvula de segurança para o excesso de produção, mas não fundamentais para o setor.[17] A grande variedade de recursos naturais dos Estados Unidos e seu grande e crescente mercado interno significavam que a indústria americana ia se desenvolver principalmente como empresa nacional, relacionada com os mercados internacionais, mas não dependente deles.

Lowell

Waltham estabeleceu o modelo, mas foi Lowell que ficou famoso. A Boston Manufacturing Company fundou a cidade para expandir seu poder de produção. Depois de construir uma terceira fábrica em Waltham, os diretores da empresa decidiram construir um novo complexo para produzir chita. Sem energia hidráulica suficiente em Waltham para mais fábricas, eles encontraram um local 37 quilômetros ao norte de Boston, em East Chelmsford, Massachusetts, onde uma queda de nove metros do rio Merrimack, em Pawtucket Falls, disponibilizava uma enorme quantidade de energia.

Anos antes, uma companhia chamada Proprietários de Eclusas e Canais no Merrimack havia construído um canal ao redor das cataratas para permitir a navegação. Sem alarde, a Boston Manufacturing comprou as ações dessa empresa e terras ao longo do rio. Para lançar o empreendimento, criou em 1822 a Merrimack Manufacturing Company, oferecendo ações a seus investidores. Usando trabalhadores irlandeses, a nova empresa ampliou e aprofundou o canal existente e reconstruiu os diques para criar fábricas com energia adequada. Numa época em que ainda não havia equipamento elétrico e dinamite, o trabalho de infraestrutura, junto com a construção e o equipamento de novas fábricas, era extremamente caro. Somente a reunião de alguns dos homens mais ricos da Nova Inglaterra poderia ter financiado o desenvolvimento industrial nessa escala.[18]

As fábricas construídas no novo local — e outras que seguiram o mesmo modelo — eram muito maiores e mais substanciais do que as primeiras instalações de Rhode Island. As estruturas bonitas e duráveis de tijolos, sem muitos ornamentos, tinham pelo menos uma semelhança superficial com a fábrica dos Lombe, já então com um século de idade.[19] Considerações técnicas ditaram seu tamanho e sua forma. Os eixos de madeira usados para transportar energia das rodas-d'água não podiam ter mais do que trinta metros para não quebrar. Mesmo depois que os construtores começaram a colocar suas rodas-d'água no centro das fábricas, permitindo o eixo horizontal em ambos os lados, o comprimento do prédio era limitado. A necessidade de trazer luz das janelas do perímetro restringia a largura da fábrica. Portanto, as placas do piso não podiam ser muito grandes. No caso das fábricas da Merrimack, tinham 47 por 13,5 metros. Para criar mais espaço e utilizar totalmente a energia das rodas-d'água, construíram-se fábricas no modelo Merrimack de cinco andares, incluindo um sótão e um porão. Para aumentar sua capacidade, a Merrimack e outras empresas têxteis construíram várias fábricas em grupo, às vezes dispostas em torno de um pátio central.

As empresas têxteis da Nova Inglaterra não faziam muito uso de elementos estruturais de ferro até a década de 1840. O ferro fundido era caro nos Estados Unidos, mas havia disponibilidade de grandes vigas de madeira, conhecidas dos trabalhadores da construção local e capazes de suportar pesos elevados e absorver vibrações. Como os britânicos, os americanos se preocupavam com o perigo de incêndio, mas adotaram um método diferente para minimizá-lo, não tentando a construção à prova de fogo com a substituição da madeira por ferro e tijolo, mas procurando retardar a propagação das chamas com o uso de madeiras muito pesadas, não somente para vigas, mas também para pisos, que demorariam a pegar fogo e continuariam a suportar o peso mesmo se carbonizados.

Em 1825, a Merrimack já havia construído cinco estruturas de fábricas praticamente idênticas e prédios adicionais para alvejamento e estamparia de chita. Cada uma era autossuficiente, com equipamentos de fiação e tecelagem, capazes de transformar algodão cru em pano tecido.[20] Como em Waltham, as novas fábricas se tornaram rapidamente lucrativas; dois anos após o início da produção, a Merrimack pagou seus primeiros dividendos. Para expandir ainda mais, seus diretores adotaram a estratégia de criação de empresas adicionais, cada uma com seus próprios acionistas e diretores, com grande sobreposição de propriedade entre empresas. Essa estrutura facilitou a captação de capital de novos investidores, ao mesmo tempo que possibilitava que os acionistas existentes retirassem dinheiro de empresas mais antigas para investir em novas.

Para incrementar a metástase da empresa, a Merrimack transferiu as terras e a energia hidráulica de que não necessitava para uma Eclusas e Canais reconstituída, que também assumiu a operação da fabricação de máquinas da Boston Manufacturing. Tal como a empresa de William Fairbairn na Inglaterra, a Eclusas e Canais poderia fornecer o que hoje seria chamado de instalação completa, pronta para ser usada. Quando se criavam empresas novas — a começar pela Hamilton Manufacturing em 1824, seguida por Lowell Manufacturing, Appleton Company, Lawrence Manufacturing, Boott Mills, Suffolk Manufacturing e Tremont Mills —, a Eclusas e Canais vendia terreno e máquinas e fornecia energia hidráulica (geralmente por uma taxa por fuso). Os proprietários organizaram cuidadosamente a proliferação de empresas.

Em vez de competirem umas com as outras, cada nova empresa se especializou em um produto diferente: a Merrimack, em chitas; a Hamilton, em artigos entrançados e sofisticados; a Lowell, em tapetes e tecidos de algodão; e assim por diante. Muitas das empresas compartilhavam o mesmo agente de vendas e trocavam informações de custo. No fim, havia dez grandes empresas em Lowell operando um total de 32 fábricas.[21]

Uma gravura de Lowell, Massachusetts, na década de 1850, apresentando um cenário bucólico em primeiro plano.

A Merrimack e suas descendentes construíram mais do que fábricas: construíram uma cidade inteira no que não passava de uma área agrícola pouco povoada. Por iniciativa dela, as fábricas e os terrenos vizinhos foram desmembrados de Chelmsford para constituir uma cidade separada, batizada em homenagem a Frances Cabot Lowell, que morreu em 1817. Com uma população local insuficiente para atender as fábricas que se erguiam rapidamente, a prioridade foi construir moradias para os trabalhadores que seriam recrutados de longe.

A característica que os observadores externos geralmente enfocavam quando escreviam sobre Lowell, as pensões da empresa cheias de jovens animadas, não vinha de Waltham. A Boston Manufacturing possuía algumas casas em Waltham, mas aparentemente as alugava em grande parte para trabalhadores do sexo masculino. As operárias solteiras moravam com a própria família, se fossem locais, ou com famílias que não eram ligadas à empresa. O modelo de pensão se desenvolveu em outro lugar. Pouco depois de as primeiras fábricas da Boston Manufacturing entrarem em funcionamento, a empresa começou a vender maquinário e direitos de patentes a outros que estavam montando indústrias têxteis, que usavam geralmente a segunda fábrica de Waltham como modelo para seus prédios. Em New Hampshire, a Dover Manufacturing Company construiu duas fábricas com máquinas da Boston Manufacturing e uma cidade completa, com grade de ruas, loja da empresa, banco, prédios comerciais e pensões para as operárias. A empresa alugava pensões para donas de casa administrarem, detalhando regras para as moradoras. Um complexo similar em Great Falls, New Hampshire, também incluía pensões para trabalhadoras. Aparentemente, foi a partir desses complexos que os construtores de Lowell adotaram o modelo.[22]

As pensoes de Lowell não tinham um projeto uniforme. As primeiras estruturas, feitas de madeira, possuíam geralmente dois andares; unidades posteriores, feitas de tijolos, tinham três. Em 1830, a Merrimack possuía, além de suas instalações para produção, 25 prédios residenciais de madeira, quatro de alvenaria, 25 cabanas, uma casa para seu agente, uma igreja com presbitério, construções para armazenamento e um "Corpo de Bombeiros", com uma loja e dois armazéns em Boston. Com o crescimento de Lowell, as empresas têxteis ajudaram a financiar uma biblioteca, uma sala de leitura e um auditório. Em 1840, Lowell já alojava 8 mil operários têxteis, com uma população total superior a 20 mil, fazendo dela a 18ª maior cidade dos Estados Unidos.[23]

Fábricas e pensões da Merrimack, uma gravura de 1848 de O. Pelton, que representa as pensões de Lowell alinhadas e uma fábrica no final da rua.

Ampliação

Ao mesmo tempo que expandia sua produção em Lowell criando várias empresas, o grupo central de investidores têxteis — que a historiadora econômica Vera Shlakman chamou de "Boston Associates" — expandia-se para além de Lowell, fundando novas cidades fabris no norte da Nova Inglaterra. Em Chicopee Falls, nos arredores de Springfield, Massachusetts, eles ajudaram a abrir quatro companhias têxteis, imitando o padrão de Lowell de ter uma empresa adicional para controlar a terra e a energia hidráulica e fabricar máquinas. Outros complexos surgiram em Taunton e Holyoke, Massachusetts; Nashua e Manchester, New Hampshire; e Saco e Biddeford, Maine. Em meados da década de 1840, quando a própria Lowell ficou sem terreno para mais fábricas, um grupo de investidores de Boston criou uma nova cidade, Lawrence, nas proximidades do rio Merrimack, que se tornou um importante centro de lã e algodão. Em alguns casos, o grupo de Boston assumiu fábricas que outros fundaram, como o complexo de Dover.[24]

As empresas do Boston Associates eram genuinamente de Boston. Seus proprietários eram em grande parte residentes da cidade que haviam feito fortuna antes de seus investimentos têxteis. A maioria raras vezes visitava suas fábricas. Até mesmo companhias com fábricas distantes eram administradas por um tesoureiro que morava em Boston, operando por meio de um agente nos locais de produção. As vendas e operações bancárias também eram feitas na cidade. A combinação de proprietários ausentes e trabalhadores em grande parte recrutados de longe significava que as fábricas e cidades fabris tinham poucas raízes locais. O capitalismo industrial — à frente do qual estava a indústria têxtil, tanto nos Estados Unidos como na Inglaterra — não se desenvolveu de forma orgânica a partir de comunidades existentes, mas foi implantado, totalmente formado, por capital mercantil de fora.[25]

Os complexos têxteis construídos pelo grupo de Boston eram muito maiores do que as fábricas da época. Uma pesquisa federal feita em 1832 constatou que, das 36 indústrias que informavam ter mais de 250 funcionários, 31 eram têxteis. Às vésperas da Guerra Civil, os estabelecimentos industriais nos Estados Unidos empregavam, em média, apenas 9,34 trabalhadores. Em contraste, a Merrimack, a maior companhia de Lowell, tinha 2400 trabalhadores em 1857, enquanto outras seis empresas da cidade tinham mais de mil.[26]

Crescimento contínuo, no entanto, não significa inovação contínua. Após uma explosão inicial de inventividade, os proprietários e gerentes de fábricas com sede em Boston se mostraram muito conservadores e não introduziram grandes mudanças tecnológicas durante décadas. Até meados dos anos 1840, os prédios fabris raramente superavam em muito as dimensões da segunda fábrica de Waltham, cada uma com 250 a trezentos operários. As empresas aumentaram a produção acelerando os equipamentos existentes e construindo novas fábricas usando seu modelo bem estabelecido. Capazes de obter um bom retorno financeiro fazendo mais do mesmo, os investidores de Boston sentiam pouca necessidade de novidades.[27]

A questão da energia ilustra bem isso. Com a abundante força hidráulica e o carvão mais distante e mais caro do que para as fábricas britânicas, os proprietários de fábricas da Nova Inglaterra só adotaram amplamente a energia a vapor após a Guerra Civil, muito depois de ela se tornar comum na Inglaterra. Em consequência, as cidades fabris da Nova Inglaterra não tinham nada da fumaça negra e da fuligem tão características da indústria britânica. Quando o crescimento de Lowell e o planejamento de Lawrence apresentaram a possibilidade de que as fábricas junto ao Merrimack ficassem sem energia hidráulica, em vez de instalar motores a vapor, os proprietários compraram terras e privilégios de água na saída do lago Winnipesaukee, em New Hampshire, a cem quilômetros de distância, para direcionar mais água para o rio (deixando Ralph Waldo Emerson indignado diante do que considerou arrogância).[28]

Os esquemas corporativos adotados pelos investidores têxteis de Boston permitiram a expansão numa escala sem precedentes para a manufatura. Em 1850, as fábricas controladas por eles representavam cerca de um quinto de toda a fiação de algodão nos Estados Unidos. Somente em Lowell, em 1857, as dez companhias fabris, a Lowell Bleachery e a Lowell Machine Shop (desmembradas da Eclusas e Canais) empregavam juntas mais de 13 mil trabalhadores.[29]

Mas o modelo de Lowell não aproveitou ao máximo as potenciais eficiências que vinham com o tamanho. Dentro das empresas, administrar cada edifício fabril como uma unidade de produção autônoma, embora houvesse algumas funções compartilhadas que, sem dúvida, reduziam os custos — a mais importante sendo a compra de algodão cru e a venda de produtos acabados —, significava que cada prédio funcionava como uma empresa separada de tamanho modesto. A ideia de uma companhia com múltiplas unidades, totalmente integrada e racionalizada, ainda estava no futuro. As fábricas de Lowell só começaram a calcular os custos unitários na década de 1850, de modo que não tinham como saber as vantagens e desvantagens dos diferentes arranjos, mantendo por hábito o sistema que Lowell havia introduzido na primeira fábrica de Waltham. Mesmo depois que as empresas começaram a conectar prédios de fábricas independentes e a lotar os jardins de prédios — para desalento dos operários que não podiam mais olhar para cenas da cidade e do campo —, elas continuaram a tratar cada fábrica como uma entidade separada. E como cada grupo de quatro ou cinco fábricas estava organizado tal qual uma corporação separada, outras economias que poderiam ter acumulado em compras, vendas e gerenciamento deixaram de ser feitas.[30]

A Amoskeag Manufacturing Company era a exceção que sugeria que poderia haver maior eficiência numa estrutura organizacional diferente. Instalada no final da década de 1830 para desenvolver um novo centro têxtil no rio Merrimack, em New Hampshire, junto com uma cidade que ganhou o nome grandioso de Manchester, a empresa reproduziu, de início, o padrão Lowell, se expandindo por meio da criação de novas entidades corporativas. Mas, diferente de Lowell, as empresas separadas começaram a se consolidar sob o mesmo comando, até que todas as fábricas de Manchester fossem controladas pela Amoskeag. A estrutura corporativa consolidada facilitou a expansão. Em seu auge, no início do século XX, a Amoskeag tinha 17 mil trabalhadores em trinta fábricas e muitos prédios associados, margeando o rio por quase dois quilômetros de um lado e oitocentos metros do outro. Seu tamanho possibilitou que a empresa fosse quase completamente autossuficiente, usando seus próprios trabalhadores para grandes projetos de construção e construindo a maioria de suas máquinas.[31]

O modelo de expansão através da replicação — muitos prédios fabris separados, controlados por muitas companhias separadas — revelou-se um beco sem saída. Quando outras empresas começaram a se aproximar e depois superar o tamanho da rede do Boston Associates, como a Pennsylvania Railroad, a Standard Oil e a U.S. Steel, algumas fizeram experimentos com diretorias interligadas, mas rapidamente mudaram para consolidar o controle corporativo e a supervisão financeira, mesmo com instalações distantes.[32] Mas, embora idiossincrático do ponto de vista da organização, foi o sistema Waltham-Lowell o primeiro a trazer fábricas de grande escala para os Estados Unidos, e foi esse sistema que até a Guerra Civil representou o industrialismo no discurso político e cultural, um polo para crítica e, com mais frequência, para louvor de um novo tipo de sociedade.

As moças da fábrica

"A moça da fábrica americana", dizia um artigo de 1844 sobre Lowell no *New-York Daily Tribune*,

> é geralmente filha de um fazendeiro, teve uma educação comum na escola do distrito e pretende passar algumas temporadas na fábrica a fim de ganhar um pouco para começar a vida. Ela passa algumas semanas ou meses do ano sob o teto do pai, e costuma se casar e se instalar em sua vizinhança. Muitas frequentam palestras e escolas noturnas após o término do dia de trabalho, e mais da metade das 6 mil ocupa assentos nas numerosas igrejas de Lowell e paga regularmente por isso. [...] Dificilmente existe algum lugar onde a temperança é mais geral ou as violações da lei menos frequentes.

O jornal talvez tenha pintado uma imagem cor-de-rosa demais, mas sua descrição era precisa. Foi o caráter das "moças" de Lowell e sua vida na cidade fabril que tanto impressionaram os visitantes nacionais e estrangeiros e os levaram a contrastar acentuadamente as fábricas americanas com as britânicas.[33]

Frances Lowell e seus sócios buscaram a força de trabalho das moças de fazenda em grande parte por falta de alternativas. Eles procuravam evitar a desaprovação social que acompanhava o emprego maciço de crianças e, de qualquer modo, seus teares exigiam uma força considerável para ser operados, exigindo trabalhadores adultos. Ao contrário da Inglaterra, os Estados Unidos não tinham um excedente de trabalhadores urbanos do sexo masculino nem um campo superpovoado disponíveis. Numa época anterior, talvez pudessem ter usado escravos; na indústria têxtil muito menor do Sul, eles foram de fato usados; de acordo com uma estimativa, mais de 5 mil escravos trabalhavam em fábricas de algodão e lã no Sul em 1860. Mas quando Lowell construiu as fábricas de Waltham, a escravidão estava praticamente extinta no Norte.

As fábricas de estilo Waltham-Lowell encontraram uma solução brilhante no recrutamento de mulheres jovens da zona rural da Nova Inglaterra. Solteiras, ainda na adolescência ou juventude, proporcionavam uma força de trabalho bem instruída, acostumada a ver e a realizar trabalho árduo e a ser subserviente à autoridade masculina, mas não tão vital para a família que sua retirada provocasse uma crise econômica ou social. E, para o deleite dos donos das fábricas, elas constituíam uma força de trabalho rotativa. Quando ficavam infelizes ou as fábricas careciam de trabalho, podiam voltar para a família em vez de ficar por perto e causar problemas, evitando o descontentamento e a desordem que surgiram na Inglaterra com a criação de um proletariado permanente.[34]

Para essas operárias, as fábricas representavam uma oportunidade antes de se casar de se expor a um mundo mais amplo, ao mesmo tempo que elas evoluíam economicamente e ajudavam a família. Poucas vinham de lares carentes e desesperados por uma renda adicional, como era comum na Inglaterra. Em geral, vinham de famílias medianas, sendo filhas de agricultores ou artesãos rurais. Mas o dinheiro desempenhava um papel muito importante na decisão de trabalharem na fábrica. Costumavam conservar seus ganhos, usando-os para comprar roupas ou economizando para o dote, a escola normal ou para que se estabelecessem independentemente da família. Muitas também mandavam dinheiro para casa, para ajudar a pagar a hipoteca agrícola ou dívidas familiares, sustentar a mãe viúva ou pagar pela educação de um irmão. Uma grande atração das fábricas do estilo Waltham-Lowell era o fato de pagarem em dinheiro, não em crédito na loja da empresa, como muitas do estilo Rhode Island. Naquela época, as mulheres tinham poucas maneiras de obter renda além do serviço doméstico (que muitas moradoras da Nova Inglaterra rejeitavam por ser subserviente), do ensino escolar (mais sazonal do que o trabalho na fábrica) e da costura.

Mas o dinheiro não era tudo. As fábricas também proporcionavam uma fuga da família, da vida rural, do tédio e do isolamento, e uma oportunidade de experimentar um novo mundo, mais cosmopolita, com independência, bens de consumo e intensa sociabilidade. Ganhar a própria vida dava às mulheres uma sensação de liberdade e aliviava os pais de um peso. Ironicamente, as próprias fábricas tornaram redundante uma das principais contribuições que as jovens haviam feito à economia familiar: tecer fios e produzir tecidos em casa para uso familiar ou para o mercado.[35]

Havia outros componentes da força de trabalho fabril além das jovens. Especialmente nos primeiros dias, existia uma estrita divisão sexual do trabalho. As mulheres ocupavam quase todos os empregos que envolviam operar máquinas, exceto a preparação do algodão cru e a cardação. Os homens faziam todos os trabalhos de construção, manutenção e reparo, e assumiam os cargos de supervisão. Além disso, as fábricas recrutavam ingleses e escoceses para trabalhos especializados, para os quais não havia nativos qualificados, entre eles a estampagem de chita e a produção de tecidos de lã. Um pequeno número de crianças também trabalhava nas fábricas (embora as de Lowell geralmente não contratassem ninguém com menos de quinze anos), assim como algumas mulheres mais velhas e casadas. A Hamilton Manufacturing Company provavelmente era típica em 1836, com mulheres representando 85% de sua força de trabalho. Com o tempo, o percentual feminino caiu, pelo menos modestamente. Em 1857, excluindo a Lowell Machine Shop, toda masculina, a força de trabalho têxtil de Lowell como um todo era pouco mais de 70% feminina.[36]

As fábricas de estilo Lowell raramente precisavam pôr anúncios pedindo trabalhadores. As jovens — uma amostra de trabalhadoras de Hamilton tinha idade média na contratação de pouco menos de vinte anos — vinham por conta própria depois de ouvir falar das fábricas, muitas vezes se juntando ou mandando buscar irmãs, primas ou amigas. A *Lowell Offering*, uma revista de poesia e ficção de operárias, não só recebia amplos elogios dos visitantes como também servia para anunciar vagas nas empresas (que discretamente a subsidiavam). Quando não havia mais possíveis operárias nas proximidades, as fábricas enviavam recrutadores para vasculhar locais mais distantes, trazendo de volta seus achados em carroções, antes que as ferrovias facilitassem o transporte.[37] As operárias costumavam ter uma permanência no trabalho relativamente curta. A maioria das estimativas concorda que permaneciam, em média, cerca de quatro ou cinco anos nas fábricas, voltando para casa por alguns períodos mesmo enquanto estavam empregadas.[38]

Desde o início, os donos de fábricas calcularam que os pais permitiriam que as jovens vivessem sozinhas e trabalhassem nas fábricas somente se tivessem certeza de sua segurança e de seu bem-estar. Para as fábricas "obterem a constante importação de mãos femininas do campo", escreveu o *Burlington Free Press* de Vermont em 1845, "é necessário assegurar *a proteção moral de seu caráter enquanto elas residem em Lowell*". Com esse objetivo, as empresas criaram o que o jornal chamava de "polícia moral". Regras minuciosas regulamentavam as operárias tanto dentro como fora do trabalho. A Middlesex Company declarou que não empregaria "ninguém que esteja habitualmente ausente do culto público no sábado, ou cujos hábitos não sejam regulares e corretos". As trabalhadoras eram proibidas de fumar ou consumir qualquer tipo de bebida alcoólica nas fábricas e, em geral, exigia-se que morassem em pensões de propriedade da empresa, a menos que tivessem família nas proximidades. As pensões, por sua vez, tinham suas próprias regras, inclusive um toque de recolher às dez horas e, em pelo menos um caso, a exigência de que todas as residentes recebessem vacina contra a varíola (pela qual a empresa concordou em pagar). As matronas que as administravam tinham de denunciar quem violasse as regras, ficando passível de ser demitida. As companhias exigiam que as operárias assinassem contratos de um ano e dessem duas semanas de aviso prévio antes de ir embora. Circulavam entre as empresas listas de trabalhadoras que haviam sido demitidas ou que haviam partido antes do final do contrato, a quem concordavam em não contratar. Também impunham multas por atraso e trabalho de baixa qualidade.[39]

O paternalismo das fábricas não era simplesmente regulatório ou punitivo; especialmente nos primeiros anos, tentaram se mostrar como locais atraentes para trabalhar e tornar as cidades fabris boas para se viver.

Lowell foi cuidadosamente planejada, com árvores ao longo de ruas largas e uma colocação organizada das fábricas, pensões e estruturas comerciais. As companhias plantavam árvores e faziam canteiros de flores em volta de seus prédios e em seus pátios, permitindo que os trabalhadores cultivassem plantas e flores nas janelas das fábricas também. Uma operária recém-chegada a Manchester, impressionada com as casas de alvenaria e as "ruas muito bonitas", escreveu para a irmã que a achava "um lugar bonito". A sociabilidade das cidades industriais, especialmente Lowell, com suas palestras e sociedades literárias, era amplamente elogiada, embora também um pouco exagerada, uma vez que as longas horas de trabalho deixavam pouco tempo para outras atividades. Ainda assim, cidades como Lowell e Manchester pareciam muito diferentes de centros têxteis ingleses lotados, imundos e pobres como Wigan, Bolton e a Manchester original.[40]

A experiência de trabalhar em uma fábrica e viver numa cidade industrial transformou as mulheres que afluíam para Lowell, Manchester, Chicopee e lugares semelhantes. Augusta Worthen, que tinha duas irmãs que haviam trabalhado em Lowell, lembrou mais tarde que as jovens de sua cidade, Sutton, New Hampshire (com 1424 habitantes em 1830), que viajaram para trabalhar em Lowell ou Nashua tiveram:

> a chance de contemplar outras cidades e lugares, e ver mais do mundo do que a maioria da geração conseguira ver. Elas usavam roupas simples e feitas no campo e, depois de trabalhar por vários meses, vinham fazer uma visita, ou talvez casar-se, em seus vestidos citadinos de bom gosto e com mais dinheiro em seus bolsos do que jamais possuíram.

Para um grupo em particular, o trabalho fabril podia significar uma mudança total: as viúvas e as mulheres solteiras mais velhas, cujo sustento dependia de parentes. A operária Harriet Robinson lembrou mais tarde delas:

> deprimidas, modestas, cabisbaixas, mal ousando olhar alguém no rosto. [...] Mas depois que chegava o primeiro dia de pagamento e elas sentiam o tilintar da prata em seu bolso e começavam a sofrer sua influência volátil, suas cabeças erguiam-se, seus pescoços pareciam sustentados com aço, elas olhavam para seu rosto, cantavam alegremente entre seus teares ou máquinas, e caminhavam com passos elásticos indo e vindo para o trabalho.

Muitas operárias retornavam às suas cidades natais para se casar, às vezes retomando vidas rurais muito parecidas com as dos pais. Mas um estudo detalhado feito pelo historiador Thomas Dublin, de mulheres que trabalharam para a Hamilton Manufacturing, descobriu que elas costumavam se casar numa idade um pouco mais avançada do que as mulheres de suas cidades natais que não tinham trabalhado em fábricas, eram muito menos propensas a se casar com um fazendeiro e mais a se estabelecer numa cidade, com um bom número delas tendo ficando em Lowell depois do casamento. Embora o próprio campo da Nova Inglaterra estivesse mudando, com melhorias no transporte e a disseminação de relações comerciais, para as jovens trabalhadoras, a experiência da fábrica acelerou a transição de um mundo de agricultura de semissubsistência para uma sociedade comercial emergente. Mesmo aquelas que voltavam para seu lugar de origem nunca mais foram iguais às que não haviam saído.[41]

Ao contrário dos trabalhadores têxteis britânicos, as jovens que afluíam para as fábricas da Nova Inglaterra deixaram para a história uma verdadeira torrente de palavras. Quase todas alfabetizadas, elas mantinham diários, escreviam cartas para casa e umas para as outras, contribuíam para *The Lowell Offering*, para sua sucessora, *The New England Offering*, e para jornais de trabalhadores como *The Voice of Industry*. Em alguns casos, escreveram memórias ou autobiografias. Em suas cartas, o dinheiro é discutido com frequência: salários, quanto poderia ser ganho em empregos alternativos, despesas e assim por diante. O trabalho na fábrica em si não figura tanto quanto as atividades externas, notícias familiares ou religião. Há comentários muito ocasionais sobre o ritmo do trabalho, mas surpreendentemente pouca descrição das fábricas. A vida social e a economia de dinheiro — motivos pelos quais tantas trabalhadoras deixaram suas casas — permaneceram na linha de frente, sem que dessem muita importância às tarefas na fábrica e às próprias instalações.[42]

Uma razão para isso talvez fosse que, pelo menos nas primeiras décadas, as operárias não considerassem seu trabalho especialmente árduo. Um editorial de *The Lowell Offering* observava, em 1843: "Muitas das moças que vêm do campo para Lowell foram ensinadas por suas boas mães que a indústria é a primeira das virtudes". Respondendo a alegações sobre os efeitos insalubres do trabalho fabril, o editorial declarava que o trabalho na fábrica era "leve — não fosse assim, não haveria tanta pressa em sair de suas casas no campo para se livrar de vacas leiteiras, lavagem de pisos e outros empregos tão saudáveis".

Tal como na Inglaterra, muitas vezes as empregadas que entravam numa fábrica pela primeira vez achavam o barulho e o movimento do maquinário avassaladores, a experiência de compartilhar um enorme espaço de trabalho com dezenas de outros desorientadora e as tarefas cansativas. Mas em geral aclimatavam-se logo. Embora a intensidade das tarefas variasse consideravelmente, pelo menos nos primeiros anos, quando as empresas ainda estavam aperfeiçoando máquinas e operações, e os lucros eram altos, muitas tarefas não eram especialmente pesadas. Nas salas de fiação e tecelagem, as trabalhadoras muitas vezes tinham tempo livre enquanto monitoravam o equipamento, esperando que um fio se rompesse ou que uma bobina precisasse ser substituída. Em alguns casos, desafiavam as regras que as impediam de ler ou conversar.[43]

Mas era trabalho. Em uma resenha de *Notas americanas*, de Dickens, *The Lowell Offering* citou com aprovação seu comentário sobre as "operárias da Lowell": "É a vez delas de trabalhar. E elas trabalham de verdade [...] em média, doze horas por dia; o que é inquestionavelmente trabalho, e um trabalho bem apertado também". Ações repetitivas durante os longos dias causavam tédio e fadiga. O ar nas fábricas era muitas vezes ruim, especialmente durante o inverno, quando eram necessárias velas e lâmpadas para iluminar, e o ruído podia se tornar opressivo. Com frequência, fazia muito calor ou muito frio. E muitas trabalhadoras se ressentiam da regulamentação rígida de suas vidas, o que alguns passaram a chamar de "tirania fabril".[44]

A vida na cidade industrial também tinha seu lado negativo. Algumas recém-chegadas descobriam que era desconcertante estar rodeadas por tanta gente, depois de terem passado a vida em fazendas isoladas ou pequenas aldeias. As pensões viviam lotadas, com quatro a seis mulheres compartilhando cada quarto (duas em cada cama), o que proporcionava pouca privacidade (embora isso não fosse novidade para aquelas que haviam crescido em grandes famílias agrícolas da Nova Inglaterra e dormiam espremidas em quartos apertados). Mas as oportunidades para uma vida social, intelectual e religiosa mais rica do que a de suas cidades de origem — e para ganhar dinheiro — pareciam compensar os desafios da vida urbana para a maioria das recém-chegadas.[45]

As condições, no entanto, não eram estáticas, deteriorando-se com o tempo. Um surto prolongado de construção de fábricas — dos tipos Slater e Lowell — começou a diminuir a distância entre a oferta e a demanda por tecidos. Em 1832, somente na Nova Inglaterra havia cerca de quinhentas fábricas de algodão em funcionamento. Para manter os dividendos diante do crescimento da concorrência e da queda dos preços, as corporações sediadas em Boston procuraram cortar custos. A folha de pagamento não era necessariamente sua maior despesa. Em alguns anos, as empresas pagavam mais pelo algodão cru do que pelo trabalho para convertê-lo em tecido. Mas era uma despesa sobre a qual tinham controle.[46]

As empresas reduziram os custos de mão de obra de várias maneiras. Às vezes, simplesmente baixavam os pagamentos, os quais, para muitas trabalhadoras, eram por peça. Em março de 1840, por exemplo, os diretores da Merrimack Manufacturing votaram "que, em consequência da depressão dos tempos, é indispensável um corte nos salários das operárias", autorizando o tesoureiro da empresa a reduzi-los "até o ponto em que possam ser considerados convenientes e praticáveis". As companhias também começaram a operar máquinas em velocidades mais altas, aproveitando-se de melhorias técnicas em eixos e equipamentos, e a atribuir a fiandeiras e tecelãs mais máquinas para monitorar. Onde antes uma tecelã era responsável por um ou dois teares, na década de 1850 era comum atribuir três ou quatro. À medida que a produção — e a pressão — aumentava, as taxas por peça eram reduzidas, de modo que os salários, quando muito, aumentavam modestamente. Um estudo de quatro fábricas de estilo Lowell no norte da Nova Inglaterra descobriu que, entre 1836 e 1850, a produtividade aumentou quase 50%, enquanto os salários subiram apenas 4%.[47]

Na década de 1830, em reação a cortes salariais, ocorreram alguns surtos dramáticos de protestos, ainda que breves, num momento de crescente organização dos trabalhadores em nível nacional, à medida que emergiam uma linguagem e uma política de mobilização de operários. No início de 1834, um anúncio feito pelas fábricas de Lowell de um iminente corte salarial de 12,5% desencadeou uma onda de reuniões, petições e agitação, buscando reverter isso. Quando um agente da fábrica demitiu uma líder do protesto, algumas operárias saíram com ela, desfilando pelas ruas e visitando outras fábricas, pedindo que suas operárias também saíssem. Cerca de oitocentas mulheres juntaram-se a elas. Mas a greve foi de curta duração e não obteve sucesso. Em menos de uma semana, as mulheres haviam retornado aos seus empregos ou se demitido, e a redução salarial aconteceu conforme o planejado.

Dois anos depois, de 1500 a 2 mil trabalhadoras participaram de um protesto muito mais bem organizado, contra uma alta no preço de hospedagem e alimentação nos pensionatos da empresa que significava, na verdade, outro corte salarial. Em algumas fábricas, a greve durou semanas, e pelo menos uma empresa teve de fechar uma instalação, transferindo as trabalhadoras não grevistas para outras a fim de manter a produção. A recém-formada Associação das Moças de Fábrica, com cerca de 2500 membros, coordenou a greve. Embora o resultado exato não esteja claro, pelo menos algumas fábricas revogaram parcial ou totalmente o aumento.[48]

Não foram as primeiras greves de operários fabris; já houvera greves curtas em Pawtucket (Rhode Island) e em Waltham e Dover (Massachusetts). Mas as greves de Lowell foram maiores e tiveram maior peso simbólico porque ocorreram na cidade industrial mais celebrada do país. Além disso, embora o movimento trabalhista organizado nos Estados Unidos estivesse se desenvolvendo aos trancos e barrancos desde o fim da Revolução, as greves de mulheres e operários fabris ainda eram uma novidade.

No entanto, as greves de Lowell se encaixam em um padrão nacional, no qual a linguagem do republicanismo e o espírito da Revolução eram invocados para mobilizar as trabalhadoras contra o que era visto como uma tirania crescente do poder econômico. "Circulamos este papel", dizia uma petição durante a greve de 1834, "desejando obter os nomes de todas as que absorvem o espírito de nossos ancestrais patrióticos, que preferiam a privação ao cativeiro. [...] A mão opressora da avareza escravizará [...] Como somos livres, permanecemos de posse do que a generosa providência nos concedeu, e continuamos a ser filhas de homens livres." Os grevistas consideravam as reduções salariais e o poder de impô-las não somente uma ameaça ao seu bem-estar econômico, mas também à sua independência e respeitabilidade, ameaçando reduzi-los ao oposto de homens livres — ou filhas de homens livres: escravos. Tal como na Inglaterra, os operários temiam que a fábrica não fosse uma fonte de liberdade, mas seu oposto. Durante a greve de 1836, as grevistas andando em procissão pelas ruas de Lowell cantavam:

Oh! não é uma pena, uma moça tão bonita como eu
Ser mandada para a fábrica para me consumir e morrer?
Oh! Eu não posso ser escrava,
não serei escrava,
Porque gosto tanto da liberdade
que não posso ser escrava.

Havia algo de irreverência nisso — os versos parodiavam a canção "Eu não serei uma freira", que dizia "eu gosto tanto de prazer que não posso ser freira" —, mas havia algo de sério também.[49]

Em Lowell, o movimento grevista durou pouco. Mas as críticas dos trabalhadores ao sistema fabril tornaram-se mais comuns durante a década de 1840. Como na Inglaterra, os reformadores se concentraram nas longas horas de trabalho. "O grande mal em operação em Lowell, e também em geral nas fábricas americanas", publicou o *New York Daily Tribune*, "é o das excessivas horas de trabalho." As fábricas da Nova Inglaterra raramente funcionavam 24 horas por dia, mas a jornada de trabalho era muito longa. Em Lowell, em meados da década de 1840, durava geralmente entre 11,5 e 13,5 horas nos dias de semana, com horários um pouco mais curtos aos sábados e folga aos domingos.[50]

Seguindo o caminho britânico, os trabalhadores têxteis da Nova Inglaterra buscaram leis que restringissem a jornada de trabalho para dez horas, primeiro para as crianças e depois para os trabalhadores em geral. Os operários fabris apresentaram petições aos legisladores e criaram organizações, entre elas as Associações Femininas de Reforma Trabalhista, em Lowell e Manchester, realizaram piqueniques e passeatas e publicaram apelos, num esforço para reduzir as horas de trabalho. Massachusetts e Connecticut aprovaram leis que limitavam o horário do trabalho infantil, mas, ao contrário do que aconteceu na Inglaterra, os operários fabris americanos não conseguiram uma legislação significativa que abrangesse adultos. Algumas fábricas de Lowell reduziram um pouco a jornada de trabalho, mas, apesar de um impressionante esforço organizacional, o movimento das dez horas efetivamente fracassou.[51]

Paraíso ou paraíso perdido?

A insatisfação dos operários fabris com seus empregos, patrões e o que eles percebiam como uma disparidade não republicana de riqueza e poder não impressionava muito o fluxo de visitantes que iam conhecer as fábricas.[52] Davy Crockett, então congressista whig do Tennessee, visitou Lowell apenas alguns meses após a greve de 1834 (menos de dois anos antes de sua morte no Álamo). Crockett escreveu que ele "queria ver o poder das máquinas [...] [e] como esses nortistas podiam comprar nosso algodão e levá-lo para casa, manufaturá-lo, trazê-lo de volta e vendê-lo por metade de nada; e, nesse meio-tempo, conseguir viver e, além disso, ganhar dinheiro". Como tantos outros, ele estava fascinado pelos processos de fabricação e pelas "moças", que "pareciam ter acabado de costurar por lazer". Conforme seu relato, "nenhuma delas se declarou cansada de seu emprego ou oprimida pelo trabalho", o que não surpreende, uma vez que Crockett estava acompanhado por Abbott Lawrence, um dos mais proeminentes donos de fábricas. "Eu não pude deixar de refletir", continuou Crockett, "sobre a diferença de condição entre essas mulheres assim empregadas e as de outros países populosos, onde o caráter feminino é degradado à abjeta escravidão."

Embora adversário encarniçado de Andrew Jackson, Crockett tinha uma visão de Lowell que se assemelhava à do presidente, que a visitara um ano antes. (Jackson não foi o primeiro presidente a visitar uma fábrica têxtil: James Monroe esteve em Waltham em 1817.) Os principais investidores de Lowell esperavam encantar Jackson num momento de intenso debate sobre tarifas, assunto em que tinham grande interesse. Em grande parte, obtiveram sucesso, tendo organizado uma procissão de milhares de trabalhadoras vestidas de branco carregando guarda-sóis e faixas que diziam "Proteção à indústria americana", as quais levaram o presidente a uma excursão pelas fábricas de Merrimack.[53]

Em meados da década de 1830, não era de surpreender que oponentes políticos estivessem de acordo quanto à manufatura estilo Lowell. Na época da Revolução Americana, muitos líderes, como Thomas Jefferson, temiam que a indústria ameaçasse a natureza agrária do país, na qual acreditavam que se baseava a liberdade, a virtude e o republicanismo. Eles temiam que a indústria traria os males sociais e as divisões que criara na Inglaterra. Mas, por volta da guerra de 1812, consolidou-se um amplo consenso de que os Estados Unidos precisavam de suas próprias indústrias manufatureiras para garantir sua força e independência. Além disso, até mesmo muitos críticos do desenvolvimento industrial passaram a acreditar que o cenário físico e político dos Estados Unidos moldaria um sistema de manufatura destituído dos males que o acompanhavam na Europa. Como usavam energia hidráulica em vez de vapor, as fábricas americanas tinham se dispersado em povoados e pequenas cidades, evitando o congestionamento e os problemas urbanos de Manchester e outras cidades britânicas. A utilização de mulheres jovens do campo como operárias de curto prazo evitava a criação de um proletariado degradado. Para os líderes políticos e intelectuais americanos, o que estava errado na indústria do Velho Mundo não era a indústria, mas o Velho Mundo. Muitos argumentavam que Lowell demonstrava que a manufatura no Novo Mundo poderia coexistir com valores democráticos, pureza moral e harmonia pastoral.[54]

Nem todos eram tão otimistas. O poeta e abolicionista John G. Whittier era frequentemente citado por sua descrição de 1846 das "moças das fábricas de Lowell", que provocava sorrisos: "Acres de mocidade — beleza calculada por metro quadrado, ou quilômetros por longa distância! — As jovens, as graciosas, as alegres — flores colhidas das milhares de encostas de colinas e vales verdes da Nova Inglaterra". Whittier elogiava as operárias de Lowell por sua "indústria estimulada pela esperança", ensinando "as lições do trabalho livre", em forte contraste com o "trabalho dirigido pelo chicote" dos escravos das fazendas. No entanto, mais adiante no mesmo artigo, ele criticava:

> os bons e muitos ensaios tolos escritos sobre a beleza e a divindade do trabalho por aqueles que nunca souberam o que é realmente ganhar seu sustento com o suor da testa — que nunca, ano após ano, se inclinaram sobre o banco ou o tear, separados do céu azul, da relva verde e das águas doces, e sentiram a cabeça rodar, o coração desmaiar e os membros tremerem com a exaustão da labuta infatigável.

Whittier reconhecia "o muito que é cansativo e penoso na vida da operária fabril".[55]

O reformador trabalhista Seth Luther criticou duramente os políticos que elogiavam as fábricas de algodão baseados em visitas rápidas: "Por uma hora ou mais (não catorze horas), ele parece estar nas regiões descritas na música oriental, seus sentimentos são subjugados. [...] Sua mente está cheia de sensações, que graças a sua novidade, não têm nome, explica ele, é um paraíso". Mas, para Luther, "se um cotonifício é um 'paraíso', é *Paraíso perdido*", um lugar de longas horas de trabalho insalubre, trabalhadores mal pagos e supervisores tirânicos.[56]

Críticos das condições da fábrica da Nova Inglaterra, ao contrário do que acontecia na Inglaterra, raramente alegavam que as condições das fábricas eram tão ruins quanto ou piores do que a escravidão. Ralph Waldo Emerson foi uma exceção quando, num amargo comentário sobre Lowell, comparou escravos negros do Sul com operárias "escravas" e criticou os donos de fábricas por quererem viver no luxo sem trabalhar, com "diversão sem suor".[57] Mas os críticos ainda se voltavam para a escravidão em busca de metáforas da opressão. Uma carta publicada em 1844 no *Manchester Operative*, por exemplo, comparava o sino da fábrica que chamava os operários para suas tarefas ao "chicote de um feitor", enquanto para um trabalhador de New Hampshire o poder irrestrito dos supervisores era equivalente ao dos feitores. Alguns críticos — não muitos — reconheciam que, embora não fossem elas mesmas uma forma de escravidão, as fábricas estavam profundamente enraizadas no sistema escravista, dependendo do trabalho escravo para cultivar o algodão que usavam e produzindo tecidos vendidos a proprietários de escravos que os usavam para vesti-los.[58]

Embora partidários e críticos concordassem geralmente que as fábricas da Nova Inglaterra não eram tão ruins quanto as da Inglaterra, alguns argumentavam que a diferença poderia ser temporária. Seth Luther declarou que a "miséria em formas horríveis [...] nos distritos industriais da Inglaterra" era "produzida diretamente pelas operações de produção" e que os Estados Unidos estavam "seguindo com uma rapidez assustadora o *esplêndido exemplo da Inglaterra*". Luther destacava o emprego de crianças, muito comum nas fábricas do estilo Rhode Island, uma dura realidade em geral omitida pelos observadores contemporâneos e historiadores posteriores das fábricas de estilo Lowell. Luther lamentava a falta de educação que inevitavelmente resultava de labutar longas horas nos "palácios dos pobres". À alegação dos donos de fábricas de que "não é tão ruim quanto ainda é na Inglaterra", ele respondeu que também seria possível "dizer que a cólera não é tão grave em Boston quanto em Nova York".[59]

Anthony Trollope chegou a conclusões semelhantes. As condições superiores e as instituições paternalistas de Lowell, sugeriu ele, foram possíveis graças ao seu tamanho relativamente pequeno pelos padrões ingleses. (Na véspera da Guerra Civil, havia quase quatro vezes mais trabalhadores na indústria do algodão na Inglaterra do que nos Estados Unidos.) O aumento de escala, previa Trollope, exigiria a mudança da energia hidráulica para a energia a vapor. Se Lowell fizesse a mudança e "se espalhar amplamente", escreveu ele, "perderá suas características utópicas". John Robert Godley sustentou argumento semelhante em *Cartas da América* (1844), questionando se Lowell poderia ser usada para demonstrar que "os males que na Europa acompanharam universalmente o sistema manufatureiro não são inevitáveis". Lowell, observou ele, foi criada e desenvolvida "em circunstâncias eminentemente favoráveis". Ele duvidava que, com o tempo, à medida que a população dos Estados Unidos crescesse, os salários caíssem e a indústria manufatureira ganhasse importância, "o contraste favorável que as fábricas da Nova Inglaterra apresentam agora às de Inglaterra, França e Alemanha, possa continuar". Um quarto de século mais tarde, Edward Bellamy, morador de Chicopee Falls e autor do romance utópico de grande sucesso *Looking Backward* [Olhando para trás] também viu as condições europeias de pobreza e divisão social chegando aos Estados Unidos. Ele não teve "nenhuma dificuldade em reconhecer na América, e até mesmo em minha aldeia comparativamente próspera, as mesmas condições no curso do desenvolvimento progressivo".[60]

Herman Melville, ao menos implicitamente, sugeriu que os Estados Unidos já tinham o mesmo tipo de divisão de classe que a manufatura havia levado para a Inglaterra em seu conto "O Paraíso dos solteiros e o Tártaro das donzelas", de 1855. A primeira parte da história retrata um grupo de advogados londrinos bem alimentados e autocomplacentes, enquanto a última relata uma visita no inverno a uma fábrica de papel em um vale isolado da Nova Inglaterra, aparentemente baseada na ida de Melville a uma fábrica desse tipo em Dalton, Massachusetts (que ainda está em funcionamento). O narrador expressa sua admiração pela engenhosidade e operação da máquina de fabricação de papel, "este inflexível animal de ferro", "um milagre de complexidade inescrutável". Mas fica horrorizado com as "moças" silenciosas de aparência doentia, mulheres solteiras que vêm de "aldeias distantes" e operam as máquinas, "meros dentes da engrenagem das rodas", muito diferente do modo como as operárias de Lowell costumavam ser retratadas. Em vez de numa "utopia comercial", as moças de Melville estavam presas no "Tártaro", uma província do submundo, enquanto os ricos advogados se alimentavam e se embriagavam.[61]

O reformador da Nova Inglaterra Orestes Brownson foi mais explícito ao ver a nação dividida em "duas classes": trabalhadores e capitalistas. Em um ensaio amplamente debatido sobre "as classes trabalhadoras", Brownson usou Lowell como um exemplo para condenar o efeito do trabalho fabril sobre os trabalhadores e a crescente distância entre os industriais e seus empregados, sugerindo que apenas uma reformulação radical da sociedade poderia recriar uma verdadeira comunidade.[62] Seth Luther concordou: "Todo o sistema de trabalho na Nova Inglaterra, *mais especificamente nas fábricas que trabalham com algodão*, é um sistema cruel de exação dos corpos e mentes das classes produtoras, destruindo as energias de ambos e por nenhum outro objetivo além de permitir que os 'ricos cuidem de si mesmos' enquanto 'os pobres devem trabalhar ou morrer de fome'".[63]

Alexis de Tocqueville também viu uma crescente divisão de classes nos Estados Unidos, causada pela produção industrial. A eficiência da produção das grandes fábricas, previu ele, enriqueceria os fabricantes na medida em que se tornassem uma nova aristocracia, ameaçando a democracia, enquanto os trabalhadores eram física e mentalmente desfavorecidos pela natureza estreita e repetitiva das tarefas fabris. "Enquanto o operário concentra suas faculdades cada vez mais no estudo de um único detalhe, o patrão examina um todo mais extenso, e a mente deste último aumenta na mesma proporção em que a do primeiro se estreita." A divisão de classes industrial, a concentração de trabalhadores e a natureza cíclica da economia poderiam colocar em risco a "tranquilidade pública", um problema que, na visão de Tocqueville, exigiria mais regulamentação governamental para ser evitado.[64]

Visões desvanecidas

O debate sobre Lowell levantou o que já se tornara uma questão recorrente: o sistema fabril era inerentemente opressivo para os trabalhadores e ameaçava a coesão social, ou sua natureza mudava com o ambiente? Com o tempo, as visões críticas de Brownson, Tocqueville e Luther foram mais amplamente compartilhadas. Na Inglaterra, o cotonifício logo gerou uma ampla aceitação da ideia de que ele estava criando um novo tipo de sociedade de classes. Nos Estados Unidos, houve um interregno durante o qual a grande fábrica foi associada à ideia de que a indústria e a comunidade republicana poderiam coexistir. Mas, na época da Guerra Civil, mudanças no próprio sistema fabril, evidentes em Lowell e outros centros do algodão, apagaram a visão da "utopia comercial".

Acima de tudo, foi a transformação da força de trabalho que mudou a percepção pública das fábricas da Nova Inglaterra. No final da década de 1840, menos jovens da região chegavam às cidades industriais, em consequência do crescente descontentamento com o salário, as horas e o aumento da carga de trabalho, evidenciado pelas greves dos anos 1830 e pelo movimento por uma jornada de trabalho de dez horas. Além disso, para as jovens, surgiram outras alternativas para permanecer nos lares rurais. As ferrovias facilitaram a mudança para centros urbanos ou para o Oeste. Com a disseminação da educação pública, o número de empregos para professoras aumentou e os salários melhoraram.[65]

Felizmente para as fábricas, em meados da década de 1840, quando o influxo do campo diminuiu, uma nova fonte de força de trabalho se materializou com a migração em massa da Irlanda mergulhada na fome. Somente entre 1846 e 1847, a imigração irlandesa mais que dobrou, o que voltou a acontecer em 1851. Sempre houvera trabalhadores irlandeses em Lowell e outras cidades fabris; eles cavaram os canais e ajudaram a construir as fábricas. Mas, antes de 1840, as indústrias têxteis costumavam rejeitar as mulheres irlandesas; em 1845, apenas 7% da força de trabalho das fábricas de Lowell era composta por elas. A necessidade acabou com a discriminação; no início da década de 1850, cerca de metade das operárias têxteis de Lowell e de outras cidades fabris eram irlandesas. Na fábrica de Hamilton, em 1860, mais de 60% dos empregados haviam nascido no exterior.[66]

O crescente número de trabalhadores imigrantes provocou outras mudanças. Mais crianças começaram a ser contratadas em fábricas do estilo Lowell, especialmente meninos, pois famílias inteiras precisavam trabalhar para se sustentar, uma reversão ao padrão das primeiras fábricas do estilo Slater. A divisão do trabalho por gênero desmoronou quando imigrantes do sexo masculino aceitaram empregos antes reservados para as mulheres, com salários que, no passado, somente elas aceitariam. Em Hamilton, em 1860, 30% da força de trabalho consistia em homens adultos.

O trabalho familiar dos imigrantes contribuiu para o declínio do sistema de pensões e do paternalismo das empresas. As firmas de Lowell instalavam fábricas a um ritmo mais rápido do que construíam habitações, as quais pararam de construir por completo após 1848. Arranjos institucionais antes necessários para atrair mulheres jovens do campo e tranquilizar seus pais se tornaram cada vez mais supérfluos, como as empresas reconheceram na década de 1850, quando retiraram as exigências de frequência à igreja e residência na pensão para mulheres solteiras. Uma proporção crescente da força de trabalho — que incluía cada vez mais mulheres solteiras — vivia em pensões comuns ou em apartamentos alugados. As pensões das companhias continuaram a existir — entre 1888 e 1891, um quarto das operárias das fábricas de Boott ainda viviam em casas de propriedade das empresas —, mas perderam importância conforme a força de trabalho imigrante cresceu.[67]

Hora da chamada, gravura de 1868 de Winslow Homer, que retrata a vida fabril na Nova Inglaterra.

À medida que as fábricas deixaram de ser novidade, os "acres de mocidade" — ou pelo menos de jovens americanas — encolheram e o paternalismo foi reduzido pelas companhias, de modo que viajantes, políticos e escritores perderam o interesse por Lowell. Mas, mesmo quando a atenção do público se afastou, as fábricas continuaram a se expandir, estimuladas pela Guerra Civil. Com a grande dificuldade de obter algodão e os preços da matéria-prima bruta disparando, muitas fábricas de Lowell venderam seus estoques com lucros extraordinários, reduzindo ou interrompendo suas próprias operações. Alguns aproveitaram o hiato para expandir e se modernizar. À fábrica de Boott foram acrescentados dois prédios e grande parte de suas máquinas foi substituída. Nos anos do pós-guerra, ele construiu mais uma fábrica e começou a suplementar a energia hidráulica com energia a vapor. Em 1890, já empregava mais de 2 mil operários: era uma fábrica grande, mas nem de longe alcançava as fábricas de Merrimack, com mais de 3 mil trabalhadores, ou as fábricas de Lawrence, com mais de 4500.

Na vizinha Lawrence, a crise econômica de 1857 levou três fábricas à falência, mas a guerra motivou um boom. Ao contrário de Lowell, as fábricas de lá conseguiram manter seu algodão e continuar com a produção.

As fábricas antigas se expandiram e novas surgiram e continuaram a crescer depois da guerra, numa escala que superou a de Lowell. Para se proteger contra os altos e baixos dos produtos de algodão, a maioria das fábricas de Lawrence também fazia produtos de lã ou lã penteada. Uma delas, a Wood Mill, controlada pela American Woolen Company, tinha no início do século XX mais de 7 mil trabalhadores. No total, o emprego em Massachusetts na indústria do algodão aumentou de 135 mil em 1870 para 310 mil em 1905. Em New Hampshire, a Amoskeag Manufacturing Company se expandiu até se tornar o maior complexo têxtil do mundo.[68]

À medida que as fábricas da Nova Inglaterra continuavam crescendo, os trabalhadores irlandeses ganharam companhia e foram parcialmente substituídos por franco-canadenses. No início do século XX, outros grupos de imigrantes também começaram a trabalhar nas fábricas, principalmente europeus do Sul e do Leste, mas também grupos menores, como os sírios. Para alguns dos recém-chegados, a experiência do trabalho da fábrica não era muito diferente daquela dos primeiros habitantes da Nova Inglaterra. Cora Pellerin, uma franco-canadense que começou a trabalhar em Amoskeag em 1912, aos onze anos de idade, pensava: "Era o paraíso, porque você ganha seu dinheiro e faz o que quiser com ele". Mas, para muitos outros, a experiência do trabalho na fábrica e a vida nas cidades industriais era muito menos positiva, pois as condições de trabalho se deterioravam e a pobreza generalizada passava a caracterizar as cidades fabris. Diz o historiador Ardis Cameron:

> Em 1910, os leitores de Charles Dickens teriam achado familiar a paisagem de ruas tediosas e becos desordenados de Lawrence, seus canais negros e o rio roxo malcheiroso, suas vastas pilhas de prédios de alvenaria cobertos de fuligem, as privadas frágeis e úmidas cujos resíduos escorriam pelos esgotos a céu aberto e serpenteavam pelos quintais sombreados da cidade.[69]

Após a década de 1850, quando as fábricas da Nova Inglaterra apareciam nos noticiários, era geralmente devido a eventos desfavoráveis. Em janeiro de 1860, a Pemberton, em Lawrence, que tinha apenas sete anos de vida, caiu, pois suas colunas de ferro fundido malfeitas não conseguiram suportar o peso e a vibração das máquinas. No colapso e subsequente incêndio que engolfou os escombros e as pessoas que ficaram presas neles, cerca de cem pessoas morreram e muitas outras sofreram ferimentos graves. Até hoje continua sendo um dos piores desastres industriais da história dos Estados Unidos. Jornais e revistas de lugares tão distantes quanto o Havaí informaram sobre a catástrofe, narrando "cenas dilacerantes e aterradoras" e apresentando desenhos de resgates e dos restos carbonizados das vítimas. Alguns jornais, indo além das conclusões de um inquérito legal, que responsabilizava o arquiteto da fábrica, punham a culpa da calamidade nos "filantropos ricos de Boston" que eram seus proprietários e no "flagrante descaso" dos diretores pela "segurança de seus funcionários", manchando a reputação dos donos de fábricas.[70]

O trabalho infantil também chamou a atenção negativa do público. A indústria têxtil estava entre aquelas que foram alvo de uma campanha no início do século XX para manter as crianças longe de minas e fábricas. As fotografias que Lewis Hine tirou em 1909 para o Comitê Nacional do Trabalho Infantil, de crianças que trabalhavam em Amoskeag, tornaram-se emblemáticas.[71]

Os conflitos trabalhistas enterraram ainda mais a noção de que as fábricas da Nova Inglaterra evitavam os males da indústria europeia. Depois da Guerra Civil, as greves têxteis se tornaram cada vez mais comuns. Algumas envolviam grupos relativamente pequenos de trabalhadores qualificados, como fiandeiros. Em outras, operárias ou alianças que superavam os limites de qualificação e gênero conduziam as greves. Os trabalhadores de Lawrence fizeram pequenas greves em 1867, 1875 e 1881, e uma longa em 1882, que recebeu atenção nacional. Greves fracassadas ocorreram em Lawrence em 1902 e em Lowell em 1903.[72]

A última vez que o país foi cativado por uma visão do futuro proveniente das fábricas da Nova Inglaterra ocorreu em 1912, quando cerca de 14 mil trabalhadores de Lawrence entraram em greve por dois meses para protestar contra um corte salarial, instituído em resposta a uma lei estadual que reduzia a jornada de trabalho. "A greve em Lawrence", declarou o congressista socialista Victor Berger, "é uma rebelião da classe trabalhadora assalariada contra condições insuportáveis." Liderados por organizadores inflamados do sindicato Trabalhadores Industriais do Mundo, mulheres e homens de quarenta grupos étnicos diferentes se uniram, criando comitês multilíngues para dirigir a luta. A militância e a solidariedade demonstradas pelos grevistas de Lawrence — o tipo de trabalhadores imigrantes semiqualificados que os líderes trabalhistas consideravam impossível organizar — inspiraram radicais e sindicalistas de todo o país a imaginar que um novo movimento operário e uma nação transformada estavam chegando.

Lewis Hine é famoso por seus surpreendentes
retratos de crianças trabalhadoras, entre eles o desta
menina na fábrica têxtil Amoskeag, em 1909.

Os donos de fábricas e funcionários do governo decidiram esmagar a greve com a declaração de lei marcial, a proibição de reuniões públicas, a prisão de líderes grevistas por acusações forjadas, a mobilização da Guarda Nacional e ataques físicos aos grevistas e a quem os apoiava. Quando os grevistas, sem comida e dinheiro, começaram a mandar seus filhos para fora da cidade para morar com seus partidários, a polícia e a milícia tentaram detê-los, espancando adultos e crianças na estação ferroviária. Os donos das fábricas exageraram na dose e uma onda de indignação nacional contribuiu para sua decisão de conceder um substancial aumento salarial, de modo que a greve se encerrou com a vitória dos trabalhadores.[73]

O Trabalhadores Industriais do Mundo não conseguiu consolidar seu poder depois disso. Foram necessárias mais duas décadas para que os operários fabris da Nova Inglaterra finalmente criassem sindicatos estáveis. Àquela altura, o fim estava próximo. Lentas na modernização e enfrentando a concorrência crescente das fábricas do Sul, de baixo custo (algumas financiadas pelos industriais da Nova Inglaterra), as fábricas montadas pelo Boston Associates começaram a ser fechadas no século XX. Amoskeag fechou em 1936, a Pemberton reconstruída fechou em 1938 e a última das fábricas originais de Lowell fechou na década de 1950. Pedaços e peças de produção têxtil continuaram em Lawrence e em outras partes da Nova Inglaterra, mas o grande experimento lançado por Francis Cabot Lowell estava acabado.[74]

Bem antes de as fábricas de Lowell começarem a fechar, os Estados Unidos haviam ultrapassado a Inglaterra como maior potência industrial do mundo. Em meados da década de 1880, mais mercadorias saíam das fábricas americanas do que das britânicas. Na Primeira Guerra Mundial, a produção industrial dos Estados Unidos superou as da Inglaterra, França e Alemanha juntas. O crescimento meteórico da manufatura americana refletiu, em parte, o crescimento do próprio país, que em 1890 se aproximava de uma população de 63 milhões, muito maior que a da Inglaterra, com 33 milhões, a da França, com 38 milhões, e a da Alemanha, com 49 milhões, possibilitando a alta produção de bens padronizados e baratos para o mercado interno.[75]

Lowell ajudara a inaugurar a era industrial americana e seu domínio industrial global. Ela nascera em meio a uma onda de publicidade positiva porque prometia a fusão da manufatura mecanizada com os valores republicanos, criando uma "utopia comercial" que confirmaria os Estados Unidos como uma terra de reinícios e infinitas possibilidades, livre das divisões de classe e desigualdades do Velho Mundo. O sucesso de Lowell em criar um modelo social e cultural diferente para a manufatura ajudou a diminuir as preocupações nacionais com o impacto da industrialização no que ainda era uma república agrária, permitindo um novo consenso que equiparava o progresso com o aumento da produtividade por meio da mecanização e da empresa em grande escala. Quando as fábricas Lowell sumiram de vista, os americanos já haviam abraçado uma visão de futuro construída sobre a base da indústria. Ironicamente, quando as fábricas dominaram o noticiário nacional pela última vez, em 1912, antes de cair no esquecimento e na decadência, foi graças ao tipo de guerra de classes que os promotores de Lowell haviam alegado que seu sistema evitaria.

3. “O progresso da civilização”

Exposições industriais, produção de aço e o preço do prometeísmo

Em 10 de maio de 1876, inaugurou-se na Filadélfia a Exposição Internacional de Artes, Manufaturas e Produtos do Solo e das Minas, uma celebração do centésimo aniversário da Declaração de Independência. Cem mil pessoas ouviram discursos de vários dignitários, dezesseis hinos nacionais, a estreia da “Marcha de inauguração do Centenário” de Richard Wagner, o “Aleluia” de Händel cantado por um coral de mil vozes e uma saudação de cem tiros. Mas para muitos visitantes o destaque do dia aconteceu quando o presidente Ulysses S. Grant e o imperador d. Pedro II do Brasil conduziram a multidão para o imenso Salão das Máquinas e subiram na plataforma do motor a vapor de duplo balancim Corliss, de doze metros de altura. Quando os dois homens ilustres giraram uma válvula à sua frente, o motor de 56 toneladas e 1400 cavalos de potência ganhou vida, girando 37 quilômetros de eixos que moviam centenas de máquinas que enchiam o prédio de madeira e vidro.

A Exposição do Centenário, como ficou conhecida, foi uma extravagância que ocupou 115 hectares e teve, durante seus seis meses de duração, quase 10 milhões de visitantes, o equivalente a cerca de um quinto da população dos Estados Unidos. Com a participação de 37 países, tinha mostras enciclopédicas que exibiam de tudo, desde plantas exóticas e gado premiado a obras de arte e artefatos históricos. Mas as máquinas e os produtos feitos por elas sobrepujaram todo o resto.

O Salão das Máquinas, de quase seis hectares, continha uma variedade estonteante de equipamentos industriais, entre eles uma operação de impressão completa que produzia um jornal duas vezes por dia, uma locomotiva, máquinas para trabalhar em metal e madeira, máquinas de fabricação de tijolos e equipamentos de fiação e tecelagem de Saco, Maine. Na seção chamada “Máquinas, aparelhos e implementos utilizados na costura e confecção de vestuário e objetos ornamentais”, na terminologia taxonômica típica

O presidente Ulysses S. Grant e o imperador
d. Pedro II dão a partida no motor Corliss na Exposição
do Centenário, realizada na Filadélfia em 1876.

da exposição, o visitante podia observar suspensórios feitos mecanicamente com seu nome trançado no tecido. Entre as invenções reveladas estavam a máquina de escrever, o telefone e uma calculadora mecânica. No prédio principal da exposição era possível encontrar uma enorme variedade de produtos feitos à máquina. Edifícios menores, como o da Companhia Singer de Máquinas de Costura e de Calçados e Couros, exibiam mais máquinas e produtos feitos por elas. Até mesmo o Salão Agrícola estava cheio de máquinas, de ceifadoras a bombas movidas a moinho de vento e equipamentos de fabricação de chocolate.[1]

Foi uma maneira peculiar de marcar o centésimo aniversário dos Estados Unidos. Havia muitas imagens e objetos de mau gosto patrióticos. Mas o peso da exposição estava em outro lugar, na celebração das maravilhas tecnológicas da época, da grande produtividade e inventividade do país, de seu progresso medido pelo domínio do reino mecânico. Era preciso um salto ideológico para ver a conexão entre a Revolução Americana e o motor Corliss.

A concentração em maravilhas mecânicas e abundância industrial media o quanto as perspectivas de grandeza e progresso nacional haviam mudado durante meio século, desde a abertura das fábricas de Lowell. Com pouca discordância, os americanos passaram a ver as máquinas e a produção mecânica como essenciais para o significado da experiência nacional, como parte integrante da modernidade. Os americanos tinham divergências profundas, às vezes violentas, a respeito da estrutura e dos valores de sua sociedade; enquanto a Reconstrução do Sul chegava a um fim amargo, trabalhadores que sofriam com uma depressão econômica devastadora iniciaram as maiores greves que o país já vira, e as guerras contra os indígenas propagavam-se no Oeste. Mas a respeito das máquinas e o que elas tornavam possível, não havia muita discórdia.[2]

Os americanos acreditavam que elas estavam abrindo as portas para uma nova era de abundância, liberdade e poder nacional sem precedentes. O motor a vapor tomou o centro do palco. Parecia desafiar os deuses, como Prometeu, que roubou o fogo deles e o pôs a trabalhar. Tench Coxe, um comerciante da Filadélfia que trabalhou em estreita colaboração com Alexander Hamilton no final do século XVIII promovendo manufaturas, chegou a usar o termo "fogo" para a máquina a vapor.

O poder miraculoso dessa fonte de energia revelou-se completamente com a introdução dos primeiros barcos a vapor práticos, pouco depois da Revolução. John Fitch começou a operar uma balsa movida a vapor entre Trenton e Filadélfia em 1790. Em 1807, o *North River* de Robert Fulton, equipado com um motor a vapor britânico, subiu o rio Hudson de Nova York a Albany. Quatro anos depois, seu *New Orleans* introduziu o barco a vapor no sistema fluvial Ohio-Mississippi, abrindo a fronteira ocidental dos Estados Unidos para o desenvolvimento comercial. O transporte nos dois sentidos do Mississippi facilitou a disseminação da cultura do algodão e, com ela, a escravidão.

Mas não foram apenas os efeitos do barco a vapor que atraíram admiração, mas também o próprio barco, sua velocidade, seu poder e sua beleza antinatural. Montar um motor a vapor em um barco mudou radicalmente a experiência de tempo, espaço e distância, fazendo com que viagens outrora épicas, como a de St. Louis a New Orleans, fossem feitas em poucos dias. O escritor Edmund Flagg declarou: "Há poucos objetos mais verdadeiramente grandiosos — quase digo sublimes — do que um poderoso vapor que luta contra as corredeiras das águas do Oeste". Para Flagg e outros, o contraste entre o barco a vapor, criação da humanidade, e o selvagem cenário natural do Mississippi contribuía para tornar a cena tão memorável, beirando o sublime, que para o observador do século XIX não era apenas incrível ou bonita, mas assustadora, inquietante e avassaladora.

Americanos e europeus que viajavam para terras recentemente colonizadas viam com frequência o barco a vapor como um portador da própria civilização, ou pelo menos de sua ideia de civilização. Mas não era preciso um cenário do Oeste selvagem para fazer o barco a vapor parecer sublime. Em 1848, Walt Whitman, repetindo Flagg, escreveu sobre a sala de máquinas de uma balsa do Brooklyn: "É uma visão quase sublime que se vê ali; pois, com efeito, há poucas peças mais magníficas de trabalho manual do que uma poderosa máquina a vapor em funcionamento". Três anos depois, ele disse que os Estados Unidos haviam se tornado uma nação "da qual a máquina a vapor não é um símbolo ruim".[3]

Em breve, a estrada de ferro eclipsou o barco a vapor como símbolo da modernidade. Os trens a vapor eram ainda mais amplamente vistos, utilizados e elogiados do que os barcos a vapor. No ano do Centenário, Whitman escreveu em "Para uma locomotiva no inverno": "Tipo do moderno! emblema do movimento e poder! pulso do continente!". Ao reduzir radicalmente o tempo, o custo e a dificuldade de mover pessoas e coisas, a ferrovia uniu a nação, disseminando as relações comerciais e propagando ideias e sensibilidades. Com a ferrovia vieram novas paisagens, uma nova noção de tempo e um novo cosmopolitismo.[4]

Exibições de modernidade

Mesmo parada, a locomotiva a vapor tornou-se um símbolo de progresso e perícia nacional, parte da celebração mais ampla das máquinas e produtos manufaturados tão evidente na Exposição do Centenário. Antes da feira da Filadélfia e até muito depois, exposições públicas foram montadas em torno de processos, símbolos e produtos da manufatura mecânica, equiparando-os à modernidade. Em 1839, por exemplo, a Associação Mecânica Beneficente de Massachusetts realizou sua segunda exposição no Quincy Market, em Boston. Ao longo de doze dias, 70 mil pessoas compareceram. Entre as exibições estavam uma ferrovia em miniatura em funcionamento, uma pequena máquina a vapor que alimentava outras máquinas, máquinas aplainadoras, uma máquina de corte de caxemira, impressoras e máquinas de tricô. Entre os produtos expostos estavam tecidos de Lowell, óculos, armários, vagões, selas, meias e lingeries, chapéus, bonés, peles, doces, sabonetes, perfumes, botas, canhões, rifles, espadas, ferragens, talheres, fechaduras, bombas, carros de bombeiros e instrumentos musicais. Defendendo-se contra a crença de que a manufatura estava minando a virtude republicana, James Trecothick Austin, em discurso feito na exposição, tentou desconsiderar "os supostos interesses conflitantes das várias classes da sociedade americana". "Nossas esplêndidas manufaturas de prata", disse ele, "são piores do que inúteis, se for um pecado contra a democracia usar garfo de prata."[5]

A Exposição do Palácio de Cristal, realizada em Londres em 1851, cujo nome oficial era Grande Exposição das Obras da Indústria de Todas as Nações, marcou o início das grandes mostras internacionais e feiras mundiais, templos dedicados ao progresso e à modernidade tal como refletidos em máquinas e objetos feitos por elas. O prédio da feira era no mínimo tão impressionante quanto o que havia dentro dele. Imensa estufa de ferro e vidro, o Palácio de Cristal foi construído inteiramente com peças feitas por máquinas, de modo que, após o encerramento da exposição, foi facilmente desmontado e remontado em outro lugar. A mostra britânica, de longe a maior, tinha seções dedicadas a artes plásticas, matérias-primas, máquinas e manufaturas. O turismo industrial feito por quem tinha conexões diretas em visitas às fábricas era agora levado às massas. Quinze máquinas movidas a vapor para cardar, fiar e tecer convertiam o algodão cru em tecido diante dos olhos dos espectadores. A enorme exibição de bens manufaturados os instruía sobre a sociedade de consumo emergente, mostrando a miríade de coisas que poderiam ser feitas e como tornariam a vida melhor. "As exposições mundiais", escreveria Walter Benjamin, eram "locais de peregrinação ao fetiche da mercadoria."[6]

Os Estados Unidos montaram uma mostra própria no mesmo estilo, a Exposição da Indústria de Todas as Nações, em 1853. O salão de exposição de ferro e vidro, construído na cidade de Nova York, no local onde hoje fica o Bryant Park, era basicamente uma versão menor do edifício de Londres, com o acréscimo de uma cúpula. Foi uma sensação: nunca se vira nada parecido no Novo Mundo. Tal como a exposição de Londres, continha uma miscelânea de arte, maquinaria e produtos manufaturados.[7]

Outros países também organizaram exposições internacionais. Os franceses realizaram uma série de feiras em Paris, a começar pela Exposição Universal de 1855 e o Palácio da Indústria, que Napoleão III pretendia que superasse a mostra de Londres. Feiras sucessivas aconteceram em 1867, 1878, 1889 e 1900. Viena montou sua Exposição Internacional em 1873. Chicago criou a grande, muito frequentada e amplamente celebrada Exposição Colombiana de 1893. Seguiram-se outras feiras americanas em Omaha (1899), Buffalo (1901) e St. Louis (1904).[8]

Até mesmo a Exposição Internacional e dos Estados do Algodão de 1895, realizada em Atlanta para realçar a recuperação econômica do Sul sob o domínio branco e a continuação do reinado do algodão, tinha como destaque um Salão das Máquinas. Um relato o chamou de "coração" da feira; "rodas, grandes e pequenas, giram em todos os quadrantes; dínamos geram incontáveis volts; bombas e tornos mecânicos, plainas e furadeiras trabalham arduamente, tudo respondendo obedientemente a uma força invisível, mas irresistível". "Os sulistas se juntaram a milhões de convidados ianques", escreveu o historiador C. Vann Woodward sobre as exposições do Sul realizadas nas décadas de 1880 e 1890, "para invocar o espírito do progresso e adorar a máquina."[9]

A torre Eiffel, construída para a Exposição Universal de 1889, tornou-se o principal ícone das feiras internacionais. Gustave Eiffel, um engenheiro francês de sucesso, ganhou um concurso promovido pelo governo para construir a peça central da exposição comemorativa do centésimo aniversário da Revolução Francesa. Composta de mais de 18 mil peças de ferro forjado, feitas numa fábrica distante, a torre de 312 metros alcançava quase o dobro da altura da estrutura mais alta do mundo, o Monumento a Washington, concluído apenas cinco anos antes. Do alto, ela oferecia vistas anteriormente conhecidas apenas por alguns balonistas, uma prévia da visão panorâmica da grande metrópole que ia se tornar comum décadas depois, com a invenção do avião.[10]

Antes de sua construção, um grupo de proeminentes artistas, músicos e escritores franceses protestaram contra o que chamaram de "torre Eiffel inútil e monstruosa", "odiosa coluna de ferro aparafusado", julgando que profanava a beleza e a honra de Paris.[11] Mas a torre passou quase que imediatamente a ser saudada como símbolo da modernidade e retratada como um novo tipo de beleza. Mesmo antes de sua conclusão, Georges Seurat fez dela o tema de uma de suas telas mais conhecidas. Depois disso, seguiu-se uma enxurrada de desenhos, pinturas e litografias, com obras de Henri Rousseau, Diego Rivera, Marc Chagall e, talvez de forma mais encantadora, de Robert Delaunay, que retornou ao tema inúmeras vezes. A torre se mostrou objeto ideal para abordagens modernistas da representação, inclusive do pontilhismo e do cubismo. Cineastas pioneiros também a filmaram, e ela foi tema de curtas-metragens de Louis Lumière, em 1897, e de Georges Méliès, em 1900.[12] O mesmo fizeram os escritores. No poema de Guillaume Apollinaire, "Zona", a torre reunia o caminho da modernidade:

Finalmente está cansada deste mundo idoso
Pastorinha ó torre Eiffel esta manhã as pontes estão balindo
Está farta de viver com a antiguidade[13]

Blaise Cendrars concluía assim "Torre", seu poema de 1913 dedicado a Delaunay:

Você é tudo
Torre
deus antigo
besta moderna
Espectro solar
Tema do meu poema
Torre
Torre do mundo
Torre em movimento[14]

O grande número de visitantes das exposições e a enxurrada de publicidade positiva atestaram a admiração generalizada pelo novo industrialismo — os motores a vapor, as enormes estruturas de ferro e as máquinas em exposição.[15] É claro que nem todos estavam em transe. Guy de Maupassant declarou: "Saí de Paris e da França também por causa da torre Eiffel. Não só podia ser vista de qualquer lugar como podia ser encontrada em toda parte, feita de todo tipo de material conhecido, exibida em todas as janelas, um pesadelo sempre presente e torturante". O autor se cansou das multidões atraídas pela feira de 1889, entre elas "as pessoas que labutam e exalam o odor da fadiga física".[16]

É difícil dizer quantas pessoas realmente compareceram às várias feiras. As classes média e alta compunham obviamente a maior parte do público, mais capaz de pagar a viagem e as taxas de entrada. Os planejadores da Exposição do Palácio de Cristal de Londres prestaram considerável atenção a atrair e controlar os visitantes da classe operária. A entrada era mais barata de segunda a quinta, facilitando a visita de trabalhadores e suas famílias e permitindo que os clientes mais ricos tivessem sextas e sábados em grande parte para si mesmos. Muitas empresas subsidiaram expedições de empregados à feira. A Exposição do Centenário, na Filadélfia, fechava aos domingos, geralmente o único dia de folga dos trabalhadores, devido à pressão dos clérigos locais, o que dificultava o comparecimento deles. Mas, como na Inglaterra, patrões patrocinavam viagens à exposição para seus operários.[17]

Em geral, os visitantes da classe trabalhadora pareciam gostar das feiras — segundo alguns relatos, estavam mais interessados no maquinário e menos interessados em arte do que seus patrões —, mas alguns líderes de movimentos operários não podiam ignorar o que viam como a exploração que subjazia à abundância industrial em exibição. O cartista radical G. Julian Harney chamou o conteúdo da exposição de 1851 de "saque, espremido do povo de todas as terras, por seus conquistadores, os homens de sangue, privilégio e capital". Durante a feira de Paris de 1889, socialistas da Europa e dos Estados Unidos reuniram-se em congressos na cidade. Friedrich Engels, que já havia se aposentado de seu cotonifício em Manchester, ficou de fora e escreveu a Laura Lafargue, filha de Marx: "Há duas coisas que evito visitar por princípio e só vou por coação: congressos e exposições". Paul Lafargue, marido de Laura, queixou-se a Engels que "os capitalistas convidaram os ricos e poderosos para a Exposição Universal a fim de observar e admirar o produto da labuta dos trabalhadores obrigados a viver na pobreza em meio à maior riqueza que a sociedade humana já produziu".[18]

Ferro

Os palácios de cristal de Londres e Nova York, os grandes salões de máquinas e a torre Eiffel foram possíveis graças aos avanços da indústria do ferro. Se a primeira metade do século XIX constituiu a idade do algodão, as décadas posteriores a 1850 foram a idade do ferro. Na época da Exposição do Centenário, as maiores fábricas da Europa e dos Estados Unidos faziam produtos siderúrgicos, e não têxteis. As metalúrgicas e mais tarde as siderúrgicas suplantaram as indústrias têxteis como símbolo da modernidade, como polos de debate sobre a natureza da sociedade e sobre o tipo de futuro que as pessoas desejavam.

Até o século XIX, o ferro era feito apenas em pequenas quantidades para produtos especializados. Na Europa e na América do Norte, a extração de minérios, sua conversão em ferro e a produção de bens acabados costumavam acontecer em um único local, por pequenos grupos de trabalhadores qualificados. Mas, em meados do século XIX, a crescente demanda por ferro não pôde mais ser atendida pelas técnicas tradicionais de produção, nas quais pequenos fornos, alimentados a carvão ou coque, eram usados para remover o oxigênio e as impurezas do minério de ferro, produzindo um metal que podia ser usado em bens acabados ou mais tarde reaquecido e convertido em ferro forjado mais maleável e forte.[19]

Um enorme impulso na demanda por ferro veio da disseminação das ferrovias e da necessidade de trilhos. Em 1840, havia 7200 quilômetros de ferrovias em todo o mundo; em 1860, 101 280 quilômetros; e, em 1880, 364 800. De início, a produção de trilhos foi dolorosamente difícil. Como não era possível laminar ferro suficiente de uma só vez para fazer um único trilho, barras pequenas tinham de ser laminadas em tiras, que eram colocadas em camadas, reaquecidas e laminadas de novo. A qualidade era baixa; às vezes, os trilhos descamavam e, em linhas muito usadas, desgastavam-se em menos de três meses. O metalúrgico americano Frederick Overman escreveu no início da década de 1850: "A aplicação da ciência e da maquinaria na fabricação de ferro não exibe um estado de cultivo tão elevado quanto o que encontramos [...] na fabricação de estampas de chita e sedas".[20]

Isso mudou com uma série de inovações técnicas que aumentaram a quantidade e a qualidade da produção. Primeiro veio o alto-forno. Em vez de forçar o ar frio através do minério de ferro para remover o carbono, a partir de 1828, na Inglaterra, e seis anos depois nos Estados Unidos, passou-se a usar ar quente, aquecido pelo escapamento do próprio forno, aumentando em muito a velocidade e a eficiência do processo. O aumento da temperatura e a pressão do ar geraram mais ganhos. De uma produção típica na década de 1850 de uma a seis toneladas de ferro por dia, em 1880 os fornos chegaram a quase cem toneladas por dia.[21]

O ferro produzido pelos altos-fornos podia ser usado para fazer alguns produtos por fundição, como fogões e arados. Mas era muito frágil para muitos usos. Uma redução ainda maior do teor de carbono para produzir ferro forjado deu-lhe maior resistência e flexibilidade, mas exigia um trabalho intensivo, fosse com a batida repetida em uma forja ou com transformação química por meio de um processo conhecido como pudlagem. Os operários reaqueciam barras de ferro fundido, ou ferro-gusa, junto com escória de ferro em fornos especiais, agitando a mistura para oxidar o carbono e queimar as impurezas. Experiência, habilidade e força física eram necessárias para controlar o processo.

Com uma forte cultura artesanal e um alto nível de sindicalização, os operários que trabalhavam na pudlagem forçaram os fabricantes de ferro a estabelecer o que era efetivamente uma parceria. Os trabalhadores regulavam todos os aspectos do processo, inclusive quanto ferro produzir em cada turno e suas horas de trabalho. Eles costumavam pagar ajudantes com seus próprios salários. Em Pittsburgh, o centro metalúrgico mais importante dos Estados Unidos, uma escala móvel ligava o pagamento desses especialistas à sua produção e ao preço de venda do ferro, de modo que compartilhavam quaisquer ganhos que resultassem de produtividade maior ou de melhores condições de mercado. Os homens que operavam laminadores para moldar trilhos e outros produtos também exerciam controle quase total sobre o processo de produção. Em algumas metalúrgicas, negociavam um preço por tonelada para toda uma equipe de trabalhadores, que decidiam entre si como dividir o dinheiro.[22]

As primeiras fábricas de ferro tendiam a ser pequenas, já que a pudlagem podia produzir ferro forjado em lotes de apenas cerca de 270 quilos de cada vez. Logo, porém, considerações técnicas e financeiras aumentaram o tamanho da usina. A laminação de trilhos exigia equipamentos caros; para ser rentável, as fábricas precisavam funcionar 24 horas por dia, o que exigia uma grande quantidade de ferro forjado. Alguns fabricantes compravam ferro de outras empresas, mas os principais se integravam verticalmente, montando suas próprias operações de altos-fornos e pudlagem. A mudança do combustível de carvão vegetal para coque liberou-as da necessidade de estar perto de grandes extensões de florestas das quais o carvão vegetal podia ser produzido. Os depósitos de carvão e as principais linhas ferroviárias tornaram a Pensilvânia particularmente atraente para operações de grande escala.

A metalúrgica Cambria, perto de Johnstown, Pensilvânia, foi por algum tempo a fábrica mais avançada dos Estados Unidos, introduzindo um sistema de três laminadores que possibilitava que o ferro fosse movido para trás e para a frente entre os laminadores de moldagem, minimizando a

Metalúrgica e siderúrgica Cambria em Johnstown, Pensilvânia, por volta de 1880.

necessidade de reaquecimento. Sua unidade de trilhos se estendia por mais de trezentos metros de comprimento e trinta metros de largura, muito mais que o cotonifício. Em 1860, ela empregava 1948 operários, quase tantos quanto as maiores fábricas de Lowell. A metalúrgica Montour, no centro da Pensilvânia, outra produtora de trilhos, tinha 3 mil operários. Embora as siderúrgicas, tal como as primeiras fábricas têxteis, se estabelecessem muitas vezes em áreas rurais ou pequenas cidades próximas a rios, elas se mostraram muito mais perturbadoras, espalhando-se por grandes espaços e emitindo fumaça escura. Um viajante europeu disse que a fumaça de uma de Pittsburgh dava "um tom sombrio às lindas colinas que a cercam".[23]

A introdução do processo Bessemer levou a um novo salto na escala dos complexos industriais. A pudlagem criava um gargalo na produção dos artigos de ferro, tanto devido à limitação a pequenos lotes quanto pelo forte controle exercido pelos operários. O processo criado pelo inglês Henry Bessemer em meados da década de 1850 proporcionou um modo alternativo de transformar o ferro do alto-forno em um metal mais forte e maleável. Conforme modificado por inventores subsequentes, forçava o ar a entrar no ferro-gusa fundido, possibilitando que o oxigênio se combinasse com o carbono no metal, e desse modo o removia com um minério à base de manganês introduzido para retirar o excesso de oxigênio e enxofre. O produto final ficava em algum ponto entre ferro-gusa e ferro forjado em seu conteúdo de carbono e se mostrava mais durável para os trilhos do que o metal resultante da pudlagem. Seus inventores o chamaram de aço, apropriando-se do nome de uma forma antiga de ferro purificado que era muito difícil de produzir.

O processo Bessemer funcionava melhor com ferro feito de minério com baixo teor de fósforo, mais disponível nos Estados Unidos do que na Europa. Desse modo, foi nos Estados Unidos, logo após a Guerra Civil, que o processo foi adotado de forma ampla pela primeira vez. Alguns produtos, como tubos, barras e chapas, continuaram a ser feitos com ferro que passava por pudlagem mesmo depois da disseminação do Bessemer e dos processos posteriores de soleira aberta para a produção de aço. Ainda na década de 1890, a companhia Jones and Loughlins tinha 110 fornos de pudlagem. Depois disso, a produção de ferro despencou e a idade do aço se estabeleceu firmemente.[24]

Mesmo no início, os fornos Bessemer podiam converter cinco toneladas ou mais de ferro em aço em um único turno. Para alimentá-los, foram construídos altos-fornos cada vez maiores. Em vez de fazer ferro-gusa, que mais tarde precisava ser reaquecido, eles carregaram os conversores Bessemer diretamente com metal fundido. Em Pittsburgh e Youngstown, foram construídas pontes para permitir que trens com vagões especiais carregassem ferro líquido dos altos-fornos de um lado do rio para os conversores do outro. Na década de 1880, algumas firmas começaram a levar lingotes produzidos por conversores diretamente para laminadores, onde, após ajustar sua temperatura em "poços de imersão", os trabalhadores os laminavam sem reaquecimento. Assim, o calor e a energia eram conservados, uma vez que o metal fundido nunca esfriava completamente entre sua criação inicial e a conclusão dos produtos acabados.[25]

O aumento de produção, a integração e uma variedade cada vez maior de produtos finais que exigiam usinas de acabamento para aço estrutural, arame, chapas e outros produtos fizeram as siderúrgicas atingir um tamanho sem precedentes. Na Alemanha, a indústria Krupp, em Essen, da qual vinham os canhões de aço que foram os favoritos do público no Palácio de Cristal e outras exposições, cresceu de 72 trabalhadores em 1848 para 12 mil em 1873. Na França, a produtora de ferro e aço Schneider, de Le Creusot, que como a Krupp se especializou em armamentos, tinha 12 500 trabalhadores em 1870.[26] Nos Estados Unidos, as siderúrgicas foram mais rápidas em se mecanizar e tinham menos funcionários, mas também estavam crescendo. Em 1880, a Cambria, com 4200 operários, tinha a maior força de trabalho do setor. A fábrica de Andrew Carnegie em Homestead, que substituiu a Cambria no posto da mais avançada dos Estados Unidos tecnologicamente e que, como a Krupp e a Schneider, se dedicava fortemente à produção de blindados, passou de 1600 trabalhadores em 1889 para quase 4 mil em 1892.

Em 1900, dos 443 estabelecimentos industriais dos Estados Unidos com mais de mil funcionários, 120 produziam têxteis, principalmente de algodão, e 103 ferro ou aço, de modo que metade de todas as grandes fábricas do país estavam nessas duas indústrias. Entre as maiores, ferro e aço dominavam. Três das quatro fábricas americanas com mais de 8 mil trabalhadores produziam aço (Cambria, Homestead e a Jones and Laughlin, de Pittsburgh), enquanto a quarta produzia locomotivas. Outras três siderúrgicas tinham entre 6 mil e 8 mil operários.[27]

Como sistema de produção, a usina siderúrgica era muito mais complexa do que o cotonifício. Seus produtos eram menos uniformes. Trilhos feitos com especificações-padrão eram produzidos em grandes quantidades, mas as usinas de acabamento também recebiam pedidos de inúmeros outros artigos, alguns em números pequenos: aço estrutural em todos os tamanhos e formas, chapas de aço de dimensões variadas, chapas blindadas de diferentes espessuras e resistências, canos, arames, barras, folha de flandres e assim por diante. Eram necessários operários experientes e ajustes frequentes das máquinas para atender às especificações em constante mudança. Carnegie passou a dominar a indústria siderúrgica administrando seus negócios como as fábricas de Lowell. "O caminho mais seguro para manter a liderança", acreditava ele, era "adotar a política de vender uns poucos artigos acabados que exigem grande tonelagem". Pontes, disse ele, "não são tão boas, porque cada pedido é diferente". Mas além dos trilhos, que se tornaram relativamente menos importantes à medida que o sistema ferroviário se expandia e tipos mais resistentes exigiam uma substituição menos frequente, a política de Carnegie não era fácil de ser imitada.[28]

Um único trabalhador operando uma única máquina podia transformar mecha em fio ou linha em tecido, mas nenhum trabalhador sozinho poderia produzir uma barra de ferro-gusa ou um trilho de aço. Era necessária uma atividade coordenada de equipes de operários. Até mesmo os que trabalhavam com pudlagem, mais autônomos, o faziam em pares, pois o calor e o esforço eram tão intensos que precisavam render uns aos outros. Cada operário tinha um ajudante e, às vezes, também contava com um "menino". Grupos maiores de trabalhadores, alguns especializados e outros não, operavam altos-fornos, conversores Bessemer e de soleira aberta e laminadores.

Ao contrário da fiação e tecelagem, a maioria das operações da produção de ferro e aço não era contínua. Os altos-fornos funcionavam sem parar, com matérias-primas despejadas no topo e ferro extraído na parte inferior, até que os revestimentos se esgotassem ou surgissem outros problemas, quando então eram resfriados e reconstruídos. Mas a maioria dos outros processos eram operações em lote. Depois que um conversor Bessemer era carregado com ferro fundido, demorava apenas oito a dez minutos para que o aço fosse derramado e o ciclo se reiniciasse. Os conversores de soleira aberta demoravam oito horas para concluir o trabalho — um dos motivos pelos quais, embora produzissem aço de alta qualidade, as empresas demoravam para adotá-los. Ao contrário dos trabalhadores têxteis, muitos dos quais faziam exatamente a mesma coisa o dia todo, os siderúrgicos e metalúrgicos assumiam frequentemente tarefas variadas e alternavam períodos de trabalho intenso com descanso e recuperação.[29]

Em fábricas têxteis, muitas máquinas idênticas funcionavam lado a lado, consumindo energia de uma fonte comum. As siderúrgicas e usinas integradas tinham muito menos máquinas (muitas vezes com motores individuais), mas estavam ligadas a uma operação sequencial mais apertada.

Algumas dessas máquinas eram gigantescas. Em Homestead, os trabalhadores faziam blindados de lingotes de aço que pesavam até cem toneladas. Depois de serem laminados no tamanho apropriado, suas extremidades eram aparadas por uma prensa hidráulica com capacidade para 2500 toneladas. Eram então reaquecidos para ser temperados e resfriados em um banho de quase 380 mil litros de óleo. A usinagem final era feita com equipamentos enormes, como uma máquina de aplainar que pesava duzentas toneladas. Somente o volante de um dos motores pesava cem toneladas. A Bethlehem Iron Company construiu uma fábrica de blindados que tinha um martelo a vapor de 125 toneladas, um aparelho gigantesco e imponente que fazia parecer minúsculo qualquer um que estivesse por perto. Até mesmo equipamentos para o manuseio de matérias-primas assumiram tamanhos enormes, como máquinas que podiam levantar vagões inteiros cheios de minério ou calcário e virá-los de cabeça para baixo para carregar um alto-forno. Em 1890, os dignitários que compareceram à inauguração de uma usina siderúrgica em Sparrows Point, Maryland, fizeram o caminho que o minério de ferro seguiria em gôndolas decoradas e foram erguidos até uma plataforma de carregamento com mais de oito andares de altura.[30]

O romance do aço

"Há um glamour na fabricação de aço", escreveu John Fitch no início de seu estudo de 1910 sobre os operários siderúrgicos de Pittsburgh. "O simples tamanho das coisas — a imensidão das ferramentas, a escala de produção — toma conta da mente com uma avassaladora sensação de poder [...] majestoso e ilimitado." Fitch foi apenas o último de uma longa lista de escritores, artistas e jornalistas que ficaram fascinados com a produção de ferro e aço. Mais de meio século antes, Nathaniel Hawthorne encantou-se com "exibições de grande força, tanto de homens quanto de máquinas", durante uma visita a uma fundição de ferro em Liverpool, onde assistiu à produção de um canhão de 23 toneladas. "Vimos pedaços de ferro, intensamente incandescentes, e quase em estado de fusão, passarem sob vários laminadores e [...] se converterem em barras longas, que saíram enoveladas e ondulantes dos laminadores, como grandes fitas vermelhas." Hawthorne sentiu "muito prazer em olhar para o ferro fundido, fervente e borbulhante na fornalha", com "incontáveis fogos por todos os lados, cegando-nos com seu brilho intenso".[31]

O fogo constituía uma grande parte do fascínio do ferro e do aço, com o calor intenso, o metal fundido incandescente, os lingotes vermelhos brilhando. Imagens heroicas de trabalhadores usando fogo para transformar minério em metal eram comuns nos jornais do século XIX, muitas vezes retratados à noite para realçar o efeito do metal radiante nos altos-fornos ou nos conversores Bessemer. Vários dos desenhos que Joseph Stella fez para o estudo Pittsburgh Survey do início do século XX mostravam o rosto dos homens iluminados pelo brilho do metal fundido.

Uma das alusões mais comuns quando escreviam sobre a Revolução Industrial era a Prometeu, por dar aos homens os poderes dos deuses. O fogo era o maior de seus dons; ferro e aço, a indústria mais prometeica. Ao buscar referências clássicas para um ato de alquimia que parecia acima do reino dos mortais comuns, o século XIX também voltou-se para Vulcano, o deus romano do fogo e da metalurgia. Quando os operários que trabalhavam na pudlagem na área de Pittsburgh organizaram um sindicato em 1858, deram-lhe o nome de Filhos de Vulcano. Um relato de 1890 sobre uma grande siderúrgica em Newcastle, Inglaterra, registrou que na fundição "Vulcanos modernos, de mangas de camisa e pernas intactas, ainda lançam raios". Os artistas costumavam retratar os operários metalúrgicos e siderúrgicos como intensamente masculinos, geralmente de peito nu, com músculos ondulantes, um pouco como retratos antigos do próprio Vulcano. O contraste era grande com a representação típica do trabalhador têxtil inglês como uma criança doentia ou da operária têxtil da Nova Inglaterra como uma jovem bem vestida.[32]

Mas, se para alguns a fabricação de ferro e aço parecia o reino dos deuses, para outros parecia a província de Satã, como as primeiras fábricas inglesas tinham sido para Blake. Hawthorne descreveu fitas de ferro derretidas como se fossem "serpentes ardentes saindo de Tofete", o lugar do Antigo Testamento onde adoradores queimavam seus filhos vivos em sacrifícios a Moloc e Baal, um inferno na Terra. No início do século XX, o gerente de uma siderúrgica em Pueblo, Colorado, escreveu: "O vapor, o fogo,

Fazendo aço Bessemer em Pittsburgh,
ilustração de Charles Graham de 1886.

o metal fluido, a escória e o zumbido da máquina fazem com que se pareça com a oficina do Diabo". Para Joseph Stella, Pittsburgh, "frequentemente envolta em neblina e fumaça [...] sempre pulsando, latejando com as inúmeras explosões de suas siderúrgicas, era como a impressionante concretização de algumas das regiões infernais mais agitadas cantadas por Dante". Da mesma forma, Lincoln Steffens escreveu: "Nunca esqueci minha primeira imagem de Pittsburgh quando fui até lá escrever sobre a cidade. Parecia o inferno, literalmente [...] com suas fornalhas incandescentes e os dois rios que a espremiam".[33]

Por mais infernais que pudessem ser, as usinas de ferro e aço eram frequentemente saudadas como marcos da grandeza nacional e do avanço da civilização. Seu crescimento possibilitou a introdução de implementos de ferro e aço em fazendas e casas, a mecanização de outras indústrias, uma paisagem transformada de ferrovias, pontes e arranha-céus, e o poder imperial baseado em canhões gigantescos e navios de guerra de aço. Em 1876, George Thurston descreveu a nova siderúrgica Edgar Thomson em Braddock, Pensilvânia, como "uma ilustração notável do [...] progresso da civilização". "Nenhum monumento mais grandioso ao crescimento da nação [...] ou ao triunfo das manufaturas americanas e da mecânica americana poderia ter sido construído." Mary Heaton Vorse, uma jornalista de esquerda com uma sensibilidade muito diferente, não obstante concordou em seu livro de 1920, *Homens e aço*: "Nossa civilização é forjada nas cidades do aço". E não apenas qualquer civilização, mas a modernidade: "Ferro e aço começaram a vida dos modernos". A socióloga Sharon Zukin observou que "o aço tem poder porque foi a salvação da sociedade industrial. [...] Está ligado para cima ao governo nacional pela guerra e pelo comércio internacional, e para baixo à comunidade manufatureira local como um emblema do poder econômico". No final da década de 1940, o jornalista campeão de vendas John Gunther declarou: "O determinante básico do poder de qualquer país é sua produção de aço".[34]

Luta de classes

Outra coisa além de fogo e poder fez das fábricas de ferro e aço centros de atenção pública: conflitos trabalhistas. A indústria têxtil inglesa desencadeou um grande debate sobre o trabalho infantil e as condições de trabalho, sem uma organização muito eficaz dos operários. A indústria têxtil americana foi saudada, com considerável exagero, por manter relações harmoniosas entre patrões e operários. Em contraste, o conflito trabalhista veio a ser fortemente associado à indústria siderúrgica, lugar de alguns dos episódios mais dramáticos do que só pode ser chamado de luta de classes na história dos Estados Unidos.

Nas décadas posteriores à Guerra Civil, o crescente poder do capital industrial desencadeou lutas econômicas e políticas acirradas, em seu sentido mais amplo, sobre que tipo de sociedade os Estados Unidos seriam e quem decidiria. Ex-escravos, fazendeiros, mulheres e desempregados se mobilizaram, enquanto uma ampla gama de vozes, muito mais ampla do que ouvimos hoje — de populistas, reformadores monetários, socialistas, anarquistas, darwinistas sociais, reformadores cristãos, feministas e cooperativistas —, entraram nos debates sobre valores e estruturas sociais. Os trabalhadores e as organizações que criaram compunham a força mais importante que desafiava o crescente domínio econômico e político de industriais e financistas durante o que Mark Twain rotulou tão apropriadamente de Era Dourada. Em nenhum outro lugar houve conflitos trabalhistas mais intensos do que na indústria siderúrgica.[35]

Mais do que qualquer outra indústria, ferro e aço pareciam confirmar a noção de que o sistema fabril estava criando duas classes novas e hostis. Como os custos para abrir uma usina siderúrgica eram muito mais altos do que para uma fábrica têxtil, o capital tendia a concentrar-se num punhado de empresas poderosas. Para os homens que as controlavam, geralmente de forma ativa, elas não eram um dos muitos investimentos como as fábricas de tecidos eram para o Boston Associates, mas a fonte de todo o seu poder e riqueza, os meios para alcançar algumas das maiores fortunas do país. Seus operários reconheciam o que estavam enfrentando. O preâmbulo da constituição da Associação Amalgamada de Trabalhadores do Ferro e do Aço declarava: "Ano após ano, o capital do país se concentra cada vez mais nas mãos de poucos [...] e as classes trabalhadoras ficam mais ou menos empobrecidas. Portanto, cabe a nós, como homens que têm de *lutar* contra as severas realidades da vida, encarar esta questão de frente". Admitindo somente trabalhadores qualificados, o número de filiados da Amalgamada oscilava com bons e maus momentos, atingindo o máximo em 1891, quando contava com mais de 24 mil membros. Seu poder baseava-se num sentimento de solidariedade entre seus membros e suas qualificações, sem o que as usinas não funcionariam.[36]

Ou não funcionariam até começar a se mecanizar. Novas tecnologias e a mudança do ferro para o aço diminuíram o número de trabalhadores qualificados e o nível de qualificação necessários em várias fases da produção. A mudança para o aço também aumentou o tamanho da empresa e criou um ambiente intensamente competitivo. Ambos os eventos funcionaram contra os trabalhadores.

O mercado de trilhos, que impulsionou a indústria siderúrgica até o final do século XIX, flutuava loucamente, incentivando uma cultura de gestão implacável. Durante o crescimento econômico, havia muitos pedidos para todos, mas em períodos de recessão as empresas tinham de batalhar e cortar os preços para se manter em funcionamento. Executivos do aço faziam acordos com outras empresas e os rompiam para fixar preços e dividir os mercados, enquanto pressionavam seus subordinados a reduzir os custos. A mecanização proporcionava um caminho; a redução de salários e a ampliação da jornada, outro. Mas a redução dos custos da mão de obra significava entrar em confronto com os sindicatos, levando a batalhas cada vez mais encarniçadas nas décadas de 1880 e 1890.[37]

As grandes empresas assumiram a liderança na luta contra a Amalgamada, equipadas com recursos financeiros e várias fábricas para vencer batalhas prolongadas. Homestead teve alguns dos confrontos mais agudos. Em 1882, a administração da fábrica (que ainda não pertencia a Carnegie) exigiu que, para manter seus empregos, os funcionários tinham de assinar um acordo rígido de não se filiar a um sindicato. Várias centenas de trabalhadores qualificados se recusaram a aceitar essa imposição e ficaram em greve por mais de dois meses, sobrevivendo a repetidas batalhas contra guardas particulares e contra a milícia do Estado até que o gerente geral capitulou. Seis anos depois, Carnegie usou um locaute de quatro meses e os agentes da Agência Nacional de Detetives Pinkerton para esmagar o sindicato em sua usina Edgar Thomson e passar de um sistema de três turnos de oito horas para dois turnos de doze, uma derrota não só do sindicalismo, mas dos padrões que os sindicatos haviam defendido.[38]

No ano seguinte, 1889, Carnegie tentou repetir seu triunfo na Thomson na Homestead, que havia comprado em 1883, e planejou seus movimentos durante uma visita à Europa para ver a grande exposição de Paris. Mais uma vez, sua empresa deu um ultimato aos operários, impedindo a entrada deles quando o rejeitaram e contratando guardas da Pinkerton. Mas, depois que duas tentativas de trazer fura-greves foram repelidas por enormes contingentes de metalúrgicos e residentes de Homestead, o gerente local cedeu e negociou um novo acordo com a Amalgamada.[39]

No final de junho de 1892, quando o contrato expirou, Carnegie tentou se livrar do sindicato de uma vez por todas. Àquela altura, quase uma década de conflitos industriais havia colocado a questão das relações de trabalho no centro da vida americana. Observadores viam Homestead como um indicador do futuro das relações de classe. A alta produtividade da usina de Homestead e a escala móvel da Amalgamada fazia com que os custos de mão de obra da usina, segundo os cálculos de Carnegie, superassem a norma, ao mesmo tempo que possibilitavam que seus trabalhadores qualificados tivessem relativo conforto e pudessem comprar pequenas casas na cidade (e eleger um deles para comandar seu governo), comprar móveis e viver com decência.

O conflito econômico tinha uma dimensão ideológica. Carnegie e seus sócios, determinados a reduzir os custos da mão de obra, queriam liberdade total para fixar salários e condições de trabalho sem interferência do sindicato, a fim de controlar o que consideravam propriedade sua. Por outro lado, os trabalhadores sentiam que tinham uma reivindicação moral em relação à empresa, tendo contribuído para seu sucesso por meio de sua qualificação e de seu trabalho. Muitos compartilhavam o que na época era uma visão democrática comum na qual os trabalhadores (ou pelo menos aqueles que eram brancos e falavam inglês) deviam ter — e em Homestead tiveram durante algum tempo — voz ativa tanto na vida cívica quanto na industrial.[40]

Enquanto a batalha assomava no horizonte, Carnegie novamente se ausentou e foi para a Europa, deixando no comando seu sócio Henry Clay Frick. Mais uma vez, a empresa preparou uma oferta que sabia que o sindicato rejeitaria. Quando fechou as operações e impediu seus funcionários de trabalhar, Frick construiu uma cerca de mais de três metros de altura em torno da usina, com canhoneiras e encimada por arame farpado. Também contratou trezentos guardas da Pinkerton.

Tudo continuava em paz até que a empresa tentou introduzir em Homestead, escondidos em barcaças, os homens da Pinkerton. No meio da noite, vigias do sindicato os avistaram e alertaram a cidade. O *New York Herald* descreveu o que se passou assim:

> Tal como a trombeta do julgamento, soou o apito a vapor da usina de luz elétrica às vinte para as três dessa manhã. Era o sinal para batalha,

assassinato e morte súbita, embora nenhum dos milhares que ouviram e saltaram de suas camas para responder ao sinal sonhasse com quanto sangue correria em reação ao chamado.

Trabalhadores e habitantes da cidade posicionaram-se nas margens íngremes do rio Monongahela e impediram o desembarque do exército privado bem armado com disparos de canhão (que acabaram matando um sindicalista por engano), vagões em chama que foram rolados na direção das barcaças atracadas, uma chuva de fogos de artifício, dinamite e óleo derramado no rio ao qual atearam fogo. Os homens da Pinkerton acabaram por se render e foram espancados, roubados e humilhados por um corredor polonês de grevistas e moradores locais. Sete trabalhadores e três homens da Pinkerton morreram no confronto.

A vitória do sindicato foi de curta duração. Dentro de uma semana, o governador da Pensilvânia enviou 8500 homens — toda a Guarda Nacional do estado — para ocupar Homestead, onde permaneceram até outubro. Essa aplicação maciça do poder estatal — acompanhada pelo indiciamento de mais de cem trabalhadores sob a acusação de assassinato, motim e conspiração — foi fundamental para a vitória da empresa. Com as tropas na cidade, ela começou a recrutar fura-greves de todo o país. Em 23 de julho, o anarquista Alexander Berkman tentou matar Frick, num raro exemplo americano de propaganda pela ação ao estilo europeu, mas o executivo da Carnegie mostrou-se duro na queda e não só sobreviveu a ferimentos de balas e faca como ajudou a derrubar seu agressor. Um guarda nacional que gritou "três vivas ao homem que atirou em Frick" foi submetido à corte marcial e pendurado pelos polegares. Em novembro, o sindicato se rendeu formalmente.[41]

A luta na fábrica de Carnegie foi seguida de perto em todo o país e no exterior. Uma centena de repórteres e desenhistas de grandes revistas, agências de notícias e jornais de Pittsburgh, Nova York, St. Louis, Chicago, Filadélfia, Baltimore e Londres acorreram a Homestead para cobrir o conflito. Com linhas telegráficas especiais instaladas, as notícias da linha de frente se espalharam imediatamente. Fotógrafos também documentaram o conflito. Várias empresas venderam imagens estereoscópicas para ser vistas em casa, retratos tridimensionais da guerra industrial.[42]

A derrota dos trabalhadores reverberou por toda parte. Tendo sido expulsa da siderúrgica mais avançada do país, a Amalgamada viu sua influência

Uma batalha terrível em Homestead, Pensilvânia, representando o confronto sangrento entre os trabalhadores em greve de Carnegie e os homens da Pinkerton no verão de 1892.

na indústria se deteriorar rapidamente. Em um ano, mais de trinta das 64 empresas do sudoeste da Pensilvânia se livraram dela. Na indústria do ferro, o sindicato manteve a força entre os trabalhadores especializados em pudlagem e em chapas e folhas de flandres, mas mesmo nesses setores a resistência das empresas e a liderança inepta diminuíram gradualmente seu poder. Em 1914, restavam somente 6500 membros na associação.[43]

Tal como a antiga indústria têxtil britânica, a indústria americana de ferro e aço cresceu numa atmosfera de negação dos direitos políticos de liberdade de expressão, liberdade de reunião e estado de direito. Com os sindicatos enfraquecidos ou eliminados, as siderúrgicas passaram a exercer um controle quase autocrático não apenas das usinas, mas das comunidades em que estavam localizadas. A cidade de Homestead mergulhou numa era sombria de suspeita e desmoralização. Em meados de 1894, Hamlin Garland escreveu na *McClure's Magazine*: "A cidade estava tão imunda e desagradável quanto era possível imaginar, e as pessoas eram principalmente do tipo desanimado e amuado que se encontra sempre que os trabalhadores entram no estágio brutalizante da severidade". Theodore Dreiser, que morou em Homestead por seis meses no mesmo ano, apontou o "sentimento de derrota e desespero agastado que havia em tudo". Mais de uma dúzia de anos depois, quando John Fitch chegou à cidade, os moradores evitaram falar com ele, com medo de espiões e retaliações da empresa. A influência das companhias siderúrgicas sobre a Homestead era tão grande que não se encontravam salões para qualquer tipo de reunião sindical. Ainda em 1933, quatro décadas após o locaute, o único lugar em Homestead que Frances Perkins, secretária do Trabalho, encontrou para se dirigir a uma multidão de trabalhadores foi dentro de uma agência dos Correios, uma ilha de autoridade federal.[44]

Em 1919, o crítico radical Floyd Dell chamou Pittsburgh, que ficava do outro lado do rio e era igualmente dominada pela indústria siderúrgica, de "capitalismo armado até os dentes e cheio de ressentimento [...] lei de linchamento cuidadosamente codificada por uma legislatura treinada e levada a cabo por bandidos uniformizados". A cidade, sugeriu ele, era:

> uma experiência do que poderia ser chamado de supercapitalismo. É um experimento sociológico, semelhante (apesar da estranheza da comparação) às utopias fundadas aqui e ali de tempos em tempos por socialistas empreendedores, mas irrealistas. Mas, em vez de uma utopia pobre, precária, com dificuldades, faminta, condenada, é uma utopia florescente e, até agora, absolutamente triunfante. É uma utopia capitalista de um bilhão de dólares.[45]

Muitas vezes, repressão e paternalismo se misturavam. Durante as décadas de 1870 e 1880, as principais companhias metalúrgicas e siderúrgicas da Europa construíram vilas industriais, como a da Krupp em Essen e a da Schneider em Le Creusot. Muitas empresas americanas seguiram o exemplo. Tal como as empresas têxteis de Lowell, as siderúrgicas em lugares isolados precisavam fornecer moradia se quisessem atrair força de trabalho. No início da década de 1890, quando ergueu seu complexo em Sparrows Point, uma restinga desabitada no lado norte do porto de Baltimore, a Pennsylvania Steel Company construiu uma nova cidade a menos de um quilômetro dos altos-fornos. Conforme um acordo feito com o governador de Maryland, a companhia administrava diretamente a comunidade, sem qualquer estrutura democrática local. Rufus Wood, executivo da empresa que projetou a cidade, era filho de um capataz do cotonifício Boott, em Lowell. Ele tomou por modelo para Sparrows Point a cidade de Massachusetts, embora com acomodações principalmente familiares, em vez de pensões. As moradias variavam em tamanho e qualidade, de uma de três andares e dezoito cômodos em estilo colonial para o próprio Wood até pequenas casas de madeira sem água corrente ou encanamento interno para trabalhadores negros. Como em Lowell, regras minuciosas regiam o comportamento não apenas no trabalho, mas também na moradia.[46]

O projeto mais ambicioso de cidade industrial surgiu em 1895, quando a Apollo Iron and Steel Company decidiu construir uma nova usina a 2,5 quilômetros de sua fábrica, no oeste da Pensilvânia. Ela contratou a firma dirigida por Frederick Law Olmsted, o principal paisagista e planejador urbano do país, para projetar a nova cidade de Vandergrift, batizada com o nome do sócio da Standard Oil que era o maior investidor na companhia. As preocupações com os custos impediram que o plano de Olmsted fosse plenamente realizado, mas partes da cidade apresentavam ruas curvilíneas, avenidas largas, pequenas praças espalhadas e um parque, característico dos subúrbios de alta renda que começavam a cercar as cidades mais antigas. Mas apenas os trabalhadores mais bem remunerados podiam pagar por essas áreas; a maioria vivia em uma região menos atraente disposta em um extremo da cidade, ou em um casebre não planejado em outro.[47]

Os dirigentes da companhia viam a moradia como uma maneira de reter trabalhadores. Algumas empresas ofereciam aos seus empregados moradias com aluguel abaixo dos preços de mercado. Outras vendiam-lhes casas. Carnegie construiu moradias para seus trabalhadores nos arredores de Homestead, oferecendo empréstimos a juros baixos que podiam ser pagos com pequenas deduções dos salários. Como muitas siderúrgicas ficavam em cidades de praticamente um só empregador, os empregados que possuíam casas, como seus chefes sabiam, relutariam em comprometer seu trabalho de qualquer maneira, porque sem ele seriam forçados a se mudar. As companhias esperavam que comunidades ordeiras e bem regulamentadas — tanto Sparrows Point quanto Vandergrift proibiam a venda de bebidas alcoólicas — produzissem trabalhadores ordeiros e disciplinados.[48]

No início do século XX, quando a maior empresa do mundo construiu a maior siderúrgica do mundo, ela também construiu uma cidade. Enquanto os Estados Unidos se recuperavam da depressão da década de 1890, uma onda de fusões corporativas varreu a já altamente concentrada indústria siderúrgica. Em 1901, Carnegie ameaçou expandir suas operações de acabamento, em resposta à integração vertical de empresas que compravam seus lingotes de aço. Para evitar o excesso de capacidade e a concorrência ruinosa, J. P. Morgan, o principal financiador do país, organizou uma enorme fusão de siderúrgicas. De juros, Carnegie recebeu 226 milhões de dólares (o equivalente a vários bilhões atuais). A nova entidade, a United States Steel Corporation, controlava quase 60% da produção siderúrgica e era amplamente vista como a própria encarnação do capitalismo industrial.[49]

Quatro anos após sua formação, a U.S. Steel comprou 3645 hectares nas margens do lago Michigan, a leste de Chicago, onde ergueu uma imensa siderúrgica integrada. Para permitir a entrega por navio de minério de suas minas de Minnesota, a empresa construiu um porto profundo próximo à usina. Também construiu a cidade de Gary, batizada com o nome de seu presidente, Elbert H. Gary — os industriais americanos adoravam dar seus próprios nomes e os de seus colegas às cidades —, onde vendeu lotes e construiu casas para alugar. Vandergrift, então parte do império da U.S. Steel, serviu como uma espécie de modelo. Mas a empresa rejeitou as pretensões utópicas de Lowell e Vandergrift e declarou que não estava tentando criar uma comunidade-modelo, apenas construía um complemento necessário à sua nova instalação industrial.[50]

Administração científica

Mesmo com os sindicatos derrotados e a resistência dos trabalhadores domada, as siderúrgicas ainda lutavam para controlar a força de trabalho em suas usinas e reduzir os custos de mão de obra, um imperativo em períodos de intensa competição. Com instalações físicas enormes e um grande número de empregos, os gerentes tinham dificuldade de saber até o que todos os operários faziam, para não falar da eficiência com que o faziam. Os trabalhadores qualificados mantinham uma autonomia considerável, usando o conhecimento acumulado por meio de aprendizados formais ou informais para determinar seu método de trabalho, muitas vezes estabelecendo efetivamente ritmo próprio. Os chefes pressionavam os trabalhadores não qualificados usando ameaças e ataques verbais, com pouco planejamento ou medição de produtividade.

Em toda a indústria americana, as fábricas tinham aumentado de tamanho e complexidade sem um aumento proporcional de pessoal administrativo ou sofisticação gerencial. Na década de 1880, muitas grandes empresas ainda administravam a mão de obra por meio da presença direta de altos executivos. O irmão de Cyrus McCormick e seus quatro assistentes administravam a gigantesca McCormick Works, em Chicago. Thomas Edison e três assistentes supervisionavam pessoalmente a produção em suas fábricas em Harrison, Nova Jersey e Nova York.[51] Mas, com o desenvolvimento de firmas enormes com múltiplas fábricas, esse controle pessoal e informal não era mais sustentável.

A "administração sistemática", mais tarde conhecida como "administração científica", surgiu de uma busca por controles empresariais internos e aumento de produtividade, um esforço abrangente para reorganizar a produção. Seu desenvolvimento envolveu empresas, engenheiros e gerentes durante um período prolongado, que instituíram uma série de mudanças graduais que, juntas, representaram uma transformação substancial no modo como a manufatura era conduzida — e mais tarde o trabalho de escritório também. Mas, na mente do público, a administração científica foi amplamente associada a um homem, Frederick Winslow Taylor, que foi visto como seu principal teórico, ideólogo e divulgador.

Filho de uma família proeminente e liberal da Filadélfia, Taylor seguiu um caminho inusitado ao rejeitar a faculdade para se tornar aprendiz de mecânico e elaborador de moldes antes de assumir uma série de cargos na gerência de fábricas e, depois, fazer carreira como consultor industrial. (Em 1876, ele tirou seis meses de licença de seu aprendizado para trabalhar na Exposição do Centenário.) Muitas das principais inovações de Taylor ocorreram durante a década de 1880, na Midvale Steel Works, uma fabricante de produtos de aço de alta qualidade da Filadélfia, e depois, durante os últimos anos do século XIX, na Bethlehem Steel Company, que era muito maior. Taylor tinha um forte interesse pela mecânica da produção de aço e da metalurgia, em particular por máquinas de ferramentaria de alta velocidade, tendo feito vários avanços técnicos. Mas sua maior importância está em ter aplicado a mentalidade sistemática da engenharia àquilo que costumava ser uma abordagem intuitiva e caótica da administração fabril.

Entre as contribuições de Taylor estavam melhorias em contabilidade de custos, controle de estoque, padronização de ferramentas e layout de chão de fábrica. Mas suas inovações mais conhecidas dizem respeito à mão de obra. Trabalhando entre os maquinistas, Taylor percebeu como era comum que os operários estabelecessem uma produção máxima num período de tempo, com o objetivo de conservar sua energia e esticar o trabalho. Os gerentes não tinham ideia de qual poderia ser a produção máxima ou o que deveria constituir um dia de trabalho. Taylor passou a acreditar que o primeiro passo para aumentar a produtividade estava na cuidadosa observação e medição dos operários enquanto faziam suas tarefas, usando cronômetros e, mais tarde, segundo seus discípulos, fotografias e filmes. Depois que entendessem os elementos de qualquer tarefa, os gerentes poderiam determinar a melhor maneira de realizá-la e o tempo que levaria para concluí-la.

O ponto essencial do método de Taylor era a separação do planejamento do trabalho de sua execução, rompendo aquilo que distinguia o artesão habilidoso e sua capacidade de conceber como fazer os vários itens e depois fazê-lo de fato. Taylor acreditava que todo planejamento deveria estar nas mãos da gerência, num departamento de planejamento especializado (algo antes praticamente desconhecido). Usando o conhecimento do maquinário e práticas de trabalho coletadas por meio de observação sistemática, os operários receberiam instruções detalhadas sobre como realizar cada tarefa (geralmente na forma de um cartão de instruções). O pagamento seria calculado por um sistema de tarefas que recompensasse com salários mais altos aqueles que cumprissem as normas de produção especificadas e penalizasse os incapazes ou indispostos a atender aos padrões ditados pela administração.

Para trabalhadores qualificados, em particular, como os maquinistas que as siderúrgicas empregavam para fabricar produtos acabados e manter seus equipamentos, o taylorismo significou uma perda de autonomia e um ataque ao orgulho de artesão, bem como uma intensificação do trabalho, levando a batalhas ferozes. Mas Taylor sempre alegou que seu sistema beneficiaria tanto trabalhadores quanto donos de empresas, porque os aumentos de produtividade que resultariam da administração científica seriam tão grandes que os operários poderiam receber salários mais altos mesmo com o aumento dos lucros da empresa. Num exemplo que Taylor usava repetidamente para divulgar seu sistema, um operário da Bethlehem chamado Schmidt, que carregava ferro-gusa em vagões ferroviários, ao seguir instruções precisas, aumentou seu desempenho diário para 47 toneladas, de uma média anterior de 12,5. Pela melhora na produtividade, Schmidt recebeu um aumento salarial de 1,15 para 1,85 dólares por dia. Desse modo, seu salário subiu cerca de 60%, enquanto a produção quase quadruplicou: um bom negócio para a empresa e um ganho, ainda que modesto, para o trabalhador. Pelo menos em teoria, a administração científica, ou o taylorismo, como às vezes é chamado, fez com que a luta entre operários e patrões por salários não fosse mais um jogo de soma zero. Por essa razão, aos olhos de muitos reformadores da Era Progressista, a administração científica trazia a promessa de eliminar ou pelo menos amenizar o conflito de classes decorrente da industrialização e da fábrica gigante, sem reestruturar os fundamentos da sociedade.[52]

O caminho para 1919

Na prática, pelo menos no curto prazo, a administração científica não conseguiu ter muita influência sobre as crescentes tensões de classe na indústria siderúrgica e no país. A produção de aço continuou a ser um empreendimento difícil e perigoso, mesmo com maior presença gerencial e depois que a mecanização eliminou algumas das tarefas mais árduas (junto com muitas posições qualificadas e mais bem pagas).

Depois da vitória de Carnegie em Homestead, a jornada de doze horas se tornou norma na metalurgia e na siderurgia. (Algumas funções, especialmente o trabalho de acabamento, tinham menos horas de trabalho.) Os operários dos fornos Bessemer e muitos outros trabalhavam normalmente por treze turnos consecutivos de doze horas por dia ou noite e então, após um dia de folga, trabalhavam um "turno longo" de 24 horas, o que os colocava no turno oposto nas duas semanas seguintes. Esse esquema causava estragos, pois tornava impossível a vida familiar normal e desgastava precocemente os operários.

Durante seus turnos, os empregados tinham períodos de trabalho extremamente exigente sob um calor quase insuportável. No caso dos fornos de soleira aberta, o metal fundido podia chegar a mais de 1500°C. Os operários precisavam ficar em cima de conchas gigantescas que continham o aço líquido para jogar sacos pesados de sucata e ligas metálicas, a fim de ajustar a composição química final. Em uma fábrica de chapas, John Fitch observou "homens em pé em pisos tão quentes que uma gota de água derramada assobiava como no fogão". Eles usavam sapatos especiais com solas grossas de madeira para fornecer pelo menos alguma proteção.[53]

Longas horas, aparelhos mecânicos gigantescos, linhas ferroviárias que se entrecruzavam e metal fundido tornavam o trabalho nas siderúrgicas extraordinariamente perigoso. Em apenas um ano, de 1º de julho de 1906 a 30 de junho de 1907, o condado de Allegheny, na Pensilvânia, que incluía Pittsburgh, Homestead, Braddock e outras cidades metalúrgicas, registrou 195 mortes relacionadas a acidentes na indústria de ferro e aço. Se a morte ou a mutilação não alcançasse um operário do setor, ele talvez fosse vítima de uma doença ocupacional, causada pela poeira fina que impregnava o ar em siderúrgicas e devastava os pulmões dos operários, ou o ruído implacável que levava à perda auditiva generalizada.[54]

Por muito tempo, as empresas demonstraram pouca preocupação com o efeito das longas horas e condições de trabalho perigosas sobre os empregados, os quais consideravam facilmente substituíveis — pelo menos os não qualificados. E eles eram. A partir da década de 1880, uma enxurrada de imigrantes do sul e do leste da Europa entrou nas siderúrgicas (exceto na região de Birmingham, Alabama, principal distrito de ferro e aço do Sul, onde negros preenchiam muitos dos empregos não qualificados). Em março de 1907, nas antigas fábricas de Carnegie, no condado de Allegheny, 11 694 dos 14 359 empregos comuns eram ocupados por europeus orientais. Eram em grande parte camponeses ou trabalhadores migrantes que vinham para os Estados Unidos sem a família por um período que esperavam ser limitado com a esperança de ganhar dinheiro suficiente para comprar terras, pagar uma hipoteca ou montar um negócio em seu país de origem. Alguns decidiam ficar e mandavam buscar esposa e filhos, mas muitos retornavam. Como em Lowell, a força de trabalho rotativa proporcionava uma espécie de válvula de segurança para os patrões, pois os imigrantes eram menos propensos a se organizar do que os trabalhadores mais permanentes. As barreiras linguísticas e culturais entre os imigrantes não qualificados e os trabalhadores qualificados, que geralmente eram nativos ou vinham das ilhas britânicas, e entre os diferentes grupos de imigrantes, dificultavam a organização, dando liberdade às siderúrgicas.[55]

Ou pelo menos por um tempo. Nos primeiros anos do século XX, operários siderúrgicos imigrantes começaram a demonstrar seu descontentamento em protestos e greves. A maioria era curta e sem envolvimento sindical. Mas, em 1909, 5 mil imigrantes e trabalhadores nativos realizaram uma prolongada paralisação na Pressed Steel Car Company, uma subsidiária da U.S. Steel, em McKees Rocks, Pensilvânia. Mais de uma dezena de homens morreu depois que a empresa e as autoridades locais tentaram várias vezes derrubar a greve com força física. Por fim, a U.S. Steel foi forçada a ceder às demandas dos grevistas, uma reversão significativa após uma série de vitórias das empresas contra os trabalhadores organizados e sua declaração, pouco antes da paralisação, de que a partir de então funcionaria estritamente sem sindicatos em todas as suas unidades.[56]

As greves episódicas de imigrantes levaram as usinas siderúrgicas a dar mais atenção às políticas trabalhistas e a buscar o favorecimento de seus operários, especialmente porque ocorreram ao mesmo tempo que a indústria estava sendo submetida ao exame dos reformadores de classe média. O interesse delas vinha de uma ampla preocupação com o que veio a ser chamado de "questão trabalhista". Estritamente interpretada, envolvia manter relações ordeiras entre empregadores e empregados e evitar as irrupções de guerras trabalhistas que se tornaram comuns no final do século XIX e início do século XX. Entre 1875 e 1910, tropas estaduais foram chamadas quase quinhentas vezes para lidar com a agitação operária e pelo menos várias centenas de pessoas morreram em violências relacionadas a greves. Mas para muitos ativistas, reformadores, políticos e até mesmo alguns líderes empresariais, a questão tinha um alcance maior. Que lugar os trabalhadores deveriam ocupar na sociedade americana? Que participação deveriam ter no local de trabalho e na política? E mais amplamente: a democracia era possível numa sociedade industrializada com grande desigualdade econômica e, em caso afirmativo, o que isso significava?[57]

No início do século XX, a Revolução Industrial baseada na fábrica e controlada por grandes empresas já havia mudado radicalmente a sociedade. Para milhões de trabalhadores que formavam a nova força de trabalho, deixando para trás aldeias ou fazendas em Nova Inglaterra, Irlanda, Itália ou Europa Oriental, o emprego assalariado, a disciplina temporal na indústria e a produção mecanizada eram experiências novas e muitas vezes perturbadoras. Assim como o trabalho industrial lhes era estranho, o operário industrial era estranho — e ameaçador — para muitos americanos mais prósperos, especialmente os patrões. Em 1889, três anos antes de esmagar seus operários em Homestead, Carnegie escreveu: "Reunimos milhares de operários na fábrica, na mina e na tesouraria, sobre quem o empregador sabe pouco ou nada, e para quem o empregador é pouco melhor que um mito. [...] Formam-se castas rígidas e, como de costume, a ignorância mútua gera desconfiança mútua".[58] No início do novo século, vários escritores de classe média se vestiram de trabalhador e mergulharam na vida da classe operária para relatar como era um mundo totalmente desconhecido para os elementos mais favorecidos da sociedade. Whiting Williams, ex-diretor de pessoal de uma usina siderúrgica de Cleveland, passou nove meses trabalhando disfarçado nessa indústria, numa mina de ferro, numa de carvão e numa refinaria de petróleo para escrever *What's On the Workers Mind,*

By One Who Put on Overalls to Find Out [O que se passa na mente dos trabalhadores, por alguém que vestiu um macacão para descobrir]. Assistentes sociais e cientistas sociais pioneiros partiram em missão semelhante, de acordo com a crença da Era Progressista no potencial de reforma da exposição. Esses reformadores de classe média estavam preocupados com a brutalização da vida moral provocada pela industrialização e solidários com a difícil situação dos trabalhadores imigrantes, mas também se preocupavam com a ameaça que poderiam representar, a não ser que fossem assimilados à sociedade civil e à cultura nacional.

A indústria do aço era um foco natural de preocupação. O papel central que ocupava na economia dava-lhe importância especial. A formação da U.S. Steel como a maior corporação já criada aumentou a sensação de que o aço tinha de ser uma questão de interesse público, e não um empreendimento estritamente privado. A justaposição do custo da siderúrgica para os trabalhadores e das recompensas extraordinárias auferidas pelos donos de usinas — a formação da U.S. Steel fez de Carnegie "o homem mais rico do mundo", disse-lhe Morgan — chamou a atenção não só dos sindicalistas e radicais políticos, mas também de uma ampla faixa da nação.[59]

Em 1907 e 1908, várias dezenas de pesquisadores invadiram a área de Pittsburgh para realizar um estudo maciço sobre o trabalho, os trabalhadores e a vida civil centrada na indústria siderúrgica. Financiado pela recém-criada Russell Sage Foundation, a equipe do Pittsburgh Survey incluía alguns dos principais intelectuais reformistas da época, como o economista John L. Commons e Florence Kelley, moradora de assentamento, sufragista e defensora dos consumidores, que fora a primeira a traduzir para o inglês *A situação da classe trabalhadora na Inglaterra*, de Engels. A pesquisa produziu dezenas de artigos, seis livros grossos e uma exposição fotográfica que documentou a vida e o trabalho na área de Pittsburgh, um modelo para o tipo de ciência social financiada por fundações que logo se tornou predominante. O quadro pintado por ela era sombrio: famílias incapazes de viver com salários de operários não qualificados, moradias precárias, empregos perigosos e um clima de repressão.[60]

No rastro do Pittsburgh Survey, da greve da McKees Rocks e de uma subsequente paralisação em uma fábrica da Bethlehem Steel em South Bethlehem, o Senado iniciou uma investigação da indústria siderúrgica e o Departamento de Justiça entrou com uma ação antitruste contra a U.S. Steel. A gigantesca corporação, consciente de sua situação jurídica precária, sensível à opinião pública e sem precisar enfrentar as pressões competitivas que caracterizavam a siderurgia antes de sua criação, fez algumas melhorias modestas nas condições de trabalho. Começou a dar folga aos domingos para mais trabalhadores, reduziu a semana de trabalho de sete para seis dias, mas não cedeu na questão do turno de trabalho de doze horas, que alegou ser uma necessidade (embora em outros países as siderúrgicas tivessem sucesso sem isso). As siderúrgicas lançaram planos de pensão e de compra de ações para seus empregados e uma campanha de segurança (reagindo não só à má publicidade, mas também à crescente safra de leis estaduais que exigiam que os patrões fornecessem seguro contra acidentes para seus trabalhadores). Fundamentalmente, porém, os líderes industriais não arredaram pé e repeliram com sucesso todos os esforços, tanto dos trabalhadores quanto dos reformadores de classe média, de uma mudança básica.[61]

O teste mais severo para eles ocorreu em 1919, quando trabalhadores de todo o país montaram o desafio mais radical ao capitalismo industrial da história americana, parte de uma grande onda mundial de sentimento reformista e revolucionário. A Primeira Guerra Mundial transformou as relações de trabalho. A combinação de um boom econômico induzido pela guerra e de um corte na imigração criou uma escassez de mão de obra que deixou os operários numa forte posição de barganha, não mais temerosos de perder seu emprego, já que outro poderia ser facilmente encontrado. Com a inflação fazendo subir os preços, os trabalhadores saltavam de emprego em emprego, entravam em greve e associavam-se a sindicatos para melhorar sua situação. Com o objetivo de evitar que os conflitos trabalhistas interrompessem a produção durante a guerra, o governo de Woodrow Wilson, com forte contribuição da Federação Americana do Trabalho, criou uma série de órgãos administrativos e promulgou regulamentações destinadas a dar aos trabalhadores mais direitos. As empresas foram forçadas a acabar com a discriminação contra os sindicalistas e a entrar em discussões com conselhos de trabalhadores (embora não com os próprios sindicatos). Nessas circunstâncias, a filiação a sindicatos aumentou em quase 70% entre 1917 e 1920, chegando a pouco mais de 5 milhões. Mais de um em cada seis trabalhadores não agrícolas tinha carteira sindical. Combinado com o fervor radical desencadeado pela Revolução Russa, uma onda de entusiasmo quase milenar varreu os bairros da classe operária. Em 1918, o jovem líder do sindicato dos trabalhadores da confecção Sidney Hillman escreveu a sua filhinha: “O Messias está chegando. Ele pode estar conosco a qualquer momento. [...] O trabalhador reinará e o mundo será livre”.[62]

A indústria siderúrgica foi particularmente atingida pelas mudanças nas condições do mercado de trabalho e pelo progressismo federal em tempos de guerra. Com a imigração da Europa bloqueada pela guerra, as usinas siderúrgicas se viram incapazes de usar sua fonte habitual de mão de obra não qualificada. Na primavera de 1916, começaram a recrutar trabalhadores negros do Sul rural. Mas como a convocação militar logo tirou os homens das fábricas, a escassez de mão de obra permaneceu, encorajando os trabalhadores a fazer uma série de greves. Enquanto isso, sob intensa pressão do governo federal, a indústria adotava a jornada de oito horas como padrão, embora na prática isso significasse, em grande parte, pagar aos trabalhadores uma vez e meia a mais nas últimas quatro horas de seus turnos de doze.[63]

Com condições favoráveis, os sindicatos decidiram tentar outra vez organizar o setor siderúrgico. Dessa vez, o ímpeto veio de dois sindicalistas de Chicago, John Fitzpatrick, presidente da Federação do Trabalho de Chicago, e William Z. Foster, futuro líder do Partido Comunista Americano, que haviam desenvolvido um novo modelo de organização em sua bem-sucedida campanha para sindicalizar a indústria de processamento de carne. Reconhecendo a impossibilidade de organizar companhias industriais de grande escala com base num sindicato por ofício, eles convenceram a Federação Americana do Trabalho a criar o Comitê Nacional para Organizar os Trabalhadores do Ferro e do Aço, ao qual 24 sindicatos se afiliaram. A afiliação era dirigida centralmente, com os trabalhadores sendo encaminhados ao sindicato apropriado ao seu trabalho somente depois de ter se inscrito no Comitê Nacional.[64]

Iniciada em setembro de 1918 na região de Chicago, a campanha organizada, com o slogan “Oito horas e o sindicato”, decolou rapidamente. Àquela altura, muitos operários siderúrgicos imigrantes haviam decidido permanecer nos Estados Unidos, adquirindo um interesse maior nas condições futuras de trabalho. Os sindicalistas viraram a retórica democrática da guerra contra a autocracia industrial, dando à campanha um ar patriótico. Embora com pouco dinheiro e poucos organizadores, ela logo se espalhou para Pittsburgh e outras regiões.

O fim da guerra tornou as coisas muito mais difíceis para os sindicatos. As empresas começaram a demitir trabalhadores e voltaram ao seu antissindicalismo obstinado, desafiando os decretos do governo que em teoria continuavam em vigor. Na área de Pittsburgh, o Comitê Nacional teve que travar uma batalha implacável simplesmente para garantir o direito de se reunir, já que os funcionários da prefeitura, agindo em nome das usinas siderúrgicas, proibiam as reuniões do sindicato e até os comícios de rua. Foram necessárias prisões em massa e publicidade nacional para obter rachaduras modestas na sólida parede das práticas antidemocráticas. Ainda assim, numa medida de quanto os siderúrgicos se ressentiam do controle da empresa sobre sua vida e do novo espírito introduzido pela guerra, mais de 100 mil trabalhadores — o Comitê Nacional alegou que foram 250 mil — se sindicalizaram na campanha.

A mobilização dos operários siderúrgicos ocorreu no contexto de uma extraordinária onda nacional de greves, a maior da história do país em proporção ao tamanho da força de trabalho. Os sindicatos procuravam manter os ganhos organizacionais do período da guerra e aumentar os salários para acompanhar a inflação, enquanto as empresas lutavam para reverter os avanços sindicais e restabelecer seu domínio. Quatro milhões de trabalhadores — um quinto da força de trabalho — participaram da onda de greves, que incluiu uma greve geral em Seattle, uma greve da polícia em Boston, uma greve de operadoras de telefonia na Nova Inglaterra, uma greve de atores em Nova York e, no final de 1919, uma greve de 400 mil trabalhadores das minas de carvão. Parecia que todo mundo estava entrando em greve.[65]

Plenamente conscientes do poder das empresas, os líderes da campanha da organização dos operários do aço esperavam evitar uma greve. Mas Elbert Gary, o homem mais poderoso da U.S. Steel e efetivamente de toda a indústria siderúrgica, rejeitou todos os pedidos de negociações, até mesmo um do presidente Wilson. Com os trabalhadores cada vez mais inquietos e as empresas demitindo militantes, o Comitê Nacional, sentindo que não tinha alternativa, deflagrou em 22 de setembro de 1919 a primeira greve nacional da siderurgia na história americana. Em uma semana, cerca de 250 mil trabalhadores — metade da força de trabalho da indústria — pararam.

Em uma reversão do padrão usual do passado, a greve foi mais forte entre os trabalhadores imigrantes e não qualificados, embora muitos qualificados também a apoiassem. Em algumas regiões, como Chicago, Buffalo, Youngstown e Cleveland, ela foi quase 100% efetiva, forçando as usinas a fechar. Mas, nas usinas da Bethlehem Steel, o líder da greve William Z. Foster estimou que somente metade dos trabalhadores parou, enquanto na área de Pittsburgh, a mais importante, a greve foi de 75% a 85% efetiva. No Sul, ela mal se fez notar.

As empresas reagiram com firmeza. Onde quer que pudessem, mantinham as fábricas em operação simbólica, mesmo que não fossem lucrativas, trazendo fura-greves brancos das cidades do Norte e negros do Sul. A polícia estadual, os xerifes, as guardas particulares e homens agindo em nome delas deflagraram o que Foster chamou de "reino do terror". Participantes e organizadores foram presos e expulsos da cidade, policiais montados atacaram piquetes, manifestantes e até uma procissão fúnebre, comícios foram proibidos, grevistas foram baleados. Em Gary, o governador declarou a lei marcial e 1500 soldados regulares do Exército ocuparam a cidade. Várias pessoas foram mortas durante o conflito, quase todas grevistas ou simpatizantes, e centenas ficaram gravemente feridas.[66]

Em maior grau do que nas batalhas industriais anteriores, ambos os lados reconheceram a importância da opinião pública para o resultado. A propaganda das empresas não retratava a ação dos trabalhadores como uma disputa industrial, e sim uma tentativa de revolução, aproveitando-se do antirradicalismo que veio em reação à Revolução Russa. O histórico de radicalismo de Foster foi descoberto e amplamente divulgado. A campanha antivermelha e antigreve tinha um tom decididamente nativista, pois retratava os grevistas imigrantes como "não americanos". A imprensa em geral apoiou as empresas; o governo Wilson, então em forte recuo em relação ao progressismo da época da guerra, não apoiou os grevistas, deixando-os sozinhos no enfrentamento das companhias mais poderosas do mundo.[67]

Lentamente, os patrões começaram a aumentar a produção, pois alguns operários, de início principalmente qualificados, começaram a retornar ao trabalho e outros foram recrutados e treinados. Dezenas de milhares de grevistas mantiveram-se firmes no início do inverno. Mas, em 8 de janeiro de 1920, o Comitê Nacional reconheceu a inutilidade de continuar, ordenando a seus membros que retornassem ao trabalho naquilo que o próprio Foster chamou de "rendição incondicional".

A greve de 1919 foi um teste da capacidade dos trabalhadores organizados de penetrar nas grandes companhias manufatureiras nacionais, apoiadas e controladas pelos mais poderosos interesses financeiros. Seu fracasso significou que, por mais uma geração, as maiores e mais avançadas fábricas dos Estados Unidos permaneceriam sem sindicatos e seus trabalhadores seriam marginalizados.

Contudo, embora tenha permanecido como uma fortaleza da autocracia industrial, a indústria siderúrgica manteve seu fascínio, mesmo entre aqueles com pouca simpatia pelos patrões. A escala, o poder e os processos elementares da produção de aço chamavam a atenção independentemente dos arranjos sociais que os rodeavam. Nem o feroz descontentamento dos trabalhadores, os perigos bem documentados e as dificuldades de trabalhar em fábricas gigantescas ou o acúmulo maciço de poder nas mãos da plutocracia que as possuía reduziram o entusiasmo, em todo o espectro político, pelos processos e produtos das indústrias do aço e de outras manufaturas, tão orgulhosamente exibidos nas feiras mundiais. Mary Heaton Vorse, que foi divulgadora voluntária dos grevistas em 1919 e modelo para uma das personagens de John Dos Passos em seu relato sobre o confronto em *Dinheiro graúdo*, estava longe de estar sozinha quando escreveu um ano depois: "prefiro ver aço derramado do que ouvir uma grande orquestra". A siderúrgica se tornara o sublime moderno.[68]

4.
"Eu venero as fábricas"
Fordismo, trabalho e a atmosfera romântica da fábrica gigantesca

Em um verbete escrito para a edição de 1926 da *Encyclopedia Britannica*, Henry Ford (ou o assessor de imprensa que escreveu o artigo) definiu "produção em massa" como "o método moderno pelo qual se fabricam grandes quantidades de uma única mercadoria padronizada". Se havia alguém que entendia da fabricação de "grandes quantidades de uma única mercadoria padronizada" era Ford. Seu Modelo T, produzido a partir de 1908, transformou o automóvel de brinquedo de luxo em bem de consumo de massa. Antes disso, as empresas automobilísticas produziam no máximo uns poucos milhares de carros por ano. Em 1914, a Ford Motor Company já lançava quase 250 mil Modelo T por ano. Quando a empresa parou de vender o carro emblemático em 1927, 15 milhões haviam sido produzidos.[1]

A fama mundial de Henry Ford decorreu tanto dos métodos que sua empresa usou para fabricar o Modelo T quanto do próprio carro. Para fabricá-lo, a Ford Motor Company construiu algumas das maiores fábricas jamais vistas e introduziu inúmeras inovações técnicas e organizacionais, entre elas a linha de montagem, que aumentou enormemente a velocidade e a eficiência da produção. Para controlar as dezenas de milhares de operários que povoavam suas fábricas, a empresa inventou novos métodos de gerenciamento de mão de obra que se estendiam para além das paredes das fábricas, abrangendo os lares e as mentes dos trabalhadores. Foi pioneira no que equivalia a uma nova economia política de produtos de consumo baratos que transformavam a vida das pessoas, de fábricas de alto volume para produzi-los, de altos salários e de controles rígidos para disciplinar a força de trabalho. Antes que o próprio Ford popularizasse a expressão "produção em massa", comentaristas falavam frequentemente de "fordismo", "método Ford" ou "sistema Ford", termos apropriados para o novo regime de produção, distribuição e consumo, pois foram Henry Ford e a Ford Motor

Company que inauguraram uma nova fase da industrialização e uma escala de fábrica que não seria superada por quase um século.[2]

Assim como o "sistema fabril" da Inglaterra do início do século XIX captou o interesse e a imaginação de jornalistas, ativistas políticos, escritores e artistas, o mesmo ocorreu com o "sistema Ford" no século XX. Mais uma vez, parecia que um novo mundo estava nascendo. Parte do que tornava o fordismo tão fascinante era a promessa de um aumento generalizado do padrão de vida e da melhoria no conflito de classes que vinha abalando os Estados Unidos. Em 1924, o comerciante e reformador Edward Filene escreveu que no fordismo havia "um futuro melhor e mais justo do que a maioria de nós sequer ousou sonhar". Além de suas implicações sociais, muitos escritores, pintores, cineastas e fotógrafos ficaram encantados com as estruturas físicas em que o fordismo se desenrolava. Mais do que haviam feito com a produção industrial anterior, artistas e intelectuais ligavam explicitamente o modelo às tendências modernistas da arte e da sociedade. A grande fotógrafa Margaret Bourke-White, que com seu trabalho nas revistas *Fortune* e *Life* fez mais do que qualquer outro indivíduo para popularizar as imagens industriais, captou a época quando declarou sem rodeios: "Eu venero as fábricas".[3]

O caminho para a produção em massa

O sistema Ford foi a culminação das práticas manufatureiras do passado e uma ruptura radical com elas. Quase desde o início, as fábricas americanas estiveram engajadas na produção de "grandes quantidades de uma única mercadoria padronizada", fossem os lençóis brancos feitos em Waltham ou os trilhos que impulsionaram a expansão da indústria de ferro e aço. Mas os automóveis eram de uma ordem de complexidade completamente diferente. Foi um longo caminho para possibilitar que máquinas tão complicadas fossem produzidas em larga escala.

O fordismo baseou-se em duas inovações fabris: peças intercambiáveis e fluxo contínuo. Até o início do século XIX, os produtos com partes metálicas interativas, como armas de fogo ou relógios, eram feitos individualmente por artesãos experientes, que demoravam muito para montar as peças, carregá-las e ajustá-las para garantir que funcionassem juntas. Nenhum produto acabado era exatamente igual ao anterior.

A padronização de peças ocorreu pela primeira vez nos Estados Unidos. Em geral, a introdução de peças intercambiáveis inicialmente *aumentou* o custo de produção, pois exigiu um grande investimento em máquinas, ferramentas, moldes e acessórios especializados e uma grande quantidade de experimentos para alcançar as tolerâncias que possibilitassem a montagem de um produto a partir de uma pilha de peças, sem ajuste personalizado. As principais inovações ocorreram antes da Guerra Civil em arsenais da Nova Inglaterra. As Forças Armadas valorizavam enormemente a facilidade de reparo possibilitada por peças intercambiáveis e se preocupavam menos com os custos do que os fabricantes privados. A "prática do arsenal" se espalhou lentamente para a fabricação de relógios, máquinas de costura, máquinas de escrever, equipamentos agrícolas, bicicletas e outros produtos civis.[4]

As condições americanas promoviam a padronização e a intercambiabilidade. Existia um mercado de massa que justificava investimentos pesados de capital e que era difícil de aproveitar ao máximo sem uniformidade. Em 1855, produziram-se 400 mil relógios de latão nos Estados Unidos. Durante a Guerra Civil, foram usados 3 milhões de fuzis.[5] A escassez de trabalhadores qualificados e salários relativamente altos tornavam caro e às vezes impossível produzir artigos complexos em grandes quantidades usando os métodos artesanais tradicionais. Com peças intercambiáveis, ainda eram necessários trabalhadores qualificados para construir máquinas e ferramentas especializadas, mas trabalhadores menos qualificados podiam produzir peças e montá-las.[6]

Nada disso foi fácil de conseguir. A Singer Manufacturing Company, uma das fabricantes mais célebres de sua época, ilustra o desafio. Bem antes da Guerra Civil, a empresa surgiu como líder da indústria de máquinas de costura, vendendo um modelo caro feito com técnicas tradicionais de usinagem. Durante a guerra, a Singer começou a se mecanizar, mas demoraria quase duas décadas para que chegasse a peças plenamente intercambiáveis. Nesse ínterim, a empresa expandiu contratando mais e mais trabalhadores para fabricar peças usando algumas máquinas especializadas e empregando esquadras de instaladores, que as montavam e ajustavam. Consta que, em 1873, a fábrica da Singer, em Elizabethport, Nova Jersey, era a maior dos Estados Unidos a fazer um único produto em um único prédio. Jornalistas escreveram sobre ela, turistas a visitavam, e ela apareceu em cartões-postais. Junto com uma segunda fábrica da Singer na Escócia, produzia nada menos do que 75% das máquinas de costura do mundo. No entanto, em 1880, quando a empresa produzia meio milhão de máquinas por ano, como quase todos os produtos complexos de metal da época, elas ainda tinham todas as peças necessárias carregadas para estações de trabalho onde os operários juntavam as peças de uma por vez e a finalizavam sem chegar a uma verdadeira intercambialidade.[7]

A operação de fluxo contínuo levou a uma abordagem radicalmente diferente da montagem. A ideia de manter o material em movimento enquanto os trabalhadores realizavam várias operações surgiu inicialmente em indústrias que manuseavam produtos líquidos ou semilíquidos, principalmente de refino de petróleo. A moagem, a fermentação e o enlatamento de grãos vieram em seguida. Mas a indústria que aparentemente exerceu a maior influência sobre a Ford foi a de processamento de carnes, onde a *desmontagem* dos animais era feita a partir da suspensão das carcaças recentes em um transportador aéreo que as levava de trabalhador a trabalhador, com cada um fazendo determinado corte ou removendo peças específicas até que o animal fosse reduzido a pedaços menores de carne que poderiam então ser ainda mais processados. Estava implícita no processamento de fluxo contínuo uma intensa divisão de trabalho: cada trabalhador executava apenas uma ou algumas operações em algo que passava ou ficava momentaneamente parado, em vez de muitas operações em um objeto estacionário.[8]

Ford começou a experimentar a montagem contínua em 1913, cinco anos depois de lançar o Modelo T. Ele nascera durante a Guerra Civil, numa família de agricultores de Dearborn, Michigan, perto de Detroit. Tendo começado como aprendiz numa oficina mecânica, teve vários empregos até se tornar engenheiro-chefe da Companhia de Iluminação Edison, em Detroit. Construiu seu primeiro automóvel em 1896 e testou o valor de seus modelos pondo-os em competição. Fundou a Ford Motor Company em 1903 com investidores que forneceram o capital necessário para enfrentar o negócio caro de fabricar automóveis. Em 1907, tomou o controle da empresa de seus sócios. Visando os Estados Unidos rurais, Ford concebeu o Modelo T como um veículo leve, robusto o suficiente para suportar as terríveis estradas das quais os fazendeiros dependiam e ao mesmo tempo simples o suficiente para que pudessem consertá-lo eles mesmos e para que tivesse um preço acessível.[9]

Vendido por intermédio de uma rede de distribuidores independentes, o Modelo T foi um sucesso instantâneo. As vendas aumentaram de 5986 unidades em 1908 para 260 720 em 1913, quando o preço do carro de passeio caiu de 850 para 550 dólares (13 629 em dólares de 2017).[10] Parte da razão pela qual a Ford fabricava tantos carros e os vendia tão barato era a padronização do produto. "A maneira de fazer automóveis", disse Henry Ford, "é produzir um exatamente como o outro. [...] assim como um alfinete é exatamente como outro quando se trata da fábrica de alfinetes, ou um fósforo é exatamente como outro quando sai da fábrica de fósforos." Ford, talvez inconscientemente, repetia o famoso uso que Adam Smith fez da fabricação de alfinetes em *A riqueza das nações* para ilustrar a economia que poderia advir da divisão do trabalho na produção de um produto padronizado. A partir de 1909, a Ford Motor Company produziu apenas o Modelo T. Os diferentes estilos de carroceria do veículo usavam o mesmo chassi. Durante a maior parte de sua história, ele esteve disponível somente em preto.[11]

Produzindo apenas um modelo em grande volume, a Ford pôde investir fortemente em equipamentos e experimentação para fabricá-lo da maneira mais eficiente possível. Os lucros tremendos gerados pelo Modelo T libertaram Ford da dependência de investidores externos ou de Wall Street — que ele desprezava — para expandir suas fábricas e acrescentar novas máquinas. Os ferramenteiros da companhia criaram suportes e moldes especializados para simplificar e acelerar as operações. Uma máquina fazia simultaneamente 45 furos em blocos de motor de quatro lados, substituindo as numerosas configurações e operações necessárias para o mesmo resultado usando métodos tradicionais. A adoção de máquinas de objetivo único ajudou a garantir que as tolerâncias fossem obedecidas para intercambiabilidade e fácil montagem. A empresa se gabava de que "você pode viajar ao redor do mundo em um Modelo T e trocar virabrequins com qualquer outro Modelo T que encontrar no caminho que ambos os motores funcionarão tão perfeitamente após a troca quanto antes. [...] Todas as peças da Ford do mesmo tipo são perfeitamente intercambiáveis".

As máquinas especializadas também foram uma estratégia para lidar com a grave escassez, os altos salários e a orientação sindical dos operários qualificados na área de Detroit quando a indústria automobilística decolou. Os engenheiros da Ford chamavam seus moldes e suportes de "ferramentas para agricultores", já que permitiam que operários novos produzissem peças de alta qualidade, diminuindo a necessidade de mecânicos qualificados e sua cultura do ofício. (A preferência por trabalhadores sem experiência no ofício tinha uma longa história entre os industriais americanos; o fabricante de armas Samuel Colt disse certa vez: "quanto mais ignorante era um homem, mais cérebro ele tinha para meu propósito".) A companhia Ford também fazia amplo uso da estampagem de peças, uma prática adotada da indústria de bicicletas, mais barata e mais fácil do que a fundição e a usinagem.[12]

Durante a maior parte do século XIX, a prática-padrão das oficinas de usinagem era agrupar máquinas por tipo — todos os tornos em uma área, furadeiras em outra e assim por diante —, o que exigia um gasto significativo de mão de obra para mover peças de uma área para outra à medida que o processo de produção prosseguia. No início do século XX, as indústrias mais avançadas, como a Olds Motor Works, que fabricava o Oldsmobile, e a Ford começaram o que seu proprietário chamou de "a progressão ordeira e planejada da mercadoria através da fábrica". O posicionamento de máquinas-ferramentas, fornos de carbonização e outros equipamentos na sequência em que eram utilizados reduziu o tempo gasto no transporte de peças inacabadas e deixou imediatamente óbvio onde ocorriam os atrasos. Ali estava uma encarnação espacial do fluxo lógico que Marx viu em meados do século XIX, quando escreveu que, em um "verdadeiro sistema de maquinário", "cada máquina fornece matéria-prima para a máquina seguinte".

Na Ford, o posicionamento progressivo das máquinas foi concomitante com uma divisão cada vez maior do trabalho. Cada estação era operada por um operário que realizava apenas uma ou poucas tarefas, geralmente simplificadas pela criação de equipamentos projetados para fazer somente tais operações sem parar. Os ganhos de produtividade foram enormes. Em 1905, com trezentos trabalhadores, a Ford produzia 25 carros por dia; três anos depois, com cerca de quinhentos, produzia cem.[13]

Em seguida, veio a instalação de dispositivos mecânicos para mover peças de uma estação de trabalho para outra, em vez de fazê-lo manualmente, aplicando o processamento de fluxo contínuo à fabricação complexa. Em 1913, a Ford começou a experimentar um sistema de transporte em sua fundição e trilhos e mesas deslizantes para montagem de magnetos e transmissões, permitindo que os operários ficassem parados enquanto as peças para processamento ou montagem passavam por eles. Antes da instalação do novo sistema, um único trabalhador demorava cerca de vinte minutos para montar um magneto em uma bancada de trabalho estacionária. Depois que Ford introduziu o que viria a ser chamado de linha de montagem, dividindo o processo em 29 etapas separadas, catorze operários demoravam um tempo acumulado de cinco minutos para fazer um magneto, aumentando a produtividade em quatro vezes.[14]

Inspirados pela enorme economia, os engenheiros da Ford se voltaram para a montagem de chassis e carros acabados. Originalmente, a companhia montava seus veículos seguindo a prática-padrão da fabricação de máquinas complexas: "simplesmente começávamos a montar um carro em um lugar no chão", lembrou Ford, "e os operários traziam as peças conforme eram necessárias, exatamente do mesmo modo como se constrói uma casa". Outros fabricantes de carros também usavam o "método artesanal" de montar veículos em cavaletes imóveis ou plataformas de madeira.

Com o Modelo T, a Ford deixou de usar uma equipe de trabalhadores para montar um automóvel inteiro e dividiu o processo em muitas etapas separadas. Em plataformas imóveis, dispostas num grande círculo, os carros eram montados peça por peça, que eram levadas para as plataformas quando se faziam necessárias. Em vez de trabalhar em um carro até concluí-lo, os operários andavam em volta do círculo e faziam uma única operação em cada plataforma, como fixar o chassi aos eixos, encaixar o motor ou instalar o volante. Após a última operação (montagem das placas do piso), o carro completo era removido para teste e despacho, e as primeiras peças para um novo veículo eram dispostas na estação de trabalho. Em meados de 1913, a área de montagem do Modelo T possuía cem estações, com quinhentos montadores circulando em torno delas e outros cem operários levando-lhes peças.[15]

A linha de montagem de magnetos na fábrica da Ford de Highland Park, em Detroit, em 1913.

Desse sistema foi apenas um pequeno passo, mas uma revolução histórica mundial, manter os trabalhadores parados e movimentar os veículos enquanto eles estavam sendo montados. Em agosto de 1913, os engenheiros da Ford tentaram puxar as estruturas do chassi através de um corredor de peças pré-colocadas, enquanto os montadores andavam ao longo dos veículos instalando-as. Depois, passaram a posicionar operários fixos ao longo da passagem dos veículos, fazendo com que afixassem as peças do chassi que eram puxadas lentamente por uma transmissão por corrente embaixo. Em abril de 1914, a linha já reduzira o tempo de trabalho necessário para a montagem final de um carro de 12,5 horas para 93 minutos.

O sucesso da linha de montagem final levou a uma explosão de inovações, pois os engenheiros da Ford introduziram deslizamento por gravidade, rodinhas, esteiras rolantes, linhas acionadas por correntes e outros sistemas de manuseio de materiais em várias operações de submontagem, desde a montagem de motores até o estofamento dos assentos. Muitas das linhas de submontagem alimentavam diretamente a linha final, fornecendo motores, rodas, radiadores, outros componentes e, por fim, carrocerias acabadas aos pontos apropriados para a instalação no chassi em movimento. Tal como na fábrica de seda de Derby e no cotonifício de Waltham, montou-se um novo sistema de produção num período de tempo extraordinariamente curto. Em menos de dois anos após os primeiros experimentos com a linha de montagem, a Ford instalou o sistema em todas as fases da produção do Modelo T. A fábrica se tornou uma única e enorme máquina integrada.[16]

Problemas trabalhistas da Ford e o dia de cinco dólares

Um pouco do ganho de produtividade da linha de montagem veio da maior eficiência do manuseio de materiais. Outro tanto veio do aumento na divisão do trabalho. Mas a maior parte veio da simples intensificação do trabalho, da eliminação da possibilidade de os operários vagarem em busca de uma peça ou ferramenta, de desacelerarem enquanto um supervisor não estava vigiando e de armazenarem peças acabadas para se permitir um descanso mais tarde. Para os operários da linha de montagem, o trabalho era implacável e repetitivo, uma única tarefa ou algumas poucas feitas repetidas vezes, toda vez que uma nova peça, submontagem ou um novo chassi aparecia diante deles.[17]

No final do século XIX e início do século XX, os especialistas em administração consideravam "fazer corpo mole" (trabalhar deliberadamente a um ritmo inferior ao máximo possível) o principal obstáculo à eficiência e aos lucros. Para combatê-lo, criaram todo tipo de esquema, desde sistemas complexos de pagamento por peça até a "administração científica" de Frederick Winslow Taylor. A linha de montagem forneceu uma solução alternativa para o mesmo problema, fazendo com que as máquinas estabelecessem o ritmo de trabalho, em vez de capatazes ou incentivos. Bem antes de Ford adotar a linha de montagem, os gerentes das casas de empacotamento viram a possibilidade de acelerar a produção mecanicamente; em 1903, um supervisor da Swift disse: "Se precisar produzir um pouco mais, acelere um pouco as esteiras rolantes e os homens também aceleram para acompanhar o ritmo".[18]

O trabalho na linha de montagem era fisiológica e psicologicamente exaustivo de uma maneira diferente de outros. Mais do que nunca, os operários eram extensões das máquinas, ficando à mercê de suas exigências e de seu ritmo. Um trabalhador reclamou: "O peso de uma tachinha nas mãos de um estofador é insignificante, mas se você tem de pôr oito tachinhas em cada almofada da Ford que passa por sua estação dentro de certo tempo e souber que, se não conseguir fazê-lo, vai deter toda a plataforma, e continuar fazendo isso por quatro anos, vai estourar sob a pressão". Outro disse: "Se eu continuar colocando a porca nº 86 por mais 86 dias, serei o maluco nº 86 no manicômio Pontiac".* Os operários da Ford reclamavam que o trabalho na linha de montagem os deixava numa condição nervosa que foi apelidada de "fordite". Velocidade, destreza e resistência eram os atributos necessários para trabalhar na linha de montagem, e não conhecimento e habilidade. Os homens envelheciam rapidamente na linha, e já não eram considerados trabalhadores desejáveis bem antes da meia-idade.[19]

A explosão nas vendas do Modelo T deixaram a Ford Motor Company com um apetite voraz por mão de obra, especialmente por "operadores", trabalhadores sem qualificação que em 1913 constituíam a maioria da força de trabalho. De cerca de 450 empregados em 1908, a empresa saltou para cerca de 14 mil em 1913. Em 1914, a fábrica de Highland Park, onde o Modelo T era feito, teve uma média de 12 888 operários, superando até mesmo as maiores fábricas do século XIX.

* Trocadilho com o duplo sentido de "nut", que significa tanto "porca" quanto "maluco". [N.T.]

Highland Park não era uma exceção. Fábricas grandes e gigantes estavam se tornando mais comuns nos Estados Unidos. Em 1914 havia 648 estabelecimentos industriais com mais de mil trabalhadores. Em 1919, havia 1021 (54 dos quais fabricavam automóveis ou peças e carrocerias deles), que juntos empregavam 26,4% da força de trabalho fabril. A demanda crescente levou as empresas a expandir as instalações existentes, já que muitas preferiram manter a manufatura centralizada perto de sua sede administrativa, o que agilizava a supervisão e a coordenação. A General Electric tinha 15 mil operários em seu complexo em Schenectady, Nova York, e 11 mil na fábrica de Lynn, Massachusetts. A Pullman e a International Harvester empregavam 15 mil funcionários em suas fábricas de Chicago. A Goodyear Tire and Rubber tinha 15 500 funcionários em Akron, Ohio.

Com seus automóveis mais vendidos e suas operações de linha de montagem, a Ford logo saltou para uma escala totalmente nova. Em 1916, Highland Park teve uma média de 32 702 trabalhadores; em 1924, 42 mil.[20] Fotografias do interior da fábrica mostram operários em pé literalmente se acotovelando, numa densidade de trabalho humano diferente de qualquer coisa vista em fábricas têxteis, usinas siderúrgicas ou outros tipos de manufatura. Eles se amontoavam não somente por causa de quantidade, mas também devido ao design da fábrica. Os engenheiros da Ford queriam que operários e máquinas ficassem o mais próximo possível uns dos outros, para minimizar o tempo e o esforço necessários para transportar peças e submontagens.[21]

Quando a Ford introduziu a linha de montagem, uma rotatividade extraordinariamente alta tornou mais difícil suprir a crescente necessidade de operários. Esse era um problema de toda a indústria americana no final do século XIX e início do XX. Os operários qualificados eram leais ao seu ofício, não ao seu patrão, e mudavam muitas vezes de emprego para aprender novas habilidades ou experimentar um ambiente de trabalho diferente. Operários não qualificados deixavam o emprego para buscar salários mais altos, para tirar férias (numa época em que os patrões ainda não as garantiam), quando brigavam com um capataz e por uma infinidade de outras razões. A permanência não garantia nenhum benefício em particular.[22]

Os métodos da Ford levaram a taxa de rotatividade às alturas. Muitos trabalhadores odiavam o trabalho extremamente repetitivo e rotineiro e o ritmo estressante da produção, indo embora depois de curtos períodos. A maioria simplesmente partia, sem pedir demissão formal. Em 1913, ano em que a linha de montagem foi introduzida, a Ford teve a impressionante taxa de rotatividade de 370%. Para manter uma força de trabalho de pouco menos de 14 mil homens, a empresa precisou contratar mais de 52 mil operários naquele ano. O absenteísmo aumentava as dificuldades; em qualquer dia, 10% dos trabalhadores da Ford não compareciam.

A companhia também tinha outros problemas trabalhistas. Cada vez mais, a força de trabalho em Detroit era composta de imigrantes, especialmente nas áreas não qualificadas. Em 1914, os trabalhadores nascidos no exterior, de 22 nacionalidades diferentes, representavam 71% da força de trabalho da empresa. Essa babel significava que os operários muitas vezes não conseguiam se comunicar com os capatazes ou uns com os outros. Um supervisor relembrou que "todos eles tinham de aprender a dizer 'se apresse' em inglês, alemão, polonês e italiano". As tensões étnicas às vezes explodiam em brigas. Em janeiro de 1914, a empresa demitiu mais de oitocentos gregos e russos por ficarem em casa para comemorar o que, segundo o calendário cristão ortodoxo, era o Natal, mas, para a empresa, não passava de um dia normal de produção.

As montadoras de Detroit, inclusive a Ford, também se preocupavam com os sindicatos. A introdução da linha de montagem coincidiu com um surto nacional de militância sindical. Na cidade, tanto a organização radical Trabalhadores Industriais do Mundo quanto o novo Sindicato dos Trabalhadores de Transportes, Vagões e Automóveis, afiliado à mais moderada Federação Americana do Trabalho, deflagraram campanhas organizadas na indústria automobilística, liderando algumas greves curtas. Seus ganhos foram modestos, mas seu espectro assombrou os patrões.[23]

A Ford reagiu aos problemas trabalhistas com um programa de salários mais altos e jornadas mais curtas, o Dia de Cinco Dólares. A empresa já havia começado a instituir políticas para reter empregados e aumentar a produtividade deles. Em 1913, introduziu um plano de vários níveis que aumentava o salário à medida que as habilidades dos trabalhadores cresciam e, com a longevidade, incentivava o autoaperfeiçoamento e o emprego estável. No início de janeiro de 1914, a empresa foi mais longe, encurtando a jornada de trabalho de nove para oito horas (em seis dias por semana), o que reduzia a pressão sobre os trabalhadores, ao mesmo tempo que permitia que Highland Park passasse de dois turnos para três. De forma mais dramática, a Ford anunciou que dobraria efetivamente os salários de operários não qualificados, de algo abaixo de 2,50 para 5 dólares por dia. O aumento salarial estabeleceu um precedente para a produção em massa, especialmente na fabricação de automóveis, que se tornou um sistema de alta remuneração. Seus defensores elogiaram os pagamentos elevados porque permitiam que os trabalhadores comprassem os tipos de bens que eles fabricavam, criando o poder de compra necessário para manter a produção em massa.

Mas o Dia de Cinco Dólares era mais ambicioso e mais complicado do que um simples aumento salarial. Tecnicamente, não era um aumento, e sim a possibilidade de trabalhadores obterem o que foi chamado de participação nos lucros, elevando sua renda diária a até cinco dólares. A qualificação para isso não era automática; as mulheres não eram elegíveis (ao menos no início), os homens geralmente tinham de ter mais de 21 anos e, o mais importante, precisavam obedecer a um conjunto de normas e regulamentos que a empresa estabelecia, visando não apenas o comportamento na fábrica, mas longe dela também. Eles tinham de ser legalmente casados com suas parceiras, sustentar "adequadamente" suas famílias, manter boas "condições no lar", demonstrar parcimônia e sobriedade, e ser eficientes no emprego. A Ford criou um "Departamento Sociológico" para investigar se os trabalhadores eram elegíveis para a participação nos lucros e, se não o fossem, para guiá-los na mudança de comportamento.

Cinquenta investigadores, muitas vezes acompanhados por tradutores, fizeram visitas domiciliares aos trabalhadores da Ford para avaliar suas qualificações para o plano. Após uma rodada inicial de investigações, 40% dos trabalhadores elegíveis por idade e sexo foram considerados deficientes em algum aspecto para receber os pagamentos. A falta de correção do comportamento dentro de determinado período levava à demissão, mas melhorias podiam significar participação retroativa nos lucros.

A Ford estava particularmente interessada na "americanização" dos trabalhadores imigrantes. Agentes do Departamento Sociológico estimulavam-nos a adotar hábitos americanos e a ensinar a seus filhos os modos americanos. Os trabalhadores que não falavam inglês foram fortemente pressionados a frequentar uma escola fundada pela empresa, que ensinava "indústria e eficiência" e "costumes e cultura americanos", além do idioma. Cerca de 16 mil trabalhadores se formaram apenas em 1915 e 1916, reduzindo o componente não anglófono da força de trabalho de 35% em 1914 para 12% em 1917.[24]

Havia precedentes para muitos aspectos das políticas trabalhistas da Ford. As fábricas de estilo Lowell tinham regulamentos próprios elaborados para o comportamento dentro e fora do trabalho. Assim como a Ford, os industriais enfrentavam o desafio de estabelecer normas comportamentais e autodisciplina, necessárias para a natureza coletiva e integrada do trabalho fabril, e tinham preocupações morais que iam além das paredes da fábrica. No final do século XIX e início do século XX, começou uma nova onda de programas de modelagem comportamental, quando muitos empresários, especialmente donos de grandes fábricas, iniciaram um "trabalho de bem-estar social" para aumentar a produtividade dos trabalhadores e reduzir a rotatividade. As empresas construíram cafeterias, bibliotecas e "salas de descanso"; ofereciam atividades recreativas, serviços de saúde e pensões; criaram planos de poupança e seguro; e ocasionalmente introduziram o tipo de trabalho social que a Ford impunha.

Mas a abrangência do programa da Ford, seu aspecto invasivo e seu vínculo com a duplicação dos salários colocaram a empresa na linha de frente dos esforços dos patrões para moldar o comportamento e a mentalidade dos empregados, a fim de que se encaixassem num regime fabril. S. S. Marquis, que se tornou chefe do Departamento Sociológico no final de 1915 (mudando seu nome para Departamento Educacional em resposta à crítica generalizada dos trabalhadores sobre as investigações domésticas), escreveu: "Assim como adaptamos o maquinário na oficina para produzir o tipo de automóvel que temos em mente, construímos nosso sistema educacional com vistas a produzir o produto humano que temos em mente".[25]

Os executivos da Ford teriam concordado com o líder comunista italiano Antonio Gramsci quando ele escreveu: "Nos Estados Unidos, a racionalização determinou a necessidade de elaborar um novo tipo de homem adequado a um novo tipo de trabalho e de processo de produção". O moralismo protestante rural de Henry Ford, com sua ênfase na parcimônia, na retidão sexual e na rejeição do álcool e do tabaco, prescrevia um modo de vida que os executivos da empresa — e Gramsci — consideravam necessário para as exigências físicas e psicológicas da produção em massa. Como observou o comunista italiano, parecendo um executivo da indústria automobilística: "O empregado que vai trabalhar depois de uma noite de 'excessos' não é bom para seu trabalho". Ele ainda advertiu:

> As investigações sobre a vida privada dos trabalhadores realizadas pelos industriais e os serviços de inspeção criados por algumas empresas para controlar a "moralidade" de seus operários são necessidades dos novos métodos de trabalho. Quem ri dessas iniciativas [...] e vê nelas apenas uma manifestação hipócrita do "puritanismo" nega desse modo

a si mesmo qualquer possibilidade de compreender a importância, a significação e o alcance objetivo do fenômeno americano, que é *também* o maior esforço coletivo até hoje para criar [...] um novo tipo de trabalhador e um novo tipo de homem.[26]

Ironicamente, quando Gramsci escreveu seu ensaio "Americanismo e fordismo" (no cárcere, após ser preso em 1926 pelo governo fascista italiano), Henry Ford já havia abandonado seus esforços para criar "um novo tipo de homem". Como parte de uma campanha para cortar custos durante a recessão de 1920-1, ele diminuíra as responsabilidades do Departamento Sociológico original até que desaparecesse. Abandonou também seu esquema de participação nos lucros, estipulando um salário básico de seis dólares por dia (um aumento de renda menor que a inflação), com bônus baseados em competência e longevidade. Por considerar o paternalismo e o bem-estar social caros demais e uma ameaça ao controle da fábrica por parte dos funcionários da produção, Ford preferiu recorrer a um elaborado sistema de espionagem e gerenciamento autocrático para controlar a mão de obra. O Departamento de Serviços, no qual ele enfiou os remanescentes do Departamento Sociológico, era dirigido por Harry Bennett, um ex-boxeador com muitos laços com a polícia e o crime organizado, que usava espiões e força bruta para manter a disciplina, tendo contratado muitos ex-condenados para fazer o trabalho.[27] Mas, se o próprio Ford abandonou o elo entre a produção em massa e a criação de um "novo homem", a ideia em si sobreviveria por décadas, inclusive em alguns lugares muito diferentes.

Alfred Kahn e a fábrica moderna

Para fazer o Modelo T, a Ford criou não apenas um sistema de produção, mas também novos tipos de estruturas fabris, que se tornaram modelo para gerações de fábricas gigantescas em todo o mundo. Seu legado técnico e visual permanece forte ainda hoje.

A primeira fábrica da Ford, na avenida Mack, em Detroit, era uma construção pequena, térrea e com estrutura de madeira. A segunda, concluída em 1904 na avenida Piquette, era consideravelmente maior, um belo prédio de tijolos de três andares. Mas, no projeto, diferia pouco de uma fábrica têxtil do início do século XIX: comprida e estreita, com grandes janelas e colunas, vigas e pisos de madeira.[28]

Mesmo antes do início da produção do Modelo T, Ford previu que sua empresa em breve não caberia mais na avenida Piquette e comprou terras nas proximidades de Highland Park para uma nova fábrica. Para projetá-la, contratou o arquiteto de Detroit Alfred Kahn, que ia se tornar o principal projetista de fábricas do século XX. Kahn topou com a arquitetura industrial no início de sua carreira, um pouco por acaso. O imigrante judeu alemão, eclético em suas encomendas e estilos, conheceu Henry B. Joy, presidente da montadora pioneira Packard Motor Company, que o ajudou a conseguir uma série de encomendas não industriais antes de lhe pedir para projetar um novo complexo fabril para sua firma.[29]

Os primeiros nove prédios projetados por Kahn para a Packard eram convencionais. Mas o décimo foi uma mudança radical, feito não de madeira e tijolo, mas de concreto armado. Ao projetá-lo, Kahn trabalhou em estreita colaboração com seu irmão Julius, que criara um sistema para reforçar o concreto com determinado tipo de barra de metal.

O concreto armado, usado pela primeira vez na Europa durante a década de 1870 e nos Estados Unidos não muito tempo depois, era forte, resistente a vibrações, barato e à prova de fogo. Permitia espaços grandes e ininterruptos e uma área de janela maior do que os métodos de construção mais antigos. Uma fábrica de calçados de concreto, construída em Massachusetts entre 1903 e 1904, chamou a atenção de arquitetos industriais para o material. A Packard Número 10, que Kahn projetou em 1905, era de concreto armado, com uma grande área de janelas e configuração ordenada. Ela atraiu muita atenção, assim como uma fábrica que ele construiu no ano seguinte em Buffalo para a George N. Pierce Company, que incorporava pontes rolantes e plataformas sobre trilhos para carregar, descarregar e mover materiais.[30] Quando Ford o contratou, Kahn já tinha certa reputação como projetista de fábricas inovador.

O complexo de Highland Park ampliou o trabalho anterior de Kahn. As paredes externas do prédio principal da fábrica de quatro andares eram em sua maioria de vidro, deixando entrar tanta luz que os observadores o apelidaram de "Palácio de Cristal", uma referência ao salão de exposições de Londres construído mais de meio século antes. Kahn convenceu Ford a deixar que ele usasse caixilhos de metal nas janelas, tão incomuns naquela época que tiveram de ser encomendados da Inglaterra, o que deu ao prédio uma aparência moderna e limpa. No interior, os grandes espaços abertos facilitaram as experiências que levaram à linha de montagem.

Mas, de certa forma, os primeiros prédios de Highland Park ainda lembravam o projeto fabril tradicional. O prédio principal, comprido e estreito, com escadas, elevadores e banheiros em quatro torres externas, tinha as proporções e o layout de uma fábrica de Lowell, ainda que muito maior. A oficina de usinagem térrea adjacente, com seu teto em dente de serra, lembrava um galpão inglês de tecelagem. Mesmo depois que a linha de montagem foi instalada na fábrica, alguns materiais, inclusive carrocerias, eram movidos por carroças puxadas a cavalo.[31]

Em 1914, Kahn acrescentou ao complexo de Highland Park a Nova Oficina, que representava uma ruptura mais radical com o passado. Quase imediatamente após a inauguração de Highland Park, Ford começou a acrescentar mais prédios projetados por Kahn ao complexo, entre eles um administrativo e uma grande usina de energia. Em breve, foi também necessário um novo espaço de montagem. A decisão da empresa de começar a fabricar peças que antes comprava de fornecedores externos e o crescimento do volume de produção da força de trabalho fizeram com que a fábrica principal estivesse lotada quase tão logo foi concluída. Além disso, a linha de montagem e o ritmo acelerado de produção tornavam o manuseio de material uma prioridade cada vez maior, pois grandes quantidades de matérias-primas, peças e subconjuntos precisavam ser entregues em pontos específicos ao longo de várias linhas de montagem, num ritmo que evitava acúmulo de estoque ou escassez de material que parasse a produção.

A solução da Kahn para a Nova Oficina foi construir dois prédios fabris paralelos de seis andares, conectados por um galpão com teto de vidro de 250 metros de comprimento. Ao longo do piso corriam trilhos de trem, de modo que cargas de suprimentos podiam ser levadas diretamente para a fábrica. Ao longo do teto, havia duas pontes rolantes que podiam levantar cargas de até cinco toneladas para cerca de duzentas plataformas que se projetavam de todos os andares dos prédios adjacentes. As plataformas ficavam a uma curta distância de qualquer lugar no interior dos novos prédios, possibilitando que os trabalhadores usassem carrinhos de mão para entregar suprimentos rapidamente às muitas estações de trabalho. Notavelmente moderna, com ponte rolante, paredes de concreto e vidro, um padrão escalonado de plataformas que se projetavam e telhado de vidro, era um novo tipo de espaço que lembrava mais as grandes galerias comerciais do século XIX, como a galeria Vittorio Emanuele II em Milão, despojada da ornamentação, do que uma fábrica tradicional.

Dentro da Nova Oficina, a fundição e a usinagem estavam posicionadas no último andar, e não no térreo, como era comum, talvez devido à resistência da construção de concreto armado. A produção podia então fluir para baixo, à medida que as peças e os subconjuntos eram baixados de um andar para o outro por meio de deslizamento por gravidade e correias, até atingir a linha de montagem final no térreo. A circulação de ar era feita através de dutos dentro de colunas de concreto ocas, um método que lembrava as fábricas inglesas de Lombe, Arkwright e Strutt, mais de um século antes.[32]

A fábrica de Highland Park se tornou quase que imediatamente objeto de enorme atenção mundial por seu design, sua linha de montagem, seu experimento de paternalismo com alta remuneração e os Modelos T que dali saíam. Ford buscou essa atenção, usando o complexo de edifícios para fazer propaganda da empresa. (Os industriais vinham fazendo variações disso havia décadas, projetando belas fábricas adornadas com grandes placas, pondo gravuras delas em seus artigos de papelaria, permitindo o uso de suas imagens em cartões-postais e, às vezes, recebendo jornalistas.)[33] O prédio administrativo foi belamente projetado e ajardinado com cuidado. A usina de energia tinha janelas de vidro, permitindo que os transeuntes vissem os geradores gigantes. Henry Ford fez questão de que a fábrica tivesse cinco chaminés, para que letras gigantescas compondo a palavra Ford

Uma vista aérea da fábrica de Highland Park da Ford, em 1923.

fossem colocadas entre elas, embora não fossem necessárias tantas. Em 1912, começou-se a promover visitas públicas à fábrica. No verão de 1915, o número de visitantes já era de trezentos a quatrocentos por dia. Para divulgar ainda mais a fábrica, Ford publicou um livreto detalhando suas operações, com fotos tiradas pelo Departamento de Fotografia (que também produzia curtas-metragens semanais para distribuir aos revendedores e aos cinemas locais).[34]

Entre os visitantes mais importantes de Highland Park estava Giovanni Agnelli, presidente da montadora italiana Fiat, que saiu decidido a adaptar os métodos da Ford à indústria automobilística europeia, a qual, em grande medida, ainda fabricava carros de maneira artesanal. Para acomodar o sistema da Ford, ele encomendou uma nova fábrica no distrito de Lingotto, em Turim, inaugurada em 1923. A fábrica — um dos grandes marcos da arquitetura modernista — era Highland Park virada de cabeça para baixo. Tal como a Nova Oficina, tinha dois edifícios paralelos, longos e interligados para as operações de montagem, cada um com cinco andares e mais de quatrocentos metros de comprimento. No imenso pátio entre os prédios, duas rampas em espiral conectavam todos os andares ao telhado. Num procedimento oposto ao de Highland Park, as matérias-primas eram entregues no piso térreo e a produção prosseguia para cima até os carros prontos serem colocados numa pista de teste no teto, com curvas inclinadas que permitiam altas velocidades. Depois, os carros desciam por uma rampa para a entrega. (Num reflexo disso, quando Kahn projetou um centro de serviços de oito andares para a Packard, no lado oeste de Manhattan, incluiu duas rampas internas que permitiam o acesso a uma pista de testes no telhado.)[35]

Highland Park fez de Kahn o principal arquiteto da indústria automobilística. Em breve, ele estava projetando fábricas para a Hudson Motor Company, os irmãos Dodge, Fisher Body, Buick e Studebaker, enquanto a indústria automobilística adotava rapidamente tanto a linha de montagem quanto a construção de concreto armado. Por fim, sua empresa projetou uma ampla gama de edifícios industriais, não apenas na América do Norte, mas também na América do Sul, na Europa, na Ásia e na África. Kahn também projetou prédios de escritórios para a indústria automobilística e outras empresas industriais, entre eles o imenso edifício da General Motors em Detroit (o maior edifício de escritórios do mundo quando foi inaugurado, em 1922), e a sede adjacente e opulenta da Fisher Body. Ele projetou residências para executivos da indústria de automóveis, incluindo mansões à beira do lago em Gross Pointe para Henry Joy e Edsel Ford, filho de Henry. Projetou até o Hospital Henry Ford. A extraordinária produtividade de sua firma, que no final da década de 1920 tinha quatrocentos empregados, e a rapidez com que conseguia concluir projetos, se baseava num alto grau de divisão do trabalho, com vários departamentos executando funções especializadas, numa aplicação ao trabalho de colarinho branco de alguns dos princípios que Ford aperfeiçoou para a manufatura. Para acompanhar o trabalho, a firma de Kahn usava formulários semelhantes aos usados por Ford em Highland Park.[36]

River Rouge

A firma de Kahn cresceu, mas Henry Ford continuou a ser seu cliente mais importante. Juntos, eles projetaram o que se tornou o próximo carro-chefe do gigantismo industrial, a fábrica River Rouge. Pouco depois da conclusão da Nova Oficina, Ford começou a planejar um complexo muito maior em Dearborn, na vizinhança, comprando grandes extensões de terra. Um pouco disso foi utilizado em iniciativas de Ford, paralelas à montadora de automóveis, entre elas uma empresa separada que produzia tratores Fordson. Mas a maior parte foi dedicada à fabricação do Modelo T. Ford decidiu levar ao máximo seu esforço de integração vertical, procurando fazer não somente peças, mas também materiais básicos como aço, vidro e borracha para seus carros, eliminando a possibilidade de fornecedores aumentarem preços ou não entregarem encomendas quando os estoques estavam baixos. A propriedade de Dearborn, às margens do rio Rouge, permitia a entrega direta de mercadorias a granel, como minério de ferro, carvão e areia, por navios que vinham dos Grandes Lagos, e tinha bastante água para os processos industriais. Além disso, o subúrbio escassamente povoado de Dearborn deu a Ford maior controle sobre seu ambiente do que Detroit, com sua população heterogênea e seu ativismo trabalhista episódico.[37]

A Ford começou a construir um alto-forno em River Rouge em 1917. Veio em seguida uma série de outras usinas de processamento, como fornos de coque, fornos de soleira aberta, um laminador, uma fábrica de vidro, uma de borracha e pneus, uma de couro, uma de papel, uma de caixas e uma têxtil. A companhia fez um grande esforço para integrar as várias fábricas e reutilizar subprodutos. As impurezas dos altos-fornos, por exemplo, eram enviadas a uma fábrica no local para serem transformadas em cimento. Ford também começou a comprar minas de carvão e ferro e vastas extensões de florestas na Península Superior de Michigan, onde construiu serrarias, fornos e fábricas para fazer peças de madeira para o Modelo T. Serragem e restos de madeira eram usados para fazer briquetes de carvão, vendidos com a marca Kingsford, que até hoje alimenta churrascos e a felicidade das famílias nos Estados Unidos todo. Seu maior esforço de integração vertical foi uma vasta plantação de seringueiras na bacia amazônica que foi um fracasso dispendioso.[38]

Modelos T completos nunca foram produzidos em River Rouge, que inicialmente serviu de fábrica de insumos para Highland Park. Motores, pneus, janelas e outros componentes eram levados de River Rouge para Highland Park, onde se fazia a montagem final. Mas, com o alto volume de produção do Modelo T, até mesmo a fabricação de insumos era imensa. A fundição de River Rouge, onde os blocos do motor eram moldados a partir de ferro fundido em altos-fornos adjacentes, era a maior do mundo, empregando 10 mil homens.[39]

Quando as operações de montagem final começaram em River Rouge, não foi para fazer carros, ironicamente, mas navios. Durante a Primeira Guerra Mundial, a Marinha contratou Henry Ford para construir 112 caçadores submarinos usando os métodos da linha de montagem. A Marinha pagou pela construção de uma nova fábrica para produzi-los, o Edifício B, projetado por Kahn. Era a maior fábrica já construída, com noventa metros de largura e mais de quinhentos metros de comprimento, um imenso galpão isolado com paredes compostas quase inteiramente por janelas. Tão alto quanto um prédio de três andares, mas aberto por dentro para acomodar a produção de navios, foi projetado para permitir o acréscimo posterior de andares intermediários. Quando o último dos Eagle Boats deixou o prédio, em setembro de 1919 (nenhum foi concluído a tempo de ser usado em combate), acrescentaram-se andares e o edifício foi usado para montar as carrocerias do Modelo T, que antes eram compradas de fornecedores externos.

O Edifício B representou o início de uma mudança nos princípios do projeto de fábricas para Ford e Kahn, afastando-se da engenhosa máquina arquitetônica que eles haviam acabado de criar na Nova Oficina. Kahn ajudou a liderar não uma, mas duas revoluções na arquitetura industrial. Em vez de prédios de vários andares, Kahn e Ford ergueram no Rouge fábricas térreas muito grandes para evitar o custo de içar materiais e ter espaços ininterruptos maiores, já que não eram mais necessárias colunas para sustentar andares superiores. As imensas áreas abertas proporcionaram aos engenheiros flexibilidade na colocação de máquinas, no que foram auxiliados pela decisão da empresa de parar de usar eixos e correias suspensos para fornecer energia às máquinas, com a implantação de motores elétricos individuais no lugar. As fábricas térreas também evitavam a necessidade de fazer furos entre os andares quando as linhas de montagem eram reposicionadas. Em 1923, a Ford mudou o design-padrão para todas as suas fábricas.

Com a mudança para fábricas térreas, Kahn abandonou o concreto armado, não precisando mais de suas qualidades de amortecimento de vibração, e passou a usar esquadrias de aço, que possibilitavam maior rapidez na instalação de estruturas e maior facilidade para expandi-las. Seus novos prédios tinham mais vidro nas paredes do que suas estruturas anteriores, e ele geralmente usava monitores de tetos — estruturas elevadas com vidro voltado em direções variadas — em vez de telhados em dente de serra, o que proporcionava uma luz natural mais difusa.

Os edifícios de concreto estilo galeria que Kahn ajudou a popularizar continuaram sendo construídos para fabricação e armazenamento. Resistentes a danos causados pela água e construídos com solidez, podem ser encontrados em grande número nos distritos industriais americanos mais antigos, às vezes ainda em uso para manufatura, às vezes abandonados, às vezes convertidos em armazéns ou escritórios, e ocasionalmente transformados em apartamentos muito visados. Mas o próprio Kahn quase nunca voltou a esse estilo.

Ele preferiu adotar superfícies elegantes de vidro e metal em prédios ao mesmo tempo funcionais e bonitos. Ao longo de duas décadas, criou uma profusão de prédios industriais de excelente design modernista — simples, leves, aparentemente intermináveis. Muitos dos prédios ao estilo Rouge eram expressões de formas quase puras — chaminés cilíndricas altas, longas paredes de vidro, telhados com monitor bem feitos — sem nenhuma ornamentação. O Laboratório de Engenharia, concluído em 1925, onde ficava o escritório de Henry Ford, tinha um interior particularmente marcante, com um longo espaço central ladeado por galerias menores e dois níveis de janelas em ambos os lados que o inundavam de luz. Alguns dos projetos posteriores de Kahn, como a fábrica de caminhões de meia tonelada da Chrysler, são amplamente reconhecidos como alguns dos maiores prédios industriais já erguidos e obras-primas modernistas.

No entanto, ele e Ford não se consideravam modernistas. Em discurso feito em 1931, Kahn fez uma avaliação nuançada, mas em grande medida negativa, da arquitetura modernista. Ele criticou o funcionalismo extremo e a falta de ornamentação de arquitetos como Walter Gropius e Le Corbusier (traços que se pode dizer que caracterizavam seus próprios projetos de fábrica). "O que chamamos de modernismo hoje é em grande parte afetação, uma busca do radical, do extremado." Em seus projetos não industriais, Kahn inspirava-se numa variedade de estilos históricos, projetando prédios com frequência belos, mas raras vezes inovadores. Henry Ford era ainda mais explicitamente antimodernista no exato momento em que criava uma modernidade industrial. Enquanto desenvolvia River Rouge, continuava a aumentar sua coleção de máquinas, móveis e edifícios antigos, que finalmente instalou em Greenfield Village, perto da fábrica do Rouge, uma recriação de uma pequena cidade americana antiga. Seus carros e fábricas promoviam a urbanização e o cosmopolitismo, mas Ford continuava profundamente nostálgico do mundo rural e paroquial em que crescera e que optara por abandonar.

Durante as décadas de 1920 e 1930, novos prédios foram acrescentados ao complexo do Rouge. A Oficina de Prensagem, concluída no final da década de 1930, tornou-se o maior edifício fabril do mundo, com uma área de 135 mil metros quadrados. A Ford espaçou os edifícios do Rouge para permitir a expansão posterior, tendo bastante espaço no terreno de 443 hectares. Um elaborado sistema de linhas ferroviárias, estradas, 227 quilômetros de transportadores, monotrilhos e um viaduto com um sistema de transporte automático movia matérias-primas, peças e subconjuntos dentro dos prédios e entre eles. Os estacionamentos de funcionários cercavam o vasto complexo isolado, mas muitos trabalhadores chegavam por terminais especiais de bonde e ônibus. Cercas, trilhos de trem e portões guardados restringiam o acesso à fábrica, que passou a se assemelhar a uma fortaleza, em contraste com Highland Park, que ficava num movimentado bairro urbano, com calçadas públicas ao lado de seus prédios.[40]

Ironicamente, enquanto o Rouge estava sendo construído para produzir tudo o que era necessário para fazer um Modelo T, o carro em si ia se tornando obsoleto. Em meados da década de 1920, outras montadoras, como a General Motors e a Chrysler, introduziram modelos tecnicamente mais avançados e variados do que a Ford, que ainda vendia apenas o Modelo T (embora oferecesse carros de luxo com a marca Lincoln). Em 1927, enquanto as vendas diminuíam, ficou evidente que algo precisava ser feito. De modo abrupto, a Ford parou de fabricar o Modelo T antes mesmo de finalizar o projeto de seu substituto, o Modelo A. Durante seis meses, suas fábricas ficaram ociosas, enquanto a empresa substituía 15 mil máquinas-ferramenta e reconstruía outras 25 mil. Era preciso criar novos moldes, gabaritos, matrizes, acessórios, medidores e sequências de montagem. Enquanto isso, a demissão de 70 mil trabalhadores da empresa na área de Detroit criava uma crise social, enquanto agências de assistência, de colocação de crianças e clínicas gratuitas lutavam para atender à enorme demanda.

O ventre do sistema de Ford fora exposto. A padronização extrema permitira que outras empresas conquistassem os consumidores com base no estilo e na mudança, o que o presidente da General Motors Alfred P. Sloan Jr. chamou de "'leis' das costureiras de Paris [...] na indústria automobilística". Máquinas especializadas de finalidade única, que tornavam barato produzir peças específicas, também tornavam dispendiosa a troca para produtos novos (um problema que remontava ao maquinário de alta velocidade, porém inflexível, usado nas primeiras fábricas de Lowell). A mudança do Modelo T para o Modelo A custou à Ford Motor Company 250 milhões de dólares (3,5 bilhões em dólares de 2017) e a perda do primeiro lugar em vendas para a General Motors. A integração vertical também tinha seu lado negativo, evidente quando a economia e as vendas de automóveis caíram apenas alguns anos após a introdução do Modelo A; a Ford teve mais dificuldade em cortar custos do que as outras grandes montadoras, que compravam a maior parte de suas peças de fornecedores externos. Ao longo da década iniciada em 1927, a companhia teve uma perda líquida cumulativa, enquanto a General Motors obtinha quase 2 bilhões de dólares de lucro, descontados impostos.

O lançamento do Modelo A completou a transferência do centro do império Ford de Highland Park para River Rouge. A linha de montagem final do novo carro ficava no Edifício B, que era tão grande que também pôde abrigar em várias ocasiões uma linha para tratores Fordson, uma escola de comércio, um corpo de bombeiros e um hospital. A mudança geográfica foi acompanhada por um expurgo de engenheiros e executivos pioneiros da Ford, a maioria remanescente da equipe que criara o Modelo T, a linha de montagem e o sistema fordista. Com Harry Bennett e Charles Sorenson, um gerente de produção antigo e muito durão, administrando efetivamente o Rouge, uma cultura autocrática, caótica e brutal passou a caracterizar a fábrica. Os trabalhadores criticavam a disciplina severa por pequenas ofensas, regras arbitrárias e em constante mudança e capatazes tirânicos. Um operário do Rouge queixou-se de que "os chefes são grossos como melaço e estão sempre no seu pescoço, porque o homem acima está no pescoço deles e Sorenson está no pescoço de todo mundo — é ele quem derrama o óleo fervente que o velho Henry faz. [...] Um homem deixa seu cérebro e sua liberdade na porta quando vai trabalhar na Ford".

O Rouge — "aquele cosmos industrial autossuficiente, uma obra-prima de engenho e eficiência", como o chamou Edmund Wilson — encarnava uma estratégia extrema de concentração industrial. A Ford abriu dezenas de filiais nos Estados Unidos para montar kits de peças embarcadas em Highland Park e depois em Dearborn, mas a manufatura permaneceu altamente centralizada nos principais complexos. Durante as décadas de 1920 e 1930, a empresa construiu uma série de fábricas de "indústria de aldeia" no sudeste rural de Michigan. Alimentadas por pequenas usinas hidrelétricas, elas produziam peças pequenas para uso em Highland Park e no Rouge — interruptores de partida, brocas, bobinas de ignição e coisas similares. Henry Ford concebeu as fábricas para dar trabalho aos agricultores durante a temporada de pouco movimento do inverno. Mais uma vez, como em Greenfield Village, ele parecia estar adotando uma visão idealizada de uma sociedade jeffersoniana descentralizada, ainda que o trabalho de sua vida a destruísse. Mas, com uma força de trabalho combinada de apenas 4 mil operários no auge, as fábricas da aldeia não eram muito mais do que um gesto ideológico à sombra das gigantescas fábricas da Ford.

Outras indústrias automobilísticas também construíram fábricas muito grandes. A complexidade da fabricação de um automóvel, com centenas de peças diferentes, o custo de transportar componentes volumosos, como chassis, eixos, motores e carrocerias, e o pesado investimento necessário para construir e equipar a indústria automobilística tornaram a concentração da produção uma estratégia amplamente compartilhada. A fábrica principal da Dodge em Hamtramck (um enclave independente dentro de Detroit) começou fornecendo peças para a Ford, mas depois os irmãos Dodge a expandiram para produzir seu próprio carro. Albert Kahn projetou os primeiros prédios; a Smith, Hinchman, & Grylls, uma firma de arquitetura de Detroit, projetou muitos prédios adicionais, a maioria estruturas de vários andares feitas de concreto armado. Sob o comando dos Dodge e depois da Chrysler, que comprou a empresa após a morte de seus fundadores, ela se tornou uma indústria totalmente integrada de fabricação e montagem, mais extensa do que Highland Park, seu equivalente mais próximo. Tinha cerca de 30 mil operários no final dos anos 1930 e ainda mais durante a Segunda Guerra Mundial, permanecendo em operação até 1980. A General Motors ficou famosa pela estrutura divisional e pela descentralização, mas em Flint, Michigan, também tinha um enorme complexo de produção — na verdade, vários. No final da década de 1920, a gigantesca Buick (outro projeto de Kahn) tinha 22 mil operários; um aglomerado de fábricas da Chevrolet empregava 18 mil trabalhadores; a Fisher Body, então uma subsidiária da GM, tinha 7500 operários; e ainda mais trabalhadores poderiam ser encontrados nas fábricas da AC Spark Plug, subsidiária da GM.

Mas nada chegava perto do complexo do Rouge em pura escala. A historiadora Lindy Biggs o caracterizou como "mais parecido com uma cidade industrial do que com uma fábrica". Em 1925, contava com 52 800 trabalhadores, ainda atrás de Highland Park, onde a força de trabalho havia aumentado para 55 300. Com o Modelo A, porém, Rouge passou à frente. Chegou a 102 811 trabalhadores em 1929, um nível de emprego sem precedentes num único complexo fabril. Até hoje, pelo menos em termos do tamanho de sua força de trabalho, permanece inigualável nos Estados Unidos. Foi, simplesmente, a maior e mais complicada fábrica já construída, um extraordinário testamento da engenhosidade, da engenharia e do trabalho humano.[41]

A celebração de Ford

Os métodos de Ford atraíram um interesse generalizado entre os profissionais da indústria assim que foram introduzidos. Ele recebia repórteres em suas fábricas, especialmente da imprensa técnica, compartilhando abertamente detalhes de suas últimas inovações, uma mudança da cautela usual entre os industriais quanto à divulgação de informações sobre suas técnicas. Revistas especializadas da área, como *American Machinist*, *Iron Age* e *Engineering Magazine* publicaram longos artigos sobre os métodos instaurados para produzir o Modelo T. Outros produtores americanos de automóveis e fabricantes de bens de consumo logo adotaram a linha de montagem.[42]

O público em geral também estava fascinado pelo sistema, especialmente a linha de montagem. Henry Ford percebeu que o interesse público por seus métodos de fabricar carros poderia ajudar a vendê-los. Além de oferecer passeios pela fábrica de Highland Park, ele levou a linha de montagem para a estrada. Em 1915, na Exposição Internacional Panamá-Pacífico, realizada em San Francisco, apenas dois anos após a introdução da linha de montagem, uma mostra da Ford incluía uma linha de produção em funcionamento que resultou em vinte Modelos T por dia. Em 1928, quando apresentou o Modelo A no Madison Square Garden, a Ford exibiu todas as facetas do processo de produção, desde dioramas de suas minas de ferro e carvão até estações de trabalho para fabricação de vidro e estofados. Em 1933-4, na Exposição Século do Progresso de Chicago, uma parte do Edifício de Exposição da Ford, projetado por Albert Kahn e mais tarde levado para perto da entrada da fábrica do Rouge, mostrava "a produção completa do carro em todas as suas partes". Em 1938, quase 1 milhão de pessoas visitaram a exibição. E também afluíram para o próprio Rouge. No final da década de 1930, a Ford oferecia a cada trinta minutos uma excursão de duas horas pelo complexo. Outras companhias, como a Chrysler e a General Motors, também abriram suas fábricas e montaram exposições para um público interminavelmente fascinado pelo modo como as coisas eram feitas, sobretudo com a complexa e maravilhosa coreografia da linha de montagem. A Exposição da General Motors, projetada por Kahn para a Exposição de Chicago, apresentava uma linha de produção modelo, que permitia aos visitantes observarem de um balcão elevado os operários montando veículos.

A paixão do público pela fábrica gigantesca e pela linha de montagem foi duradoura. Em 1971, 243 mil pessoas visitaram o Rouge, um número recorde. Alguns anos depois, o Departamento de Comércio dos Estados Unidos publicou uma lista de indústrias americanas que ofereciam tours que tinha 149 páginas e na qual se encontrava de tudo, de destilarias a usinas siderúrgicas, inclusive uma dezena de fábricas de automóveis.[43]

Intelectuais e ativistas políticos também se deixaram seduzir pelo fordismo. De forma talvez surpreendente, tendo em vista a reputação posterior de Ford como um autocrata conservador que odiava os sindicatos, alguns esquerdistas proeminentes elogiaram de início o sistema de Ford. No início de 1916, depois de visitar a fábrica de Highland Park, Kate Richards O'Hare, uma conhecida líder socialista, publicou dois artigos elogiando Henry Ford em *The National Rip-Saw*, um jornal socialista de grande circulação. O'Hare considerou o Dia de Cinco Dólares, o Departamento Sociológico e a Escola de Inglês da Ford um progresso para os trabalhadores (junto com a decisão de tirar dos capatazes o poder de demitir). Fazendo uma comparação racista, ela escreveu que, em consequência das políticas de Ford, "os homens se agarram a um emprego na fábrica da Ford como um negro se finge de morto".

> Se todo capitalista dos Estados Unidos se convertesse subitamente às ideias de Ford [...] isso não resolveria os problemas sociais nem eliminaria a luta de classes ou inauguraria a comunidade cooperativa, MAS promoveria a causa da justiça social, demonstraria a solidez das teorias socialistas e traria a poderosa pressão da educação para apressar a emancipação final e completa da classe trabalhadora.[44]

Mais tarde naquele mesmo ano, John Reed, que em breve seria o mais importante cronista da Revolução Russa e um dos fundadores do Partido Comunista Americano, escreveu um retrato da Ford igualmente brilhante, embora mais sofisticado, no jornal de esquerda *The Masses*. Para ele, a estratégia de Ford de preços baixos e salários altos, em especial a participação nos lucros incorporada ao Dia de Cinco Dólares, representava um enorme passo à frente das práticas industriais normais. Reed detalhou a diferença que os altos salários faziam na vida dos operários da Ford. Depois de entrevistar Ford, ele passou a acreditar que a gigante automobilística estava avançando na direção de algum tipo de nova forma de controle empresarial que daria influência aos trabalhadores; o Dia dos Cinco Dólares estava "se transformando em algo perigosamente parecido com um verdadeiro experimento em democracia, e disso pode brotar uma verdadeira ameaça ao capitalismo". Por isso Reed acreditava que "os capitalistas odeiam Henry Ford", um eco da própria percepção do empresário de si mesmo, no idioma populista em que cresceu, como produtor de valor tendo que lutar contra os parasitas de Wall Street.[45]

Os elogios da esquerda a Henry Ford diminuíram com o tempo, em parte como reação a mudanças nas práticas da empresa e de seu antissemitismo raivoso durante a década de 1920; Edmund Wilson, escrevendo quinze anos depois de Reed, apelidou-o de "déspota de Dearborn". Mas o fordismo provocou forte simpatia de um grupo que durante o New Deal se aliava a elementos da esquerda, empresários e seus partidários que julgavam o consumo de massa essencial para manter a prosperidade e os lucros. Edward Filene, que ganhou dinheiro com lojas de departamentos, foi talvez o membro mais franco daqueles que foram apelidados de "protokeynesianos" por verem a necessidade de dar poder de compra à massa para manter o crescimento econômico. Ao contrário do passado, Filene escreveu em 1924, as empresas precisavam produzir "clientes prósperos além de bens vendáveis". O fordismo, com sua promessa de altos salários e produtos mais baratos, era uma maneira de criar um círculo virtuoso de poder de compra em massa, consumo em massa, produção em massa e crescimento econômico. Ao contrário de O'Hare e Reed, Filene reconhecia a monotonia do trabalho fordista, mas achava que a carga horária mais curta amenizava parcialmente o problema. E, em todo caso, "nem todo homem é um artista, nem todo homem é um artesão criativo". "A pobreza traz uma monotonia mil vezes mais mortal ao corpo e à mente do que a da rotina fabril", acrescentou em um comentário que lembrava a observação de W. Cooke Taylor sobre o trabalho infantil, oitenta anos antes.[46]

Os romancistas também viram no fordismo um evento surpreendente, um passo em direção a um novo mundo. John Dos Passos traçou o perfil de Ford em *Dinheiro graúdo* (1936) — romance que concluiu a trilogia *U.S.A.*, seu retrato do país — escrevendo não apenas sobre o Modelo T e o trabalho exaustivo necessário para produzi-lo, mas também sobre as muitas contradições de seu criador, seu pacifismo, seus lucros durante a guerra e seu antissemitismo, suas invenções revolucionárias, sua paixão por antiguidades. (Alfred Kazin observou com astúcia que *U.S.A.*, com sua estrutura complexa composta de diferentes blocos narrativos, era em si mesma uma "ferramenta", "outra invenção americana — uma *coisa* americana peculiar à oportunidade e ao estresse da vida americana".)[47] Louis-Ferdinand Céline, que visitou uma fábrica da Ford, em Detroit, em 1926, incluiu uma cena de trabalho na linha de montagem da empresa em *Viagem ao fim da noite* (1932). Upton Sinclair escreveu um romance não muito bom sobre Ford, *The Flivver King: A Story of Ford-America* [O rei Flivver: uma história de Ford-América] (1937). O mais famoso de todos, *Admirável mundo novo* (1932), de Aldous Huxley, descreve uma distopia do fordismo, um retrato da vida A.F. — os "Anno Ford", contados a partir de 1908, quando foi lançado o Modelo T — com Henry Ford como divindade.[48]

Dos Passos, Sinclair, Céline e Huxley escreveram sobre Ford e o fordismo durante a década de 1930, bem depois da explosão inicial de entusiasmo jornalístico e industrial em relação à produção em massa. As obras deles foram influenciadas pela Grande Depressão e pelas violentas ações contra os sindicatos por parte da Ford Motor Company, que mudaram radicalmente a imagem pública de Ford e do seu projeto. Em contraste, as principais representações visuais do fordismo começaram mais cedo, durante a década de 1920. Mais do que na palavra escrita, foi nas artes visuais que o fordismo e a fábrica gigantesca foram celebrados.

Fábricas gigantes e artes visuais

Fábricas foram retratadas desde seus primeiros dias em desenhos, litografias e pinturas. Mas foi somente no século XX que se tornaram um tema importante para os artistas. É difícil pensar numa representação artística excelente de uma fábrica nos séculos XVIII ou XIX, mas há muitas grandes pinturas, fotografias e filmes do século XX com esse tema. Para muitos artistas das décadas de 1920 e 1930, a fábrica representava a vida moderna — secular, urbana, mecânica, avassaladora —, uma ruptura com a paisagem rural ou com a intimidade do interior doméstico. E ela proporcionou um veículo para os modos modernistas de representação artística, avançando em direção à abstração. Enquanto no século XIX romancistas e outros escritores desempenharam um papel importante na formação das percepções do público sobre a fábrica e o sistema fabril, no século XX, os artistas visuais tomaram a frente.

A fotografia, em particular, assumiu a liderança na influência sobre as percepções do público da fábrica gigantesca. Sendo ela própria um produto da Revolução Industrial que criou o sistema fabril, a fotografia possibilitava a fácil reprodução e disseminação de imagens, enquanto a pintura permanecia uma forma inerentemente de elite, criada em grande parte para visualização privada por colecionadores ou frequentadores de museus. Era apropriado que a fotografia e o cinema, tão bem adaptados à criação de produtos idênticos ilimitados, fossem a mídia mais importante para a representação da produção em massa.

No início do século XX, vários fotógrafos americanos, entre eles Paul Strand, Alfred Stieglitz e Alvin Langdon Coburn, começaram a fotografar máquinas, peças de máquinas e paisagens industriais. Na década de 1920, fotógrafos e artistas de outros lugares puristas na França, futuristas na Itália, afiliados à Bauhaus e fotógrafos da Neue Sachlichkeit [Nova Objetividade] na Alemanha, construtivistas na União Soviética — também se voltaram para a indústria em busca de ideias visuais, símbolos e uma estética da máquina.[49] Mas fotografar fábricas reais, especialmente seu interior, apresentava problemas técnicos formidáveis numa época de câmeras grandes e pesadas, escolha limitada de lentes, filmes lentos e dispositivos de iluminação primitivos. A fotógrafa que primeiro superou muitos desses desafios e fez mais do que qualquer outro para disseminar imagens da indústria gigante foi Margaret Bourke-White.

O pai de Bourke-White, engenheiro e inventor, trabalhava para um fabricante de impressoras. Ele morava em Nova Jersey e costumava levar a menina Margaret às fábricas onde as impressoras estavam sendo feitas ou instaladas. Mais tarde, ela escreveu sobre a primeira vez que ele a levou a uma fundição: "Eu mal posso descrever minha alegria. Para mim, naquela idade, uma fundição representava o começo e o fim de toda a beleza". Seu eterno fascínio pela indústria estava ligado a seus intensos sentimentos pelo pai, que morreu quando ela estava com apenas dezoito anos. "Eu adorava meu pai", escreveu ela. "Cada vez que vou fazer um trabalho, vejo as máquinas através dos olhos do meu pai. E assim, eu venero as fábricas."

Bourke-White mudou-se para Cleveland em meados da década de 1920 para tentar ganhar a vida como fotógrafa de arquitetura, documentando casas e jardins de luxo. Mas viu-se atraída por Flats, o bairro enfumaçado, sujo e barulhento no coração da cidade, onde se localizava a indústria pesada. "Recém-saída da faculdade, com minha câmera pendurada no ombro, Flats era um paraíso fotográfico."

Não demorou para que Bourke-White passasse a vender imagens externas de indústrias para a publicação interna de um banco local. Mas entrar nas fábricas era outra história: os industriais de Cleveland, como a maioria dos donos de fábricas, não tinham interesse em permitir que pessoas de fora entrassem. Ela teve sua chance quando o presidente da Otis Steel lhe deu acesso à sua usina. Com uma confiança exagerada para sua idade, Bourke-White disse a ele: "Existe uma energia e uma vitalidade na indústria que faz dela um tema magnífico para a fotografia, que reflete a era em que vivemos". Ela acreditava que a "indústria [...] desenvolvera uma beleza inconsciente — muitas vezes uma beleza escondida que estava esperando para ser descoberta".

Depois de cinco meses de experiências com posições de câmera, iluminação, filmes e técnica de câmara escura, Bourke-White conseguiu captar o drama do aço fundido sendo derramado. A Otis Steel comprou suas fotos e outras encomendas industriais começaram a aparecer. Para o cenário da peça *Dínamo* de Eugene O'Neill, ela fotografou os geradores da Niagara Falls Power Company. Anos depois, quando reimprimiu a imagem, escreveu na legenda: "Os dínamos eram mais bonitos para mim do que pérolas". Uma declaração e tanto para uma mulher dedicada a aparência elegante e roupas caras.[50]

Em 1929, Henry Luce, editor da revista *Time*, contratou Bourke-White para sua nova publicação sobre negócios, *Fortune*. Revista luxuosa e muito ilustrada, com alguns dos principais escritores e designers do país, ela oferecia documentação sofisticada, celebração e análise dos negócios americanos. Seus fotógrafos, incluindo Bourke-White, tinham acesso aos maiores e mais avançados complexos industriais do país. Em 1930, ela fotografou o Rouge. Quatro anos depois, tirou fotos em Amoskeag, onde anos antes Lewis Hine fotografara crianças trabalhando.

O público de Bourke-White se expandiu exponencialmente quando Luce a levou para sua nova "revista fotográfica", *Life*. A capa do primeiro número, datado de 23 de novembro de 1936, foi uma fotografia que ela tirou do vertedouro da maior represa aterrada do mundo, a Fort Peck Dam, no leste de Montana, uma obra-prima de composição formal e quase abstrata, de escala gigantesca. Em poucos meses, a *Life* estava vendendo 1 milhão de exemplares por semana, e Bourke-White era uma de suas estrelas.

Em suas primeiras fotografias industriais, Bourke-White demonstrou pouco interesse pelos trabalhadores. Muitas vezes, eles estão totalmente ausentes. Quando não estão, parecem insignificantes em comparação com as enormes estruturas e máquinas que dominam as fotos. Tal apagamento dos operários das imagens industriais era uma característica comum das fotografias e pinturas na década de 1920 e no início dos anos 1930 (tanto na Europa quanto nos Estados Unidos), num forte contraste com o trabalho anterior de Hine. Embora às vezes mostrasse as máquinas apequenando os seres humanos, ao enfatizar sua grande escala e formas abstratas, a maior parte do trabalho de Hine se centrava na experiência humana do trabalho, nos rostos, corpos e expressões dos operários que habitavam o reino industrial. Para Bourke-White, nessa fase de sua carreira, não era o trabalhador que atraía seu interesse, nem os produtos que estavam sendo feitos, mas as formas abstratas da indústria. "A beleza da indústria está em sua verdade e simplicidade", escreveu ela em 1930.[51]

Charles Sheeler, que fotografou a fábrica da Ford em River Rouge antes de Bourke-White, compartilhava seu credo. "Eu falo na língua de meu tempo", disse ele em 1938, "o mecânico, o industrial. Qualquer coisa que funcione com eficiência é bela." E acrescentou: "Nossas fábricas são nossos substitutos da expressão religiosa". Pintor precisionista da Filadélfia, entre cujos primeiros trabalhos estavam as magníficas paisagens urbanas abstratas *Church Street El* (1920) e *Skyscrapers* (1922), Sheeler adotou a fotografia como uma maneira de se sustentar enquanto pintava. Em seu trabalho comercial encontram-se fotografias para a N. W. Ayer & Son, agência de publicidade da Filadélfia que a Ford Motor Company contratou para promover o lançamento do Modelo A. Vaughn Flannery, diretor de arte da Ayer, trabalhando com Ford, decidiu vender o novo carro retratando as gigantescas máquinas e fábricas usadas para fabricá-lo. Flannery mandou Sheeler para o Rouge, onde ele passou seis semanas produzindo um extraordinário portfólio de imagens. A maioria das fotografias retrata processos de fabricação de aço e estampagem, com seu equipamento gigantesco e drama elementar. Não há fotografias das operações de montagem. Muitas das imagens parecem quase abstratas, com chaminés, esteiras transportadoras, tubos e guindastes atravessando o plano da imagem, muitas vezes em ângulos dramáticos. Em muitas fotografias, os operários estão totalmente ausentes e em outras, mal aparecem nas bordas do enquadramento. Como em algumas das fotografias de Bourke-White, quando presentes, os seres humanos servem para evidenciar a escala gigantesca dos equipamentos e prédios perto deles (não muito diferente da relação entre homem e máquina nas ilustrações do motor Corliss na Exposição do Centenário).

Esteiras cruzadas — Fábrica da Ford, notável fotografia de Charles Sheeler da fábrica da Ford em River Rouge, 1927.

"A campanha de Flannery para a Ford", escreveu o historiador da arquitetura Richard Guy Wilson, "foi a primeira a retratar a beleza e o heroísmo no processo de fabricação com o objetivo de estimular as vendas. Os anúncios do Rouge deram início a uma moda, pois muitos descobriram que as imagens industriais podiam ser usadas em revistas populares de circulação de massa, bem como em revistas especializadas." Flannery foi sagaz ao perceber que a fábrica, com sua grandiosidade prometeica, representava uma modernidade à qual os consumidores gostariam de se associar.[52]

Embora a Ford fizesse uso das fotografias de Sheeler para publicidade, algumas foram apresentadas como objetos de arte. O próprio Sheeler as usou numa fotomontagem exibida no Museu de Arte Moderna, em 1932. Ele também produziu uma série de pinturas, desenhos, aquarelas e gravuras do Rouge. As pinturas mais conhecidas, *Paisagem americana* e *Paisagem clássica*, não eram estudos de prédios isolados, mas de panoramas do complexo. Ao mesmo tempo realistas e abstratas em sua concentração em forma, linha e luz, a quase ausência de pessoas nas representações de Sheeler de uma instalação industrial que tinha dezenas de milhares de trabalhadores lhes dá um ar estranho. O crítico Leo Marx disse, de *Paisagem americana*, que Sheeler "eliminou todas as evidências do movimento frenético e clamor que associamos ao cenário industrial. [...] Esta 'paisagem americana' é a paisagem industrial pastoralizada".

Ao retratar poucas pessoas no complexo do Rouge, Sheeler estava sendo literal. Outros observadores notaram que, ao contrário do que poderiam pensar, pouquíssimas pessoas eram vistas do lado de fora dos prédios da fábrica em muitas partes do complexo altamente mecanizado. Mas se tratava também de uma escolha de Sheeler sobre o que fotografar. Depois da Segunda Guerra Mundial, ele fez uma série de pinturas da então fechada Amoskeag Mills. As fotografias que Hine fez em Amoskeag retratavam operários jovens. Bourke-White captou a simetria e os padrões repetitivos do maquinário. As pinturas que Sheeler fez de Amoskeag eram paisagens sem ninguém à vista.[53]

O historiador de arte Terry Smith criticou Bourke-White e Sheeler por "banir o trabalho produtivo e excluir o ser humano, implicando uma autonomia do que é mecânico e buscando uma beleza da repetição, simplicidade, regularidade de ritmo, clareza de superfície. Esse é o olhar da gerência ao seu bel-prazer, maravilhado com as novas belezas que sua inventividade organizacional pode criar". Smith tem razão. Afinal, os primeiros clientes de Bourke-White eram líderes empresariais que queriam belas imagens dos prédios e das instalações que controlavam, antes que ela passasse para uma plateia mais ampla de leitores da *Fortune*. Edsel Ford comprou *Paisagem clássica*. Abby Aldrich Rockefeller, esposa de John D. Rockefeller Jr., comprou *Paisagem americana*.[54]

Mas ficar nisso é perder a grandeza dessa arte. O tema de Bourke-White não era o controle da indústria pelo capital, mas a grandeza das estruturas da indústria e dos processos de produção. Suas fotografias celebram o poder e a criatividade da humanidade tal como manifestada em formas industriais e na transformação de materiais intratáveis. Em seus primeiros trabalhos, as criações dos trabalhadores apagavam os próprios trabalhadores, ou pelo menos os diminuíam. Mas, com o tempo, aumentou seu interesse pelos trabalhadores e o impacto da indústria sobre eles. Para a *Fortune*, ela fotografou não somente fábricas, mas artesãos qualificados, trabalhadores braçais e operários industriais. No Rouge, grupos de trabalhadores posaram informalmente para ela. Sua reportagem de capa para o primeiro número da *Life* documentou não apenas a represa de Fort Peck, mas também a cidade ocupada pelos operários que a construíam, a qual prosperava rapidamente. Uma de suas imagens mais marcantes é a de trabalhadores relaxando em um bar local. Suas fotografias de 1938 para a *Life* de uma fábrica de Plymouth documentavam homens no trabalho.[55]

Em suas fotografias do Rouge, Sheeler estava ainda mais preocupado com a forma e a geometria do que Bourke-White, criando composições formais impressionantes (algumas das quais incluíam trabalhadores). Ele também tinha uma preocupação central com o poder, como a *Fortune* reconheceu quando lhe encomendou seis pinturas sobre esse tema para seu número de dezembro de 1940. Mas se as fotografias industriais de Sheeler causam uma sensação fria e triunfal, suas pinturas industriais, com sua quase ausência de humanidade, têm uma atmosfera melancólica, que lembra Edward Hopper na luz, no tratamento da sombra e no teor emocional. Trata-se de imagens muito mais profundas e ambíguas do que simples celebrações de posses.[56]

Durante as décadas de 1920 e 1930, outros pintores, além de Sheeler, encontraram um rico tema na indústria de grande escala, muitos deles agrupados sob o rótulo de precisionismo, como Elsie Driggs (que pintou o Rouge em 1928), Charles Demuth e Louis Lozowick. Este último, um esquerdista assumido que tinha muito contato com a vanguarda europeia e soviética, defendia o retrato do maquinário industrial "mais como um prognóstico do que como um fato" da época em que "racionalização e economia" seriam "aliadas da classe trabalhadora na construção do socialismo". Outros pintores, como Stuart Davies e Gerald Murphy, adotaram o que foi chamado de "estética de máquina", embora nunca tenham feito das próprias estruturas industriais seu tema. Mas o artista que melhor captou o mundo da indústria pesada, e o Rouge em particular, não foi um precisionista, e sim um muralista mexicano: Diego Rivera.[57]

Diego Rivera e a indústria de Detroit

A indústria automobilística fez a população de Detroit explodir. À medida que os operários chegavam para trabalhar, seu número de habitantes mais que triplicou, passando de 466 mil em 1910 para 1,72 milhão em 1930. A cidade também se espalhou. Os capitães da indústria recém-enriquecidos construíram suas mansões nos subúrbios à beira do lago e assumiram o compromisso de dotar a cidade das instituições cívicas e culturais que marcam os centros de poder. Entre elas estava o Instituto de Artes de Detroit, de propriedade municipal, mas supervisionado por um pequeno conselho diretor, encabeçado por Edsel Ford e que contava com Albert Kahn e Charles T. Fisher, da Fisher Body.[58] Em 1930, o ambicioso diretor do museu, William Valentiner, encarregou Diego Rivera de pintar dois murais no pátio de seu novo prédio. Na época, o artista, já bastante conhecido nos círculos internacionais, estava trabalhando em seus primeiros murais nos Estados Unidos. Valentiner convenceu Edsel Ford, a quem orientava em história da arte, a financiar o projeto.

Quando Rivera e sua esposa Frida Kahlo chegaram a Detroit, em abril de 1932, era um lugar muito diferente de quando Sheeler tirara suas fotografias, cinco anos antes. A Depressão a atingira duramente, havia desemprego em massa na indústria automobilística e grave privação nos bairros operários. Os movimentos radicais haviam engrossado, exigindo empregos, ajuda e sindicalização. Em 7 de março de 1932, os guardas da Ford e a polícia de Dearborn abriram fogo contra uma marcha de trabalhadores desempregados e seus apoiadores, matando quatro pessoas e ferindo muitas outras. O cortejo fúnebre pelos mortos atraiu 70 mil manifestantes.

Embora marxista assumido e eventualmente comunista, Rivera (e Kahlo) parecia alheio ao feroz conflito de classes. Ele ficou fascinado por Henry

Ford e pelo império industrial que havia construído. "Minha paixão de infância por brinquedos mecânicos", escreveu mais tarde, "fora transformada num deleite com o maquinário por seu próprio significado para o homem — sua autorrealização e libertação do trabalho penoso e da pobreza." Rivera admirava as fotografias de equipamentos industriais que o pai de Kahlo, um proeminente fotógrafo mexicano, havia tirado. O artista percorreu várias fábricas da área de Detroit, mas, como para muitos outros, foi o Rouge que capturou sua imaginação e se tornou a peça central de sua obra. Rivera ficou tão entusiasmado que Valentiner e Edsel Ford concordaram em ampliar a encomenda para cobrir todas as quatro paredes do pátio do museu (com o dobro dos honorários originais) com 27 painéis que propiciavam espaço para um enorme programa pictórico, o qual, de acordo com o desejo de Edsel, incluía não somente o Rouge, mas também cenas de outras indústrias importantes do lugar.[59]

Rivera terminou os murais em meados de março de 1933, o ponto mais baixo da Grande Depressão. Enquanto ele e seus assistentes trabalhavam nas obras em cima de pesados andaimes, grupos de visitantes observavam, de forma parecida aos turistas do River Rouge que Rivera incorporou em um de seus painéis. Mesmo antes de serem revelados ao público, os murais foram objeto de ataques de todo tipo. Mas eles se mostraram imensamente populares — milhares de pessoas foram vê-los na primeira semana —, e desde então são uma das principais atrações de Detroit.[60]

Da esquerda para a direita: Albert Kahn, Frida Kahlo e Diego Rivera no Instituto de Artes de Detroit, em 10 de dezembro de 1932.

Um detalhe da parede norte de *Indústria de Detroit*, uma série de murais de Diego Rivera terminados em 1933.

A Indústria de Detroit é um dos triunfos da arte do século XX, a representação visual mais completa que temos do sistema fabril. Os dois painéis maiores retratam com notável compressão visual o complexo processo de fabricação de automóveis no Rouge. O painel da parede norte mostra a produção de caixas de transmissão e motores V8 (na época, recém-lançados pela Ford), desde o alto-forno até a fundição, perfuração e montagem. A parede sul retrata a estampagem e o acabamento de carrocerias de aço e a linha de montagem final. Visualmente denso, com esteiras transportadoras, dutos, guindastes e varandas serpenteando pelos painéis, o Rouge de Rivera, ao contrário daquele de Bourke-White ou Sheeler, fervilha de gente: operários trabalhando, supervisores e turistas observando, e Henry e Edsel Ford, Valentiner, o próprio Rivera, e — como se não bastasse — Dick Tracy, todos a postos.[61]

Por mais notáveis que sejam os painéis do Rouge, são apenas uma parte de um conjunto maior, épico em sua extensão conceitual e visual. Outros retratam o milagre da medicina moderna, os lados construtivos e destrutivos das indústrias aeronáutica e química, figuras enormes que representam cada uma das raças, frutas e vegetais que ilustram a generosidade da terra e até a própria Terra, com suas estratificações, fósseis e um feto dentro dela. Enquanto a maioria dos trabalhadores do Rouge tem rosto e corpo de americanos de origem europeia ou africana, outras figuras, incluindo dois notáveis retratos gigantes de mulheres nuas que representam a generosidade da agricultura (nos cantos superiores da parede leste), são indígenas mexicanos no rosto e no corpo, uma fusão de dois países e duas culturas na visão da modernidade de Rivera.

O trabalho humano e as máquinas dominam o mural de Rivera. O tributo que o fordismo cobra dos trabalhadores é evidente na predela de um painel onde corpos cansados caminham por um viaduto a caminho de casa. Mas, em sua totalidade, o mural celebra a força do homem e da máquina, o poder tomado à natureza pela humanidade e empregado na fábrica gigante.

Somente em um detalhe minúsculo aparece uma crítica explícita à Ford, um chapéu usado por um trabalhador onde se lê "Queremos", sem dúvida uma referência ao movimento sindical que então ganhava poder em Detroit contra a feroz resistência da empresa. Rivera, no entanto, não pôde conter seu desdém pelo capital (embora não pelos Ford, pai e filho, de cuja companhia parecia gostar de verdade). Assim que terminou *Indústria de Detroit*, ele foi para Nova York para criar um mural no recém-concluído Rockefeller Center. Sua recusa em remover os retratos de Lênin e de John D. Rockefeller Jr. com uma bebida na mão e mulheres por perto levou os Rockefeller a destruir a obra.

Rivera também foi contratado para criar um mural intitulado *Forja e fundição* para a mostra da General Motors projetada por Kahn para a próxima Exposição Internacional Século do Progresso, em Chicago. O arquiteto, que inicialmente não se entusiasmara com a encomenda dos murais de Rivera no Instituto de Arte, passara a defendê-los com veemência. Mas, depois da controvérsia do Rockefeller Center, a General Motors mandou que demitisse Rivera. Kahn prometeu ao artista "fazer o possível para obter permissão para prosseguir", mas a empresa não cedeu. Rivera disse à imprensa: "Isso é um golpe para mim. Eu queria pintar homens e máquinas". Voltando ao México, ele praticamente abandonou o tema. O fordismo e a fábrica gigante perderam assim seu maior cronista.[62]

Hoje, de forma ao mesmo tempo irônica e reveladora, é provável que a imagem mais vista do Rouge na alta cultura não seja os murais de Rivera nem o trabalho de Sheeler, mas uma pintura de Frida Kahlo. Quando foi com ele a Detroit, Kahlo era quase completamente desconhecida como artista, mas, enquanto esteve na cidade, produziu uma série de obras que acabaram por ofuscar o mural de Rivera no mundo da arte global, assim como sua reputação geral acabou por ofuscar a dele. Em sua obra mais conhecida do período, a extraordinária pintura *Henry Ford Hospital*, o Rouge aparece como um fundo visual e tópico da imagem central de Kahlo sangrando deitada na cama após o aborto que sofreu em Detroit (provavelmente induzido). Entre outras coisas, sua pintura é uma premonição da mudança do interesse cultural na América do Norte e na Europa, que se afastou da indústria e se voltou para preocupações interiores intensamente pessoais.[63]

O vagabundo na fábrica

Em termos de pura popularidade, a principal representação visual do fordismo e da fábrica gigantesca não foi uma pintura ou fotografia, mas *Tempos modernos*, filme de Charlie Chaplin lançado em 1936. A produção em massa havia muito fascinava o cineasta, que era então uma das celebridades mais conhecidas do país. Em 1923, ele estivera em Detroit e visitara a usina de energia e a linha de montagem de Highland Park, tendo Henry e Edsel Ford como seus guias. Anos mais tarde, tentando encontrar uma maneira de tratar cinematograficamente a miséria causada pela Grande Depressão e, de forma mais ampla, a era da máquina, a fábrica da Ford serviu-lhe de inspiração. No último grande filme mudo feito em Hollywood, Chaplin utilizou o que já era uma tecnologia arcaica para criticar a produção e o consumo em massa e a crise capitalista. (O filme tem trilha sonora, mas as únicas vozes vêm de dispositivos mecânicos, até que, perto do final, ouvimos Chaplin cantando uma música cujas palavras não são inteligíveis.)

Desde o primeiro quadro — a imagem de um relógio —, Chaplin apresenta as exigências da disciplina industrial. Na longa sequência inicial, seu personagem, o Vagabundo (Carlitos, sua persona de longa data, embora neste filme seja identificado como "um operário fabril"), trabalha numa linha de montagem apertando parafusos para um produto nunca visto. De forma ao mesmo tempo engraçada e horripilante, os trabalhadores lutam para acompanhar a linha enquanto ele tenta maliciosamente subverter o sistema. O presidente da empresa pode ver toda a fábrica de seu escritório (onde está montando um quebra-cabeça), inclusive o banheiro, através de um sistema de televisão (que na vida real ainda estava em fase experimental), o qual usa para emitir ordens a fim de acelerar a linha. A desumanização do trabalhador a serviço da produtividade alcança seu clímax quando Carlitos é usado como cobaia para uma máquina projetada para alimentar os trabalhadores enquanto eles continuam trabalhando. O mecanismo funciona mal, enfia parafusos à força na boca dele e o ataca com comida e um limpador bucal mecânico. Não demora para que o movimento repetitivo sem fim da linha de montagem faça-o contrair-se incontrolavelmente e, por fim, enlouquecer, numa representação cômica da "fordite" que os trabalhadores sofreram quando a linha de montagem foi introduzida.

À medida que o filme avança, abrange os males de toda a sociedade — desemprego em massa, desigualdade, fome, agitação trabalhista e autoridades governamentais insensíveis. Carlitos retorna para um segundo período na fábrica, desta vez como ajudante de um mecânico, e acaba sendo literalmente arrastado para as entranhas da máquina. Chaplin não é insensível às recompensas do fordismo; a certa altura, o Vagabundo, desempregado novamente por causa de uma greve, e sua companheira, uma bela menina de rua, interpretada por Paulette Goddard, fantasiam a vida num bangalô bem mobiliado, com eletrodomésticos modernos e uma vaca que fornece leite sob encomenda. Mas, no final, não há lugar satisfatório para ambos nos *Tempos modernos*, no mundo da fábrica gigante. O filme conclui com o casal andando por uma estrada rural em direção ao pôr do sol e um futuro desconhecido, com um toque de esperança proporcionado pelo letreiro final: "Anime-se — nunca se dê por vencido. Nós nos daremos bem".

O filme é uma crítica ao capitalismo da era da Depressão, mas é também uma crítica às características fundamentais da fábrica de produção em massa. Para Chaplin, a única solução para o trabalho penoso e monótono da fábrica gigantesca é literalmente ir embora. Nesse aspecto, *Tempos modernos* é diferente e muito mais radical do que a obra de outros cronistas de esquerda da fábrica gigante, inclusive Rivera, que a considerava um avanço da humanidade, mesmo que, como Louis Lozowick havia escrito, somente no futuro "racionalização e economia" seriam "aliadas da classe trabalhadora na construção do socialismo". O líder trabalhista de esquerda Louis Goldblatt disse a Chaplin que seu filme era alinhado ao luddismo. As máquinas, afirmou Goldblatt, eram necessárias para melhorar os padrões de vida da classe operária.

Porém, ao menos publicamente, a esquerda aplaudiu *Tempos modernos*. Chaplin se tornara amigo de Boris Shumyatsky, o chefe da indústria cinematográfica na União Soviética, durante sua visita aos Estados Unidos, e o elogio público dele ao filme tornou difícil para os que estavam na órbita comunista divergir. (Uma resenha do *Daily Worker* dizia que, em *Tempos modernos*, as "máquinas acabam por ser uma engenhoca para uso cômico, como um charuto de truque".) Grande parte da imprensa tradicional elogiou o filme como um retorno triunfante de Chaplin, que não fazia um filme havia cinco anos.

Como Edward Newhouse observou na *Partisan Review*, poucos críticos, mesmo quando o elogiaram, reconheceram a mensagem radical de Chaplin. *Tempos modernos* tornou-se um dos filmes preferidos dos cineastas e da esquerda durante décadas. Foi exibido nos cinemas da União Soviética e, depois da Revolução Cubana, era o primeiro da lista quando equipes de projeção móvel levavam filmes para aldeias remotas que nunca tinham visto tal coisa. Mas os líderes comunistas, como os capitalistas, não tinham nenhum desejo de ir embora da modernidade fabril, como Carlitos fazia na obra-prima de Chaplin. Ao contrário, no exato momento em que o filme estreava, a União Soviética estava em pleno programa de industrialização intensiva, construindo fábricas gigantescas que usavam os métodos de Ford, enquanto nos Estados Unidos os trabalhadores estavam finalmente encontrando uma maneira de domá-las.[64]

A sindicalização da produção em massa

"Jesus Cristo, é o fim do mundo." Assim balbuciou um operário na enorme fábrica de pneus Firestone em Akron, às duas da manhã do dia 29 de janeiro de 1936, quando os trabalhadores iniciaram uma das primeiras grandes greves da história americana. Foi de arrepiar quando um operário puxou uma alavanca para fechar a linha de produção, como Ruth McKenney reconstruiu em seu livro *Industrial Valley* [Vale industrial]:

> Com esse sinal, em perfeita sincronia com o ritmo que haviam aprendido numa grande indústria de produção em massa, os operários da fábrica de pneus se afastaram de suas máquinas.
>
> Instantaneamente, o barulho parou. A sala inteira ficou em silêncio total. [...] Um momento antes, havia as mãos que teciam, as rodas giratórias, o ruído metálico das correias, os ganchos móveis, as ferramentas de pneus reluzentes. Agora, havia quietude absoluta.

Quando o silêncio se rompeu, os homens começaram a comemorar. "Conseguimos! Paramos a correia!" Então cantaram "O corpo de John Brown". Pelas janelas, entoaram em coro: "Ele está pisoteando a vindima onde as uvas da ira estão armazenadas".[65]

Era o fim do mundo, ou pelo menos o começo do fim do mundo da autocracia industrial que tinha sido parte integral do gigantismo fabril. O grande levante trabalhista nos Estados Unidos do final dos anos 1930 e da década de 1940 transformou a fábrica gigante, a vida dos operários industriais, de suas famílias e comunidades e a própria nação. Com a sindicalização, um sistema industrial que havia provocado tanta miséria trazia agora para a classe trabalhadora mobilidade ascendente, segurança e bem-estar sem precedentes. A fábrica gigante sindicalizada ajudou a criar o que muitos americanos consideram uma era dourada de prosperidade compartilhada, quando os filhos tinham uma vida melhor do que a dos pais e, por sua vez, esperavam que seus filhos tivessem uma vida melhor do que a deles mesmos.[66]

Os trabalhadores haviam tentado introduzir sindicatos na indústria de grande escala antes da década de 1930, mas sempre foram repelidos, incapazes de superar as fortalezas físicas e os recursos financeiros das indústrias gigantescas. Mas em meados da década de 1930 as condições mudaram. A Grande Depressão roubou das grandes empresas e de seus aliados a legitimidade política e o apoio popular. Financeiramente pressionadas, as companhias eliminaram muitos dos programas de bem-estar social que haviam instaurado no início do século XX. Cortes salariais, aceleração da produção e demissões enfureceram ainda mais os operários. Vários grupos de esquerda, embora pequenos, proporcionaram ideias e líderes aos trabalhadores descontentes, àquela altura menos divididos por etnias e idiomas em consequência das restrições à imigração instituídas durante e depois da Primeira Guerra Mundial. E o que foi fundamental: o New Deal e seus equivalentes nos estados propiciaram apoio simbólico e prático aos trabalhadores que tentavam se sindicalizar. Em 1935, um grupo de sindicalistas veteranos, procurando capitalizar em cima das novas circunstâncias, fundou o Comitê Para a Organização Industrial (CIO, na sigla em inglês), dedicado a organizar as indústrias de produção em massa em todos os lugares, trazendo trabalhadores qualificados e não qualificados para elas.[67]

De início, os maiores complexos industriais, como a U.S. Steel em Gary e as principais fábricas das três grandes montadoras — General Motors, Ford e Chrysler —, permaneceram imunes a ganhos sindicais significativos.

Em geral, os operários industriais conseguiam avanços organizacionais em fábricas menores ou periféricas. Na indústria automobilística, os sindicatos progrediram entre ferramenteiros qualificados, em fábricas de peças, como a Electric Auto-Lite de Toledo, Ohio, que entrou em greve em 1934, e em empresas menores, fora do centro industrial de Michigan, como a White Motors, em Cleveland, e a Studebaker, em South Bend, Indiana. Na indústria de equipamentos elétricos, o sucesso inicial dos operários ocorreu em grande parte em empresas menores, como a Philco Radio, na Filadélfia, e a Magnavox-Capehart, em Fort Wayne, Indiana. Na segunda maior empresa, a Westinghouse, os sindicalistas estabeleceram um ponto de apoio na fábrica de East Springfield, Massachusetts, mas na gigantesca fábrica de East Pittsburgh, palco de batalhas encarniçadas em anos anteriores, a administração manteve seu firme controle. A General Electric, gigante do setor, tinha uma política trabalhista mais liberal, permitindo a presença de pequenos sindicatos em seus complexos fabris gigantescos de Schenectady, Nova York, e Lynn, Massachusetts, embora eles tivessem pouco poder real.

Em 1936, com uma recuperação econômica em andamento e o apoio do CIO, os sindicatos industriais começaram a progredir, mesmo em algumas fábricas gigantes. Em Akron, onde a capacidade de produção de pneus do país estava altamente concentrada em algumas poucas fábricas grandes, uma prolongada greve na Goodyear se seguiu aos braços cruzados na Firestone. Na indústria automobilística, o United Automobile Workers (UAW), afiliado ao CIO, começou a montar uma base no império da General Motors.[68]

O UAW escolheu a General Motors — que operava 110 fábricas e tinha mais empregados do que qualquer outra empresa de manufatura do mundo — para seu alvo principal na tentativa de entrar nas Três Grandes. A disputa entre o jovem sindicato e aquela que, conforme alguns critérios, era a maior empresa do mundo parecia absurdamente desigual. Mas os organizadores do UAW entendiam que o alto grau de centralização e a forte integração dos processos de produção da companhia a deixavam vulnerável a uma minoria militante. Em particular, existiam apenas dois conjuntos de matrizes para fabricar as carrocerias do mais novo modelo da GM, uma em Cleveland e outra em Flint. A paralisação dessas fábricas interromperia a maior parte da fabricação de carros da empresa.

A reeleição de Franklin Roosevelt em novembro de 1936, numa campanha marcada por forte retórica de classe e apoio maciço dos trabalhadores ao presidente, impulsionou os esforços de organização. Os líderes do

UAW esperavam deflagrar uma greve nacional contra a GM no início de 1937, mas a pressão da militância operária os forçou a agir mais cedo. Em meados de novembro, trabalhadores da fábrica da GM em Atlanta começaram uma greve de braços cruzados. Um mês depois, o mesmo aconteceu com os operários da GM em Kansas City. Então, em 28 de dezembro, os empregados da fábrica da GM em Cleveland também fizeram uma.

Em Flint, o coração do sistema de produção da GM, após vários anos de esforços, o sindicato havia afiliado apenas uma pequena minoria dos 40 mil trabalhadores. Mas, em 30 de dezembro, quando um ativista sindical viu moldes de carrocerias sendo carregados para serem despachados, aparentemente para fábricas em áreas com menor força sindical, os trabalhadores cruzaram os braços na pequena Fisher Body Plant nº 2, assim como os 7 mil operários da Fisher Body nº 1, bloqueando a remoção do equipamento. Nos dias que se seguiram, trabalhadores de mais fábricas da GM em Indiana, Ohio, Michigan e Wisconsin seguiram o exemplo. Com a interrupção da produção de carrocerias e outros componentes fundamentais, em uma semana toda a operação nacional da GM paralisou, com aproximadamente metade da força de trabalho em greve. As eficiências e as vantagens estratégicas da fábrica gigantesca voltaram a assombrar a empresa, pois uma minoria de operários, ao tomar os principais pontos de estrangulamento, alavancava seu poder muito além do que seria de esperar de seu número modesto (o que a tática dos braços cruzados ajudava a disfarçar).

Durante 44 dias, os grevistas permaneceram dentro das fábricas de Flint, e a fábrica gigante deixou de ser um local de controle gerencial para se tornar uma arena de autoexpressão operária. Eles se organizaram em comitês encarregados da liderança geral, da segurança (inclusive garantindo que nenhuma máquina fosse danificada), higiene e alimentos. Construíram-se quartos de dormir improvisados em carrocerias de automóveis e no chão da fábrica, usando recheio de almofadas de carro para proporcionar algum conforto. Cartas, jogos, rádio, pingue-pongue e aulas sobre história dos trabalhadores e procedimentos parlamentares ajudaram a aliviar o tédio e o medo. O mesmo fizeram bailarinos, grupos de teatro e outras pessoas de fora que eram simpáticas ao movimento, as quais entravam nas fábricas para proporcionar entretenimento.

A greve da GM chamou a atenção nacional e foi noticiada de perto por jornais, rádio e cinejornais. O confronto tenso incluiu um esforço dos guardas da empresa e da polícia de Flint para expulsar os ocupantes da Fisher nº 2, repelidos por trabalhadores que arremessavam pesadas dobradiças de portas pelas janelas do segundo andar e apontavam mangueiras de alta pressão para a polícia (que durante a retirada abriu fogo sobre os que apoiavam o sindicato); a mobilização das esposas e de outros membros da família dos grevistas para defender fisicamente as fábricas ocupadas e fornecer alimentos e suprimentos aos que estavam lá dentro; a tomada de outra fábrica em Flint, a gigantesca Chevy nº 4, que fazia todos os motores usados nos Chevrolet; a mobilização da Guarda Nacional de Michigan, que cercou as fábricas ocupadas; e, por fim, as negociações envolvendo dirigentes da GM, John L. Lewis, presidente do CIO, Frank Murphy, governador de Michigan, e autoridades federais, incluindo o presidente Roosevelt. Por si só, o acordo que encerrou a greve constituía apenas um modesto ganho sindical, uma promessa por escrito da empresa de que reconheceria por seis meses o UAW como representante de seus membros nas fábricas atingidas. Mas quando a multidão aplaudiu os homens abatidos, barbados e sorridentes que saíram das fábricas ocupadas de Flint, todos sabiam que o mundo havia mudado: os operários haviam mostrado que podiam pôr de joelhos uma das corporações mais poderosas do mundo, fechando as fábricas gigantescas nas quais trabalhavam.[69]

A vitória do UAW desencadeou uma onda de greves e de organização sindical em toda parte, de fábricas gigantes até lojas de varejo locais. Quase 5 milhões de trabalhadores participaram de greves em 1937, com 400 mil deles cruzando os braços. Por sua vez, a General Motors deu aos seus funcionários um aumento salarial de 5% e concordou com o sistema de representantes do UAW na fábrica e com o uso de precedência por antiguidade nas demissões. Enquanto isso, o sindicato dos trabalhadores na indústria automobilística conseguiu acordos com empresas menores do setor, fabricantes de peças e, depois de um mês de braços cruzados na Dodge Main e seis outras fábricas, com a Chrysler. Na indústria de equipamentos elétricos, o United Electrical Workers assinou um contrato com a RCA que cobria quase 10 mil trabalhadores (três quartos do sexo feminino) em sua fábrica de Camden, Nova Jersey, enquanto a General Electric concordou com um contrato nacional que cobria a maior parte de suas maiores fábricas, inclusive seu enorme complexo industrial de Schenectady.[70]

O avanço mais notável ocorreu na indústria siderúrgica, que Lewis chamava de "a linha Hindenburg da indústria [americana]". Menos de uma semana após o fim da greve na General Motors, ele assinou um acordo com

Myron Taylor, presidente da U.S. Steel, que concedia aos trabalhadores um aumento salarial, jornada semanal de quarenta horas, horas extras com acréscimo de 50% e um procedimento de reclamação. O CIO havia criado o Comitê Organizador dos Trabalhadores do Aço (SWOC, na sigla em inglês) para tentar sindicalizar a indústria, mas o processo fora lento. Não obstante, Taylor aparentemente decidiu que, diante da vitória do sindicato sobre a GM e o sentimento a favor dos trabalhadores em Washington e nas assembleias dos principais estados siderúrgicos, a sindicalização era inevitável. Em vez de entrar numa batalha prolongada que mobilizaria a base operária e talvez interrompesse a produção, ele fez um acordo com Lewis, sem envolvimento de ativistas locais ou mesmo de líderes do SWOC.[71]

Por mais impressionante que tenha sido, a ofensiva do CIO não conseguiu tomar todo o campo, já que vários administradores de grandes complexos industriais resistiram com sucesso à sindicalização. O pior revés aconteceu na siderurgia, já que as assim chamadas empresas "Little Steel", gigantes exceto em comparação com a U.S. Steel, se recusaram a reconhecer o SWOC. Em reação, seus trabalhadores entraram em greve no final de maio de 1937, mas o movimento terminou derrotado; como no passado, as empresas mobilizaram os governos locais, a polícia e a imprensa contra os grevistas. Dezoito operários morreram, dez deles pela polícia durante um protesto pacífico em frente à fábrica da Republic Steel em South Chicago. Poucos dias antes, quando o UAW enviou organizadores para distribuir panfletos do lado de fora do Rouge, eles foram atacados por capangas da Ford e espancados sem piedade. A Westinghouse, a Goodyear, a International Harvester e, sobretudo, a Ford fincaram pé e se recusaram a assinar contratos com o CIO, enfraquecido pela derrota para as Little Steel e pela queda da economia que se iniciou em meados de 1937. A vitória do sindicalismo industrial ainda não estava assegurada.[72]

Mas a Segunda Guerra Mundial possibilitou que o movimento trabalhista americano completasse a sindicalização da indústria de grande escala. Mesmo antes de os Estados Unidos entrarem no conflito, o crescimento da indústria de defesa reviveu a economia, reforçando os mercados e fortalecendo a confiança dos trabalhadores. Além disso, a Lei Nacional de Relações Trabalhistas de 1935, que dava aos trabalhadores o direito de se filiar a sindicatos sem represálias e instituía um mecanismo para reconhecimento legal deles, começou finalmente a obrigar os empregadores a mudar de métodos. No final de 1941, através de uma combinação de contestações legais, mobilização de trabalhadores, greves e eleições de reconhecimento supervisionadas pelo governo federal, o SWOC conseguiu organizar a Little Steel. Westinghouse, International Harvester, Goodyear e outras empresas resistentes também cederam ao CIO.[73]

A maior e simbolicamente mais importante vitória aconteceu na Ford. No outono de 1940, o UAW reiniciou seu esforço para organizar a empresa. No final do ano, o sindicato já havia conseguido um apoio substancial no Rouge e numa fábrica da Lincoln em Detroit, requisitando eleições de reconhecimento. Em 1º de abril de 1941, estourou uma greve no Rouge depois que a Ford demitiu membros de um comitê sindical de reclamações no setor de laminação. Com o aumento do número de grevistas, os líderes sindicais convocaram uma greve em todas as fábricas da Ford. Para manter os fura-greves longe do Rouge, com seu imenso perímetro, os grevistas complementaram o piquete tradicional com o cerco motorizado da fábrica e até uma vigilância aérea. Numa reversão do padrão antigo, os "militares" da Ford que trabalhavam para Harry Bennett foram espancados pelos sindicalistas. Após dez dias, a companhia concordou em encerrar a greve com a reintegração dos trabalhadores demitidos e a realização de eleições para o reconhecimento sindical. No Rouge, 74 mil trabalhadores votaram em uma das maiores eleições já realizadas, e 70% apoiaram o UAW. O sindicato obteve vitórias decisivas em Highland Park, na fábrica de Lincoln e em outras fábricas da Ford. Então, num lance surpreendente e um tanto inexplicável, a empresa concordou com um dos contratos mais generosos que qualquer sindicato do CIO havia conseguido. Entre suas provisões estava a exigência de que todos os novos empregados entrassem no sindicato, o pagamento das mensalidades sindicais (que a empresa tirava do salário dos trabalhadores e repassava ao sindicato), o desmantelamento do Departamento de Serviços de Bennett, o fortalecimento dos sistemas de antiguidade e reclamações, a recontratação com pagamento de salários atrasados dos trabalhadores demitidos por atividades sindicais e até a permissão de fumar em áreas designadas nas fábricas de Highland Park e Lincoln, repudiando a imposição de abstinência de tabaco de Henry Ford a seus empregados.[74]

O crescimento do movimento sindical continuou durante a própria guerra. Para controlar a inflação, o governo federal manteve os salários nos níveis anteriores, mas estimulou os sindicatos garantindo a "manutenção da filiação", exigindo que todos os trabalhadores em fábricas sindicalizadas se filiassem, a menos que aproveitassem uma breve janela de não participação.

Quase todos os novos contratados por firmas sindicalizadas se tornavam automaticamente membros do sindicato, uma avalanche de pagadores de mensalidades, à medida que as folhas de pagamento da defesa aumentavam. Outros novos membros vieram através de campanhas de organização que os sindicatos, alinhando-se com o esforço de guerra, muitas vezes retratavam como esforços patrióticos. A filiação a sindicatos, que saltou de 3,6 milhões no início da Grande Depressão para 10,5 milhões em 1941, atingiu 14,8 milhões em 1945; aproximadamente um em cada três trabalhadores não agrícolas portava uma carteira sindical. Com algumas notáveis exceções, a fábrica gigantesca havia sido colocada sob o teto da casa do trabalhador. O fordismo revolucionara a economia e a sociedade americanas; a sublevação dos trabalhadores industriais deu à produção em massa um novo significado, mais democrático.[75]

5. "O comunismo é o poder soviético mais a eletrificação de todo o país"

Industrialização intensiva na União Soviética

Em dezembro de 1929, Philip Adler, repórter do *Detroit News*, visitou Stalingrado, cidade às margens do rio Volga, no sudoeste da Rússia (até 1925, chamada de Tsarítsin), onde o governo da União Soviética estava montando uma enorme fábrica de tratores num terreno lamacento e sem árvores que fora usado para o cultivo de melões. A fábrica tinha um interesse especial para os leitores de Detroit porque empresas e trabalhadores americanos — muitos da própria cidade — estavam envolvidos em seu planejamento e operação. Albert Kahn era o principal arquiteto, a Frank D. Chase Company tinha organizado a fundição e a R. Smith, Incorporated, projetado a oficina de forja. A McClintic-Marshall Products Company fabricara as vigas e as asnas. A maior parte do equipamento de produção fora feita nos Estados Unidos, e os soviéticos tinham contratado centenas de americanos para trabalhar na fábrica, em muitos casos como encarregados ou supervisores.

Antes de ir ao local da fábrica, a meia hora de Stalingrado, Adler visitou o centro da cidade, onde encontrou no mercado "as figuras familiares do funileiro, do sapateiro e dos comerciantes de roupas e móveis usados que empregam os mais primitivos métodos de fabricação e de vendas. A junta de bois, o camelo e o asno bíblico concorrem com o cavalo como meios de transporte". De um minarete que se via entre as cúpulas da igreja veio o grito: "*Allah Ho Akbar*! Alá é poderoso!". Mas, quando Adler chegou ao canteiro de obras, o lema era "*Amerikansky Temp*, ou ritmo americano" e o slogan usado era "Alcançar e ultrapassar a América". No verão seguinte, com a fábrica começando a produzir seus primeiros tratores, Margaret Bourke-White chegou depois de uma árdua jornada e tirou aquela que ia se tornar uma de suas fotografias mais emblemáticas, de três trabalhadores em um trator recém-acabado saindo de uma linha de montagem.[1]

A fotografia emblemática de Margaret Bourke-White,
Fábrica de tratores de Stalingrado (1931).

A *Tractorstrói* (fábrica de tratores) de Stalingrado fazia parte de uma campanha febril da União Soviética para se industrializar rapidamente, elevar seu padrão de vida e aumentar sua capacidade defensiva a caminho da criação de uma sociedade socialista. A maioria dos líderes bolcheviques acreditava que uma sociedade socialista ou comunista somente poderia ser alcançada na Rússia — um país pobre e economicamente atrasado — após um desenvolvimento industrial significativo. Tomar o poder político não era suficiente. "Não se pode falar de [...] comunismo", declarou Vladímir Lênin em 1920, "a menos que a Rússia seja colocada numa base técnica diferente e mais alta do que a que existiu até agora. O comunismo é o poder soviético mais a eletrificação de todo o país, já que a indústria não pode se desenvolver sem eletrificação." E era um tipo particular de industrialização que Lênin e seus camaradas tinham em mente: "produção de máquinas em grande escala".[2]

Demorou algum tempo até que a União Soviética pudesse iniciar um grande esforço de industrialização, mas no final da década de 1920 se adotou um plano detalhado. Em 1929, no 12º aniversário da Revolução de Outubro, Ióssif Stálin escreveu: "Estamos avançando a todo vapor no caminho da industrialização — para o socialismo, deixando para trás o antigo atraso 'russo'. Estamos nos tornando um país de metais, um país de automóveis, um país de tratores".

As indústrias gigantes foram fundamentais para o esforço soviético de saltar da "junta de bois, do camelo e do jumento bíblico" para "um país de metais, um país de automóveis, um país de tratores". O Primeiro Plano Quinquenal, iniciado em 1928, estava centrado numa série de indústrias e projetos de infraestrutura de grande escala que incluíam três fábricas enormes de tratores, uma grande de automóveis em Níjni Nóvgorod, imensos complexos siderúrgicos em Magnitogorsk e Kuznetsk, a represa da hidrelétrica de Dnieporstrói, a ferrovia Turksib, que ligaria o Cazaquistão à Sibéria ocidental e o canal Volga-Don. Sem a expertise técnica e os recursos industriais para criar e equipar projetos de tamanha dimensão e sofisticação, os soviéticos se voltaram para o Ocidente, especialmente os Estados Unidos, em busca de engenheiros, de especialistas em construção e produção e de máquinas, adotando as técnicas de administração científica e de produção em massa e, em alguns casos, criando réplicas virtuais de instalações industriais americanas. Como disse Stephan Kotkin em sua história essencial de Magnitogorsk, para os comunistas, "a reviravolta estonteante que foi a industrialização soviética reduziu-se à proposição: construir tantas fábricas quanto possível, o mais rápido possível, todas exclusivamente sob controle estatal". Na União Soviética, assim como nos Estados Unidos, a fábrica gigantesca foi equiparada a progresso, civilização e modernidade.[3]

Mas a União Soviética era um lugar muito diferente dos Estados Unidos. A fábrica em si seria diferente lá? Teria outro significado social? Em 1927, Egmont Arens, um editor do jornal de esquerda *New Masses*, ao resenhar a peça *A correia*, que demonizava a linha de montagem, observou:

> *A correia* é algo que deve ser encarado até mesmo pelos defensores de um Estado operário. Neste exato momento, a Rússia está instalando indústrias modernas. As coisas horríveis que *A correia* faz para as mentes e os corpos dos trabalhadores são inevitáveis? Ou existe uma diferença entre a produção de alta pressão na Rússia socialista e na Detroit de Henry Ford?[4]

A fábrica se desenvolvera, em grande medida, como um meio para que industriais e investidores ganhassem dinheiro para si mesmos. Embora estivesse às vezes carregada de imperativos morais e alegações de bem social, seu desenho físico, sua organização interna, sua tecnologia e suas relações de trabalho eram determinadas principalmente pelo desejo de maximizar os lucros.[5] O que significava ter uma fábrica numa sociedade em que o lucro, no sentido usual, não existia, onde todas as entidades produtivas de grande escala pertenciam a um governo que, pelo menos em teoria, era um agente do povo, em especial da classe trabalhadora? Poderia e deveria a fábrica capitalista, como sistema técnico, social e cultural, ser simplesmente levada para uma sociedade socialista? Métodos como a administração científica e a linha de montagem, projetados para aumentar a eficiência e a produtividade do trabalho com o objetivo de alavancar os lucros, seriam adequados a uma sociedade em que as necessidades dos trabalhadores e o bem-estar de toda a população eram declarados primordiais?

A União Soviética diferia dos Estados Unidos não somente em ideologia, mas também em nível de desenvolvimento econômico. Antes da revolução de 1917, a Rússia era uma sociedade quase totalmente agrícola. O pouco de indústria que havia foi muito prejudicado pela revolução e pela guerra civil que se seguiu. Seria possível que instalações industriais grandes e tecnicamente avançadas funcionassem com sucesso nesse ambiente, abreviando o longo processo de desenvolvimento econômico ocorrido na Europa Ocidental e nos Estados Unidos? O esforço heroico de saltar diretamente para a industrialização em grande escala poderia estimular um amplo crescimento econômico ou resultaria em caos devido à falta de insumos materiais necessários, de logística e de habilidades de trabalho e de gestão?

As questões sobre o papel da fábrica gigante no desenvolvimento econômico e na estrutura social permanecem vivas ainda hoje, tanto nos poucos países remanescentes que se dizem comunistas — sobretudo na China e no Vietnã — quanto no mundo capitalista. Com grande parte da população mundial ainda vivendo na pobreza, a questão de como elevar os padrões de vida continua sendo uma preocupação central econômica, política e moral. Que papel a fábrica gigante deveria desempenhar no esforço para alcançar amplo bem-estar material e social? Qual preço os trabalhadores industriais deveriam pagar pela abundância social?

Algumas das respostas a essas perguntas complicadas começaram a surgir durante a década de 1930, nos campos enlameados dos arredores de

Stalingrado e de outros locais semelhantes em toda a União Soviética. A experiência com a fábrica gigantesca de estilo americano mostrou-se crucial não apenas na configuração da história da União Soviética, mas também na definição de um caminho para o desenvolvimento de grande parte do mundo nas décadas posteriores à Segunda Guerra Mundial. O gigantismo industrial stalinista, para o bem e para o mal, tornou-se um dos principais caminhos para tentar alcançar a prosperidade e a modernidade, uma utopia prometeica que misturava enormes ambições sociais com enorme sofrimento humano.

"Marxismo mais americanismo"

No século XX, as técnicas de produção e os métodos gerenciais americanos — o que veio a ser chamado de "americanismo" — suscitaram considerável interesse na Europa. Uma parte desse interesse era técnico, pela usinagem de alta velocidade e pelos metais de alta resistência exigidos, pela padronização de produtos, pelo uso de vários tipos de dispositivos de transporte e pelo sistema de produção em massa que esses procedimentos tornavam possível. Mas havia um interesse ao menos tão grande pela ideologia associada à manufatura avançada: a promessa de que, com ganhos de produtividade, a renda dos trabalhadores poderia subir mesmo com o aumento dos lucros, dissipando assim o conflito de classes e a agitação social.[6]

Como encarnações da administração científica e da produção em massa, Frederick Winslow Taylor e Henry Ford tornaram-se figuras conhecidas e bem-vistas na Europa. No início do século XX, os escritos de Taylor já haviam sido traduzidos para o francês, o alemão e o russo. No início dos anos 1920, Ford o substituiu como ícone do americanismo, à medida que cresciam as críticas dos trabalhadores à administração taylorista e as maravilhas da linha de montagem e do Modelo T se tornaram mais conhecidas no exterior. Na Alemanha, a autobiografia de Ford, *Minha vida e minha obra*, traduzida em 1923, vendeu mais de 200 mil exemplares.

Embora o americanismo, como sistema técnico e ideológico, tivesse considerável influência em toda a Europa, talvez surpreenda que seu maior impacto tenha ocorrido na União Soviética. A base foi estabelecida antes da revolução. O pouco de indústria que havia na Rússia estava altamente concentrado, com poucas grandes fábricas, algumas de propriedade estrangeira e operadas com a ajuda de especialistas estrangeiros que estavam a par das últimas tendências do pensamento administrativo, inclusive aquelas associadas ao americanismo. Além disso, pelo menos alguns socialistas russos, com destaque para Lênin, conheciam a administração científica e pensavam em suas implicações.

Em seus primeiros comentários sobre administração científica, feitos quando estava no exílio, em 1913, Lênin ecoou críticas comuns entre sindicalistas e esquerdistas americanos e europeus que viam seu "propósito [...] de arrancar do operário" mais trabalho na mesma quantidade de tempo. "Os avanços na esfera da tecnologia e da ciência na sociedade capitalista não passam de avanços na extorsão de suor." Três anos depois, ele mergulhou mais fundo na administração científica na preparação para escrever *O imperialismo, etapa superior do capitalismo*, lendo uma tradução alemã de *Administração de oficinas*, um livro de Taylor sobre a aplicação de seu sistema, e um artigo de Frank Gilbreth sobre como os estudos do movimento poderiam aumentar a riqueza nacional. Ele nunca discutiu as técnicas de administração no livro sobre imperialismo, mas suas anotações da época indicam uma visão da administração científica de acordo com o teor geral do livro, no qual os avanços capitalistas, quaisquer que fossem seus motivos, foram retratados como base para uma transformação socialista, em consonância com o retrato de Marx do capitalismo como antecâmara para uma economia socialista.[7]

A revolução de 1917 mudou radicalmente o contexto do pensamento russo sobre gestão científica. Em vez de criticar arranjos sociais existentes e defender os trabalhadores, os comunistas russos e seus aliados viram-se então diante do desafio quase esmagador de restaurar a economia de um país exaurido e tumultuado pela guerra e pela revolução a ponto de morrer de fome, enquanto travavam uma guerra civil e tentavam consolidar seu poder. Para Lênin, a administração científica tornou-se uma ferramenta necessária para aumentar a produtividade e superar o atraso econômico, um prelúdio para o estabelecimento da sociedade socialista:

> O russo é um mau trabalhador em comparação com os operários dos países avançados. Nem poderia ser diferente sob o regime tsarista e em vista da tenacidade dos remanescentes da servidão. A tarefa que o governo soviético deve estabelecer para o povo em todo o seu escopo é: aprender a trabalhar. O sistema de Taylor, a última palavra do capitalismo a esse respeito, como todo o progresso capitalista, é uma combinação da sutil

brutalidade da exploração burguesa e algumas de suas maiores realizações científicas no campo da análise de movimentos mecânicos durante o trabalho, a eliminação de movimentos supérfluos e desajeitados, a elaboração de métodos corretos de trabalho, a introdução do melhor sistema de contabilidade e controle etc. A República Soviética deve a todo custo adotar tudo o que é valioso nas conquistas da ciência e da tecnologia nesse campo. [...] Devemos organizar na Rússia o estudo e o ensino do sistema de Taylor e sistematicamente experimentá-lo e adaptá-lo aos nossos propósitos.

Lênin chegou a sugerir a contratação de engenheiros americanos para pôr em prática o sistema de Taylor.[8]

Seu apoio ajudou a legitimar a administração científica como prática e ideologia na nova república soviética. A urgência acelerou sua adoção. Um dos primeiros setores a adotá-la foi o das oficinas ferroviárias e fábricas de armamentos durante a guerra civil, quando manter os motores dos trens em funcionamento e produzir armas eram literalmente questões de vida ou morte para a revolução. No cargo de comissário da Guerra, Liev Trótski adotou o taylorismo como uma forma "implacável" de exploração do trabalho, mas também "um sábio gasto de força humana participando da produção", o "lado do taylorismo que o administrador socialista deveria adotar". Desesperado para aumentar a produção, o governo soviético adotou o trabalho pago por tarefa como uma prática geral e criou um Instituto Central do Trabalho para promover meios de aumentar a produtividade da mão de obra, como estudos de tempo e movimento e outras formas de administração científica.[9]

A adoção do taylorismo não deixou de ser contestada. Como no Ocidente, muitos trabalhadores e sindicalistas se opunham à imposição de normas de trabalho mais rigorosas por meio de pagamento por tarefa e dos chamados métodos científicos, especialmente se os próprios trabalhadores não tivessem um papel no estabelecimento e na administração desses métodos. E havia também objeções ideológicas mais abrangentes, centradas na relação entre a construção de um novo tipo de sociedade e o uso de métodos capitalistas.

De um lado estavam os sindicalistas, "comunistas de esquerda" e, mais tarde, membros da "oposição dos trabalhadores" dentro do Partido Comunista, que acreditavam que uma sociedade socialista exigia estruturas sociais de produção diferentes das que se desenvolveram no capitalismo, com maior participação e autoridade dos operários no chão da fábrica, na administração das empresas e na determinação de métodos de produção. Esses críticos da administração científica queriam inventar maneiras de aumentar a produtividade sem explorar ainda mais os trabalhadores, opondo-se à divisão extrema do trabalho que transformou "a pessoa viva num instrumento irracional e tolo". A simples adoção de métodos que os trabalhadores criticavam havia muito tempo no capitalismo negaria o significado da revolução.

Do outro lado, estavam aqueles que viam os métodos de produção capitalistas como simples técnicas que poderiam ser usadas para qualquer fim, inclusive a criação de riqueza que seria propriedade de toda a sociedade sob um regime socialista. Aleksei Gástev, um poeta e operário que se tornou secretário do Sindicato dos Metalúrgicos de Toda a Rússia, chefe do Instituto Central do Trabalho e importante defensor soviético da administração científica, escreveu em 1919: "Vivamos na era do superimperialismo ou do socialismo mundial, a estrutura da nova indústria será, em essência, a mesma". Como outros defensores soviéticos da administração científica, Gástev via na cultura russa, especialmente entre camponeses e antigos camponeses que haviam entrado na indústria, uma incapacidade de trabalhar duro a um ritmo constante, em vez de alternar surtos de trabalho intenso com períodos de pouco ou nenhum trabalho (a mesma queixa que os primeiros industriais ingleses e americanos tinham de seus operários). Os métodos e um senso de velocidade americanos forneceriam uma cura. Trótski deu peso intelectual e político ao argumento da adoção de métodos capitalistas, defendendo o uso das técnicas de produção mais avançadas, independente de suas origens. A coerção da mão de obra, necessária durante a transição para o socialismo, afirmou ele, tinha significação diferente quando usada a serviço de um Estado operário, em vez de num empreendimento capitalista (argumento que pouco convenceu muitos sindicalistas soviéticos).[10]

A disputa sobre gestão científica foi em grande medida resolvida na Segunda Conferência de Todos os Sindicatos sobre Administração Científica, realizada em março de 1924. A participação dos principais líderes comunistas no extenso debate público que a antecedeu foi uma medida da importância da questão do uso dos métodos de gestão capitalista na União Soviética. De modo geral, a conferência apoiou Gástev e a ampla aplicação da administração científica, refletindo as circunstâncias demográficas e econômicas do período. A classe operária qualificada dos períodos pré-revolucionário e revolucionário, o centro natural de oposição ao taylorismo, fora praticamente dizimada pela guerra, a revolução e a guerra civil, e muitos de seus sobreviventes foram cooptados para posições de liderança no governo e no partido. O principal desafio para aumentar a produtividade soviética não era extrair mais de trabalhadores experientes e qualificados, e sim obter trabalho útil de novos operários com pouca ou nenhuma experiência industrial, para os quais a administração científica, com ênfase na simplificação de tarefas e nas instruções detalhadas aos trabalhadores, parecia bem adequada.[11]

Não está claro qual foi o impacto real que a adoção da administração científica teve sobre a indústria soviética, pelo menos no curto prazo. A União Soviética carecia de especialistas, de equipamento e de experiência para implementar os métodos defendidos por Taylor e seus discípulos. O instituto de Gástev, o centro da administração científica, não tinha nem mesmo o equipamento básico e realizava experimentos simplistas de pouca importância prática. Grande parte de seu trabalho consistia em exortar os trabalhadores: "Olho afiado, ouvido aguçado, atenção, relatórios exatos!", instava Gástev. "Golpe poderoso! Pressão calculada, repouso medido!" Muitos administradores soviéticos adotaram o pagamento por tarefa, mas, a menos que fosse acompanhado por estudos detalhados e reorganização, isso não fazia nada para aumentar a eficiência e simplesmente induzia os operários a trabalhar mais usando os métodos existentes. Algumas técnicas de administração científica tornaram-se comuns, como o uso de gráficos de Gantt para planejamento de produção, pois, com o tempo, os periódicos de administração soviética e os institutos de treinamento disseminaram o evangelho taylorista. Mas a importância imediata do endosso da administração científica não está no campo, e sim na abertura da porta para uma adoção mais ampla de métodos e tecnologias ocidentais que logo levariam a um programa intensivo para recriar a fábrica gigantesca de estilo americano.[12]

Um experimento inicial ocorreu na indústria têxtil, em cooperação com um sindicato de trabalhadores têxteis americano. Em 1921, Sidney Hillman, presidente do Trabalhadores do Vestuário Amalgamados (ACW, na sigla em inglês), depois de se reunir com os principais líderes bolcheviques e sindicalistas soviéticos, assinou um acordo para estabelecer a Corporação Industrial Russo-Americana (Raic, na sigla em inglês), uma empresa conjunta com o Sindicato dos Trabalhadores do Vestuário da Rússia, que acabou controlando 25 fábricas têxteis e de vestuário que empregavam 15 mil trabalhadores. O acordo foi assinado justamente quando a União Soviética abandonava o "comunismo de guerra", ou seja, o controle estatal direto e a militarização parcial da economia durante a guerra civil, e iniciava uma restauração parcial da propriedade privada e das relações de mercado, de acordo com a Nova Política Econômica (NPE).

O ACW era um parceiro perfeito para aquilo que, na verdade, era uma cooperativa patrocinada pelo Estado, destinada a implantar o equipamento americano mais avançado e novas técnicas de gerenciamento na restauração da indústria do vestuário russa. Muitos de seus membros e líderes, inclusive Hillman, eram judeus que haviam emigrado do Império russo e estavam imbuídos do mesmo radicalismo que culminou na revolução. Porém, sob a liderança de Hillman, o ACW se tornou cada vez mais prático em suas políticas e passou a ver na administração científica uma maneira de melhorar a produtividade numa indústria fragmentada, muitas vezes tecnologicamente primitiva, criando a base para a elevação dos padrões de vida dos trabalhadores. Em troca, o ACW defendia o envolvimento do sindicato no estabelecimento de normas de produção e dos preços por tarefa e um sistema de arbitragem neutro para resolver queixas e reclamações. Mas a afinidade do sindicato com a administração científica não era estritamente pragmática; como escreveu Steve Fraser em sua biografia de Hillman: "a elite do ACW estava firmemente implantada nas tradições socialistas que vinculavam o ritmo e o momento do socialismo aos ritmos inexoráveis dos desenvolvimentos industriais e sociais sob o capitalismo".

Através da Raic, o ACW levou para a indústria do vestuário soviética não apenas o capital ocidental, mas, o mais importante, equipamentos avançados e a expertise de proponentes de peso da administração científica, de gerentes de fábrica com os quais o sindicato tinha relações nos Estados Unidos e trabalhadores qualificados familiarizados com os esforços conjuntos de administração e taylorização. Em pouco tempo, a Raic pôde se orgulhar de fábricas que estavam à altura das mais avançadas dos Estados Unidos em equipamentos, produtividade e relações de trabalho progressistas.[13]

Flertes com a Ford

A NPE, da qual a Raic fazia parte, reanimou a economia soviética. Mas não conseguiu restaurar completamente os níveis pré-revolucionários de produção da indústria, quanto mais cumprir a promessa de melhorar a vida de dezenas de milhões de operários e camponeses. Em outubro de 1925, a indústria soviética ainda produzia apenas 71% de antes da Primeira Guerra Mundial. Investimentos relativamente pequenos sob a égide da NPE foram capazes de impulsionar a produção industrial porque havia considerável capacidade ociosa. Mas, em meados da década de 1920, com a utilização muito maior, restavam poucas possibilidades para ganhos rápidos e havia sinais de possíveis reversões; o pouco investimento de capital durante uma década significava que grande parte do maquinário industrial do país havia atingido ou excedido sua expectativa de vida útil. Novos avanços exigiriam investimentos pesados em renovação, construção e equipamentos fabris.[14]

Para a maioria dos planejadores e líderes políticos soviéticos, isso significava apostar o futuro da revolução em projetos industriais e de infraestrutura de grande escala, embora discordassem profundamente dos meios e do ritmo do investimento. A tradição marxista costumava associar progresso e modernidade à concentração de capital e à mecanização. A experiência industrial russa pré-revolucionária também influenciava o senso de escala soviético. Em 1914, mais da metade dos operários fabris russos trabalhava em indústrias com mais de quinhentos trabalhadores, em comparação com menos de um terço dos Estados Unidos. Às vésperas da revolução, Petrogrado tinha um conjunto de fábricas de armamentos muito grandes controladas pelo governo, algumas com mais de 10 mil operários, bem como indústrias gigantes privadas, entre elas o complexo metalúrgico de Putilov, com cerca de 30 mil trabalhadores (onde uma greve ajudou a deflagrar a revolta contra o tsar).[15]

Muitos soviéticos atribuíam o sucesso dos Estados Unidos, que consideravam um exemplo, à adoção de produtos padronizados e grandes complexos industriais. Tal como na Europa Ocidental, Henry Ford era conhecido na União Soviética e visto como a personificação dos mais avançados desenvolvimentos sociais, técnicos e econômicos. Em 1925, a tradução russa de *Minha vida e minha obra* teve quatro impressões. Ainda mais importante na divulgação da fama dele foi seu trator, o Fordson.

Antes da Primeira Guerra Mundial, havia apenas cerca de seiscentos tratores espalhados pelos vastos domínios da Rússia. Acreditando que a modernização da produtividade agrícola era fundamental para a revolução, a União Soviética começou a importar tratores em número crescente a partir de 1923, em sua maioria Fordson. Em 1926, foram feitas 24 600 encomendas de tratores da Ford. A União Soviética também importou alguns Modelos T. Abrira-se um canal direto entre River Rouge e as estepes e cidades russas.

Em 1926, o governo soviético pediu à Ford que enviasse uma equipe para ver como poderia melhorar a manutenção de tratores, pois, em qualquer momento dado, uma grande porcentagem deles estava inoperante devido à má manutenção, à falta de peças de reposição de qualidade e ao trabalho ineficiente. Os soviéticos também queriam explorar a possibilidade de uma fábrica de tratores da Ford ser instalada na Rússia. Eles já vinham tentando, sem muito sucesso, produzir falsificações do Fordson por conta própria. Depois de passar quatro meses visitando a União Soviética, uma delegação da Ford não recomendou a instalação de uma fábrica, com medo de interferências políticas nas operações e de uma possível expropriação no futuro. Sem se dar por vencidas, as autoridades soviéticas ainda esperavam por fábricas no estilo Ford para fabricar os equipamentos agrícolas e veículos automotores de que muito necessitavam.[16]

Àquela altura, o fordismo já não provocava grandes controvérsias na União Soviética. O debate sobre o taylorismo havia levado ao endosso do uso de métodos capitalistas. Além disso, o fordismo desafiava menos diretamente o pequeno mas influente quadro de operários metalúrgicos qualificados do que a administração científica, já que, mesmo com linhas de montagem, artesãos seriam necessários para fabricar ferramentas e moldes e fazer a manutenção das máquinas. Depois de visitar a União Soviética em 1926, William Z. Foster relatou que "trabalhadores revolucionários estão [...] tomando como modelo as indústrias americanas. Nas usinas e fábricas russas [...] é tudo América e, em especial, Ford, cujas fábricas são geralmente consideradas o próprio símbolo da técnica industrial avançada". "*Fordizatsia*", fordização, tornou-se o neologismo soviético favorito.[17]

Contudo, havia alguma oposição ao fordismo por parte dos críticos de esquerda, que pensavam que a adoção de métodos destinados a extrair mais dos trabalhadores contrariava o projeto socialista fundamental de diminuir a exploração e a alienação da classe operária. Uma das respostas mais afiadas a esses críticos veio de Trótski, um dos principais defensores da adoção dos métodos fordistas, que também havia sido um dos principais defensores da adoção da administração científica. Em artigo de 1926, ele declarou sem rodeios: "O sistema soviético calçado com a tecnologia americana será o socialismo. [...] A tecnologia americana [...] transformará nossa ordem, libertando-a da herança do atraso, do primitivismo e da barbárie".

Trótski achava que a linha de montagem, ou o método da esteira, como a chamava, suplantaria a divisão em tarefas como um meio capitalista de regular o trabalho, substituindo um modo individualizado por um coletivo. Os socialistas também precisavam adotar a esteira rolante, argumentava ele, mas de maneira diferente, já que o ritmo e as horas de trabalho seriam determinados por um regime dos trabalhadores. Não obstante, Trótski reconhecia que, por sua própria natureza, a linha de montagem degradava o trabalho humano. Naquele que talvez seja o argumento mais poderoso já apresentado em defesa da fábrica fordista, pelo menos de um ponto de vista diferente daquele dos que lucravam com ela, Trótski respondeu à pergunta "E o que dizer da monotonia do trabalho, despersonalizado e desespiritualizado pela esteira rolante?". Disse ele: "A tarefa fundamental, principal e mais importante é abolir a pobreza. É necessário que o trabalho humano produza a quantidade máxima possível de mercadorias. [...]. Uma produtividade alta do trabalho não pode ser alcançada sem mecanização e automação, cuja expressão acabada é a esteira rolante". Tal como Edward Filene, Trótski ainda afirmou: "A monotonia do trabalho é compensada por sua duração reduzida e sua maior facilidade. Haverá sempre ramos da indústria na sociedade que exigem criatividade pessoal, e aqueles que encontrarem sua vocação na produção chegarão neles". Então veio o floreio final: "Uma viagem num barco a remo exige uma grande criatividade pessoal. Uma viagem em um barco a vapor é mais 'monótona', só que mais confortável e segura também. Além disso, não se pode atravessar o oceano em um barco a remo. E temos que atravessar um oceano de necessidade humana".[18]

A adoção da fábrica gigantesca

O modo como poderiam atravessar esse oceano de necessidade tornou-se tema de um intenso debate entre os líderes soviéticos em meados da década de 1920. A suposição bolchevique sempre foi a de que a sobrevivência da revolução dependeria da disseminação do socialismo para os países avançados da Europa Ocidental, o que ajudaria então a Rússia a se desenvolver. Porém, meia dúzia de anos após a Primeira Guerra Mundial ficou claro que, num futuro próximo, não haveria revoluções vitoriosas em outros lugares. A União Soviética teria que depender de seus próprios recursos muito limitados para o desenvolvimento econômico.

Alguns líderes soviéticos, entre eles Nikolai Bukhárin, argumentaram que, dadas as circunstâncias, o melhor caminho era um crescimento modesto e equilibrado, impulsionado pela modernização do setor agrícola.

O aumento da renda camponesa ampliaria o mercado de bens de consumo, que poderia ser atendido por meio de investimentos na indústria leve. A indústria pesada teria de crescer lentamente.

Outros queriam que a indústria pesada assumisse a liderança, com um ritmo mais acelerado de industrialização e crescimento econômico. Em parte, eram movidos pelo medo de que as potências ocidentais usassem novamente suas forças militares para tentar derrubar o regime soviético, como haviam feito durante a guerra civil, exigindo o rápido desenvolvimento de uma base industrial que pudesse apoiar um exército poderoso. Eles também temiam colocar o destino da economia nas mãos de um campesinato que vacilava em sua lealdade ao regime soviético, retendo grãos e outros bens quando os preços estavam baixos ou quando havia muito poucos bens de consumo disponíveis em que gastar seu dinheiro. Em vez disso, os defensores da rápida industrialização, entre eles Trótski, procuravam extrair mais riqueza do campesinato, se necessário através de impostos, vendendo grãos e matérias-primas ao exterior para financiar a industrialização.

Um congresso do Partido Comunista no final de 1927 equilibrou as duas posições. Mas, nos dois anos seguintes, quando se elaborou um Plano Quinquenal detalhado para a economia, a política inclinou-se para os "superindustrializadores" e, em seguida, ultrapassou até mesmo seus objetivos mais ambiciosos. O plano final pedia um ritmo de industrialização sem precedentes na história da humanidade para em meia década dobrar o capital fixo do país e quadruplicar a produção de ferro.

A guinada coincidiu com a vitória de Ióssif Stálin sobre seus rivais na batalha pela liderança do Partido Comunista que se seguiu à morte de Lênin, em janeiro de 1924. Depois de superar Trótski, seu oponente mais forte, Stálin se apropriou de seu programa de rápida industrialização e o acelerou enormemente. Ele temia que a riqueza crescente do campesinato aumentasse o poder político dessa classe. Para libertar o Partido e o Estado para sempre de ser mantido como refém, Stálin procurou diminuir os recursos econômicos do campesinato e, finalmente, transformá-lo através da coletivização da produção agrícola. A riqueza extraída da agricultura financiaria o crescimento da indústria pesada e, com ela, a ampliação da classe operária.

O apelo por uma industrialização muito rápida foi fundamental para o que os historiadores chamaram de "revolução de Stálin". Seu sucesso se baseou no reavivamento do espírito heroico e da mobilização em massa da revolução e da guerra civil. A "visão da modernidade" de Stálin, encarnada no Primeiro Plano Quinquenal, segundo o historiador Orlando Figes, "deu uma nova energia às esperanças utópicas dos bolcheviques. Ela mobilizou toda uma nova geração de entusiastas", inclusive jovens trabalhadores e militantes do Partido, para quem a campanha da industrialização seria seu Outubro. Com base na pura força de vontade, a União Soviética ia se apoderar da modernidade e alcançar e ultrapassar seus rivais capitalistas.[19]

A fábrica gigantesca desempenhou um papel fundamental nesse esforço. Um planejador soviético disse que preparar uma lista de novas fábricas necessárias era "a alma dos Planos Quinquenais". Enquanto alguns fundos foram investidos na renovação e expansão das fábricas existentes, a construção de novas unidades fabris proporcionou a oportunidade de instalar a tecnologia mais avançada disponível. Alguns especialistas propuseram a adoção de métodos e desenhos de máquinas europeus, pois a escala e a demanda menores por peças padronizadas de precisão eram mais apropriadas ao estado atual da indústria soviética do que a produção em massa americana. Mas os líderes soviéticos decidiram adotar o modelo americano, pois consideraram que o investimento em poucas fábricas enormes, onde grandes economias de escala poderiam ser obtidas através de racionalização, especialização e mecanização, constituiria um uso melhor dos preciosos fundos do que espalhá-los para construir mais fábricas menores e menos avançadas tecnicamente. Quando um crítico dessa posição questionou a disponibilidade de mão de obra treinada para operar máquinas americanas e disse que "talvez vocês queiram criar uma nova raça de pessoas", Vassíli Ivánov, o primeiro diretor da fábrica de tratores de Stalingrado, respondeu: "Sim! Esse é o nosso programa!".

O Primeiro Plano Quinquenal incorporou alguns grandes projetos já iniciados ou planejados, como o projeto da hidrelétrica e barragem de Dnieporstrói, e propôs novos projetos imensos, como o complexo de ferro e aço de Magnitogorsk e as várias fábricas de tratores e automóveis. Esses projetos marcantes criariam a infraestrutura de transporte e energia, a siderúrgica e a produção de tratores e veículos para transformar todo o país e estabelecer as bases para uma nova produção de defesa.

A escala épica dos projetos do Primeiro Plano Quinquenal refletia a utopia associada a ele e a necessidade de despertar a imaginação popular para a mobilização em massa e o sacrifício que ela exigia. O gigantismo era tanto uma questão ideológica quanto técnica. A própria escala dos complexos industriais planejados fez com que alcançar a modernidade, medida em comparação com as nações mais avançadas, e fazê-lo rapidamente, parecesse uma possibilidade palpável, algo que fazia valer a pena o sofrimento. O ritmo foi considerado uma questão existencial. "Estamos de cinquenta a cem anos atrás dos países avançados", declarou Stálin em 1931. "Precisamos recuperar essa distância em dez anos. Ou fazemos isso ou seremos esmagados por eles."[20]

Voltando-se para o Ocidente

A União Soviética carecia de quadros de engenharia, experiência e capacidade de fabricação de bens de capital para levar a cabo os projetos do Plano Quinquenal por conta própria. A necessidade a obrigou a recorrer a pessoal e maquinaria do mundo capitalista. Alguns especialistas estrangeiros já estavam trabalhando lá, mas o papel deles se expandiu quando começou a execução do Primeiro Plano Quinquenal. A União Soviética não só tinha poucos engenheiros, arquitetos industriais e outros especialistas em projetos de grande escala com experiência como, igualmente importante, os bolcheviques desconfiavam dos especialistas que tinham, cuja maioria havia iniciado a carreira trabalhando para empresas privadas, não havia apoiado a revolução e era vista como carente de conhecimento dos mais recentes avanços industriais e da ousadia e iniciativa encontradas no exterior, especialmente nos Estados Unidos. O maior grupo de especialistas estrangeiros recrutados pelos soviéticos veio da Alemanha, mas Inglaterra e Suíça também forneceram um número significativo de engenheiros e técnicos. No entanto, as empresas e os consultores americanos foram mais importantes, assumindo papéis desproporcionais nos principais projetos do Plano Quinquenal. Embora não simpatizassem com a Revolução Russa, as empresas americanas não hesitaram em aproveitar as possibilidades comerciais que se apresentavam.[21]

O afluxo começou com o trabalho em Dnieporstrói, o enorme projeto hidrelétrico com represa na Ucrânia, o maior da Europa quando foi inaugurado, em 1932. Em 1926, uma delegação soviética que visitava os Estados Unidos assinou um contrato com Hugh L. Cooper, que supervisionara a construção da barragem e usina de energia em Muscle Shoals, Tennessee, para desempenhar um papel semelhante em Dnieporstrói. Durante um ou dois meses por ano, Cooper trabalhava no local, enquanto um pequeno grupo de engenheiros de sua empresa permanecia todo o tempo ali.

Os soviéticos compraram nos Estados Unidos grande parte do equipamento pesado para o projeto. A Newport News Shipbuilding e a Drydock Company construíram nove turbinas para a represa, as maiores já fabricadas, e enviaram engenheiros para supervisionar sua instalação. A General Electric construiu alguns dos geradores, parte de seu envolvimento muito extenso na eletrificação e industrialização soviéticas no final da década de 1920 e nos anos 1930.[22]

O envolvimento americano na fábrica de tratores de Stalingrado foi ainda mais amplo. O trator tinha uma importância quase mítica na União Soviética; o escritor russo-americano Maurice Hindus, que viajava com frequência por sua terra natal, declarou que ele era o "árbitro do destino do camponês", "não um monstro mecânico, mas um conquistador heroico". Esses veículos quase nunca eram vendidos a camponeses individuais, e sim usados como estímulo e apoio ao cultivo coletivo. A estação de tratores, que abrigava equipamentos para uso em fazendas coletivas próximas, tornou-se uma instituição soviética fundamental que não apenas fornecia energia mecânica, mas também coletava grãos para o Estado e servia de símbolo da modernidade e do poder bolchevique. Aldeias rebeldes não tinham acesso a tais veículos.[23]

Além de gastar muito para importar tratores, o governo soviético fez de sua produção interna uma prioridade de investimento. Após a rejeição do pedido a Henry Ford para instalar uma fábrica local, o governo se voltou para a próxima melhor alternativa, o arquiteto preferido de Ford, Albert Kahn. Os líderes soviéticos o conheciam graças à sua obra em River Rouge. Mas, ao planejar o que viria a ser a fábrica de Stalingrado, eles fizeram a pesquisa devida, enviando em novembro de 1928 uma delegação de engenheiros aos Estados Unidos para estudar a produção de tratores e visitar fabricantes de equipamentos e firmas de engenharia e arquitetura, incluindo a de Kahn. No início de maio de 1929, a Amtorg, empresa comercial controlada pelo governo soviético, assinou um contrato com o arquiteto de Detroit para projetar uma fábrica capaz de produzir 40 mil tratores por ano (número depois aumentado para 50 mil). Kahn também concordou em preparar o local, supervisionar a construção, ajudar a adquirir materiais e equipamentos de construção de empresas americanas e fornecer pessoal essencial para a ativação da fábrica.[24]

Ao assinar o contrato com a Amtorg, ele apresentou os problemas que a União Soviética enfrentava como sendo técnicos, com muitos dos mesmos desafios e oportunidades que havia nos Estados Unidos. Como aconteceria na maioria de suas declarações sobre a União Soviética, Kahn não mencionou o comunismo e evitou questões políticas. Talvez para prevenir críticas de empresas anticomunistas, ele retratou a União Soviética como um grande mercado potencial para os fabricantes americanos de equipamentos.[25]

Ao escolhê-lo, os líderes soviéticos apostaram numa empresa capaz de operar no ritmo acelerado com que esperavam realizar a industrialização. Dois meses depois da assinatura do contrato, dois engenheiros da Kahn chegaram à União Soviética com desenhos preliminares dos principais edifícios. John K. Calder trabalhara na construção de Gary, Indiana, e fora o engenheiro-chefe da construção em River Rouge, papel que essencialmente reprisou na Tractorstrói de Stalingrado, trabalhando ao lado de Vassíli Ivánov. Leon A. Swajian, também veterano do Rouge, ajudou-o. Outros representantes de Kahn e engenheiros novatos logo se juntaram a eles.

Mas, se os líderes bolcheviques e a firma de Kahn estavam em sintonia com o ritmo desejado — se havia alguma coisa que os russos queriam era andar mais rápido —, Calder logo descobriu que as condições em campo não condiziam com tal progresso. Equipamentos modernos para transporte e construção estavam praticamente ausentes — usavam-se camelos para transportar materiais — e muitos funcionários soviéticos da construção se opunham aos métodos acelerados adotados por Calder. Ivánov escreveu mais tarde que teve de enfrentar "a inércia lenta dos métodos de construção russos" naquilo que se tornou uma batalha política e técnica sobre a importantíssima questão do "ritmo". Uma peça de sucesso de Nikolai Pogodi, intitulada *Ritmo*, retrataria a luta na qual um personagem baseado em Calder superava muitos obstáculos, inclusive a burocracia e a falta de disciplina, para levar o projeto adiante.

É notável que a construção básica da Tractorstrói, que se tornou a maior fábrica da União Soviética, com um prédio de montagem de quatrocentos metros de comprimento e grandes prédios de fundição e forja adjacentes, tenha sido concluída em apenas seis meses, embora tenha levado outro meio ano para que todos os equipamentos chegassem e fossem instalados. Entrementes, funcionários da fábrica montaram um escritório de recrutamento em Detroit e contrataram cerca de 350 engenheiros, mecânicos e operários qualificados para ajudar a ativar a fábrica, inclusive cinquenta do Rouge, um processo facilitado pelo início da Grande Depressão. Ao mesmo tempo, jovens engenheiros soviéticos foram enviados para colaborar com a

A fábrica de tratores de Stalingrado está aberta, capa comemorativa de uma revista soviética (1930).

firma de Kahn no projeto e várias fábricas americanas a fim de ganhar experiência com o tipo de maquinário que seria usado. O próprio Ivánov viajou para encontrar fornecedores de equipamentos nos Estados Unidos, onde "as estradas retas, a abundância de máquinas, todo o equipamento técnico [...] me convenceram da correção do rumo que havíamos tomado".[26]

Em 17 de junho de 1930, apenas catorze meses depois que a Amtorg assinara o contrato com Kahn, dezenas de milhares de espectadores se reuniram em Stalingrado para assistir à saída da linha de montagem do primeiro trator, decorado com fitas vermelhas e letreiros. Até então, uma força de trabalho inicial de 7200 pessoas havia sido montada, 35% dela composta de mulheres. Stálin enviou seus parabéns aos trabalhadores, declarando: "Os 50 mil tratores que vocês devem dar ao país todos os anos são 50 mil bombas explodindo o velho mundo burguês e abrindo caminho para a nova ordem socialista no campo". Ele terminou, de maneira menos bombástica, agradecendo "aos nossos professores em técnica, aos especialistas e técnicos americanos que prestaram ajuda na construção da fábrica".[27]

Enquanto o trabalho na Tractorstrói prosseguia, a Amtorg realizava uma maratona de compras nos Estados Unidos, assinando acordos de assistência técnica e compra de equipamentos com cerca de quatro dúzias de empresas. O acordo mais importante foi com a Ford. Quando Kahn assinou seu contrato, parece que Henry Ford lamentou não estar envolvido no grande experimento da industrialização soviética. Publicamente, ele ofereceu ajuda a Kahn e pediu-lhe que dissesse aos soviéticos que "qualquer coisa que temos é deles: nossos projetos, nossos métodos de trabalho, nossas especificações de aço. Quanto mais indústria criarmos, não importa onde estejam no mundo, mais vão se beneficiar todos os povos do mundo". Em privado, pediu a Kahn que sinalizasse aos soviéticos que estava disposto a fazer um acordo.

Nove meses antes, o governo soviético havia criado uma comissão para construir sua indústria de veículos, que na época consistia em apenas duas pequenas fábricas que produziam menos de mil caminhões por ano. Na primavera de 1929, foi tomada a decisão de construir uma fábrica gigantesca de veículos perto de Níjni Nóvgorod, quatrocentos quilômetros a leste de Moscou. Àquela altura, os soviéticos já tinham abordado tanto a Ford quanto a General Motors a respeito de assistência, mas sem muito progresso. Impaciente, Stálin interveio pessoalmente nos bastidores, exigindo que a Amtorg acelerasse as negociações. O novo interesse de Ford foi, portanto, uma dádiva, e, no final de maio, a Amtorg assinou um acordo com a empresa dele.

O pacto não ressuscitou a ideia de Ford instalar uma fábrica na União Soviética. Ele previa uma grande ajuda aos soviéticos na construção de uma indústria automobilística sob sua própria responsabilidade. Num contrato de nove anos, Ford concordou em ajudar a projetar, equipar e administrar uma fábrica em Níjni Nóvgorod, capaz de fabricar 70 mil caminhões e 30 mil carros por ano, além de uma pequena instalação de montagem em Moscou. A Ford concedeu aos soviéticos o direito de usar todas as suas patentes e invenções e produzir e vender veículos da companhia no país. Ela se comprometia a fornecer informações detalhadas sobre os equipamentos e os métodos usados em River Rouge e a treinar trabalhadores e engenheiros soviéticos em suas fábricas na área de Detroit. O acordo também previa que a União Soviética, durante o período de instalação de suas próprias fábricas, comprasse 72 mil carros e caminhões da Ford e peças equivalentes. (Os veículos foram enviados como kits a ser montados nas fábricas soviéticas.) Embora Ford tenha mais tarde alegado que perdeu dinheiro com o acordo, ele serviu bem a ambos os lados, dando à União Soviética um enorme impulso no estabelecimento de uma indústria de carros e caminhões modernos enquanto proporcionava à Ford trabalho durante a crise da Depressão e possibilitava que ela vendesse ferramentas e moldes para o Modelo A ao mudar para seu novo modelo V8.[28]

Para projetar a fábrica de montagem de Moscou e uma montadora temporária em Níjni Nóvgorod, os soviéticos procuraram novamente Kahn. Mas, para a principal fábrica de Níjni Nóvgorod, que seria a maior automobilística da Europa — concebida como uma versão reduzida do Rouge, uma instalação de produção em massa totalmente integrada —, e para uma cidade próxima que acomodaria 35 mil operários e suas famílias, eles assinaram um contrato com a Austin Company, de Cleveland, uma das principais construtoras de indústrias dos Estados Unidos, que havia recentemente erguido uma enorme fábrica do Pontiac para a General Motors. Enquanto a firma de Kahn era conhecida por suas inovações de design, a Austin era mais famosa por sua abordagem total de planejamento, construção e equipamento de instalações industriais completas usando designs padronizados e técnicas altamente racionalizadas. Embora experiente em grandes projetos, a encomenda soviética era maior do que qualquer coisa que já tivesse empreendido.[29]

Como os engenheiros da Kahn em Stalingrado, os primeiros quinze engenheiros de Austin a chegarem a Níjni Nóvgorod — seriam quarenta no auge — enfrentaram desafios totalmente diferentes de qualquer coisa que conhecessem. As condições de vida eram difíceis e a comida boa era pouca. A escassez crônica de materiais e mão de obra atrasava a construção (embora no auge do esforço estivessem em ação 40 mil operários, 40% deles mulheres). Instalações de água, aquecimento e energia e sistemas para transportar e armazenar equipamentos e suprimentos tiveram de ser construídos do zero. Os soviéticos careciam de experiência ou ferramentas de gerenciamento para um projeto dessa magnitude. Equipamentos importados caros foram perdidos, mal colocados, deixados do lado de fora para se deteriorar e ser roubados, enquanto máquinas primitivas e força bruta eram usadas no lugar deles. Camada após camada de burocracia, competição entre as organizações envolvidas no projeto e constantes mudanças no pessoal tornaram as decisões tortuosas e sua implementação difícil. Cortes de custos forçaram mudanças de última hora no projeto, e foi preciso refazer planos cuidadosamente elaborados. Havia também as condições naturais, meses e meses de frio extremo, inundações na primavera e enormes campos de lama.[30]

A Austin reteve em grande medida o controle sobre o projeto e a engenharia do complexo fabril, mas os soviéticos acabaram por assumir o planejamento da cidade adjacente. Seria um dos primeiros centros urbanos a ser construídos na União Soviética e, como tal, tornou-se uma oportunidade para imaginar como deveria ser uma cidade socialista. Um concurso de projetos levou a um plano que incluía extensas instalações comunitárias e, em algumas zonas, nenhuma unidade habitacional tradicional.

A primeira fase da cidade tinha trinta edifícios residenciais de quatro andares. A maioria foi dividida em apartamentos separados, cada um abrigando várias famílias (o que já era norma urbana em face da enorme escassez de moradias em todo o país), mas alguns edifícios foram projetados para um experimento de reorganização social. Conjuntos de cinco desses prédios, conectados por passagens elevadas fechadas, seriam unidades sociais e de moradia para mil pessoas cada. Cada unidade tinha seu próprio clube, com instalações sociais, educacionais e recreativas, e uma grande sala de jantar comum, onde se esperava que seria feita a maioria das refeições. Os chuveiros eram agrupados comunitariamente e havia biblioteca, salas leitura, xadrez e telefones, além de espaços especiais para o estudo de assuntos políticos, ciência militar e experimentação científica (para incentivar a inovação e o conhecimento técnico, de modo que o país se libertasse da dependência de estrangeiros). Jardins de infância e creches permitiriam que os pais deixassem seus filhos o quanto quisessem, inclusive em tempo integral. Os espaços de moradia eram pequenos, em grande parte destinados a dormir, sem equipamentos de cozinha individuais. Os andares superiores das "unidades comunitárias" tinham cômodos maiores projetados para "comunas" de três ou quatro jovens que morariam, trabalhariam e estudariam juntos.

A utopia da cidade automobilística rapidamente afundou num oceano de necessidades e no desejo dos operários da construção civil e, depois, da indústria automobilística de apartamentos individuais. Mesmo antes de sua conclusão, os primeiros edifícios residenciais foram invadidos por posseiros, trabalhadores que haviam vivido em tendas, abrigos e outras estruturas improvisadas durante um longo inverno. Berços e pequenos fogões individuais apareceram por toda parte. Os planejadores esperavam que a vida comunal se tornasse mais popular, permitindo que convertessem prédios divididos em apartamentos tradicionais para o modelo da unidade comunitária, mas no final as conversões foram no sentido oposto, à medida que os trabalhadores buscavam espaços mais privados e individualizados. Além disso, o corte de custos significou que, depois que os primeiros prédios foram concluídos, os projetos para instalações comunitárias foram reduzidos e, por fim, todo o plano diretor da cidade foi abandonado. Ainda assim, mesmo em sua forma truncada, a nova cidade operária representava uma realização particularmente detalhada de um esforço mais amplo de fornecer amplos programas e benefícios sociais, culturais e recreativos através do local de trabalho em que fábricas de toda a União Soviética assumiram a responsabilidade pela moradia e pela alimentação de seus trabalhadores e suas famílias, de sua educação e elevação do nível cultural. O Estado de bem-estar social soviético centrou-se na grande fábrica.[31]

Apesar de todos os obstáculos, o enorme complexo automotivo em Níjni Nóvgorod, que em breve teria seu nome mudado para Gorki, estava essencialmente concluído em novembro de 1931, apenas dezoito meses após a chegada dos primeiros engenheiros americanos (embora a construção da cidade estivesse atrasada). Os especialistas dos Estados Unidos e a aplicação dos métodos americanos foram responsáveis por parte do sucesso. Mas a maior parte do mérito cabia ao governo soviético e aos funcionários do partido, que, apesar da inexperiência, da burocracia e da frequente inépcia, mostraram-se capazes de mobilizar esforços heroicos dos trabalhadores soviéticos. E puderam fazê-lo porque capitalizaram sobre um reservatório de comprometimento profundo de pelo menos alguns trabalhadores, em particular os jovens, com o desenvolvimento intensivo — a industrialização como forma de revolução. Engajados no que entendiam como um projeto histórico mundial e de defesa da revolução, os operários soviéticos fizeram sacrifícios extraordinários enquanto viviam em circunstâncias miseráveis, apresentavam-se voluntariamente para trabalhar aos sábados sem remuneração, participavam de "brigadas de choque", aceitavam condições perigosas no local de trabalho e aturavam a incompetência e a arrogância das autoridades encarregadas dos grandes projetos do Plano Quinquenal. Por ao menos um breve momento, muitos trabalhadores soviéticos viram as fábricas que estavam construindo como deles, como meios para um futuro melhor e um tipo diferente de sociedade, e estavam dispostos a fazer o que fosse necessário para construí-las.[32]

Os irmãos Kahn em Moscou

A fábrica de tratores de Stalingrado e a fábrica de automóveis de Gorki estavam entre os projetos soviéticos mais conhecidos no Ocidente, recebendo ampla cobertura na imprensa americana. O *New York Times*, o *Detroit Times*, o *Detroit Free Press*, a revista *Time*, jornais especializados em comércio e outras publicações traziam periodicamente matérias sobre eles.[33] Mas havia muitos outros grandes projetos soviéticos com americanos envolvidos. A Du Pont ajudou a montar fábricas de fertilizantes, a Seiberling Rubber Company auxiliou na construção de uma grande fábrica de pneus, a C. F. Seabrook construiu estradas em Moscou, outras empresas aconselharam sobre minas de carvão, e a lista não parou por aí.[34]

Albert Kahn assumiu um papel ampliado depois que o trabalho em Tractorstrói começou. No início de 1930, sua firma assinou um contrato de dois anos com a Amtorg, que fez dela consultora de toda a construção industrial na União Soviética. Conforme o acordo, 25 engenheiros soviéticos trabalhavam com a empresa em seus escritórios em Detroit. Mas o mais importante foi que ele criou um posto avançado da firma de Kahn em Moscou, dentro de uma recém-criada agência centralizada de projetos e construção soviética. Moritz, irmão mais novo de Albert, comandava uma equipe de 25 arquitetos e engenheiros americanos no novo escritório russo, não só projetando edifícios, mas também ensinando aos arquitetos, engenheiros e especialistas soviéticos os métodos de sua firma.

O contrato com a União Soviética foi uma dádiva para Kahn, pois possibilitou que sua empresa sobrevivesse durante a Grande Depressão, quando quase não houve construções nos Estados Unidos. Mais do que apenas conveniência, a parceria com os soviéticos cresceu organicamente a partir de uma visão compartilhada do progresso através da construção física e de métodos racionalizados. Moritz apreciou a oportunidade de aplicar o sistema de "produção em massa padronizada" da indústria automobilística à construção — uma indústria notoriamente caótica que fabrica produtos personalizados —, o que seria possível na União Soviética porque haveria uma agência de projetos centralizada e um único cliente, o governo, permitindo o desenvolvimento de projetos para tipos particulares de fábricas que poderiam ser usados repetidamente. Moritz assinalou que a propriedade governamental eliminaria os custos associados à publicidade, à promoção de vendas e aos intermediários e possibilitaria a racionalização do transporte e da armazenagem, o que agradava à sua sensibilidade tecnocrática. Albert era mais paternalista. "Minha atitude em relação à Rússia é a de um médico em relação ao paciente", ele disse ao *Detroit Times*.[35]

O centro conjunto de projetos de Moscou constituiu um desafio, mas foi finalmente bem-sucedido. Havia poucos arquitetos, engenheiros ou desenhistas soviéticos qualificados disponíveis quando abriu e uma falta de suprimentos básicos, de lápis a pranchetas, com apenas uma máquina heliográfica para projetos em toda Moscou. Não obstante, em dois anos, a equipe da Kahn supervisionou o projeto e a construção de mais de quinhentas fábricas em toda a União Soviética, usando os métodos fordistas que a empresa aperfeiçoara em Detroit. Igualmente importante, cerca de 4 mil arquitetos, engenheiros e desenhistas soviéticos foram treinados pelos especialistas da Kahn, inclusive em aulas formais ministradas à noite. Eles adotaram a abordagem de projeto e construção desenvolvida pela firma, em colaboração com a Ford e outras empresas manufatureiras dos Estados Unidos, e a espalharam por todo o país. Os métodos de Kahn, de acordo com Sonia Melnikova-Raich, que fez a crônica de sua colaboração com os soviéticos, "tornaram-se padrão na indústria de construção soviética por muitas décadas".[36]

Kahn também fez outros projetos para os soviéticos em seu escritório de Detroit, entre eles duas novas fábricas de tratores para atender à insaciável demanda por equipamentos agrícolas mecanizados. Uma fábrica na Ucrânia, nos arredores de Kharkov, era praticamente uma cópia daquela de Stalingrado e foi projetada para produzir o mesmo modelo de trator, variando apenas no uso maior de concreto armado, pois os soviéticos diminuíram suas caras importações de aço dos Estados Unidos. Leon Swajian, depois de chegar a ser o segundo diretor mais importante da fábrica de Stalingrado, foi promovido a superintendente geral dessa construção (recebendo a Ordem de Lênin por seu papel). A outra fábrica era a maior até então. Localizada em Tcheliabinsk, a cerca de 1800 quilômetros de Moscou e a leste dos Urais, perto da fronteira entre a Europa e a Ásia, foi projetada para produzir tratores sobre lagartas de metal em vez de rodas. Os prédios do complexo, que pareciam um pedaço da indústria de Detroit plantada na vastidão russa, tinham uma área combinada de 165 mil metros quadrados, disposta numa área de mil hectares (duas vezes maior que o Rouge). Embora os soviéticos tenham começado a construir a fábrica sem consultores americanos no local, quando as coisas atolaram, engenheiros americanos, entre eles Calder e Swajian, foram chamados para ajudar.[37]

Pondo para funcionar

Se construir as gigantescas fábricas soviéticas tinha sido um enorme desafio, conseguir que realmente produzissem bens se mostrou ainda mais difícil. Sua ativação foi uma prova de fogo para a ideia de que a União Soviética poderia saltar para a modernidade adotando os mais avançados métodos capitalistas em escala gigantesca e construir uma sociedade socialista sem passar por um processo longo de industrialização, como havia sido nos Estados Unidos e nas potências da Europa Ocidental.

A Tractorstrói de Stalingrado foi o primeiro teste. A mensagem de Stálin de junho de 1930 em que parabenizava os operários por iniciarem a produção de 50 mil tratores por ano revelou-se muito prematura. No primeiro mês e meio de existência, foram produzidos somente cinco. Durante os primeiros seis meses, pouco mais de mil. Em todo o ano de 1931, 18 410.

Nem todos os equipamentos tinham chegado e sido instalados quando a fábrica abriu. Mas o problema maior era a total falta de familiaridade da grande maioria dos operários e supervisores russos com processos industriais básicos, para não falar da produção em massa avançada. Quando visitou a fábrica durante seu primeiro verão de operação, Margaret Bourke-White relatou: "Os russos têm tanta ideia de como usar uma esteira rolante quanto um grupo de crianças em idade escolar". E continuou: "A linha de produção costuma ficar totalmente parada. No meio da fábrica encontra-se um trator parcialmente concluído. Um homem enfia um pequeno parafuso e vinte outros russos ficam parados a seu redor, observando, conversando sobre o assunto, fumando, discutindo".[38]

Operários, engenheiros e supervisores americanos contratados para ajudar a iniciar a produção e ensinar as habilidades necessárias à força de trabalho estavam até o pescoço de trabalho. A máxima de Henry Ford de que a produção em massa só poderia ocorrer se as peças fossem tão padronizadas que não fosse necessário um ajuste personalizado tornou-se imediatamente uma provação. Os trabalhadores russos qualificados haviam sido, em grande parte, treinados de forma artesanal. O gerente Vassíli Ivánov corria furioso pela fábrica quando via capatazes usando limas para encaixar peças (provavelmente porque algumas não eram verdadeiramente intercambiáveis, um problema enfrentado em Highland Park em 1918). Como de costume no universo stalinista, a metáfora da guerra era usada para descrever a situação. "Estávamos travando nossa primeira batalha", disse Ivánov mais tarde, "contra os métodos artesanais 'asiáticos'", fazendo a tradicional equiparação marxista da Ásia com o atraso e da Europa com a modernidade.

Os operários não qualificados representavam, no mínimo, um problema maior. Muitos tinham acabado de chegar de pequenas aldeias camponesas e jamais haviam visto um telefone, muito menos uma operatriz de precisão.

O ferramenteiro americano Frank Honey descreveu o primeiro operário enviado a ele para treinamento na fabricação de molas como "um típico camponês [...] vestido como estava com uma roupa estranha e rústica". Esses trabalhadores não tinham nenhuma noção dos procedimentos fabris básicos. Os rolamentos de máquinas novas e caras eram rapidamente danificados porque não sabiam manter o óleo livre de sujeira. A disciplina costumava ser frouxa, e os operários ficavam parados por muito tempo sem fazer nada. Foi necessário um processo lento e penoso para ensinar à nova força de trabalho, que aumentou para 15 mil operários, como operar o maquinário sofisticado, especialmente porque os instrutores americanos tinham que trabalhar com tradutores.

Além disso, a União Soviética não tinha as cadeias de suprimento bem desenvolvidas das quais o fordismo dependia. Operatrizes de alta velocidade exigiam aço de especificações precisas, mas, quando a fábrica de tratores conseguia as matérias-primas e os suprimentos de que precisava (o que nem sempre era o caso), a composição e a qualidade variavam de lote para lote, produzindo peças estragadas, ferramentas danificadas e longos atrasos.

O fordismo também exigia uma coordenação complexa, que a gerência da fábrica não tinha experiência em obter. Trabalhadores e gerentes passavam um tempo infinito em consultas e reuniões, mas mesmo assim as coisas não chegavam aonde e quando eram esperadas. Sergo Ordjonikidze, o comissário da Indústria Pesada, encarregado de implementar o plano de industrialização quinquenal, visitou a fábrica quando a pressão política aumentou para fazer a produção andar e concluiu: "O que eu vejo aqui não é ritmo, mas confusão".

Como Stálin monitorava pessoalmente os números da produção diária — uma medida de como a fábrica era considerada importante para o futuro do país —, as mudanças de pessoal não demoraram a ocorrer. Ivánov foi substituído por um funcionário comunista tecnicamente mais capacitado para trabalhar ao lado de um novo especialista em engenharia. O Fundo Soviético de Automóveis enviou outro engenheiro americano para a fábrica, um especialista em produção de linha de montagem, para tentar endireitar a bagunça. Para ajudar a estabelecer a ordem, a fábrica reduziu os três turnos diários para apenas um.

Lentamente, a produção começou a melhorar, embora a qualidade do produto continuasse a ser um problema. Grande parte do avanço veio do aumento da experiência da força de trabalho e das habilidades adquiridas através de um enorme esforço de treinamento e educação. O recém-chegado camponês treinado por Honey acabou se tornando um trabalhador qualificado e, mais tarde, capataz do departamento de molas. (Porém, as promoções rápidas desses operários criavam mais problemas, pois seus substitutos precisavam ser treinados.) Nos primeiros seis meses de 1933, a fábrica produziu 15 837 tratores, uma melhora significativa, mas, após três anos de operação, continuava bem abaixo da produção anual projetada de "50 mil bombas explodindo o velho mundo burguês".[39]

Na fábrica de automóveis de Níjni Nóvgorod, os gerentes tentaram evitar os problemas de ativação encontrados em Stalingrado. Enviaram centenas de trabalhadores a Detroit para aprender técnicas de produção na Ford, ao mesmo tempo que recrutavam centenas de americanos para ajudar a fazer a fábrica funcionar. (A presença de uma metalúrgica soviética que estudava tratamento térmico na Ford mereceu uma manchete no *New York Times*, parte do fascínio interminável de repórteres e engenheiros americanos pelas mulheres soviéticas que ocupavam empregos que nos Estados Unidos eram estritamente masculinos.) A produção se iniciou gradualmente, primeiro montando kits de peças de carros e caminhões enviados de Detroit antes de começar a fazer todas as peças necessárias no local. Ainda assim, a fábrica demorou mais que o esperado para ganhar velocidade.[40]

Mais uma vez, a escassez de suprimentos e a inépcia gerencial fizeram parte do problema, mas a escassez de mão de obra, especialmente a qualificada, teria impossibilitado uma rápida partida mesmo nas melhores condições. Maior do que a Tractorstrói de Stalingrado, o que logo foi chamado de GAZ (Górkovski Avtomobílni Zavod [Fábrica de Automóveis de Gorki]) tinha 32 mil trabalhadores. Poucos possuíam experiência industrial ou em qualquer tipo de trabalho. Quando a fábrica abriu, 60% dos operários tinham menos de 23 anos e apenas 20% tinham mais de trinta. Quase um quarto dos operários manuais eram mulheres. Era quase como estar em uma antiga fábrica têxtil britânica ou americana, em um mundo dos jovens.

Os novos operários e seus professores estrangeiros enfrentaram condições difíceis. Os alojamentos eram primitivos, embora um pouco melhores para os americanos, e era quase impossível encontrar carne, peixe, frutas, verduras e legumes frescos. Quando Victor e Walter Reuther, ativistas sindicais de Detroit, chegaram à fábrica no final de 1933 para trabalhar como ferramenteiros e fabricantes de moldes, a maior parte do complexo não tinha aquecimento. Eles foram obrigados a executar e ensinar metalurgia de precisão em temperaturas muito abaixo do congelamento, indo periodicamente para a sala de tratamento térmico para aquecer as mãos.

Como em Stalingrado, a pressão política aumentou rapidamente para que a produção se iniciasse. Mesmo antes da abertura da fábrica, a inépcia tornou-se crime: nove funcionários foram julgados por "negligência e supressão intencional" de sugestões feitas por trabalhadores americanos e especialistas técnicos. Depois de um julgamento público em Moscou, perante milhares de espectadores, foram emitidas sentenças leves — no máximo, perda de dois meses de salário —, mas que serviam de alerta para outros gerentes. Três meses após o início da produção, Ordjonikidze foi inspecionar, acompanhado por Lázar Kaganóvitch, ambos membros do Politburo, o principal órgão governante comunista. A dupla culpou os comunistas e os sindicalistas locais por má administração e calúnia dos engenheiros e do pessoal técnico, resultando na demissão de algumas autoridades partidárias da fábrica e da região.

Lentamente, a produção melhorou, graças à avidez da força de trabalho jovem de aprender novas habilidades e o que equivalia a todo um estilo de vida novo e à resiliência diante das dificuldades. Quando os irmãos Reuther voltaram para os Estados Unidos, depois de dezoito meses na GAZ, a maioria dos outros operários estrangeiros já havia partido, o nível de qualificação da força de trabalho nativa melhorara enormemente, mais comida e bens de consumo estavam disponíveis, e carros e caminhões saíam constantemente da linha de montagem. Walter Duranty, repórter do *New York Times* em Moscou e um grande entusiasta da industrialização stalinista, ao declarar sua confiança de que a GAZ rapidamente aceleraria a produção, afirmou: "Os críticos estrangeiros às vezes não percebem duas coisas em relação à Rússia de hoje: a surpreendente capacidade de explosões de energia para realizar o aparentemente impossível e o fato de que os russos aprendem rápido". Quando dois engenheiros de Austin retornaram ao local da fábrica em 1939, ficaram "estupefatos" ao ver que uma cidade de 120 mil habitantes crescera em torno da área residencial central que haviam construído, com prédios residenciais de seis a oito andares, ruas pavimentadas, "bastante flores" e pessoas com "aparência melhor".[41]

À medida que um quadro de trabalhadores qualificados se desenvolvia, ficava mais fácil pensar em outras fábricas novas. Quando a fábrica de tratores de Kharkov iniciou suas operações, no outono de 1931, beneficiou-se de um grande grupo de operários experientes que foram transferidos de sua irmã gêmea em Stalingrado. Além disso, em vez de ter de fabricar imediatamente as 715 peças personalizadas que entravam em seus tratores, ela pôde começar a montar veículos usando algumas peças enviadas da fábrica de Stalingrado.[42]

Em contrapartida, a construção e a operação inicial do Complexo Metalúrgico de Magnitogorsk fizeram com que a fábrica de tratores de Stalingrado e a fábrica de automóveis de Gorki parecessem moleza.[43] Antes da revolução, a Rússia tinha apenas uma pequena indústria de ferro e aço. O Primeiro Plano Quinquenal exigia um enorme salto na produção de metal. Seria fundamental para esse esforço uma usina siderúrgica integrada em grande escala, sessenta quilômetros a leste dos Urais, próxima a duas colinas que continham tanto minério de ferro que afetavam o comportamento das bússolas, dando-lhes o nome de Montanhas Magnéticas (*Magnítnaia Gorá*), e a cidade que deveria surgir com a fábrica seria Magnitogorsk. Segundo alguns relatos, Stálin pediu pessoalmente a criação do complexo depois de saber da usina de aço norte-americana de Gary, Indiana. Tal como Gary, deveria incluir todas as fases da produção de produtos de aço, com altos-fornos, conversores de soleira aberta, laminadores e outras seções de acabamento, fornos de coque e equipamentos para fabricar produtos químicos a partir de subprodutos do coque. Diferente de Gary, o complexo incluía sua própria mina de ferro.

Magnitogorsk — "o poderoso gigante do Plano Quinquenal", como o apelidou um periódico soviético — era apenas um componente de um esquema ainda maior, um *Kombinat*, um conjunto de instalações funcional e geograficamente relacionadas que se estendia até Kuznetsk, na Sibéria central, fonte da maior parte do carvão inicialmente usado no complexo siderúrgico e que incluía a fábrica de tratores de Tcheliabinsk, 190 quilômetros a noroeste de Magnitogorsk. Até mesmo algumas fábricas Kombinat menos badaladas eram enormes, como a de vagões ferroviários em Níjni Taguil, ao norte de Tcheliabinsk. Parte proeminente do Segundo Plano Quinquenal, que começou em 1933, o amplo complexo fabril empregava 40 mil pessoas e possuía seus próprios altos-fornos e um departamento de fornos de soleira aberta.[44]

Especialistas estrangeiros ajudaram a projetar Magnitogorsk, mas, diferente de Stalingrado e Níjni Nóvgorod, nenhuma empresa coordenou todo o esforço, criando uma miríade de problemas. Em 1927, os soviéticos contrataram a Freyn Engineering Company, de Chicago, como consultora geral para o desenvolvimento de sua indústria metalúrgica e fizeram um planejamento inicial para Magnitogorsk. Em seguida, contrataram a Arthur G. McKee & Company, de Cleveland, para fazer o projeto geral, mas, em meio a muito rancor, a empresa mostrou-se incapaz de elaborar planos no ritmo desejado pelos soviéticos. Assim, sua participação foi cortada e outras firmas americanas e alemãs foram contratadas para projetar componentes específicos do complexo, com várias agências soviéticas também desempenhando um papel. Em consequência, nas palavras do americano John Scott, que passou cinco anos trabalhando em Magnitogorsk, seus elementos eram "muitas vezes bastante mal coordenados". Todo o projeto atrasou e demorou muito mais tempo para ser concluído do que o inicialmente projetado.

Mesmo que o planejamento tivesse sido mais bem administrado, a amplitude do trabalho e os desafios do lugar teriam feito com que o "ritmo superamericano" que os soviéticos queriam fosse impossível de alcançar. Quando o trabalho em Magnitogorsk começou, não havia nada ali, nenhum prédio, nenhuma estrada pavimentada, nenhuma ferrovia, nenhuma eletricidade, nenhum carvão ou árvores para fornecer calor ou energia, nenhuma fonte próxima de comida, nenhuma cidade a pouca distância nem água suficiente. Do pó da estepe, os funcionários soviéticos e os especialistas estrangeiros tiveram de fazer surgir um vasto empreendimento industrial, e no clima cruel do leste dos Urais, onde os verões eram curtos e os invernos eram excessivamente longos e frios. Em janeiro e fevereiro, a *média* da temperatura mínima ficava abaixo de −17°C). Em algumas manhãs de inverno, fazia −37°C. John Scott, quando trabalhava como soldador na construção de altos-fornos, certa vez encontrou um rebitador que morrera congelado no andaime.[45]

Tal como os primeiros proprietários de fábricas têxteis inglesas, os gerentes de Magnitogorsk tiveram que recrutar uma força de trabalho para construir e operar o complexo, que em 1938 tinha 27 mil empregados, e encontrar maneiras de abrigá-los, alimentá-los e cuidar de todas as suas necessidades num lugar isolado onde nunca houvera um grande grupo de pessoas. Alguns trabalhadores foram voluntariamente, entusiasmados pelo esforço de avançar para a modernidade e o socialismo ou simplesmente procurando uma fuga de sua aldeia ou de uma situação ruim. Outros tinham sido designados por seus empregadores, gostassem ou não. Mas os trabalhadores não eram suficientes, especialmente porque iam embora de Magnitogorsk quase tão rapidamente quanto chegavam, desanimados com as condições de vida extremamente primitivas e o trabalho difícil. Então, novamente como os primeiros donos de fábricas inglesas, os soviéticos se voltaram para o trabalho forçado em grande escala.

Ele foi usado em muitos grandes projetos, como a fábrica de tratores de Tcheliabinsk, a represa de Dnieporstrói e, o mais famoso deles, o canal entre o mar Branco e o Báltico, construído quase inteiramente por prisioneiros. Em Magnitogorsk, segundo o relato de Scott, em meados da década de 1930, cerca de 50 mil trabalhadores estavam sob o controle da GPU, a polícia de segurança (NKVD depois de 1934), a maioria fazendo trabalho de construção não qualificado, mas alguns empregados na usina siderúrgica. Ainda mais do que as primeiras fábricas têxteis inglesas, Magnitogorsk refutava as correlações simples entre industrialização, modernidade e liberdade.

Seus trabalhadores forçados eram de várias categorias. Criminosos comuns compunham o maior grupo, mais de 20 mil, a maioria condenada a sentenças relativamente curtas. Eles viviam em assentamentos (inclusive um para menores) cercados por arame farpado e iam trabalhar acompanhados por guardas. Um segundo grupo consistia de camponeses desapossados durante a campanha de coletivização — os chamados cúlaques — e deportados para a cidade do aço. Em outubro de 1931, havia mais de 14 mil antigos cúlaques e duas vezes esse número de familiares que viviam em "assentamentos especiais de trabalhadores", inicialmente cercados também por arame farpado. Mesmo pelos padrões da Magnitogorsk, as condições de vida para os migrantes forçados eram chocantes: 775 crianças morreram num período de três meses. (Em 1936, aliviou-se a maioria das restrições a esses trabalhadores.) Por fim, havia engenheiros veteranos e especialistas técnicos, formados no antigo regime, que haviam sido condenados por crimes, mas que ainda trabalhavam como especialistas e supervisores, ocupando em alguns casos, sobretudo nos primeiros dias, cargos de muita responsabilidade, geralmente indistinguíveis dos outros russos em cargos de gerência, exceto por seu status legal.[46]

O uso do trabalho de prisioneiros constituía apenas uma parte do entrelaçamento do aparato de segurança nacional com a industrialização acelerada. Em Magnitogorsk, à medida que atrasos e dificuldades na construção e na produção se prolongavam, a NKVD se envolvia cada vez mais com o complexo siderúrgico, uma força secreta com mais poder que a administração da fábrica e o governo local e, em algumas questões, até mesmo que o Partido Comunista local. Problemas decorrentes de mau planejamento, gestão incompetente, trabalhadores destreinados, escassez de suprimentos e transporte e desgaste de máquinas e de trabalhadores politicamente motivados eram cada vez mais atribuídos à desobediência à linha do Partido Comunista, à destruição e à sabotagem deliberadas e, eventualmente, a conspirações envolvendo potências estrangeiras e oposicionistas internos, como o Centro Trotskista-Zinovievista e a Organização Militar Polonesa, que supostamente agiam em Magnitogorsk. A partir de 1936, todos os acidentes industriais tornaram-se objeto de investigações criminais. "Muitas vezes, eles processavam as pessoas erradas", comentou Scott, "mas na Rússia isso é relativamente desimportante. O principal é que os técnicos e os operários começaram a apreciar e avaliar corretamente a vida humana."

Se técnicos e trabalhadores desenvolveram uma apreciação maior da vida humana, a polícia e o Judiciário ficaram cada vez mais arrogantes no tratamento de operários e gerentes, e prisões, interrogatórios envolvendo "medidas físicas", provas fabricadas, detenções e execuções se tornaram comuns. Altos dirigentes de fábricas, autoridades estatais e funcionários do partido caíam no abismo quando fracassos reais ou percebidos como tais eram atribuídos à traição e à contrarrevolução, até que, finalmente, mesmo os dirigentes da NKVD de Magnitogorsk, que lideraram o terror, foram vítimas dele. Embora não exista nenhuma contagem exata, de acordo com Scott, o expurgo de 1937 levou a "milhares" de prisões em Magnitogorsk. O mesmo aconteceu em outros lugares; na fábrica de automóveis de Gorki, durante os primeiros seis meses de 1938, 407 especialistas foram presos, incluindo quase todos os engenheiros soviéticos que haviam passado algum tempo em Detroit e alguns dos poucos americanos que permaneciam na fábrica.[47]

Observando de perto, Scott viu a fúria de acusações, contra-ataques e prisões impedir a produção, mas, em sua opinião, apenas temporariamente e de forma limitada. No geral, à medida que gerentes e trabalhadores dominavam lentamente suas funções, os problemas de fornecimento e transporte eram resolvidos e novos componentes do complexo entravam em operação. A produção de minério de ferro, ferro-gusa, lingotes de aço e aço laminado de Magnitogorsk aumentou, assim como a produtividade.[48] Alguns dos gigantes construídos durante a década de 1930 nunca atingiram a produção projetada, mas, em geral, o Primeiro Plano Quinquenal (que foi acelerado para ser concluído em quatro anos) e o Segundo Plano Quinquenal levaram a um enorme salto na produção industrial soviética. As estimativas variam, mas entre 1928 e 1940 a produção industrial total aumentou pelo menos 3,5 vezes, e segundo alguns relatos até seis. Os maiores ganhos ocorreram na indústria pesada. A produção de ferro e aço mais do que quadruplicou. A produção de máquinas aumentou onze vezes entre 1928 e 1937, e a produção militar aumentou 25 vezes. No último ano, a produção de veículos automotores se aproximou de 200 mil unidades. A de energia elétrica aumentou sete vezes. O transporte e a construção também cresceram muito. Em contraste, a produção de bens de consumo — uma prioridade baixa do Primeiro Plano Quinquenal — subiu apenas ligeiramente. Stálin foi prematuro em 1929 quando disse: "Estamos nos tornando um país de metais, um país de automóveis, um país de tratores". Uma década depois, no entanto, havia muita verdade em sua afirmação.[49]

A construção de cidadãos socialistas

As fábricas soviéticas gigantescas foram concebidas não apenas como uma forma de industrializar e proteger o país, mas também como instrumentos de culturalização, que criariam homens e mulheres capazes de operar esses gigantes e construir o socialismo. Os líderes comunistas costumavam descrever esse projeto cultural como uma luta contra o atraso — o analfabetismo, a ignorância da medicina e da higiene modernas e o desconhecimento da ciência e da tecnologia que caracterizavam o grosso da população do Império Russo pré-revolucionário. Muitos bolcheviques, especialmente Lênin, definiam a cultura em termos tradicionais europeus, como alfabetização, conhecimento da ciência e apreciação das artes. Civilização significava romances, xadrez, Beethoven, encanamento interno, eletricidade. Mas alguns comunistas, e até certo ponto o partido e o Estado como um todo, pelo menos até o início da década de 1930, acreditavam que uma cultura e uma civilização distintamente *comunistas* deveriam ser criadas a partir da revolução. A fábrica era um instrumento para concretizar a modernidade socialista.[50]

O simples ato de chegar a uma fábrica poderia desencadear o processo de mudança cultural. Era especialmente o caso de homens e mulheres de aldeias camponesas e, mais ainda, de migrantes de regiões nômades do país. Muitos recém-chegados nunca tinham visto uma locomotiva, encanamento interno, luzes elétricas ou mesmo uma escada. Entrar numa fábrica pela primeira vez podia ser aterrorizante, tal como acontecera em outros tempos na Inglaterra e nos Estados Unidos. A. M. Sirotina, uma jovem que foi de uma aldeia perto do mar Cáspio para a fábrica de tratores de Stalingrado, lembrou: "Havia um rugido e uma martelação horrível de máquinas e havia carros a motor zumbindo de um lado para o outro da oficina. Eu me esquivei com medo e me refugiei atrás de uma estante".[51]

O fato de haver uma jovem no chão da fábrica de Tractorstrói refletia a profunda mudança nos papéis de gênero e nas relações familiares que acompanharam a engrenagem da indústria pesada. Depois da revolução, o Partido Comunista e o governo soviético promoveram a igualdade das mulheres e novos arranjos familiares, mas as mudanças foram especialmente dramáticas nos centros industriais nascentes, onde não havia nenhuma ordem antiga que precisasse ser derrubada. No início do Primeiro Plano Quinquenal, 29% dos trabalhadores industriais eram mulheres; em 1937, 42%. Elas ocupavam muitas posições para as quais nunca seriam consideradas nos Estados Unidos ou na Europa Ocidental, como de operadoras de gruas e moinhos. Ainda assim, os velhos costumes perduravam, pois alguns homens se recusavam a permitir que a esposa trabalhasse, agredindo-a e abandonando a família sem pensão alimentícia ou sem sustentar os filhos.[52]

Aprender tarefas totalmente desconhecidas era demorado. Para acelerar o processo, os soviéticos deflagraram um enorme esforço educacional. Além do treinamento informal no chão da fábrica conduzido por operários qualificados, supervisores e especialistas estrangeiros, havia aulas formais após o horário de trabalho para ensinar habilidades para funções específicas. Victor Reuther relembrou que a fábrica de automóveis de Gorki "era como uma grande escola profissional". Rollo Ward, chefe americano do departamento de corte de engrenagens da fábrica de tratores de Stalingrado, observou que, enquanto nos Estados Unidos os donos de fábricas tentavam evitar que os operários entendessem completamente o funcionamento das máquinas que operavam, na União Soviética os trabalhadores eram estimulados a aprender tudo sobre o equipamento, além do que era necessário para executar suas tarefas.[53]

O esforço educacional não era estritamente voltado para a profissão. Nas novas cidades industriais, tomaram-se medidas para construir creches e escolas elementares suficientes para o fluxo de crianças recém-nascidas e por nascer. Os cursos de alfabetização de adultos tinham grande frequência: em Magnitogorsk, matricularam-se 10 mil alunos. Para elevar o nível político dos ativistas, escolas ensinavam teoria marxista e estrutura econômica e social soviética. Para os trabalhadores que haviam dominado as habilidades básicas, havia escolas avançadas de engenharia, metalurgia e formações semelhantes. As mulheres constituíam 40% dos estudantes do Instituto de Mineração e Metalurgia de Magnitogorsk.

Muitos desses programas tinham alguns estudantes diurnos que recebiam estipêndios e muitos outros que frequentavam as aulas depois do trabalho. John Scott, que frequentou a escola noturna na maior parte do tempo em que morou em Magnitogorsk, relatou que praticamente todos os morados da cidade entre dezesseis e 26 anos estudavam em algum tipo de programa formal, o que ocupava quase todo o seu tempo livre. "Todas as noites, das seis às doze, os bondes e ônibus de Magnitogorsk estavam lotados de estudantes adultos indo e vindo das escolas com livros e cadernos debaixo dos braços, discutindo Leibnitz, Hegel ou Lênin, resolvendo problemas com o material apoiado nos joelhos e agindo como se fossem colegiais no metrô de Nova York durante a semana de exames." Para os estudantes/trabalhadores, a tremenda dedicação necessária para ir às aulas, ficar acordado e fazer o dever de casa depois de um dia de trabalho duro abria um caminho de mobilidade ascendente. Para os líderes soviéticos, o esforço educacional, especialmente em campos técnicos, libertava o país da dependência de especialistas estrangeiros e do antigo regime.[54]

As fábricas também tentavam outras maneiras de transformar a cultura do trabalhador. "Cantos vermelhos" eram comuns. Algo parecido com as salas de leitura dos salões dos sindicatos ingleses e americanos do século XIX e início do século XX. Tais espaços tinham livros, fotos de Lênin e outros líderes comunistas, cartazes políticos e salas para reuniões. Muitas empresas patrocinavam grupos literários, e escritores/trabalhadores produziam jornais murais e cartazes que eram postados em locais de trabalho. Na fábrica de automóveis de Gorki, a direção patrocinou uma competição entre os departamentos de ideias para elevar o nível cultural. Um departamento levou palmeiras artificiais de Moscou que foram colocadas ao longo da linha de montagem. O departamento em que os irmãos Reuther trabalhavam fez moldes para cortar colheres de metal, consideradas um avanço cultural em relação às de madeira, de estilo camponês, usadas no refeitório da fábrica e nas casas. Em Stalingrado, o gerente, inspirado pelo que vira nos Estados Unidos, mandou plantar árvores e grama ao redor da fábrica para conter a poeira que poderia danificar o maquinário e criar uma vista mais atraente para os operários quando chegassem e partissem.[55]

O refeitório dos trabalhadores na fábrica de automóveis de Gorki.

As cidades que surgiram ao lado das fábricas gigantescas foram pelo menos tão importantes na promoção de novos hábitos e valores quanto elas próprias. Em geral, os sovietes locais — o governo — possuíam casas e outras instalações urbanas. Mas, nas cidades industriais em expansão, as fábricas muitas vezes preenchiam esse papel, assumindo quase todos os aspectos da vida dos empregados. Tal como na antiga indústria têxtil inglesa, muitas possuíam lojas e fazendas para supri-las, e os trabalhadores gastavam uma proporção substancial de seu salário em cantinas e lojas (com lojas especiais com produtos melhores e preços mais baixos para trabalhadores estrangeiros e, mais tarde, para funcionários do partido, altos gerentes, "trabalhadores de choque" e outros favoritos).

Em Magnitogorsk, a siderúrgica tinha 4 mil funcionários em seu departamento de Administração Cotidiana, responsável pela habitação e por uma série de programas sociais e culturais. A fábrica controlava 82% do espaço habitacional da cidade e patrocinava muitas de suas instituições culturais, que incluíam um grande teatro, duas companhias teatrais, dezoito cinemas, quatro bibliotecas, um circo e doze clubes operários, entre eles um para metalúrgicos e siderúrgicos, chamado de Palácio dos Metalúrgicos, que tinha um grande auditório, corredores de mármore, candelabros e uma elegante sala de leitura. O maior cinema da cidade, o Magnit, exibia filmes estrangeiros e nacionais, entre eles *Tempos Modernos*, de Chaplin, que a imprensa local considerava "uma raridade no cinema burguês — um grande filme", sem talvez perceber a ironia de sua crítica radical à produção fordista. A cultura física não era negligenciada, havendo dois estádios, muitos ginásios e pistas de patinação, e um clube aeronáutico que oferecia lições de voo e paraquedismo, atividades populares na União Soviética. Mas a cidade não tinha uma igreja sequer.[56]

Por necessidade e projeto, a vida nas cidades das fábricas gigantes era mais comunitária do que nos centros industriais ocidentais. Especialmente em locais isolados como Magnitogorsk, mas mesmo em Stalingrado, os trabalhadores inicialmente viviam em barracões, sem cozinhas ou banheiros privados (ou muitas vezes, sem banheiros internos de qualquer tipo), dormindo juntos em quartos grandes e mal aquecidos. A construção da cidade era atrasada em relação à da fábrica; em Magnitogorsk, em 1938, quando a população já era de quase 250 mil habitantes, metade das pessoas ainda vivia em barracões ou outros alojamentos temporários. O planejamento da cidade do aço foi um fiasco, pois uma equipe de arquitetos modernistas alemães, chefiada por Ernst May, e várias autoridades soviéticas não conseguiam se decidir entre vários projetos, enquanto no campo a construção começava a esmo, sem nenhum plano. A primeira habitação permanente de Magnitogorsk, assim como na cidade adjacente à fábrica de automóveis de Gorki, tinha características utópico-comunais: pequenos espaços de moradia em grandes edifícios com banheiros compartilhados e refeições que deveriam ser feitas em refeitórios públicos ou preparadas em uma única cozinha que servia a toda uma estrutura. Mas uma inclinação para estruturas familiares mais tradicionais, vinda de baixo e de cima, levou à adoção de apartamentos comunais como a nova norma, com várias famílias, em vez de um prédio inteiro, dividindo cozinhas e banheiros.[57]

Em poucos anos, as ideias culturais mais radicais associadas ao Primeiro Plano Quinquenal foram abandonadas. No entanto, a fábrica gigante transformou a força de trabalho. A história de G. Ramízov, um forjador de moldes da fábrica de tratores de Stalingrado, percorreu todo o arco nacional. De família pobre de camponeses, ele chegou apenas com as roupas do corpo, uma muda de roupa íntima e uma cesta contendo tudo o que possuía. Seu salário logo permitiu que comprasse sua primeira escova de dentes, uma toalha, seu primeiro terno e gravata e um casaco de inverno. Com o passar do tempo, ele passou da construção para o trabalho de produção, conseguiu ter móveis, livros, um relógio (um símbolo na União Soviética, assim como fora na Inglaterra e nos Estados Unidos, da modernidade e da disciplina industrial), um fogão, pratos e quadros para decorar seus aposentos (entre eles, retratos de Lênin e Stálin). Convencional, comum e insignificante a menos que alguém viesse da pobreza, do analfabetismo e do isolamento cultural, essa era a sina da vasta maioria do povo no Império Russo antes da revolução e da industrialização intensa que ela patrocinou.[58]

Celebrando o gigantismo

Escritores e artistas soviéticos e funcionários do governo celebraram sem parar as grandes fábricas durante a década anterior à Segunda Guerra Mundial. Juntando a infraestrutura desmedida e enormes fazendas coletivas num culto do gigantismo, eles estavam no centro da autocompreensão nacional e da propaganda estatal. Artistas e propagandistas costumavam equiparar a luta para construir o socialismo com o impulso da industrialização, fazendo da fábrica um local fundamental da luta contra o atraso e o mergulho em um novo tipo de futuro.

Na literatura, a máquina aparecia frequentemente como uma metáfora da sociedade. Também aparecia de forma mais literal. A personagem-título da novela *Sofia Petrovna*, de Lídia Tchukóvskaia, escrita no final da década de 1930, comenta que nas histórias e nos romances soviéticos "havia muito sobre batalhas, tratores e fábricas, e quase nada sobre amor".[59]

Mas onde a fábrica ocupou de fato o primeiro plano foi nos muitos projetos documentais da época. Os soviéticos estavam na vanguarda do que era o auge da arte e da literatura documental na Europa e nos Estados Unidos, ajudando a inspirar e moldar o movimento mais amplo. Embora em outros lugares a arte e a escrita documental focassem frequentemente os males sociais, como os decorrentes da Grande Depressão, na União Soviética, as obras documentais tinham um teor celebratório, destacando o grande progresso que estava sendo alcançado em toda a vasta nação.[60]

As obras mais inovadoras combinavam fotografia e jornalismo em relatos detalhados e visualmente impressionantes do avanço da sociedade soviética através da indústria, infraestrutura e coletivização em larga escala. A revista *URSS em Construção* apresentava muitos dos artistas visuais mais destacados do país. Produzida pela editora estatal da República Soviética Russa, com um corpo editorial que incluía Máximo Gorki, o periódico de grande formato saiu todos os meses de 1930 a 1941, em quatro edições: russa, inglesa, alemã e francesa (uma edição em espanhol foi acrescentada nos últimos anos). Era especializada em ensaios fotográficos, um formato inovador frequentemente atribuído à revista *Life*, mas que na verdade se desenvolveu antes na União Soviética. A página de rosto do quinto número resumia a pauta editorial em seu subtítulo: "Mais ferro! Mais aço! Mais máquinas!". Números sucessivos publicavam ensaios fotográficos sobre represas, canais, usinas hidrelétricas, ferrovias, fábricas de automóveis, fábricas de tratores, tratores chegando a fazendas coletivas, fábricas de papel, fábricas de objetos de madeira, fábricas de roupas, uma fábrica de fósforos, estaleiros navais, moradias de trabalhadores, institutos técnicos e clubes operários. Números inteiros foram dedicados à fábrica de tratores de Tcheliabinsk, à Magnitogorsk, à fábrica de vagões de Níjni Taguil e à GAZ ("a Detroit soviética").

A *URSS em Construção* não tinha nenhuma semelhança com as revistas de engenharia e especializadas americanas que documentavam a indústria, como a *Scientific American* (em seus primeiros anos) ou a *Iron Age*, com sua linguagem técnica, seus textos bem compactados e ilustrações esquemáticas. A publicação russa era linda, com design inovador, uso seletivo de cores e layouts impressionantes de imagens feitas pelos principais fotógrafos soviéticos, entre eles Max Alpert, Arkádi Chaikhet, Gueórgui Zélma, Boris Ignátovitch, Semion Frídliand, Evguéni Khaldei e, talvez o mais notável de todos, Aleksandr Ródchenko. O próprio Gorki escreveu alguns textos para os primeiros números. Mas os verdadeiros autores da revista eram os designers, como Nikolai Tróchin, Ródtchenko e sua esposa Varvara Stepánova, e o casal El Lissitzky e Sophie Küppers. Os layouts eram complexos, variados e inovadores, justapondo imagens e textos de maneiras sempre diferentes, fazendo uso de tipografia e montagem incomuns. Às vezes, eram concebidos antes de as fotos serem tiradas, e os fotógrafos eram instruídos sobre os tipos de imagens que seriam necessários para o conjunto. Com o passar do tempo, os designs tornaram-se cada vez mais elaborados, à medida que a revista começou a usar folhas desdobráveis horizontais e até verticais, inserções, mapas, pop-ups, fotografias cortadas irregularmente e sobreposições transparentes. Uma edição dedicada a um novo modelo de avião tinha capa de alumínio.[61]

Alguns desses fotógrafos e designers estavam envolvidos em livros que usavam um formato similar para documentar exaustivamente o esforço de industrialização. *USSR Stroit Sotzsialism* [A União Soviética constrói o socialismo], um volume de 1933, foi organizado por indústria — elétrica, metalúrgica, do carvão e assim por diante — com excelentes fotografias, montagens e outros recursos gráficos. Assim como a *URSS em Construção*, era em parte concebido como propaganda para promover as realizações soviéticas no exterior, com o texto principal em russo, mas com legendas em alemão, francês e inglês. Mas o público mais importante para a celebração da industrialização e da fábrica gigante estava no próprio país. Em seus primeiros anos, a tiragem das edições alemã e inglesa de *URSS em Construção* chegou a pouco mais de 10 mil exemplares (e menos em francês), mas a edição russa teve tiragens superiores a 100 mil. O principal grupo de leitores desse testemunho semivanguardista da indústria e infraestrutura era a nova elite soviética de funcionários do Partido, do governo e gerentes industriais, que sem dúvida se orgulhavam das conquistas da nova sociedade, em cujo topo se encontravam, de forma muito parecida à dos industriais americanos que apreciavam a celebração da indústria na *Fortune* e as fotografias de Margaret Bourke-White. Para o Sétimo Congresso dos Sovietes, em 1935, Lissitzky e Küppers produziram uma generosa documentação em sete volumes da "indústria pesada", com páginas desdobráveis, sobreposições, papéis especiais, colagens e tecidos incorporados.[62]

Grande parte do esplendor das revistas e dos livros documentários e dos muitos cartazes que celebravam a indústria devia-se à alta qualidade da fotografia soviética. Como a maior parte do país era analfabeta durante os primeiros anos posteriores à revolução, os bolcheviques viam na fotografia, no cinema, nos cartazes e nas revistas muito ilustradas veículos mais eficazes de propaganda e esclarecimento do que na palavra escrita. O primeiro número de *URSS em Construção* trazia a seguinte advertência: "A Editora do Estado escolheu a fotografia como método de ilustrar a construção socialista porque ela fala de forma muito mais convincente em muitos casos do que até o artigo escrito com mais brilho". A própria câmera se tornou uma marca da modernidade. "Todo camarada progressista", escreveu Anatóli Lunatcharski, o comissário do Esclarecimento, "não deve ter somente um relógio, mas também uma câmera."[63]

Os fotógrafos soviéticos se engajaram em debates ferozes sobre o estilo e, em menor medida, o conteúdo de suas imagens, criando organizações rivais, mas a maioria compartilhava um compromisso com o projeto socialista e seguia voluntariamente as ordens do governo para documentar os projetos gigantes dos Planos Quinquenais. Até mesmo locais distantes de Moscou e Leningrado atraíam os melhores fotógrafos. Dmítri Debábov, Max Albert e Gueórgui Petrúsov tiraram fotografias extraordinárias em Magnitogorsk; Petrúsov passou dois anos lá como chefe de informações da fábrica. Embora houvesse algumas semelhanças entre a abordagem documental dos soviéticos e os principais fotógrafos industriais americanos, como Bourke-White e Charles Sheeler, havia também diferenças importantes. Os fotógrafos soviéticos adotaram com mais rapidez a pequena e leve câmera de 35 mm, introduzida pela Leica em 1924 (uma versão soviética começou a ser produzida em 1932), do que os americanos, que em grande parte permaneceram fiéis aos seus equipamentos grandes, pesados e de grande formato. A câmera de 35 mm facilitou fotografar de ângulos diferentes e pontos de vista privilegiados. Enquadramentos e ângulos incomuns, posicionamento diagonal e fotos tiradas de muito alto ou muito baixo caracterizavam a fotografia soviética, inclusive a documentação industrial. No início da década de 1930, as autoridades governamentais já começavam a criticar os modos artísticos não convencionais, movendo-se em direção ao realismo socialista, mas a fotografia, como escreveu a historiadora da arte Susan Tumarkin Goodman, continuou a ser "o último bastião de uma cultura visual radical", transmitindo entusiasmo à documentação da fábrica gigantesca e associando-a às tendências modernistas das artes.[64]

Os cineastas soviéticos, que compartilhavam muitas tendências estilísticas com os fotógrafos soviéticos, também adotaram a fábrica como assunto. No filme de 1931 *Entusiasmo: Sinfonia do Donbas* (*Entuziazm: Simfoniya Donbassa*), o vanguardista do noticiário e documentário cinematográfico Dziga Vertov retratou a transformação de cidades ucranianas destruídas pela religião e pelo alcoolismo através do desenvolvimento de minas de carvão e uma gigantesca usina siderúrgica. Imagens dramáticas da fabricação de aço contribuem para a inventividade visual e a montagem frenética típica dos filmes de Vértov, nesse caso complementadas pelo uso inovador do som, que acabava de ser introduzido no cinema. Charlie Chaplin declarou que *Entusiasmo* era o melhor filme do ano.[65]

Embora preferissem a imagem visual em sua celebração da fábrica, os soviéticos não ignoraram a palavra escrita. Em 1931, Máximo Gorki propôs um projeto enorme para documentar a "história das fábricas", tanto das instalações mais antigas quanto dos novos gigantes do Primeiro Plano Quinquenal. Num reflexo da importância que os líderes soviéticos atribuíam à representação das fábricas, os escalões mais altos do Partido Comunista se envolveram na série, que foi discutida tanto pelo Comitê Central quanto pelo Politburo. Bukhárin (que já começava a cair em desgraça) e Kaganóvitch, um dos camaradas mais próximos de Stálin, fizeram listas separadas de possíveis editores e o próprio Stálin riscou alguns nomes e acrescentou outros. Trinta volumes foram publicados antes que a série fosse interrompida no início de 1938, no auge dos expurgos. Alguns volumes documentais foram publicados também em inglês. Uma versão resumida de *Aqueles que construíram Stalingrado, como contado por eles mesmos*, uma história oral dos trabalhadores soviéticos e estrangeiros que construíram a fábrica de tratores e iniciaram a produção, com um prefácio de Gorki, foi publicada em Nova York em 1934; tratava-se de uma obra inovadora que tinha um pouco da qualidade dos livros que Studs Terkel reuniria décadas depois nos Estados Unidos, enfatizando a transformação cultural e política dos trabalhadores tanto quanto as operações da própria fábrica. Um livreto sobre a Magnitogorsk, com uma imagem de um alto-forno em relevo na capa, foi vendido no pavilhão soviético da Feira Mundial de Nova York.[66]

Muitos jornalistas, economistas e especialistas acadêmicos americanos em União Soviética também se deixaram levar pelo que um dos mais conhecidos deles, George Frost Kennan, chamou de "romance do desenvolvimento econômico". Correspondentes estrangeiros como Walter Duranty e William Henry Chamberlin, do *Christian Science Monitor,* enviavam periodicamente matérias sobre projetos industriais e escreveram a respeito deles em livros. Economistas e críticos sociais influenciados pela visão tecnocrática de Thorstein Veblen, como Stuart Chase e George Soule, ficaram particularmente entusiasmados. Compartilhando a equação de progresso com crescimento econômico e industrialização, eles admiravam a adoção pelos soviéticos do planejamento em larga escala e achavam que os Estados Unidos poderiam aprender muito com isso. Embora jornalistas e acadêmicos estivessem bem cientes dos grandes sacrifícios que estavam sendo feitos pelo povo soviético para financiar a campanha de industrialização intensa, a maioria achava que era um preço que valia a pena pagar. Louis Fischer, correspondente em Moscou da revista *The Nation*, escreveu mais tarde que antes da Segunda Guerra Mundial ele "glorificara o aço e os quilowatts e se esquecera do ser humano".[67]

Os europeus afluíram para a União Soviética em número ainda maior do que os americanos. Muitos voltaram das indústrias com relatos positivos.

O cineasta holandês Joris Ivens, que mais tarde se tornou internacionalmente famoso por dirigir *A terra espanhola*, um documentário a favor dos republicanos feito durante a Guerra Civil Espanhola, passou três meses em 1932 acampado numa das casernas de Magnitogorsk, filmando trabalhadores que erguiam altos-fornos enormes. O compositor austríaco de esquerda Hanns Eisler, que concordou em criar a trilha sonora do filme, juntou-se a ele e gravou sons industriais para usá-los, como Vértov havia feito em seu recém-lançado *Entusiasmo*. Ivens centrou o que veio a ser *Canção de heróis* na transformação de um camponês quirguiz em operário soviético. O filme provocou complexos debates políticos e artísticos num momento em que a experimentação cultural estava sendo refreada em toda a União Soviética. A obra estreou no início de 1933 e logo desapareceu de vista. Enquanto isso, Eisler e o escritor soviético Serguei Tretiakov planejavam uma ópera sobre Magnitogorsk, programada para estrear no teatro Bolchói, o que nunca aconteceu, talvez por razões políticas.[68]

Pelo menos nos Estados Unidos, mais do que os jornalistas da grande imprensa ou os esquerdistas da vanguarda, a pessoa que mais divulgou a história dos gigantes industriais soviéticos talvez tenha sido Margaret Bourke-White, repetindo o papel que desempenhara para as fábricas americanas. Ela foi atraída para a União Soviética, onde poucos fotógrafos estrangeiros haviam se aventurado, não por qualquer simpatia particular pelo experimento socialista, mas pelo desejo de documentar a rápida industrialização e a transformação do campesinato em classe operária. "Eu estava ansiosa para ver como seria uma fábrica que tivesse nascido de repente", escreveu ela mais tarde.

Não foi fácil para ela entrar na União Soviética. Apesar das cartas de apresentação de Serguei Eisenstein, com quem ela se encontrou em Nova York, foi preciso uma persistência inflexível e uma considerável espera para conseguir um visto. Veio então uma árdua viagem de trem da Alemanha carregando seu equipamento volumoso. Mas, quando finalmente chegou a Moscou, seu portfólio de fotografias de altos-fornos, torres de petróleo, locomotivas e cargueiros de carvão funcionou como uma varinha mágica, abrindo-lhe todas as portas. "Eu vim a um país onde o fotógrafo industrial é tratado como artista e profeta", descobriu ela. Em pouco tempo, as autoridades soviéticas organizaram uma viagem de 8 mil quilômetros aos principais locais do Primeiro Plano Quinquenal, como se fossem estações da Via Sacra do socialismo, da qual faziam parte uma fábrica têxtil, a represa de Dnieporstrói, uma fazenda coletiva, uma fábrica de cimento junto ao mar Negro, como a que figura no famoso romance *Cimento*, de Fiódor Vassílievitch Gladkov, e a fábrica de tratores de Stalingrado.

Bourke-White publicou em 1931 *Eyes on Russia* [Olhos na Rússia], livro em que documentava sua jornada e pela primeira vez complementava suas fotografias com um texto substancial. Uma foto que ela tirou na fábrica de Stalingrado apareceu na *Fortune* e, numa versão ligeiramente diferente, na *URSS em Construção* (que publicou várias outras fotos dela). No verão de 1931, ela retornou à União Soviética a convite do governo, fotografando amplamente Magnitogorsk. A *Sunday Magazine*, do *New York Times*, publicou seis artigos dela, baseados em sua viagem e acompanhados de fotografias. No verão seguinte, ela retornou mais uma vez à União Soviética, em sua primeira e única tentativa cinematográfica, em grande parte fracassada, mas que rendeu dois curtas-metragens distribuídos nos cinemas quando os Estados Unidos reconheceram diplomaticamente a União Soviética, no final de 1933.[69]

As fotografias de Bourke-White da indústria soviética se assemelhavam ao seu trabalho nos Estados Unidos: fotos de máquinas que destacavam a simetria e a repetição; equipamentos e instalações em grande escala contra céus dramáticos; aço derretido fluindo dentro de galpões escuros. Suas fotografias de uma fábrica de tecidos nos arredores de Moscou não eram muito diferentes das que ela havia tirado em Amoskeag. A principal diferença entre suas fotografias soviéticas e seu trabalho industrial inicial é sua maior atenção aos trabalhadores, tanto em ambientes industriais quanto em retratos.

Comparada aos fotógrafos soviéticos, com suas composições mais incomuns, as fotografias que Bourke-White fez ali parecem meio antiquadas: sóbrias, solenes, um pouco estáticas. Como acontecia nos Estados Unidos, ela muitas vezes encenava fotografias para captar o que considerava a essência dos processos à sua frente. Para fotografar um trator no final da linha de montagem de Stalingrado, Bourke-White vasculhou a fábrica para encontrar a figura certa para a "imagem exultante" da indústria triunfante.

A fotógrafa se comprometeu cada vez mais com a esquerda política durante as décadas de 1930 e 1940, em parte como decorrência de suas experiências na União Soviética. Mas a política, no sentido usual, não moldou suas imagens da indústria soviética. Foram antes a maquinaria física da indústria e as pessoas que a construíram e operavam que a cativaram. Na União Soviética, assim como nos Estados Unidos, Bourke-White viu na indústria em grande escala beleza, progresso e modernidade. Foi a fábrica gigantesca, não seu contexto social, que ela documentou, e ao fazê-lo sugeriu implicitamente uma semelhança fundamental da fábrica como uma instituição nos mundos comunista e capitalista.[70]

O pagamento da conta

O forte envolvimento de trabalhadores e profissionais estrangeiros na industrialização soviética teve vida curta. Em 1933, o fluxo líquido já se havia invertido, com mais estrangeiros saindo do que entrando. Passados alguns anos, pouquíssimos permaneciam.

Em grande parte, foi uma questão de dinheiro. Os contratos estrangeiros com trabalhadores e empresas exigiam geralmente pagamentos em dólares, moedas europeias ou ouro. Para financiar a compra de equipamentos e expertise estrangeiros, os soviéticos exportavam grãos, ouro, obras de arte e matérias-primas, entre elas madeira, petróleo, linho e peles. Mas o valor desses bens estava caindo. No final da década de 1920, começou uma queda mundial dos preços das commodities, mesmo antes do colapso do mercado acionário americano, forçando os soviéticos a aumentar as vendas externas para impedir o esgotamento de suas reservas em ouro e moeda forte. Em agosto de 1930, Stálin exigiu que as exportações de grãos mais que dobrassem, "caso contrário, corremos o risco de ficar sem nossas novas fábricas de ferro e aço e de construção de máquinas. [...] Temos que promover as exportações de grãos furiosamente". Isso significava uma requisição cada vez maior e mais brutal de grãos no campo e fome em todo o país.

Quando as novas fábricas estavam prontas para começar a operar, a Grande Depressão atingiu os Estados Unidos e a Europa Ocidental, de modo que havia muitos trabalhadores qualificados desempregados dispostos a seguir para a União Soviética simplesmente para conseguir trabalho, se não por simpatia política. Mas a Depressão também levou a uma nova queda no preço dos grãos e das matérias-primas, acelerando o declínio das reservas externas soviéticas. Em meados de 1931, os líderes soviéticos começaram a restringir a importação de equipamentos estrangeiros e o uso de especialistas estrangeiros. Os americanos foram particularmente atingidos, já que empresas de outros países ofereciam melhores condições e arranjos de crédito não disponíveis nos Estados Unidos.

Em 1932, quando o contrato de consultoria de Albert Kahn terminou, os soviéticos se ofereceram para renová-lo somente se a empresa concordasse em ser paga em rublos, que não eram conversíveis em dólares. Kahn viajou a Moscou num esforço para salvar a parceria, mas no final a empresa levou seu pessoal de volta para os Estados Unidos. Em 1934, depois de comprar o número de veículos e peças especificados em seu contrato com a Ford, os soviéticos também encerraram seu acordo.[71]

Mas não era apenas uma questão de dinheiro. As expectativas infladas do que os equipamentos, métodos e especialistas estrangeiros poderiam realizar levaram a uma espécie de desilusão com o americanismo, pois as novas fábricas, erguidas a um custo enorme, tinham dificuldades para cumprir as metas de produção. Os efeitos da Depressão no Ocidente também esfriaram o entusiasmo pelos Estados Unidos e seus representantes, enquanto ressurgia a crítica marxista tradicional das contradições internas que prejudicavam o progresso capitalista. Vassíli Ivánov relatou, após sua viagem aos Estados Unidos no início da Grande Depressão: "Vi com meus próprios olhos como as forças produtivas estavam superando sua estreita estrutura capitalista. As fábricas trabalhavam com um terço da capacidade, reprimindo seus poderes, esmagando e restringindo sua exuberância de potencialidades técnicas". Os Estados Unidos talvez não continuassem a ser líderes em inovação industrial.

Ao mesmo tempo, uma nova geração de administradores e especialistas soviéticos estava começando a se estabelecer, com líderes em ascensão cada vez mais confiantes de que não precisavam de tutores estrangeiros, dos quais em alguns casos acabavam se ressentindo. Uma virada geral em direção à suspeita de forasteiros e até mesmo à xenofobia surgiu em meados e no final da década de 1930, acompanhada por reivindicações cada vez mais grandiosas da superioridade soviética em todos os reinos. Nos relatos do esforço de industrialização, o papel dos estrangeiros se tornou subestimado ou apagado. Depois de meados da década de 1930, os não nativos que decidiram permanecer na Rússia eram vistos com desconfiança e tinham dificuldade de encontrar trabalho ou até mesmo ficar de fora da prisão.[72]

Enquanto os soviéticos deixavam aos poucos de copiar diretamente métodos, fábricas, produtos e processos desenvolvidos pelo capitalismo, o impulso básico de seu ímpeto industrial permaneceu inalterado. O Segundo Plano Quinquenal e um Terceiro, iniciado em 1938, mas encurtado pela Segunda Guerra Mundial, continuaram a priorizar a indústria pesada, embora dessem maior atenção aos bens de consumo. Depois da Segunda Guerra, a

União Soviética retomou o modelo anterior de planos econômicos plurianuais e concentrou os investimentos em gigantescos complexos de produção e pesquisa, muitas vezes acompanhados de novas cidades. A industrialização intensa do Primeiro Plano Quinquenal criou um modelo que seria usado na União Soviética até seu desaparecimento, bem como em muitos de seus satélites e aliados.[73]

Mas muitas das figuras fundamentais da campanha de industrialização não viveram para ver a disseminação do modelo que ajudaram a criar. O Grande Terror do final da década de 1930 aniquilou os pioneiros que tinham levado o *Amerikansky Temp* para a União Soviética e construído as primeiras fábricas gigantescas. Muitos participantes do debate sobre a industrialização da década de 1920, como Bukhárin e outros importantes bolcheviques, foram presos sob acusações obviamente absurdas, condenados em julgamentos de fachada e executados ou, no caso de Trótski, assassinados no exílio. Sergo Ordjonikidze suicidou-se em 1937. Aleksei Gástev, o taylorista soviético, sobreviveu a repetidas batalhas internas do Partido, mas foi preso em setembro de 1938 sob a acusação de "atividade terrorista contrarrevolucionária" e executado na primavera seguinte. Saul Bron, que como diretor da Amtorg havia assinado acordos com companhias americanas no valor de dezenas de milhões de dólares, incluindo os pactos com Kahn e Ford, foi preso em outubro de 1937, julgado em segredo e executado em abril de 1938. Entre os executados mais ou menos na mesma época estavam Vassíli Ivánov, os primeiros diretores das fábricas de tratores em Kharkov e Tcheliabinsk, o primeiro diretor da fábrica de automóveis de Gorki e o chefe do fundo automobilístico que assinou o contrato com a Austin Company. Esses líderes dos grandes projetos de industrialização que, em geral, tinham credenciais políticas, mas não técnicas (tornando-os dependentes da expertise estrangeira ou do antigo regime), tendo cumprido suas funções e construído bases de poder locais potencialmente ameaçadoras nesse processo, foram eliminados, substituídos por uma geração de administradores recém-formados, em geral de origem camponesa ou operária, que não tinham vínculos com os primeiros tempos dos bolcheviques e com os recursos ideológicos e organizacionais que proporcionavam.[74]

Funcionou?

A fábrica gigantesca teve sucesso na União Soviética? A questão carrega significado e peso diferentes do que se feita sobre encarnações anteriores do gigantismo industrial. Em outros lugares, as grandes fábricas foram construídas por indivíduos ou empresas com um objetivo restrito: sua própria recompensa econômica. Às vezes também tinham objetivos filantrópicos ou sociais, mas eram quase sempre secundários e muitas vezes úteis para o sucesso econômico da fábrica e sua recompensa para seus criadores e investidores. Em contraste, na União Soviética, as fábricas gigantes eram vistas como um meio para enormes fins sociais e políticos: industrialização, modernização, defesa nacional e a criação do socialismo. Embora as grandes fábricas anteriores tenham sido concebidas como uma forma de expandir a produção, na União Soviética eram vistas como uma forma de transformar a sociedade, a cultura e, em última análise, a história mundial.

Pelo critério da produção agregada e do crescimento econômico, a campanha de industrialização soviética da década de 1930 foi bem-sucedida. Os esforços de infraestrutura e industrialização no âmbito dos Planos Quinquenais aceleraram o crescimento da indústria e da economia nacional em geral para taxas que ultrapassaram as do Ocidente, onde a Depressão deixou os países industrializados estagnados. Em todos os setores, a produção industrial soviética disparou e, em muitos casos, os gigantes industriais desempenharam um papel essencial.

Os economistas debateram se o mesmo tipo de crescimento poderia ter sido alcançado por meio de um programa de desenvolvimento mais equilibrado, menos focado em investimentos concentrados em marcos gigantescos. Como os soviéticos descobriram, havia deseconomias de escala na criação de ilhas de gigantismo industrial numa nação vasta e subdesenvolvida. Equipamentos avançados e caros ficaram sem uso, sem manutenção ou foram prematuramente desgastados pelo uso excessivo. A escassez de mão de obra qualificada se revelou endêmica e cadeias de suprimentos foram imensamente difíceis de criar e sustentar, tendo em vista a debilidade da base industrial nacional e as dificuldades de coordenação através de estruturas de planejamento centralizadas, em vez de mercados. Sem poder depender de fluxos confiáveis de material de qualidade através dos canais oficiais, os administradores industriais montaram suas próprias redes de fornecedores, usando permutas, favores e outros métodos, criando escassez e dificuldades em outros lugares, enquanto eles próprios frequentemente passavam produtos defeituosos corrente acima.[75]

Mas o sucesso da fábrica gigante não pode ser totalmente avaliado com o uso exclusivo de critérios econômicos. A escala dos grandes projetos industriais soviéticos, mais do que a escala dos projetos no mundo capitalista, servia a uma importante função ideológica. O gigantismo contribuiu para a mobilização social em massa necessária para a campanha de industrialização, que se tornou o equivalente moral da revolução e da guerra civil. A escala histórica mundial das fábricas e infraestruturas soviéticas contribuiu para uma revolução cultural em que a modernidade e o progresso estavam ligados ao poder e à mecanização soviéticos. E funcionou, pois milhões de cidadãos fizeram esforços heroicos para construir novas instalações industriais, uma nova economia e uma nova sociedade.

Isso teve um preço. A campanha de industrialização estava ligada, por desígnio, a arrancar o máximo possível do campesinato, às vezes, chegando mesmo à fome. A coletivização brutal da agricultura levou milhões de camponeses de suas casas para o emprego industrial. Durante o Primeiro Plano Quinquenal, a situação foi pior no campo, mas os salários reais e os padrões de vida dos trabalhadores também caíram. As circunstâncias nas novas fábricas eram severas e a escassez generalizada.

Comparativamente, a situação não parecia tão ruim. As moradias estavam muito cheias, mas a falta de espaço privado não era novidade para a maioria dos camponeses, ou mesmo para a maioria dos trabalhadores urbanos. O que era novo, para muitos, era eletricidade, água corrente limpa e aquecimento central. Além disso, pelos padrões das primeiras fases da industrialização na Inglaterra e nos Estados Unidos, o horário de trabalho na União Soviética era curto: no início dos anos 1930, geralmente de sete horas por dia (sem contar intervalos para a alimentação) e de seis horas em ocupações perigosas. No final da década, as condições materiais para os trabalhadores já haviam melhorado sensivelmente.[76]

Isolar a fábrica gigante de tudo o que estava acontecendo na União Soviética durante a década de 1930 — como a coletivização da agricultura e o Grande Terror — é impossível e, portanto, fica difícil fazer julgamentos sobre a eficácia do gigantismo industrial como estratégia de desenvolvimento. Mas em um campo o histórico parece claro. A criação das indústrias metalúrgica, automotiva e de tratores foi fundamental para a sobrevivência e a vitória final dos soviéticos na Segunda Guerra Mundial. Um dos motivos da localização de tantos gigantes industriais nos Urais era distanciá-los de qualquer invasão, posicionando-os para além não só de ataques terrestres, mas de bombardeios aéreos. Muitas instalações industriais importantes foram projetadas para ser rapidamente conversíveis à produção de armamentos. Enquanto os irmãos Reuther trabalhavam na sala de ferramentas de Gorki, especialistas do Exército apareciam regularmente para supervisionar a construção de matrizes e acessórios para a fabricação de equipamentos militares, que seriam testados e armazenados para possível uso posterior. Durante a Segunda Guerra Mundial, a fábrica produziu carros, caminhões, jipes, ambulâncias, carros blindados, tanques leves, canhões automotores e munição para as forças militares. A fábrica de tratores de Stalingrado também produziu tanques leves, até que os alemães a destruíram durante a batalha épica pela cidade. A fábrica de tratores de Tcheliabinsk foi ainda mais importante, tendo produzido antes da guerra peças de artilharia automotoras, obuses e tanques leves e pesados. Depois da invasão dos alemães, máquinas e pessoal de outras fábricas, inclusive da de tratores de Kharkov e da de motores a diesel, foram transferidos para Tcheliabinsk. No decorrer da guerra, o complexo expandido produziu 18 mil tanques e canhões automotores, 48 500 motores de tanque e mais de 17 milhões de munições. Como John Scott escreveu no início de 1942, a fábrica de Magnitogorsk e o distrito industrial mais amplo dos Urais de que fazia parte eram "a garantia número um da Rússia contra a derrota nas mãos de Hitler", o que, evidentemente, ajudou a garantir a vitória da Inglaterra e dos Estados Unidos.[77]

Mas, se a gigantesca fábrica soviética contribuiu para a industrialização, a modernização e a defesa nacional, seu papel na criação do socialismo depende do que se entende pelo termo. Como empreendimentos estatais, os gigantes soviéticos faziam parte de um sistema econômico e social construído em torno do governo e, em menor escala, da propriedade cooperativa dos meios de produção. Se isso fez da União Soviética uma sociedade socialista, capitalista de Estado ou algo inteiramente diferente foi tema de debate feroz nas décadas de 1940 e 1950 e ainda é objeto de controvérsia no universo muito encolhido de pessoas que se importam com essas coisas.[78]

O socialismo, ou a propriedade estatal, mudou as relações internas dentro da fábrica? Um pouco, mas não muito. Mesmo nos anos de expurgos e terror, os operários soviéticos sentiam-se à vontade para criticar gerentes e funcionários do governo quanto a como as usinas funcionavam, provavelmente mais do que os trabalhadores, digamos, da Ford ou da U.S. Steel antes de se sindicalizar. Mas de maneira irônica, ao mesmo tempo que os sindicatos americanos começaram a crescer, os soviéticos, que antes davam aos trabalhadores uma base autônoma, eram destituídos de independência e de poder verdadeiro (embora o papel deles em prover benefícios sociais se expandisse). Durante os últimos anos da década de 1930, os trabalhadores às vezes usavam a atmosfera de suspeita e o poder da polícia secreta para derrubar funcionários de quem não gostavam. Depois que o terror diminuiu, novas leis trabalhistas severas passaram a criminalizar o absenteísmo, o atraso e o abandono de emprego sem permissão (um retrocesso à lei inglesa da época das primeiras fábricas). E, num aspecto mais fundamental, as relações sociais dentro da fábrica permaneceram hierárquicas, tal qual eram no Ocidente. Como escreveu um jornalista, ao descrever a fábrica de tratores de Stalingrado, a linha de montagem não era mais "uma questão de desacordo entre capitalistas e socialistas".[79]

Em 1931, H. J. Freyn, que passara quatro anos na União Soviética como principal consultor de sua indústria metalúrgica, fez um discurso numa reunião da Taylor Society, em que se encontravam discípulos do pai da administração científica, sobre o Primeiro Plano Quinquenal, no qual descreveu a União Soviética como uma ditadura, mas achava que em seu estágio atual a ditadura era "essencial para o bem-estar do povo". E, de qualquer forma, "uma empresa moderna dificilmente pode ser operada ou administrada aplicando os princípios da democracia". Como Kahn, Freyn mal mencionou o comunismo quando discutiu o desenvolvimento industrial soviético.[80]

A fábrica gigante moldou o caminho seguido pelo desenvolvimento da União Soviética e se tornou um dos pilares das ideias de crescimento econômico e modernidade no país nas décadas seguintes. Mas, como uma instituição em si mesma, mostrou-se notavelmente impermeável a seu entorno.

6.
"Requisitos comuns da industrialização"
A produção em massa da Guerra Fria

Do início da década de 1940 à década de 1960, tornou-se comum entre intelectuais e acadêmicos políticos, especialmente nos Estados Unidos, argumentar que os Estados Unidos e a União Soviética estavam ficando mais parecidos, que as duas nações acabariam se aproximando uma da outra. James Burnham foi o primeiro a apresentar esse argumento para um grande público em seu livro de 1941, *The Managerial Revolution* [A revolução dos gerentes]. Burnham era um dos seguidores americanos de Trótski e aceitou inicialmente a caracterização da União Soviética como um "estado operário", ainda que degenerada pelo stalinismo e pela ascensão de uma "burocracia bonapartista". Mas, no final de 1939, ele rompeu com Trótski e passou a considerar a União Soviética nem socialista nem capitalista, mas um novo tipo de organismo social, no qual uma elite gerencial governava através do controle das propriedades estatais. Burnham sustentava que o coletivismo burocrático, ou o que ele chamou de "sociedade dos gerentes", representava uma fase universal do desenvolvimento histórico, a verdadeira sucessora do capitalismo, em vez do socialismo, que havia sido postulado como tal pela esquerda durante um século. Para ele, a União Soviética representava a guarda avançada de uma forma de organizaçao social que os Estados Unidos e as nações capitalistas europeias inevitavelmente adotariam.[1] Alguns anos depois, Friedrich von Hayek, vindo da direita política, fez uma afirmação semelhante, considerando que o crescimento do coletivismo nas sociedades capitalistas as empurrava para a "servidão" para a qual ele acreditava que o socialismo se dirigia.

A ideia de que a União Soviética e os Estados Unidos estavam convergindo logo ganhou força entre os cientistas sociais americanos. Talcott Parsons, importante sociólogo da era pós-Segunda Guerra Mundial, foi um dos primeiros a adotar a "teoria da convergência", que chegou a ser abraçada, de uma forma ou de outra, por luminares como C. Wright Mills, Alex Inkeles, Herbert Marcuse e Walt Rostow. Para esquerdistas como Mills e Marcuse, a burocracia sufocante da vida soviética estava sendo recriada no Ocidente, enquanto Parsons e outros proponentes liberais das teorias da modernização pensavam que a União Soviética ia se tornar inevitavelmente mais parecida com os Estados Unidos.

O que essas teorias compartilhavam era a crença de que o desenvolvimento econômico estava por trás da convergência. Como Marcuse disse em 1958, tanto a União Soviética quanto os Estados Unidos foram moldados pelos "requisitos comuns da industrialização", que os empurravam para a burocracia, a centralização e a disciplina padronizadora. Com efeito, esses autores acreditavam que a indústria moderna existia como um sistema social e cultural independente dos arranjos econômicos em que estava inserida. Em última análise, moldaria a sociedade como um todo. Eles adotaram "sociedade industrial" e "civilização industrial" como termos descritivos e categorias analíticas que estavam acima da Cortina de Ferro e captavam as características centrais da vida em nações "desenvolvidas" ou "avançadas". Em contraste, "capitalismo" e "comunismo" eram vistos em círculos acadêmicos sofisticados como slogans atávicos, de pouco valor explicativo na compreensão da vida moderna.[2]

Ironicamente, no exato momento em que algumas das principais mentes da esquerda, da direita e do centro declaravam que o desenvolvimento industrial estava resultando numa convergência entre os blocos capitalista e comunista, as práticas industriais concretas dos dois divergiam. Durante a Segunda Guerra Mundial, em ambos os campos, o gigantismo industrial foi adotado como caminho para o desenvolvimento econômico, o progresso social e a modernidade, um esforço heroico celebrado na arte, na literatura e na política. Mas, depois da guerra, as empresas americanas abandonaram o aumento constante da escala da indústria, decidindo que o gigante industrial havia atingido seus limites de lucratividade e controle. Em vez de continuar concentrando a produção em colossos industriais, elas começaram a descentralizar a produção em fábricas menores e dispersas. Por outro lado, os líderes do bloco soviético — e em outras partes do mundo — mantiveram a crença na eficácia de projetos industriais gigantescos como meio de rápido crescimento econômico e símbolo de bravura nacional e progresso social. Embora houvesse várias razões para o destino divergente da fábrica gigantesca nos Estados Unidos, no bloco soviético, na Europa Ocidental e no que veio a ser chamado de Terceiro Mundo, a trajetória da organização trabalhista foi fundamental. A intensidade do conflito de classes nos Estados Unidos trouxe benefícios sem precedentes para os operários das indústrias de grande escala, fazendo com que aquilo que retrospectivamente veio a ser chamado de "sonho americano" se tornasse realidade, pelo menos por um tempo. Mas também contribuiu para o fim da fábrica gigantesca. Em outros lugares, onde os operários eram menos explosivos, o gigantismo industrial continuou a ser visto como um caminho viável para o futuro.

Gigantismo bélico

O enxugamento das fábricas americanas veio depois da onda final de gigantismo industrial ocorrida durante a Segunda Guerra Mundial, dedicada à fabricação de equipamentos militares. Uma parte da produção de armamentos ocorreu nas instalações do governo, que aumentaram muito durante a guerra. O Estaleiro da Marinha no Brooklyn dobrou de tamanho, ocupando terras adjacentes para construir as maiores docas secas e o maior guindaste do mundo, com seu número de empregados chegando a 70 mil. Mas a maior parte da produção de defesa ocorreu em fábricas, usinas e estaleiros de empresas, em instalações convertidas para a produção de guerra ou recém-construídas para esse fim.[3]

Albert Kahn projetou algumas das maiores fábricas de guerra, numa última explosão de atividade antes de sua morte, em dezembro de 1942. Entre elas estavam o Arsenal de Tanques da Chrysler, em Warren, Michigan; a fábrica de fundição de blindados da American Steel Foundries Company, em East Chicago; a fábrica de torpedos da Amertorp Corporation, em Chicago; a fábrica da Curtis-Wright Corporation, em St. Louis; a fábrica aeronáutica Wright, em Cincinnati; e a fábrica da Dodge, em Chicago, que fabricava motores de aviões (as três últimas eram estruturas enormes). Mas a maior fábrica de guerra de Kahn, a mais conhecida de todas as instalações de defesa da época, foi a fábrica de aviões Ford de Willow Run, um esforço para levar o fordismo a uma indústria ainda mais complexa do que a automobilística.[4]

Quando a Segunda Guerra Mundial assomou no horizonte, numa corrida para fortalecer a capacidade de guerra aérea americana, as autoridades de defesa — e Walter Reuther, já então um dos principais líderes do UAW — pressionaram para que houvesse uma conversão parcial da indústria automobilística à produção de aviões. Funcionários da Ford, que havia anteriormente fabricado pequenas aeronaves, com sucesso limitado, propuseram usar métodos de linha de montagem para produzir o novo bombardeiro pesado B-24. Quando as autoridades de defesa concordaram, iniciou-se um esforço concentrado para construir uma grande fábrica e um aeroporto adjacente em terras de propriedade de Ford em Ypsilanti, Michigan, quarenta quilômetros a oeste de Detroit. O prédio principal, que ocupava 26 hectares — na época, a maior estrutura fabril do mundo —, foi construído com rapidez, mas fazer a produção andar foi uma história totalmente diferente. O governo federal e a Ford não se mostraram muito melhores do que os soviéticos em ativar um empreendimento tão enorme e enfrentaram problemas semelhantes para reunir uma força de trabalho numa área distante das fontes de mão de obra qualificada (que, de qualquer forma, eram pequenas demais para atender às necessidades da guerra).

Parte da culpa de Willow Run de descumprir repetidamente os cronogramas de produção — o que se tornou uma batata quente política — decorreu da aplicação de técnicas de produção em massa à fabricação de bombardeiros. A criação de ferramentas e acessórios especializados atrasou o início da produção de peças, normalmente feita na indústria aeronáutica com o uso de máquinas operatrizes padronizadas. Mudanças repetidas no projeto do Exército prejudicaram um modo de fabricação baseado em longas séries de peças padronizadas. Tal como na União Soviética, a lentidão na entrega de materiais contribuiu para os atrasos. O mesmo fizeram as repetidas reorganizações e mudanças de pessoal nas agências federais de defesa e o caos gerencial da Ford. (Ao contrário de sua imagem pública racionalista, a Ford sofria de feudos pessoais, competição acirrada entre executivos e falta de definições claras de responsabilidade.) Mas a incapacidade de encontrar e reter operários suficientes representava o maior problema.

Em todo o país, as indústrias de defesa batalhavam para encontrar operários, especialmente com habilidades industriais. A localização de Willow Run não ajudava. À medida que os trabalhadores da construção e da produção começaram a inundar a área rural escassamente povoada, não encontraram praticamente nenhuma casa que pudessem comprar ou alugar, forçando-os a morar com habitantes do lugar ou a viver em trailers, tendas ou estruturas malfeitas que lembravam Gorki e Magnitogorsk.

O UAW propôs a construção de uma "Cidade da Defesa", um novo assentamento permanente para abrigar os trabalhadores das fábricas, com 10 mil

Linha de montagem do B-24 Liberator na fábrica de bombardeiros de Willow Run, em Michigan, por volta de 1944.

unidades habitacionais. E encomendou um projeto a Oscar Stonorov, um arquiteto modernista nascido na Alemanha que projetara um complexo habitacional patrocinado pelo sindicato na Filadélfia. (Em 1931, Stonorov, com um sócio, ficou em segundo lugar numa competição internacional para projetar o Palácio dos Sovietes em Moscou, superando celebridades como Le Corbusier e Walter Gropius.) A Cidade da Defesa e um plano similar de autoridades federais para uma "Cidade do Bombardeiro" propuseram estruturas multifamiliares e extensas instalações comunitárias, uma moradia social do tipo que surgira na Europa do entreguerras e fora experimentada em Gorki e em outros lugares da União Soviética. Stonorov e seu sócio na época, Louis I. Kahn (mais tarde famoso por suas estruturas modernistas e sem nenhuma relação com Albert) produziram projetos notáveis para uma variedade de tipos de unidades habitacionais. Mas nada aconteceu em face da feroz oposição dos interesses imobiliários locais, da Ford e até mesmo de alguns membros do sindicato que — como seus colegas russos — preferiam moradias individuais (no caso, casas unifamiliares) ao comunalismo promovido por planejadores de esquerda. Dando marcha a ré, as autoridades federais construíram rapidamente habitações temporárias pré-fabricadas, inclusive — mais uma vez lembrando a União Soviética — dormitórios para trabalhadores.

Com condições de vida difíceis e emprego fácil de encontrar em outros lugares, os operários saíam de Willow Run quase tão rapidamente quanto entravam. A maioria tinha pouca experiência industrial e exigia um treinamento considerável antes que pudesse começar a trabalhar de forma eficiente. Embora a certa altura a Ford tivesse projetado uma força de trabalho de 100 mil, ela atingiu um pico de 42 506, ainda enorme, mas não o suficiente para atender aos cronogramas de produção. A empresa acabou desistindo da ideia de integração total no estilo Rouge e começou a transferir parte da produção de peças do B-24 para outras fábricas, apelando até a algumas subcontratações.

Por fim, as ferramentas foram concluídas, os métodos de produção foram aperfeiçoados e uma força de trabalho grande o suficiente foi treinada para obter um volume alto de produção. Em 1944, a fábrica já produzia um avião a cada 63 minutos. Em junho de 1945, quando a produção se encerrou, ela havia entregado 8685 B-24. Alguns foram enviados como kits para montagem final em outros lugares, mas 6792 foram terminados no local e saíram voando, muitos quase imediatamente para a ação.[5]

Nenhuma outra fábrica de aviões tentou aplicar tão completamente os métodos de produção em massa, mas o gigantismo industrial caracterizou a indústria da aviação de guerra como um todo. Ao norte de Baltimore, em Middle River, Glenn L. Martin empregou 45 mil operários, mais do que Willow Run, para fabricar bombardeiros B-26 e hidroaviões de casco PBM Mariner num complexo industrial que incluía uma enorme edificação de montagem projetada por Kahn, com o mais longo vão de asnas planas já usado e enormes portas de elevação que permitiam que os aviões entrassem e saíssem. Em Long Island, a Republic Aircraft Corporation passou de algumas centenas de operários para mais de 24 mil, e a Grumman Aircraft, de mil para mais de 25 mil. Na área de Seattle, a Boeing empregava 50 mil trabalhadores, quase metade deles mulheres.[6]

A construção naval de guerra também dependia de instalações enormes e de métodos de linha de montagem. Até a guerra, os navios eram construídos sob medida por operários altamente qualificados, uma prática que continuou para navios de guerra construídos em instalações como o estaleiro Bethlehem Steel, em Sparrows Point, Maryland, que empregava 8 mil trabalhadores. Mas para os navios cargueiros, necessários em grande número para o esforço de guerra, desenvolveram-se técnicas de linha de montagem como a padronização de projetos, ampla pré-fabricação de peças, uso de solda em vez de rebitagem e uma divisão de trabalho muito elaborada. No recém-construído Fairfield da Bethlehem, no porto de Baltimore, 45 mil operários, 90% dos quais nunca haviam trabalhado num estaleiro, produziram mais de quatrocentos navios durante a guerra. Na Costa Oeste, Henry J. Kaiser, proprietário de uma empresa de construção novata no campo naval, produziu uma série de enormes estaleiros para navios Liberty e outros barcos usando métodos de produção em massa. Seu estaleiro de Richmond, Califórnia, empregava cerca de 90 mil operários e se tornou um dos locais de trabalho industrial mais populosos da história norte-americana. Para apoiar suas operações, Kaiser construiu a primeira siderúrgica integrada da Costa Oeste, em Fontana, a leste de Los Angeles; construiu novas cidades para seus trabalhadores, como Vanport em Portland, Oregon, com casas para quase 10 mil famílias; e expandiu seu abrangente programa de assistência médica pré-paga, que chamou de Kaiser Permanente — no conjunto, um *Kombinat* americano. Depois da guerra, a Kaiser arrendou a fábrica de Willow Run do governo federal para produzir automóveis para a recém-criada Kaiser-Frazer Corporation, que permaneceu no ramo de automóveis até 1955.[7]

A produção para a defesa — especialmente em enormes complexos fabris — elevou o prestígio social do operário, já aumentado pela substância e pelas imagens do New Deal e das grandes campanhas de organização dos sindicatos. Líderes políticos, militares e sindicais enfatizavam repetidas vezes a importância da frente industrial nacional para a vitória, sobrepondo o patriotismo ao heroísmo prometeico já associado à fábrica gigante e a seus operários. Bandeiras, comícios de venda de bônus, campanhas de doação de sangue e pontos de coleta para ajuda a britânicos, soviéticos, gregos e chineses transformaram fábricas, usinas e estaleiros em espaços de expressão patriótica. Jornais cinematográficos, outdoors e revistas celebravam os trabalhadores da guerra — homens e mulheres — por sua capacidade e dedicação, facilidade em operar máquinas gigantescas e construir objetos enormes e seu papel na defesa da nação. Os trabalhadores reagiram a essa publicidade, à maior renda trazida pelo trabalho estável, à sindicalização e ao mercado de trabalho apertado com uma confiança evidente nas muitas greves curtas do período da guerra, realizadas em desafio à promessa do movimento sindical de não fazer greve e numa alegria que caracterizou a força de trabalho industrial em todo o país. É possível ver isso em fotografias de operários industriais da época, como aquelas que Dorothea Lange fez no estaleiro de Kaiser em Richmond. Embora poucos tenham percebido isso na ocasião, a guerra levou a fábrica gigante e o operário ao seu apogeu na vida americana.[8]

A recompensa da indústria sindicalizada

O fim da Segunda Guerra Mundial acarretou um rápido encolhimento do emprego nas fábricas ligadas à defesa, além de temores de desemprego em massa e de um choque tectônico entre operários e patrões. A questão imediata era o desejo dos trabalhadores de aumento de salário para compensar a inflação e as horas reduzidas quando a produção de guerra terminou. Mas a questão mais ampla era o lugar do trabalho organizado no mundo pós-guerra, o desejo dos sindicatos de solidificar seus ganhos com o New Deal e o período de guerra, e o dos patrões de contê-los ou revertê-los. No ano seguinte ao fim da guerra, 5 milhões de trabalhadores entraram em greve na maior onda de paralisações da história americana. Em seu auge, em janeiro de 1946, 2 milhões de trabalhadores estavam desempregados, entre eles 750 mil operários siderúrgicos, 175 mil funcionários da GM, 200 mil empregados da manufatura elétrica e mais de 200 mil de frigoríficos. O repórter de esquerda Art Preis escreveu de Pittsburgh sobre siderúrgicas "esparramadas e sem vida", enquanto fogueiras para aquecer piquetes formavam "uma cadeia poderosa acima e abaixo do vale e das margens do rio".

Um confronto semelhante ocorrera ao final da Primeira Guerra Mundial. Os sindicatos haviam vencido algumas batalhas e perdido outras (inclusive a greve do aço), mas, em face da repressão, da recessão econômica e de uma virada política conservadora, o resultado fora um declínio acentuado no tamanho e no poder do movimento trabalhista. A onda de greves pós-Segunda Guerra Mundial constituiu uma história diferente. Geralmente pacíficas, com amplo apoio do público, as maiores terminaram com um aumento salarial de 18,5 centavos por hora (o equivalente a 2,46 dólares em 2017) ou algo próximo a isso, o que representava um grande estímulo. Foi a única vez em que os Estados Unidos tiveram efetivamente um acordo salarial nacional.

O aumento dos preços logo reduziu bastante os ganhos salariais, mas as greves marcaram apenas o início de um quarto de século de grandes melhorias nos salários e benefícios para os trabalhadores industriais.[9]

Antes da Segunda Guerra Mundial, os sindicatos industriais recém-fundados não enfatizavam os níveis salariais, em parte porque, em um período deflacionário, salários estáveis significavam aumento real da renda. Em vez disso, eles lutavam para conter o poder da administração no chão de fábrica através do reconhecimento dos sindicatos, de contratos cada vez mais detalhados, de delegados sindicais, de procedimentos de reclamação e do uso da senioridade em demissões e atribuições de empregos. Depois da guerra, os sindicatos pressionaram com sucesso por aumentos salariais e uma crescente gama de benefícios fornecidos pelo empregador, como seguro-saúde, pensões para suplementar a previdência social e seguro-desemprego suplementar.

O resultado cumulativo foi uma revolução na vida cotidiana dos trabalhadores da indústria de grande escala, e para suas famílias e comunidades. Philip Murray, presidente do sindicato dos metalúrgicos, disse certa vez que, para os trabalhadores, um sindicato significava "quadros na parede, tapetes no chão e música em casa". Um quarto de século após a Segunda Guerra Mundial, trabalhadores em setores altamente capitalizados haviam conseguido isso e muito mais. Coisas que antes eram incomuns ou desconhecidas entre os trabalhadores — casa própria, eletrodomésticos modernos, férias, um carro ou até dois, filhos cursando faculdade, aposentadoria enquanto ainda saudáveis — viraram comuns. O sindicalismo tornou-se tão estabelecido que, em 1949, um crítico podia escrever em um jornal de esquerda: "Ao revelar a beleza da arquitetura fabril, [Charles] Sheeler se tornou o Rafael dos Ford. Quem virá a ser o Giotto do UAW?".

Renda mais alta e programas de bem-estar proporcionados pelo governo e pelos empregadores, com pensões, seguro-desemprego, seguro por invalidez e seguro de saúde, deram aos trabalhadores uma sensação até então desconhecida de segurança e bem-estar. Muitos se ressentiam do alto preço que pagavam por seu modo de vida, especialmente o autoritarismo contínuo, embora diminuído, da produção fordista, a monotonia na linha de montagem e o custo físico do trabalho industrial. Ainda assim, Jack Metzgar, filho de um operário metalúrgico de Johnstown, Pensilvânia, pôde escrever sobre a experiência de sua família: "Se o que vivemos nos anos 1950 não foi libertação, então ela nunca acontece nas vidas humanas reais".[10]

Enquanto para os trabalhadores a onda grevista de 1945-6 deu início a uma trajetória de melhoria material e poder sindical, para os industriais deixou clara uma lição que alguns já haviam começado a captar durante as greves dos anos 1930: o perigo da extrema concentração industrial em instalações de grande escala. Mesmo antes da explosão da militância trabalhista em meados da década de 1930, algumas grandes empresas começaram a se resguardar, construindo fábricas menores para complementar suas principais instalações produtivas. No final da década de 1920, as três grandes fabricantes de pneus, Goodyear, Goodrich e Firestone, além de fábricas gigantescas em Akron, tinham outras em Los Angeles para atender às demandas do mercado da Costa Oeste. Em 1928, a Goodyear construiu outra fábrica, em Gadsden, Alabama, um centro antissindical e com baixos salários, longe de qualquer grande mercado de pneus. O objetivo parecia ser principalmente reduzir os custos de mão de obra e ter algo para usar contra os trabalhadores de Akron. Depois da greve de 1936 em sua fábrica principal, a Goodyear expandiu a fábrica do Alabama. Outras empresas de Akron também começaram a descentralizar a produção. Em 1938, a força de trabalho da Firestone em Akron já havia caído de 10 500 para cerca de 6 mil operários, à medida que a empresa transferia o trabalho para uma fábrica que construíra em Memphis e para outras também distantes. A fábrica da Goodyear de Akron eliminou um quinto de sua força de trabalho.

O movimento operário não foi a única razão pela qual as empresas de pneus começaram a dispersar a produção. Inovações tecnológicas e a crescente padronização do tamanho dos pneus possibilitaram a construção de unidades de produção em massa que operavam eficientemente em escalas menores do que os monstros de Akron. À medida que a propriedade de carros se espalhava e a população se redistribuía, implantar fábricas perto de mercados em crescimento significava menores custos de frete.

Mas o fator principal era o desejo de não ficar refém de pequenos grupos de operários. A natureza sequencial da produção de pneus significava que, se um departamento entrasse em greve, toda a fábrica poderia ser fechada. E isso aconteceu várias vezes em Akron, onde movimentos de braços cruzados e greves, muitas vezes iniciados sem o envolvimento oficial de sindicatos, tornaram-se endêmicos à medida que uma cultura de ação direta se desenvolvia entre os trabalhadores. Em outubro de 1944, numa greve na fábrica da Goodyear, apenas quatro operários parados deixaram ociosos 5 mil outros.

Ao construir novas fábricas, as empresas procuravam locais onde os custos trabalhistas fossem mais baixos e o sindicalismo tivesse menor probabilidade de sucesso, ou pelo menos fosse de um tipo menos militante. Antes da guerra, repetidos esforços da United Rubber Workers de sindicalizar a fábrica da Goodyear em Gadsden e a fábrica da Firestone em Memphis fracassaram, com um reinado de terror no Alabama que incluiu espancamentos severos de sindicalistas por capangas da empresa e trabalhadores contrários ao sindicato em conluio com a polícia local.[11]

A Radio Corporation of America (RCA) também reagiu rapidamente à militância operária. Em 1936, uma greve de um mês que superou a importação de fura-greves e a violência policial, levou à sindicalização do complexo de 183 mil metros quadrados da empresa em Camden, Nova Jersey, do lado oposto do rio Delaware a Filadélfia, onde 9700 trabalhadores (75% mulheres) produziam quase todos os produtos. Quase de imediato, a RCA começou a transferir suas operações, e entre 1936 e 1947 instalou uma fábrica de componentes em Indianápolis, uma fábrica de rádios em Bloomington, Indiana, fábricas de válvulas em Lancaster, Pensilvânia, e Marion, Indiana, uma fábrica de discos em Hollywood e uma oficina de estojos em Pulaski, Virgínia. Em 1953, apenas trezentos empregos em eletrônicos de consumo permaneciam em Camden. O complexo original continuou a ser um centro importante para a empresa, principalmente para pesquisa e desenvolvimento e fabricação de equipamentos militares, mas toda a produção em massa de bens de consumo havia sido levada para fábricas menores.[12]

A General Motors também percebeu cedo a ameaça que a militância operária representava para seu sistema integrado de produção. Em 1935, uma greve em sua fábrica de transmissão em Toledo forçou o fechamento de todas as fábricas da Chevrolet na América do Norte. Logo depois, a empresa lançou um programa de 50 milhões de dólares para expandir e modernizar sua produção, o que incluiu a construção de novas fábricas para que a interrupção da produção em uma não interrompesse as operações em outras. A maioria das novas fábricas, entre elas uma unidade em Muncie, Indiana, para replicar a produção da fábrica de Toledo, se situava em cidades pequenas ou com movimentos sindicais fracos.[13]

O programa da GM chegou tarde demais para bloquear o triunfo do UAW em 1937. A paralisação de Flint e as greves que se seguiram reforçaram a mensagem sobre concentração industrial. Embora pudesse haver economias de escala na produção de todos os motores Chevy em uma única fábrica ou carroceria para todos os carros da GM de determinado tipo em uma única fábrica, quando os operários se tornaram militantes isso também representou perigo.

Nenhuma empresa, mesmo gigantes como a General Motors, com enormes recursos financeiros, podia construir rapidamente fábricas para replicar toda a produção de suas instalações mais centralizadas — como o Rouge, o Dodge Main ou os complexos Chevy e Buick, em Flint. Mas a Segunda Guerra Mundial proporcionou uma oportunidade para iniciar ou aprofundar o processo. Tal como na União Soviética, a segurança nacional impunha situar as instalações de defesa no interior do país, a salvo de bombardeios. O clima quente e vastos espaços vazios tornaram o Sudoeste especialmente atraente para os planejadores militares. Com financiamento do governo, as empresas de borracha construíram novas fábricas de pneus para atender às necessidades de guerra em Iowa, Texas, Pensilvânia, Alabama, Oklahoma e Kansas. Depois da guerra, Washington vendeu as fábricas a preços baixos para as empresas que as operavam. Outras grandes fábricas de equipamentos de defesa da época da guerra também foram vendidas e convertidas para a produção civil, como a fábrica de bombardeiros da North American Aviation, em Kansas City (que tinha 26 mil operários), adquirida pela General Motors para montar carros e, por pouco tempo, caças a jato, e a fábrica de guerra de Louisville, Kentucky, que se tornou o núcleo do "Appliance Park" da General Electric.[14]

A onda de greve do pós-guerra forneceu mais ímpeto para a realocação industrial e a construção de mais fábricas menores. O país nunca tinha visto algo assim. Não só as greves eram enormes como pareciam muito disciplinadas, com pouquíssimos operários rompendo as fileiras, mesmo quando algumas se arrastavam, tal qual a da GM, que durou 113 dias, a da indústria têxtil, que durou 133 dias, e a da indústria do vidro, que durou 102 dias. Os líderes empresariais achavam profundamente perturbador o apoio que os grevistas conquistavam nos centros industriais. Nas cidades siderúrgicas, onde, por um século, as autoridades, os jornais e o comércio locais apoiaram as empresas em seus confrontos com o trabalho, agora permaneciam neutras ou apoiavam os grevistas. Trabalhadores da indústria elétrica em greve receberam apoio de universitários, dos prefeitos de Cleveland e Pittsburgh e de 55 membros do Congresso. Os veteranos desempenharam um papel importante em muitas paralisações do pós-guerra, emprestando o capital moral conquistado nos campos de batalha. Em Bloomfield, Nova Jersey, onde havia fábricas da GE e da Westinghouse, a filial local da Legião Americana, um grupo notoriamente conservador com histórico de antissindicalismo, apoiou os grevistas, embora os esquerdistas liderassem seu sindicato. Em Chicago, farmácias e mercearias estenderam o crédito para os trabalhadores em greve dos frigoríficos, enquanto padres participavam dos piquetes. O governo Truman vacilou ao lidar com as paralisações, mas tomou como certa a legitimidade do sindicalismo e, por fim, usou o poder federal para forçar as corporações a conceder grandes aumentos salariais.[15]

As greves deixaram dolorosamente claro para as empresas manufatureiras que elas não mais controlavam os ambientes físico, social e político em que suas maiores fábricas funcionavam. Charles Wilson, presidente da GE, queixou-se amargamente ao testemunhar no Congresso de que os grevistas haviam impedido que até mesmo os não sindicalizados — gerentes,

David L. Lawrence, prefeito de Pittsburgh, discursa para uma multidão de grevistas da Westinghouse, em abril de 1946.

cientistas e empregados de escritório — entrassem nas instalações em greve. "Não acho que uma empresa deva ir com o chapéu na mão a um sindicato para pedir permissão para levar seus engenheiros e afins para uma fábrica." A postura política e a vida cotidiana nas comunidades industriais mudaram quando políticos a favor dos sindicatos foram eleitos para cargos locais e estaduais, os pequenos comerciantes se aliaram aos clientes da classe operária e os sindicatos penetraram em todos os aspectos da vida civil, do Community Chest [Fundo Comunitário] aos esportes recreativos e atividades culturais. Em Yonkers, Nova York, indústrias como a Otis Elevator e a Alexander Smith, que, com uma força de trabalho de 7 mil operários em sua enorme fábrica, era a principal fabricante de tapetes dos Estados Unidos, controlavam efetivamente a cidade. Depois da guerra, as decisões sobre impostos e políticas públicas tornaram-se temas de debate, e um movimento operário local bem organizado e ambicioso jogava seu peso na discussão. Complexos industriais gigantescos, outrora fortalezas do poder empresarial, tornaram-se reféns de comunidades de trabalhadores em centros urbanos densos, onde a solidariedade da classe operária se desenvolveu em organizações étnicas, grupos de veteranos, igrejas, bares, pistas de boliche e locais de reuniões sociais, bem como dentro dos portões das fábricas.[16]

A GE teve a reação mais multifacetada ao aumento do poder sindical em suas principais fábricas. Após a greve de 1946, nomeou Lemuel R. Boulware, especialista em relações públicas, vice-presidente de relações com os empregados e a comunidade. Boulware adotou uma linha dura em relação aos sindicatos, apresentando a proposta da empresa nas negociações como de "pegar ou largar", enquanto defendia sua razoabilidade por meio de anúncios em jornais e outros meios de comunicação para funcionários e residentes das cidades onde as fábricas da GE estavam localizadas. Além de promover as virtudes da empresa, Boulware trabalhou para educar os operários e o público geral sobre os méritos do capitalismo de livre mercado, contratando Ronald Reagan para ser porta-voz da empresa em sua ofensiva ideológica. Os esforços da GE, embora extraordinariamente extensos, faziam parte de uma ampla campanha corporativa para reformular o pensamento público sobre a economia, numa campanha para conter o impacto ideológico e político do New Deal.[17]

A GE e outros fabricantes de equipamentos elétricos também começaram a transferir atividades de suas grandes fábricas para unidades menores localizadas no Sul, nos estados fronteiriços, na Costa Oeste, na região rural da Nova Inglaterra, no Meio-Oeste, na região do Atlântico central e em Porto Rico. A queda resultante no emprego em fábricas mais antigas foi muito substancial. Quando a GE transferiu parte da produção de pequenos eletrodomésticos de sua fábrica de Bridgeport, Connecticut, para novas instalações em Brockport e Syracuse, no estado de Nova York, Allentown, na Pensilvânia, e em Asheboro, na Carolina do Norte, a força de trabalho diminuiu de 6500 para menos de 3 mil operários. Na histórica fábrica de Schenectady, que fazia produtos de alta corrente e no auge da Segunda Guerra Mundial empregava 40 mil homens e mulheres, a força de trabalho despencou de 20 mil em 1954 para 8500 em 1965, quando a empresa transferiu o trabalho para unidades em Virginia, Indiana, Maryland, Nova York, Vermont e Califórnia.[18]

Várias razões justificaram as dispersões. No caso da GE, a construção de fábricas distribuídas geograficamente estava ligada a uma reorganização da empresa que criou divisões de produtos descentralizadas. Como haviam começado a fazer antes da guerra, muitas empresas construíram fábricas para ficar próximas de mercados em crescimento, especialmente no Sul e no Oeste, auxiliadas pelas melhorias no transporte, nas comunicações e no ar-condicionado. Às vezes a modernização exigia realocação. Em cidades como Detroit, restavam poucas áreas vazias com boas conexões ferroviárias (necessárias para produtores de mercadorias grandes, como automóveis). À medida que procuravam substituir as antigas fábricas de vários andares por instalações térreas, com espaço para docas de carregamento de caminhões e estacionamentos para funcionários, as indústrias muitas vezes procuravam locais situados em subúrbios, cidades pequenas, médias ou até áreas rurais, onde grandes terrenos estavam prontamente acessíveis. Os incentivos do governo também entraram em cena, como isenções fiscais, títulos de desenvolvimento industrial livres de impostos e programas de treinamento de mão de obra, todos amplamente usados pelos estados do Sul para atrair indústrias do Norte.[19]

Na grande literatura teórica sobre localização industrial, a mão de obra raramente recebe muita atenção. A diferença de salários às vezes é levada em conta, mas a presença ou a ausência de operários e sindicatos militantes quase sempre é ignorada.[20] No entanto, na prática, o trabalho era muitas vezes um fator essencial na tomada de decisão das empresas. Um guia "para executivos encarregados de avaliar a localização da capacidade produtiva de uma empresa" citava com franqueza e naturalidade uma "regra informal de decisão que algumas empresas seguem: nenhuma fábrica sindicalizada será expandida no mesmo local", um ditado "fundamentado na preocupação da administração em manter a produtividade e a flexibilidade em suas instalações". Quando as empresas iniciavam grandes expansões, em vez de ampliar as fábricas sindicalizadas, geralmente construíam outras, "muitas vezes em locais novos em estados que garantam o direito ao trabalho". A GE justificou publicamente a redução de unidades mais antigas e a realocação de empregos como um esforço para permanecer competitiva com empresas que usavam mão de obra mais barata do Sul, mas, em privado, Boulware discutiu essa medida, junto com a aceleração do maquinário, como uma maneira de disciplinar a força de trabalho.[21]

Algumas empresas grandes com contratos sindicais nacionais enfrentaram oposição quando começaram a transferir a produção para áreas hostis aos operários organizados. Em 1960, os trabalhadores em greve buscaram uma medida contratual que limitasse a capacidade da GE de transferir o trabalho das fábricas do norte para o sul, mas a empresa rejeitou a ideia e a greve foi um fracasso desanimador. Uma década depois, o UAW assumiu a mesma postura ao acusar a GM de promover uma "estratégia sulista" ao construir fábricas de peças em Louisiana, Alabama, Geórgia e Mississippi, e uma montadora em Oklahoma City. No fim das contas, todas as fábricas da GM foram sindicalizadas, mas muitas empresas, como a RCA, descobriram que, ao mudar de fábricas estabelecidas para novas comunidades, podiam ainda ter de conviver com sindicatos, mas eles seriam mais fracos e menos militantes do que aqueles que deixavam para trás.[22]

Nem todas as novas unidades fabris eram menores do que as que substituíam total ou parcialmente, mas a maioria era. Às vezes, isso refletia o desejo de produzir produtos intermediários ou finais a partir de múltiplas fontes, construindo fábricas para somente algumas das produções feitas antes em um espaço maior. A automação também levou ao downsizing. Muitas indústrias adotaram tecnologias novas após a Segunda Guerra Mundial que permitiam que as máquinas se autorregulassem e realizassem tarefas que antes exigiam mão de obra humana. Entre os motivos disso estavam a maior precisão e velocidade e a eliminação de tarefas fisicamente onerosas. Mas o desejo de baixar os custos de mão de obra e reduzir o poder dos trabalhadores contribuiu significativamente para a busca de automação.

Na indústria automobilística, a Ford assumiu a liderança. A empresa criou um "Departamento de Automação" e começou a transferir o trabalho para fora do Rouge, que tinha uma das seções mais militantes do UAW no país, onde as greves ilegais e operações tartaruga continuavam sendo comuns. A economia com mão de obra foi considerável. Em meados da década de 1950, a empresa transferiu a produção de motores Ford e Mercury do Rouge para uma nova planta automatizada em Cleveland. Também construiu uma fábrica em Dearborn para fazer motores Lincoln. No Rouge, eram necessários 950 operários para fazer bielas de pistão, mas, nas instalações de Cleveland e Lincoln, isso exigia uma força de trabalho combinada de apenas 292 operários. Durante a década de 1950, a Ford transferiu muitas outras operações para fábricas mais automatizadas fora do Rouge, entre elas estampagem, fundição de máquinas, forja, produção de aço e fabricação de vidro. Em consequência, o número de empregados no Rouge diminuiu de 85 mil em 1945 para 54 mil em 1954 e 30 mil em 1960; ainda era uma das maiores fábricas dos Estados Unidos, mas apenas uma sombra do que havia sido em seu auge.[23]

A Dodge Main passou por uma metamorfose semelhante, já que a Chrysler Corporation desintegrou, descentralizou e automatizou a produção. De um pico de 40 mil trabalhadores durante a Segunda Guerra Mundial, a força de trabalho da produção encolheu para 8300 em 1963. A produção de peças foi deslocada, e permaneceu na grande fábrica pouco mais que a operação de montagem. Quando, em 1980, a empresa a fechou completamente, apenas 5 mil homens e mulheres ainda trabalhavam lá.[24]

A automação e a mecanização contribuíram para um aumento impressionante da produtividade. Durante o quarto de século posterior à Segunda Guerra Mundial, o emprego na indústria automobilística se estabilizou em 750 mil, enquanto a produção quase dobrou. Entre 1947 e 1967, o emprego total na indústria manufatureira aumentou 27%, enquanto o valor agregado (ajustado pela inflação) saltou 157%. A gestão mais eficiente e a aceleração foram responsáveis por uma boa parte disso, mas novas fábricas e equipamentos foram muito importantes.

Grandes fábricas continuaram a ser construídas; em 1967, havia 574 nos Estados Unidos com 2500 ou mais trabalhadores, em comparação com 504 vinte anos antes.[25] Mas raramente se erguia o tipo de fábrica gigantesca que surgira no cinturão de manufatura no final do século XIX e início do XX. O Appliance Park da GE em Louisville — onde a empresa fabricava geladeiras, lavadoras, secadoras, fogões elétricos, lava-louças, trituradores e, mais tarde ar-condicionados — era uma exceção. Inaugurado em 1951 numa área de mais de 280 hectares (depois expandida para 372 hectares), o complexo de paisagismo denso contava com seis prédios fabris, um centro de pesquisa e desenvolvimento, um depósito e sua própria casa de força. Tinha até CEP próprio. Com 16 mil trabalhadores em 1955 e 23 mil (15 mil representados por sindicatos) em seu auge, em 1972, o complexo era grande por qualquer padrão. Mas nunca atingiu o tamanho da força de trabalho do complexo de Schenectady durante seu auge e era apenas uma fração do tamanho de gigantes como o Rouge e o Dodge Main no passado.[26]

O desaparecimento do operário

Com o encolhimento da fábrica gigante e amplas mudanças sociais, o operário industrial desapareceu aos poucos da cultura popular e da importância política. Por um breve período após a Segunda Guerra Mundial, a mídia ainda lhe deu atenção. Em 1946, a *Fortune* enviou Walker Evans para fotografar o Rouge para uma reportagem sobre "O renascimento da Ford".[27] Um dos primeiros seriados de televisão, *The Life of Riley*, tinha como personagem principal um operário da indústria de aviões de Los Angeles, interpretado primeiro por Jackie Gleason e depois por William Bendix, que aparecia ocasionalmente numa fábrica, rebitando asas e reclamando do trabalho e das pretensões dos ricos (mas a maioria dos episódios girava em torno de atividades domésticas). O programa durou até 1958. Os operários não voltaram a aparecer regularmente nas telas de televisão até a década de 1970.[28]

Em meados da década de 1950, quando os trabalhadores de colarinho branco começaram a superar em número os operários e os sindicatos se integraram cada vez mais às relações econômicas e políticas estabelecidas, os intelectuais também perderam o interesse pelos homens e pelas mulheres que trabalhavam nas grandes indústrias, ou ao menos não os viam mais como chave para o futuro. Ensaístas de esquerda como Mills e Marcuse e muitos de seus seguidores da Nova Esquerda abandonaram a ideia de que o proletariado industrial seria um agente de mudança social progressista. Enquanto em 1972 havia 13,5 milhões de trabalhadores na produção industrial americana (mais de 2 milhões deles trabalhando em instalações com 2500 operários ou mais), o sociólogo Daniel Bell, ex-socialista, publicou no ano seguinte o livro *O advento da sociedade pós-industrial*. Para Bell e muitos outros, os "trabalhadores do conhecimento" ou "analistas simbólicos" haviam substituído os operários como o principal grupo econômico.

No final da década de 1960 e início dos anos 1970, houve uma breve onda de interesse político e cultural pelo descontentamento dos trabalhadores industriais — o assim chamado "blues do colarinho azul" —, mas uma recessão econômica acabou rapidamente com isso. Quando os operários fabris voltaram a chamar a atenção do público, fizeram-no em consequência da desindustrialização e da enorme crise social que causou no "cinturão da ferrugem". Entre 1978 e 1982, o emprego na indústria automobilística caiu em um terço, e mais de três dúzias de fábricas fecharam somente na área de Detroit. Durante esses mesmos anos, a indústria siderúrgica eliminou mais de 150 mil empregos. Bethlehem cortou 10 mil em Sparrows Point e desativou as operações em Lackawanna, no estado de Nova York, e Johnstown, na Pensilvânia. A U.S. Steel eliminou 20 mil empregos em Gary, devastando a cidade e, em 1986, fechou a histórica usina de Homestead. O operário da fábrica gigante, outrora uma figura heroica que dominava forças vulcânicas e máquinas gigantescas, pelo menos nos Estados Unidos, passou a ser visto como um atavismo, um problema, uma triste relíquia de uma idade passageira.[29]

O avanço do gigantismo soviético

Enquanto as empresas americanas reduziam e dispersavam suas fábricas, gigantescos complexos industriais continuavam a ser construídos e celebrados em grande parte do resto do mundo. Após a Segunda Guerra Mundial, a União Soviética reviveu o modelo de unidades de produção descomunais tendo uma cidade operária ao lado. Sob influência soviética, o modelo gigante se espalhou para a Europa Oriental e a China. Do outro lado da Guerra Fria, a fábrica gigante permaneceu viva, e também em partes da Europa Ocidental e em alguns países em desenvolvimento. Como antes da guerra, complexos industriais de grande escala eram considerados um meio rápido de avanço econômico e uma estratégia de investimento eficiente, especialmente em países com mecanismos centralizados de planejamento. Esses complexos continuaram a exercer importantes funções ideológicas e culturais, como portadores de ideias sobre a modernidade e a boa vida, e um meio de afirmar o orgulho nacional. Enquanto nos Estados Unidos o gigante industrial passava a ser associado ao passado — uma era que se desvanecia, retratada em preto e branco —, em grande parte do resto do mundo a fábrica gigantesca continuava a ser associada ao futuro.

A União Soviética, depois de devastada pela Segunda Guerra Mundial, se concentrou inicialmente na reconstrução. Fábricas gigantes, como a de tratores de Stalingrado, foram reconstruídas e em muitos casos continuaram a produzir equipamentos militares, ao mesmo tempo que retomavam a fabricação de bens civis. Ao contrário de seus equivalentes nos Estados Unidos, os administradores soviéticos não se preocupavam com a militância dos operários ou com o risco de trabalhadores usarem pontos de estrangulamento industrial para afirmar seu poder.

Magnitogorsk, depois de ter desempenhado um papel vital no esforço de guerra, dobrou de tamanho durante os anos 1950 e 1960. No final da década de 1980, era o maior complexo siderúrgico do mundo, com 63 mil empregados, 54 mil ligados diretamente à produção de aço, gerando anualmente quase tanto aço quanto a Inglaterra inteira. Também se iniciaram novos projetos de infraestrutura de grande escala, do tipo associado ao Primeiro Plano Quinquenal — canais, represas, centrais elétricas e sistemas de irrigação —, "os gigantescos projetos de construção do comunismo".[30]

No final dos anos 1940 e na década de 1950, a União Soviética também construiu uma série de novas cidades, variantes do modelo gigante industrial, para servir como centro de pesquisa científica e produção de armas nucleares, como Ozersk, nos Urais, que abrigava a enorme usina de plutônio Maiak. As cidades científicas e atômicas, em muitos casos construídas em parte pelo trabalho forçado de prisioneiros, como Magnitogorsk, eram assentamentos de vida autônoma, com escolas, instituições culturais e conjuntos habitacionais ligados a grandes empregadores. Muitas eram cidades fechadas, sem acesso para não residentes e às vezes sem saída para os moradores, lugares secretos que literalmente não existiam nos mapas ou nas listas telefônicas.[31]

Quando a União Soviética tentou produzir bens civis, adotando tardiamente a ideia da sociedade de consumo, seus líderes, muitos dos quais haviam iniciado a carreira com treinamento técnico e como gerente de fábrica, recorreram à fábrica gigante com esse objetivo. Para a geração deles, o Primeiro Plano Quinquenal fora uma experiência formadora. Durante sua turnê de 1959 pelos Estados Unidos, o primeiro-ministro Nikita Khruchióv relembrou — provavelmente para os olhares vazios dos americanos ao seu redor —: "Quando vocês nos ajudaram a construir nossa primeira fábrica de tratores, levamos dois anos para fazê-la funcionar direito". O episódio permanecia vívido em sua mente um quarto de século depois.[32]

Em meados da década de 1960, a indústria automobilística voltou a ocupar a linha de frente na União Soviética. A produção de veículos definhara porque as Forças Armadas e outras indústrias tinham prioridade de investimento. Além disso, alguns líderes comunistas, sobretudo Khruchióv, favoreciam o transporte coletivo em detrimento da propriedade de carros particulares. Em 1965, o país fabricou apenas 617 mil veículos, a maioria caminhões e ônibus, número ínfimo diante dos 9,3 milhões de carros que saíam das fábricas americanas. Após a derrubada de Khruchióv, os líderes soviéticos começaram a impulsionar a indústria automotiva retornando aos métodos de seus primórdios; em 1966, assinaram um acordo com a Fiat de assistência técnica e treinamento para a construção de uma grande fábrica que produziria em massa uma versão de um modelo atual da empresa italiana. Foi o contrato comercial estrangeiro mais importante que o país assinou desde o acordo com a Ford décadas antes (e maior em termos monetários).

Os soviéticos ergueram a fábrica em Togliatti, uma pequena cidade às margens do rio Volga que pouco antes fora rebatizada com o nome do falecido líder comunista italiano. Embora o local não tenha sido selecionado principalmente por causa do vínculo com a Itália, ambos os lados aproveitaram ao máximo a conexão, retratando a nova fábrica como um exemplo da amizade entre eles. A fábrica verticalmente integrada, que incluía sua própria fundição, acabou ocupando mais de quatrocentos hectares. Quando começou a funcionar, em 1970, tinha mais de 42 mil empregados, dos quais quase 35 mil operários da produção, a maioria com menos de trinta anos. A força de trabalho continuou crescendo, atingindo o número espantoso de 112 231 pessoas (46% do sexo feminino) em 1981.

Para abrigar os trabalhadores e suas famílias, os soviéticos criaram o que equivalia a uma cidade nova, Avtograd. Numa espécie de reprise dos anos 1930, jovens trabalhadores de toda a União Soviética migraram para construir a fábrica e a cidade (neste caso sem trabalho forçado). Como em outras cidades fabris soviéticas, construíram-se amplas instalações incluindo clubes, escolas, bibliotecas e creches, e a fábrica encarregava-se de tudo, desde a equipe de hóquei local até o museu militar. O que tornava a cidade incomum, no entanto, eram as amplas acomodações construídas para carros, uma novidade em um país onde a propriedade individual de automóveis sempre fora rara.[33]

O governo soviético projetou uma segunda fábrica gigante de veículos, a KamAZ, para construir caminhões pesados em Náberejnie Tchelni, junto ao rio Kama, no Tartaristão. Cem mil trabalhadores foram mobilizados para construí-la. Os soviéticos compraram grande parte do equipamento para fabricar anualmente 150 mil caminhões e 250 mil motores de firmas estrangeiras. Mais tarde, passou a produzir também minicarros. A cidade adjacente alcançou uma população de meio milhão.[34]

Essas gigantescas fábricas de veículos soviéticos sobreviveram inclusive ao fim da União Soviética. No início do século XXI, a empresa automobilística de Togliatti, rebatizada de AvtoVaz, ainda empregava cerca de 100 mil trabalhadores (alguns fora da cidade). Depois que foi privatizada e saqueada por gerentes, oligarcas e gangues criminosas, quase entrando em colapso, a Renault e a Nissan acabaram obtendo o controle da maioria das ações. Em 2014, quando começaram a fazer cortes na força de trabalho e a reorganizar a fábrica, ainda tinham 66 mil empregados, muito mais do que em qualquer fábrica americana contemporânea e de qualquer outra época, com exceção do Rouge. Numa economia profundamente conturbada, o excesso de pessoal tinha uma função de bem-estar social difícil de interromper. A KamAZ (da qual a Daimler AG comprou uma participação minoritária em 2008) também continuou a funcionar, tendo produzido seu milionésimo caminhão em 2012.[35] O gigantismo stalinista sobreviveu na Rússia muito depois que as estátuas de Stálin e o país que ele ajudou a construir desapareceram.

As primeiras cidades do socialismo

No final da década de 1940, enquanto ajudava os partidos comunistas da Europa Oriental a consolidar seu controle, a União Soviética fomentou na região seu modelo de cidade socialista construído em torno de projetos industriais de grande escala. Como foi o caso na própria União Soviética, o motivo era parcialmente econômico: promover o crescimento acelerado por meio do investimento concentrado na indústria pesada. A maior parte da Europa Oriental nunca tivera muita indústria, exceto partes da Alemanha Oriental e a Tchecoslováquia, e muito do que havia fora destruído durante a guerra ou, no caso da Alemanha, tomado pela União Soviética como reparação. Mas os complexos industriais-urbanos também tinham importantes funções políticas e ideológicas. Os partidos comunistas do Leste Europeu eram muito pequenos quando a Segunda Guerra Mundial terminou e só foram capazes de chegar ao poder graças à presença do Exército Vermelho. Os líderes comunistas enfrentaram um enorme desafio para estabelecer sua legitimidade, mobilizando a população para a reconstrução (a Alemanha e a Polônia, em particular, haviam sofrido uma destruição maciça) e conquistando o favor do povo para seus protetores soviéticos. As cidades industriais modelares, precursoras das novas sociedades socialistas, deveriam ter todas essas funções.[36]

Várias das cidades serviram de apoio a novas siderúrgicas: Stalinstadt, na Alemanha Oriental, Sztálinváros, na Hungria, Nowa Huta, na Polônia, e Nová Ostrava, na Tchecoslováquia, naquilo que um historiador apelidou de "culto do aço" ligado ao culto de Stálin (cujo nome de adoção queria dizer "homem de aço"). Os líderes comunistas consideravam o aço fundamental para o desenvolvimento industrial e a produção de armas, uma prioridade na época da Guerra Fria. Numa exceção a esse padrão, a Bulgária construiu sua cidade-modelo, Dimitrovgrad, em torno de uma grande indústria química (cujo nome homenageava Stálin) e uma grande usina elétrica. Dimitrovgrad e Stalinstadt também tinham fábricas de cimento que forneciam o material de construção preferido no bloco soviético.[37]

Lançadas com grande alarde, as novas fábricas e cidades foram apresentadas como as primeiras personificações do que o socialismo viria a ser, parte integrante da valorização da indústria e dos trabalhadores vista na iconografia e nos rituais das novas democracias populares. A nota de cem zlotis emitida na Polônia em 1948 trazia a imagem de um mineiro de um lado e uma paisagem industrial do outro, com prédios de fábricas bastante antiquados e chaminés expelindo fumaça (bem diferente da nota americana de cem dólares, com Benjamin Franklin de um lado e uma visão pastoral do Independence Hall do outro). Os governos apelaram a esforços heroicos para construir rapidamente os assentamentos industriais. Organizaram-se brigadas de jovens para tarefas de curto prazo e operários em tempo integral foram recrutados principalmente de áreas rurais. A maioria dos trabalhadores era jovem e sua presença era uma prova da promessa das novas sociedades.

Embora cada cidade-modelo tivesse traços distintos e uma história diferente, refletindo as circunstâncias nacionais, elas compartilhavam muitas características. Seus planejadores e arquitetos consultaram especialistas soviéticos sobre planos gerais e até mesmo edifícios individuais. O mais surpreendente nas novas cidades não era o socialismo, mas o urbanismo. De início, alguns dos planos previam uma dispersão de habitações que eliminava um limite rígido entre o campo e a cidade e proporcionava espaço verde e áreas para cultivo de alimentos. Mas os planejadores logo mudaram de direção, preferindo uma densidade mais alta, com uma população concentrada e sem hortas dentro dos limites da cidade.

Vários fatores explicam a mudança. Primeiro, o custo. Construir blocos de apartamentos de design padronizado e, em muitos casos, usando materiais pré-fabricados, era mais barato do que construir muitas pequenas unidades de moradia, uma consideração importante para países com grandes necessidades habitacionais. Em segundo lugar, cidades compactas e densas facilitavam o fornecimento de amplos serviços sociais e culturais, características importantes das cidades destinadas a prefigurar a vida socialista. Terceiro, o urbanismo das cidades industriais constituía uma rejeição explícita da moda da dispersão do pós-guerra no Ocidente capitalista: as novas cidades britânicas, as cidades-satélites escandinavas, a expansão suburbana americana. (A Berlim dividida tornou-se um ponto de exibição para visões de planejamento concorrentes: densidade e ruas ladeadas de prédios contínuos no Leste e gramados, menor densidade e edifícios dispersos no Oeste.) Avenidas grandiosas e grandes praças constituíam locais para desfiles e comícios, mas havia também elementos urbanísticos de menor escala, como arcadas. As cidades industriais deveriam representar modernidade, novidade, portas de entrada para o futuro. Qualquer coisa que cheirasse à antiga vila rural, com suas casas separadas e seus jardins, parecia um repúdio reacionário ao próprio espírito do empreendimento.

Embora devessem sua existência à União Soviética, as cidades-vitrine da Europa Oriental eram centros de nacionalismo. Expressões ritualísticas de amizade com a União Soviética abundavam, em monumentos, edifícios doados pelos soviéticos, estátuas de Stálin e na atribuição do nome de líderes soviéticos a cidades e fábricas. Mas os assentamentos foram projetados como veículos de construção da nação, ainda que de construção de uma nação socialista, não de uma revolução socialista abstrata e genérica. O realismo socialista, uma importação forçada da União Soviética, promoveu ironicamente a ideia um tanto vaga de que os edifícios deveriam ser socialistas no conteúdo, mas nacionais na forma. Assim, muitas construções dos novos complexos fabris e das cidades que os acompanhavam incorporaram motivos e estilos associados ao passado de cada país. Construir o socialismo, figurativa e literalmente, era retratado como um drama *nacional*.

A maioria das vitrines industriais nunca foi concluída, pelo menos como originalmente planejada. A morte de Stálin em 1953 afrouxou as rédeas da União Soviética em seu bloco de satélites e acabou com a necessidade de deferência ritualística ao ditador soviético. Construir grandes instalações industriais e novas cidades a uma velocidade vertiginosa era muito dispendioso.

O que antes parecia economia de escala, concentrando investimentos em projetos de grande escala que deveriam estimular um desenvolvimento econômico mais amplo, não parecia mais tão favorável, pois os efeitos distorcidos de colocar tanto capital financeiro e político em poucos lugares tornaram-se evidentes. Alguns anos depois de terem sido iniciados, os planos para os centros industriais foram cortados ou abandonados, e o crescimento que ocorreu foi geralmente improvisado e aleatório. A maioria das "primeiras cidades do socialismo" rapidamente desapareceu na obscuridade, com nomes trocados e esquecidas, exceto como remanescentes kitsch dos anos de Stálin.[38]

Mas não Nowa Huta ("Nova Usina"), local da maior e mais importante das novas fábricas e que se pode considerar a última utopia stalinista. A ideia de uma siderúrgica no centro da Polônia antecedia a Segunda Guerra Mundial e o regime comunista. Em 1947, o governo polonês encomendou planos para uma grande usina da Freyn Engineering, empresa americana que havia trabalhado na União Soviética, inclusive na Magnitogorsk. Mas a intensificação da Guerra Fria levou ao cancelamento do contrato. Um acordo econômico de 1948 com a União Soviética e a criação, no ano seguinte, do Conselho de Assistência Econômica Mútua, ligando-a aos países da Europa Oriental, propiciaram a estrutura para um recomeço. Os poloneses trabalharam com os soviéticos, que pressionaram pela instalação de uma unidade muito grande que serviria a todo o bloco comunista, bem maior do que as siderúrgicas em torno das quais surgiram outras cidades-modelo da região. A União Soviética emprestou à Polônia 450 milhões de dólares para construir a usina (um substituto para os fundos que poderiam ter sido emprestados pelos Estados Unidos se tivesse sido permitido que os países da Europa Oriental participassem do Plano Marshall), escolheu um local a dez quilômetros de Cracóvia, projetou o equipamento e construiu grande parte dele; além disso, treinou 1300 engenheiros poloneses em siderúrgicas soviéticas e enviou trabalhadores qualificados e especialistas para ajudar a pôr em funcionamento a fábrica, tendo assumido muitos dos papéis que as empresas estrangeiras haviam desempenhado na própria União Soviética duas décadas antes.

No espírito stalinista, o governo fez um esforço concentrado para construir rapidamente a usina de Nowa Huta (mais tarde chamada de Usina Siderúrgica Vladímir Lênin), o principal projeto do Plano Sexenal Polonês (1950-5). O imenso empreendimento, num terreno de mais de mil hectares, que acabou por abranger quinhentos prédios (inclusive suas próprias usinas de energia e aquecimento), cresceu em etapas ao longo de várias décadas.

Ele começou a funcionar com seu primeiro alto-forno em 1954. Seguiram-se mais altos-fornos, fornos de coque, uma unidade de sinterização, um forno de soleira aberta e conversores elétricos de aço. Quando o laminador a frio entrou em operação em 1958, a fábrica contava com 17929 empregados, produzindo 1,6 milhão de toneladas de aço por ano (metade do que 23 usinas siderúrgicas polonesas produziam antes da guerra), grande parte exportada para a União Soviética. E o complexo continuou crescendo, com mais fornos de coque e de soleira aberta, uma operação de soldagem de tubos, uma usina de galvanização e uma usina siderúrgica básica de oxigênio (a essa altura com alguns equipamentos importados do Ocidente). Em 1967, um quinto alto-forno foi inaugurado, um dos maiores do mundo, maior que qualquer coisa existente na União Soviética, e a força de trabalho da fábrica chegou a 29110 empregados. Um relato polonês sustenta que a expansão continuada da usina era "uma clara evidência do amor pela grandeza das autoridades — motivado mais pela política do que pela economia", como o alto-forno gigante, que exigia carvão antracito, um investimento ruim. Vieram novos laminadores. A produção anual atingiu o pico em 1978, com 6,5 milhões de toneladas de aço e o emprego um ano depois, com 38674 trabalhadores (uma força de trabalho maior do que a de qualquer siderúrgica americana, embora menor do que a de Magnitogorsk).[39]

Desenvolvimento desigual e combinado na Polônia, como mostrado na fotografia de Henryk Makarewicz da Usina Siderúrgica Lênin (1965).

Embora a cidade de Nowa Huta, tal como a usina, fosse uma prioridade nacional, sua construção foi longa e difícil. Usou-se equipamento pesado na construção da usina, mas fundos limitados fizeram com que a área residencial e comercial fosse, em grande parte, construída à maneira antiga, com pás, carrinhos de mão e ocasionais guindastes. A escassez de material e a má gestão retardaram a construção, enquanto a baixa qualidade dos materiais de construção levou a problemas posteriores. As autoridades usaram campanhas de agitação, competições de trabalho (que punham os trabalhadores uns contra os outros) e trabalho voluntário adicional para aumentar o ritmo da construção naquele que foi apelidado de "o grande local de construção do socialismo". Contratou-se um grande número de mulheres para a usina e para o esforço de construção, com o objetivo de promover a igualdade entre os sexos e ajudar a atender a demanda por trabalho. Muitas exerciam funções tradicionalmente reservadas aos homens, como as que eram pedreiros e estucadores na construção da cidade e as que formavam equipes de fundição femininas na usina. Como a construção das moradias atrasou, enquanto a siderúrgica crescia e uma enxurrada de operários chegava, durante anos a maioria dos habitantes de Nowa Huta teve de morar em barracões rudimentares e frios, com homens e mulheres separados, mas às vezes mais de uma dúzia em um único quarto, e sem instalações sanitárias básicas. Magnitogorsk revisitada.[40]

Em meados da década de 1950, a escassez de moradia e as condições de vida em geral miseráveis começaram a melhorar. Entre 1949 e 1958, os trabalhadores construíram 14 885 apartamentos em Nowa Huta. O plano original estava essencialmente concluído dois anos depois, quando a população chegou a 100 mil. Muitos moradores passaram a ver a cidade de maneira bastante favorável.[41]

A parte de Nowa Huta anterior a 1960 tem a forma de um meio octógono, e grandes avenidas irradiam de uma praça central em uma das extremidades (que ganhou em 2004 o nome de Ronald Reagan). Os portoes da usina siderúrgica estão a oitocentos metros de distância, longe o suficiente para que ela seja pouco visível do centro da cidade, embora, sem dúvida, fosse possível ver sua fumaça, uma notória poluidora, em seu apogeu. Uma linha de bonde conecta a usina e o distrito residencial e comercial original.

Um urbanismo diferente caracteriza o centro da cidade, reforçado pela apropriação de elementos do design renascentista, como galerias e praças, em contraste marcante com os conjuntos residenciais nos Estados Unidos da mesma época e aproximadamente do mesmo tamanho, como Levittown, no estado de Nova York, e Lakeland, na Califórnia, com suas pequenas casas unifamiliares isoladas e seus projetos baseados no automóvel. Os prédios residenciais ladeiam as principais avenidas e preenchem as áreas entre elas, organizados em aglomerados projetados para 5 mil a 6 mil moradores. Vistas das avenidas, as longas fachadas dos blocos habitacionais, que variam de dois a sete andares, parecem pesadas, mas atrás delas há espaços fechados, silenciosos e em escala humana, com pouco tráfego. Gramados, parquinhos, escolas, creches, garagens e varais enchem o espaço. Cada conjunto de prédios deveria ser em grande parte autossuficiente, com lojas nos andares térreos, centros de saúde, bibliotecas e outros serviços. Cinemas, um teatro, uma loja de departamentos, restaurantes e instituições públicas ficavam geralmente a uma curta distância das residências, enquanto uma linha de bonde fazia a conexão com a cidade de Cracóvia (que em 1951 absorveu administrativamente Nowa Huta). Com efeito, a organização social constituía uma adoção mais completa, embora menos radical, da vida comunitária nos moldes das primeiras moradias operárias de Gorki.

Vista aérea de Nowa Huta.

Os planos para Nowa Huta continuaram sendo alterados, em alguns aspectos em benefício da cidade. As primeiras unidades habitacionais eram bastante básicas, mas conforme a ideia de que Nowa Huta prefiguraria uma nova sociedade socialista, muitas das propriedades que se seguiram foram construídas dentro de padrões muito acima do que era a norma para os poloneses comuns, com mais espaço, banheiros privativos, rádios embutidos, telefones compartilhados em todas as entradas, armários de resfriamento e varandas. Os blocos concluídos na primeira metade da década de 1950 tinham um estilo realista socialista genérico, pesado, mas sua menor altura e escala menor em comparação com outras semelhantes, como a Stalinallee (agora Karl-Marx-Allee) em Berlim Oriental, evitavam a monumentalidade às vezes erroneamente atribuída à cidade. Contribuiu também para a escala humana o abandono de planos para uma prefeitura pouco atraente e imponente e um teatro monumental que marcariam o início e o fim do eixo central. Fizeram-se esforços para incorporar elementos tradicionais poloneses que variavam do charmoso, como as cúpulas octogonais no pequeno teatro Ludowy (que abrigava uma das companhias teatrais mais inovadoras do país), ao absurdo, como um dos dois prédios administrativos da usina construído para se assemelhar a um palácio renascentista com um "parapeito polonês".

Com a morte de Stálin, uma maior variedade se infiltrou nas habitações de Nowa Huta, como o bloco de apartamentos modernista estilo "casa sueca", derivado de Le Corbusier. Porém, o corte de custos levou à eliminação de coisas como elevadores e pisos de parquete. Como a população da cidade cresceu acima das expectativas originais, novos bairros foram construídos nos arredores da cidade. Muitos deles eram de aparência modernista, mas de construção de baixa qualidade, com prédios baixos e altos separados por espaços verdes, poucas lojas ou serviços nas proximidades, o tipo de "torre no parque" que se tornou a moda para a habitação urbana em ambos os blocos, comunista e capitalista.[42]

Destinada a ser uma vitrine da Polônia socialista, Nowa Huta recebeu atenção nacional e até internacional. Ao longo dos anos, foi visitada por gente como Khruchióv, Charles de Gaulle, Haile Selassie, Kwame Nkrumah e Fidel Castro. A siderúrgica e a cidade figuraram em numerosos romances, reportagens, filmes e até composições musicais. A usina apareceu em selos postais em 1951 e 1964. Em geral, a propaganda e as representações artísticas mostravam Nowa Huta de forma extremamente positiva, como o início de um futuro socialista, "o orgulho da nação", "a forja de nossa prosperidade". Mas, tendo sido elevada pelas autoridades comunistas a um lugar proeminente na narrativa nacional, tornou-se também um polo de críticas ao projeto socialista. O sensacional "Poema para adultos", escrito por Adam Ważyk em 1955, criticando abertamente o socialismo polonês (por um escritor até então conhecido como comunista da linha dura), pintava um feio retrato de Nowa Huta ("uma nova Eldorado") e seus moradores ("Uma grande migração, carregando ambições confusas, [...] Uma pilha de maldições, travesseiros de plumas, um galão de vodca, um apetite por garotas"). O aclamado filme *O homem de mármore*, de Andrzej Wajda, lançado em 1977, usou Nowa Huta para uma visão dolorosa e lúcida da história e da mitologia do comunismo polonês, prefigurando a revolução que logo chegaria à cidade siderúrgica, ao país e a todo o bloco comunista.[43]

Cidadãos socialistas

Tal como suas predecessoras soviéticas, as cidades-vitrine industriais da Europa Oriental destinavam-se não só a produzir aço, concreto e outros suprimentos vitais, mas também novos homens e mulheres, modelos para os cidadãos socialistas do futuro. Uma brigada da juventude búlgara escolheu como seu lema "Construímos Dimitrovgrad, e a cidade nos constrói". Mas a realidade mostrou-se muito mais complexa.

Alguns trabalhadores mudaram-se para Nowa Huta e outras cidades-vitrine por genuíno entusiasmo pelo projeto socialista e pelas novas democracias populares. E alguns acharam a experiência de ajudar a construir e abrir novas fábricas e cidades inebriante, algo de que lembrariam com afeição. Mas muitos participaram dos esforços de construção e aceitaram empregos nas novas fábricas não por identificação ideológica, mas por necessidade.

Tal como na União Soviética, o recrutamento de forças de trabalho industriais e de construção estava intimamente ligado às condições de vida miseráveis no campo, em consequência de aumento de impostos, vendas de safras obrigatórias, coletivização, pobreza de longa data e impacto de anos de guerra. Muitos húngaros da zona rural que se mudaram para Sztálinváros eram hostis ao governo comunista devido às diretrizes políticas que consideravam ataques a suas aldeias e a seu modo de vida. A falta de qualquer igreja em Sztálinváros acentuava essa hostilidade. Pelo menos para alguns, a cidade passou a ser vista não como um farol para um futuro mais brilhante, mas como um símbolo de tudo o que estava errado com o Estado socialista. Operários industriais experientes que foram para a cidade húngara pioneira tinham uma visão mais positiva, apreciavam a moradia melhor e os salários mais altos do que em outros lugares, mas, não obstante, muitas vezes se ressentiam da administração autocrática na fábrica, da intensidade do trabalho e da escassez contínua de alimentos e outros bens.[44]

A Polônia, com a aprovação tácita da União Soviética, não tentou coletivizar a agricultura e, portanto, não havia uma ligação direta entre deslocamento forçado e recrutamento de trabalhadores para Nowa Huta. Não obstante, a maioria dos operários da construção e da população da cidade vinha do campo, principalmente indivíduos com menos de trinta anos. Em 1954, mesmo na siderúrgica, onde muitos empregos exigiam habilidades industriais, 47% dos trabalhadores vinham de famílias camponesas. Muitos eram de zonas vizinhas e não tinham terras. "Olhando para o futuro", escreveu a historiadora Katherine Lebow, "eles viam uma vida de labuta implacável e marginalização cultural e achavam essa perspectiva intolerável." Movidos mais pela repulsa de sua antiga vida do que atraídos pela visão de uma nova, esperavam que Nowa Huta proporcionasse uma oportunidade para ganhar conhecimento especializado e dinheiro, escapar do tédio da vida rural e conseguir um futuro individual mais brilhante. Como lembraram mais tarde alguns sindicalistas, a atração não era nenhum orgulho por trabalhar no principal estabelecimento industrial do país, mas o desejo de desfrutar dos salários, da moradia e dos privilégios superiores oferecidos em Nowa Huta depois que ela ultrapassasse suas dificuldades iniciais.[45]

Para muitos recém-chegados, Nowa Huta, especialmente nos primeiros anos, foi uma decepção, com suas condições de vida e de trabalho difíceis, que incluíam altas taxas de acidentes industriais. Muitos simplesmente foram embora, criando um sério problema de rotatividade de mão de obra (o mesmo aconteceu em outras cidades-vitrine). Em vez de Nowa Huta forjar homens e mulheres socialistas de origem camponesa, o oposto parecia estar acontecendo, pois o que os comunistas consideravam males do atraso rural infectava a cidade. Os barracões não divididos por sexo, uma coorte muito grande de homens jovens e muito menos mulheres, e a escassez de entretenimento, recreação ou atividades religiosas levaram ao aborrecimento e à desordem. O alcoolismo tornou-se epidêmico, apesar dos esforços drásticos das autoridades para controlá-lo. Com isso veio uma grande quantidade de brigas e ataques sexuais, englobados pelas autoridades comunistas na categoria de "vandalismo". Com a autoridade civil e familiar fraca e a autoridade religiosa ausente, floresceu a liberdade sexual (e as doenças venéreas), para desânimo dos funcionários do governo. Quando os antigos moradores adotavam uma espécie de modernidade, não era necessariamente do tipo que as autoridades queriam. Alguns jovens se tornaram *bikiniarstwo* ("Bikini boys", termo derivado do local de testes nucleares, e não do traje de banho), adotando roupas e penteados inspirados na cultura jovem americana.

Problemas semelhantes surgiram em outros lugares. Em Dimitrovgrad, ex-camponeses tomaram parques e pátios públicos para plantar verduras e passaram a criar cabras, galinhas e coelhos no porão dos prédios residenciais, até que as autoridades comunistas finalmente conseguiram, na década de 1960, impedir a agricultura e a criação urbanas. Em Sztálinváros, jovens operários fabris de origem urbana brigavam com trabalhadores da construção civil que vinham do campo.[46]

As autoridades comunistas estavam nervosas com o comportamento e as atitudes da classe trabalhadora que estavam criando e intensificaram os esforços para inculcar a urbanidade socialista. Em privado e às vezes até em público, reconheciam que o salto para a personalidade socialista não estava ocorrendo como planejado. Mas, enquanto o mau comportamento permaneceu fora do âmbito político, não tomaram nenhuma medida drástica.

Problemas políticos sérios ocorreram primeiro em Sztálinváros, não como uma reação às condições específicas da usina siderúrgica, mas como parte da Revolução Húngara de 1956. A cidade tornou-se um centro de ação revolucionária, com um conselho de trabalhadores que desafiava a autoridade do governo. Depois que tropas dispararam contra uma manifestação, matando oito pessoas, os trabalhadores reagiram, forçando os soldados a se retirar e tomando a estação de rádio local. Mais tarde, quando o Exército soviético chegou para pacificar a cidade, os operários se juntaram a soldados e oficiais húngaros desertores para defender a cidade que seus cidadãos haviam rebatizado de Dunapetele, nome da aldeia que precedera a siderúrgica. A usina e a cidade que em sua denominação deveriam ser testamentos da amizade soviético-húngara se transformaram no oposto. Ironicamente, os trabalhadores pareciam finalmente adotar uma identidade ligada ao projeto-vitrine quando declararam que defenderiam das tropas soviéticas o que eles mesmos haviam construído, uma forma de expressão nacionalista que os planejadores de Sztálinváros não haviam previsto. Depois de 1956, um esforço da nova liderança comunista, instalada pelos soviéticos, para conquistar o apoio dos trabalhadores através de melhores salários e benefícios sociais acabou por mudar a opinião dos moradores do que foi mais uma vez chamado de Sztálinváros, à medida que um patriotismo socialista local desenvolveu no final da década de 1950 e início dos anos 1960 um sentimento de experiência e orgulho de classe compartilhados.[47]

Os problemas chegaram mais tarde a Nowa Huta, seguindo um caminho diferente. Os metalúrgicos ajudaram a desafiar os poderes dominantes, a princípio não por questões de trabalho, mas na afirmação de seu catolicismo. Tal como Magnitogorsk e Sztálinváros, Nowa Huta foi projetada sem nenhuma igreja, obrigando seus moradores católicos a buscar o culto nas aldeias vizinhas. Os pedidos da diocese de Cracóvia de construir uma igreja na cidade foram repetidamente rejeitados até o outono de 1956, quando, em resposta a protestos generalizados, o Partido Comunista Polonês colocou de volta no posto de primeiro secretário Władysław Gomułka, que estivera preso. Para melhorar as relações com a Igreja, Gomułka aprovou o pedido da diocese. Um ano depois, um local foi escolhido e nele ergueram uma cruz. Mas as autoridades começaram a embromar e, em 1960, destinaram o local para uma escola, mandando retirar a cruz. A equipe enviada para derrubá-la foi impedida por um grupo de mulheres da vizinhança que depois ganharam o apoio dos operários que saíam de seu turno na usina. Os defensores da cruz cantavam tanto a "Internacional" como hinos religiosos, um sinal de suas múltiplas lealdades. O dia terminou com uma batalha entre 4 mil moradores e tropas da milícia, que usaram canhões de água, gás lacrimogêneo e balas enquanto a multidão atirava pedras, destruía lojas e incendiava um prédio. Quase quinhentas pessoas foram presas, algumas recebendo penas substanciais. As autoridades, percebendo tardiamente o simbolismo explosivo, deixaram a cruz no lugar.

Algum tempo depois, os líderes católicos retomaram a campanha pela construção de uma igreja, com o apoio do novo arcebispo Karol Wojtyła, o futuro papa João Paulo II. Em 1965, o governo aprovou uma igreja perto de um novo conjunto habitacional. Foi necessária uma longa campanha para arrecadar dinheiro para a construção e erguê-la (sem nenhuma cooperação do governo), culminando na consagração do que foi chamado de Arca do Senhor pelo então cardeal Wojtyła, em maio de 1977, com 70 mil pessoas presentes.[48]

A defesa da cruz e a construção da igreja ajudaram a forjar uma cultura de resistência e redes de mobilização que em breve seriam usadas para uma contestação mais profunda do establishment. Mas a política de Nowa Huta não era de forma alguma simples. Em 1968, quando irromperam protestos estudantis em toda a Polônia, as autoridades tiveram de tomar medidas vigorosas para impedir que alunos de escolas de ensino médio e técnicas de Nowa Huta participassem das manifestações em Cracóvia. Ao mesmo tempo, trabalhadores da siderúrgica foram levados de ônibus para a cidade vizinha, onde espancaram estudantes da Universidade Jaguelônica, talvez refletindo tanto antagonismos de classe e culturais quanto diferenças políticas (como nos Estados Unidos, anos mais tarde, quando operários da construção civil agrediram estudantes que se manifestavam contra a guerra no Vietnã). Ainda em 1980, cerca de um quarto dos trabalhadores da usina pertencia ao Partido dos Trabalhadores Unidos da Polônia.

Oponentes intelectuais e operários do regime polonês estavam cada vez mais ativos e bem organizados. Em Nowa Huta, em abril de 1979, formou-se a Comunidade Cristã dos Trabalhadores, um grupo baseado nos ensinamentos sociais católicos, poucos meses antes de o papa João Paulo II falar em um mosteiro nos arredores da cidade, depois de não receber permissão do governo para visitar a Arca do Senhor. "A cruz não pode ser separada do trabalho do homem", declarou ele. "Cristo não pode ser separado do trabalho do homem. Isso foi confirmado em Nowa Huta."[49]

Acontecimentos tanto nacionais quanto locais minaram o apoio dos operários siderúrgicos ao regime. Aumentos dos preços em 1970 e 1976 levaram a protestos generalizados dos trabalhadores em todo o país, enquanto, em Nowa Huta, a construção de uma grande usina siderúrgica em Katowice e um crescente movimento ambientalista que criticava a poluição da Siderúrgica Lênin aumentaram os temores quanto ao futuro.[50] Em julho de 1980, quando mais um aumento de preços levou a uma nova onda de greves, trabalhadores de Nowa Huta aderiram a ela e ganharam concessões da administração. No mês seguinte, começaram a formar unidades do sindicato independente Solidariedade, fundado no Estaleiro Lênin, em Gdańsk. Havia muito tempo que os operários siderúrgicos de Nowa Huta tinham um sindicato, mas com pouca autoridade; os trabalhadores que queriam alguma coisa costumavam ir direto ao partido, o verdadeiro poder na usina. Quando apareceu uma alternativa, eles afluíram para ela.

No outono de 1980, com 90% da força de trabalho sindicalizada, a unidade da siderúrgica tornou-se a maior filial do Solidariedade em local de trabalho do país e a segunda em importância, depois de Gdańsk. Num sinal de sua nova confiança para afirmar seus próprios valores, os trabalhadores começaram a levar cruzes consagradas na igreja da Arca do Senhor para a usina (junto com bandeiras do Solidariedade), invertendo o fluxo da criação cultural da sociedade civil para o local de trabalho, o oposto do que os planejadores comunistas haviam imaginado. Os ativistas do Solidariedade em Nowa Huta também participaram da criação da "Rede", que conectava os maiores locais de trabalho industrial da Polônia, reconhecendo seu papel de vanguarda.[51]

A declaração da lei marcial em 13 de dezembro de 1981 deu início a um prolongado "estado de guerra" em Nowa Huta (e em outros lugares) entre o Solidariedade, então empurrado para a clandestinidade, e o governo. Os trabalhadores ocuparam a Siderúrgica Lênin por três dias antes que unidades com tanques da milícia recuperassem o controle. No ano seguinte, os trabalhadores começaram a construir uma estrutura clandestina do Solidariedade na usina. O tamanho e os recursos da empresa de vitrine facilitaram a organização. Os militantes do Solidariedade usavam suprimentos e impressoras da usina para produzir jornais e propaganda clandestinos em grandes quantidades, para circulação dentro e fora do complexo. Os técnicos da fábrica ajudaram a montar e manter uma rádio clandestina que atendia a parte sul do país. Suprimentos surrupiados da usina eram distribuídos para militantes do Solidariedade em outros lugares. Apoiadores do exterior enviaram ajuda aos sindicalistas de Nowa Huta, que acabaram conseguindo um computador antes que a própria usina tivesse um.

Com tantos operários trabalhando e vivendo juntos, normas e redes de resistência se espalharam dentro e fora da fábrica, enquanto Nowa Huta se tornava um dos centros mais militantes de oposição ao governo. Em 1982, começaram passeatas periódicas de protesto, de início lideradas por trabalhadores, mas, com o tempo, cada vez mais compostas de jovens. Com frequência, os manifestantes se reuniam em igrejas antes de partir para o centro da cidade e enfrentar inevitavelmente a polícia e a milícia. Nas batalhas que se seguiram, pelo menos três manifestantes foram mortos. O Solidariedade teve menos sucesso em seus esforços para realizar greves de protesto na própria usina.

Em 1988, Nowa Huta ajudou a empurrar o país para uma resolução radical do que se tornara uma crise econômica e política permanente. Mais uma vez, os aumentos de preços levaram a protestos. Em 26 de abril, os trabalhadores da Siderúrgica Lênin, ainda a maior empresa industrial do país, iniciaram uma greve que exigia aumento dos salários e a legalização do Solidariedade. Eles assumiram o controle do complexo, e cônjuges e filhos dos trabalhadores, padres solidários e líderes externos do Solidariedade entraram nele para apoiar o protesto. Em 4 de maio, os soldados retomaram o controle da usina e prenderam os líderes da greve. Mas, àquela altura, ela desencadeara paralisações em outros lugares, principalmente no Estaleiro Lênin, em Gdańsk. Em um esforço para acabar com os protestos, o governo entrou em contato com Lech Walesa, que ajudara a fundar o Solidariedade, o que acabou levando às negociações da "Mesa Redonda" com o grupo, à legalização dos sindicatos independentes e, em 1989, a eleições abertas para o senado nacional. A vitória esmagadora dos candidatos do Solidariedade pôs fim ao regime comunista na Polônia e acelerou o fim do controle comunista em toda a Europa Oriental.[52]

A ascensão e a vitória final do Solidariedade demonstraram — tarde demais — às autoridades polonesas os perigos do gigantismo fabril e do urbanismo industrial. Nowa Huta, destinada, entre outras coisas, a criar uma classe trabalhadora politizada em grande parte formada por filhos do campesinato, conseguiu isso, mas de uma maneira que seus planejadores não haviam previsto. De acordo com o relato dos sindicalistas do Solidariedade, os operários de Nowa Huta passaram a se orgulhar de trabalhar na usina, não pelo papel que desempenhavam na criação de uma Polônia socialista, mas no combate a ela.[53] Como Goodyear, GM, Ford, GE e outras grandes empresas americanas haviam aprendido décadas antes, grandes agrupamentos de operários trabalhando, vivendo, rezando, bebendo e morrendo juntos podem transformar as maiores e mais importantes fábricas, de modelos de eficiência em armas da força de trabalho.

A consequência da vitória foi irônica para os trabalhadores poloneses. As gigantescas fortalezas da indústria, construídas para liderar a transição para o socialismo, tinham poucas chances de sobreviver intactas à volta ao capitalismo. A maioria dos grandes complexos industriais poloneses sofria de falta de investimento, baixa produtividade e excesso de pessoal, e carecia das máquinas avançadas encontradas no Ocidente. À medida que os subsídios do governo diminuíam, os mercados cativos eram perdidos e se iniciava a privatização, a concorrência ficava impossível. O Estaleiro Lênin passou por repetidas reorganizações, demissões e finalmente privatização, até que sua força de trabalho encolheu de 17 mil empregados em 1980, quando deu à luz o Solidariedade, para menos de 2 mil em 2014.[54]

Em Nowa Huta, um sindicalista do Solidariedade, logo depois que o primeiro governo não comunista assumiu o poder, estimou que uma usina no Ocidente com a mesma produção da Siderúrgica Lênin teria 7 mil operários, não 30 mil, consequência de equipamentos mais modernos, trabalho mais intenso e nenhuma obrigação de manter trabalhadores idosos, doentes ou alcoólatras. Em 1991, com a produção de Nowa Huta em queda vertiginosa, o governo, após negociar com vários sindicatos (já então o Solidariedade representava apenas cerca de um terço da força de trabalho), iniciou um programa de desintegração, repassando várias funções de apoio, como a rede ferroviária interna, a reciclagem de escórias e algumas operações de acabamento para vinte novas empresas, que juntas empregavam cerca de 60% da força de trabalho anterior. A empresa original concentrou-se nas operações básicas de siderurgia. Para reduzir a poluição, grandes partes da usina foram simplesmente fechadas, entre elas dois altos-fornos, o forno de soleira aberta, a unidade de sinterização e alguns fornos de coque. O amplo alcance social da usina também foi reduzido: ao longo dos anos, ela assumira muitas funções para a força de trabalho e para a cidade, inclusive a administração de uma fazenda, uma cantina, um centro médico, instalações de férias e um clube de futebol. Tais atividades também foram desmembradas ou reduzidas.

Em 2001, a siderúrgica de Nowa Huta (então rebatizada com o nome do engenheiro polonês Tadeusz Sendzimir) fundiu-se com as outras grandes siderúrgicas do país. Após a privatização e uma fusão posterior, tornou-se parte da maior companhia siderúrgica do mundo, a ArcelorMittal. A nova proprietária investiu um pouco em modernização, com a inauguração de um laminador a quente avançado em 2007. Mas, em 2015, apenas 3300 empregados permaneciam em sua folha de pagamento e outros 12 mil trabalhavam em empresas separadas conectadas a ela. Os salários, outrora consideravelmente acima do padrão, agora eram comparáveis aos de outras empresas da região. Os grandes dias heroicos de construção socialista e luta pela fé e pela liberdade tinham acabado. A usina se tornara comum, como tantas outras na Europa e nos Estados Unidos. Empregava uma força de trabalho de tamanho modesto, fornecia apenas uma pequena porcentagem da produção de sua empresa controladora e enfrentava o problema do excesso mundial da capacidade de produzir aço, consequência do fato de muitos países, especialmente a China, ainda considerarem a produção de aço um pré-requisito para a grandeza e a modernidade nacional.[55]

Durante a época em que as empresas americanas mudaram para fábricas menores e dispersas e a União Soviética se manteve fiel ao modelo da fábrica gigantesca, espalhando-o para a Europa Oriental, grandes fábricas continuaram a ser construídas e aclamadas em outras partes do mundo. Algumas delas funcionavam na Europa Ocidental, principalmente na Alemanha. Havia também algumas fábricas muito grandes no mundo subdesenvolvido.

Hoje, a maior fábrica de automóveis do mundo está em Wolfsburg, Alemanha, onde 72 mil trabalhadores produzem 830 mil Volkswagens por ano em um complexo industrial de quase 650 hectares. A força de trabalho de Wolfsburg representa apenas 12% do total da empresa, que conta com quase 600 mil empregados em todo o mundo, 270 mil deles na Alemanha.[56] Ainda assim, nenhuma outra empresa na Europa ou na América do Norte concentra tantos trabalhadores em um único local.

A Alemanha teve uma história industrial um pouco diferente daquela dos Estados Unidos ou da Inglaterra. No século XIX, a siderúrgica Krupp, em Essen, era uma das maiores fábricas do mundo. Mas, na primeira metade do século XX, as pequenas e médias empresas dominavam a indústria alemã, muitas vezes trabalhando em colaboração, já que a força industrial do país estava na produção de bens diversificados e de alta qualidade, em vez de produtos padronizados de baixo custo. Havia algumas fábricas muito grandes de bens de produção — sobretudo aço e substâncias químicas —, mas as de bens de consumo permaneciam menores. Embora o fordismo tenha atraído grande atenção, na prática, as empresas alemãs demoraram a adotar seus métodos de produção e as fábricas de grande escala que os acompanhavam devido a escassez de capital, barreiras comerciais que limitavam a escala do mercado e uma mão de obra altamente qualificada que seria subutilizada com os métodos americanos.[57]

As automobilísticas alemãs começaram a experimentar a linha de montagem no início dos anos 1920, mas só avançaram lentamente em direção à produção em massa integrada. Quando os nacional-socialistas tomaram o poder, Adolf Hitler, grande admirador de Ford, pressionou as empresas a se unir para produzir em massa um equivalente alemão do Modelo T, um "carro do povo", ou seja, um *Volkswagen*. Mas elas não aceitaram isso, de modo que o próprio governo assumiu essa responsabilidade. Em 1938, Hitler lançou a pedra fundamental de uma fábrica da Volkswagen no que foi originalmente chamado de Stadt des KdF-Wagens bei Fallersleben [Cidade do Carro Força pela Alegria em Fallersleben] (a vila mais próxima depois foi rebatizada de Wolfsburg). Tal como os soviéticos, os nazistas recorreram aos Estados Unidos em busca de máquinas especializadas de propósito único. Mas a guerra interveio antes que o carro do povo pudesse começar a ser feito em massa, e a fábrica se engajou na produção de guerra usando trabalho forçado, em sua maioria recrutado na Europa Oriental.

Os industriais alemães ganharam experiência na produção em massa fabricando armamentos durante a guerra. No início da década de 1950, as condições na Alemanha Ocidental facilitaram sua aplicação à produção civil, à medida que cresciam o poder de compra da população e o comércio. A fábrica de Wolfsburg, que sobreviveu à guerra com poucos danos, voltou ao seu propósito original. Em um retrocesso aos primórdios da Ford, durante anos produziu apenas um modelo, o Volkswagen Käfer (o fusca); mais tarde, acrescentou à sua linha de produção um *Kombinationsfahrzeug*, um "veículo combinado" derivado do fusca que ficou conhecido como Kombi. A empresa resistiu a construir fábricas no exterior para manter o volume e tornar a ampla automação lucrativa. O modelo alemão de codeterminação, que dava um amplo papel aos sindicatos na gestão da empresa e contava com altos salários e generosos benefícios sociais (incluindo grande participação nos lucros) ajudou a assegurar relações trabalhistas pacíficas. Ao contrário dos industriais americanos da época, a Volkswagen não temia que os trabalhadores pudessem aproveitar a concentração para interromper a produção e impor sua vontade à empresa.[58]

Embora as pequenas e médias empresas continuassem a dominar a economia da Alemanha Ocidental e, depois, da Alemanha unificada, havia, além da Volkswagen, algumas indústrias com fábricas muito grandes. A gigante da química BASF, que fizera parte da IG Farben, mas se tornara uma entidade separada após a Segunda Guerra Mundial, concentrou a produção em seu velho complexo junto ao Reno, em Ludwigsafen. Em 1963, seu conselho administrativo reconheceu "que uma empresa cujo volume de produção está concentrado em um único ponto geográfico é especialmente vulnerável em muitos aspectos (por exemplo, greves, terremotos e outras forças fora do controle)". Não obstante, decidiu continuar investindo e expandindo sua histórica unidade principal, embora tenha mais tarde acrescentado outras para aumentar a capacidade. Em 2016, cerca de 39 mil empregados trabalhavam no local de dez quilômetros quadrados, que tinha aproximadamente 2 mil edificações.[59]

Mas a Volkswagen continuou a ser a vitrine da indústria alemã e Wolfsburg, um templo para o gigantismo fabril. Tal como Henry Ford, ciente de que uma fábrica poderia ser uma ferramenta de merchandising, a administração da Volkswagen construiu um parque temático, o Autostadt, ao lado da fábrica principal, que em 2014 recebeu 2,2 milhões de visitantes. Muitos compradores pegavam seus veículos recém-fabricados nesse local. Após a unificação alemã, a empresa construiu uma nova fábrica extraordinária em Dresden para fabricar seus modelos mais caros. Paredes de vidro tornam o processo de produção completamente visível, e os carros acabados ficam expostos numa torre de vidro de doze andares, um Palácio de Cristal do século XXI.[60]

Se a Volkswagen exemplifica o gigantismo industrial do pós-guerra na Europa Ocidental, dependente de relações trabalhistas estáveis obtidas por meio de políticas social-democratas da empresa e do país, a Misr Spinning and Weaving Company, em Mahalla el-Kubra, Egito, no coração do delta do Nilo, demonstra novamente o potencial explosivo quando fábricas gigantescas reúnem massas de trabalhadores e as tratam mal. Ano após ano, regime após regime, os trabalhadores de Mahalla estiveram à frente do movimento operário egípcio, defendendo seus interesses econômicos imediatos e intervindo cada vez mais em eventos políticos nacionais.

A companhia foi fundada em 1927 pelo Banco Misr, um empreendimento explicitamente nacionalista criado para financiar empresas egípcias numa época em que a Inglaterra ainda ocupava o país e controlava grande parte de sua economia. Apesar da longa história da indústria do algodão egípcio, foi a primeira fábrica têxtil mecanizada moderna de propriedade de egípcios muçulmanos. No final da Segunda Guerra Mundial, a indústria integrada, que fazia fiação, tecelagem e tingimento, empregava 25 mil trabalhadores, fazendo dela o maior estabelecimento industrial do Oriente Médio.

As autoridades egípcias e os dirigentes da empresa projetavam fábricas têxteis mecanizadas como "cidadelas de modernidade, progresso nacional e desenvolvimento econômico". Mas a força de trabalho, em grande parte recrutada do campesinato, não aceitou a ideia da elite da fábrica de um projeto nacionalista compartilhado, protestando repetidamente contra as condições de trabalho ruins e os baixos salários. Em 1938, a primeira grande greve na fábrica exigiu pagamento mais alto por peças e uma mudança do turno de doze para oito horas. Uma breve greve em 1946 foi seguida no ano seguinte por uma maciça que protestava contra demissões e administração autocrática. Tanques entraram na fábrica para esmagar a greve e três trabalhadores foram mortos no confronto. Em 1952, quando oficiais do Exército liderados por Gamal Abdel Nasser tomaram o poder, derrubando a monarquia egípcia, os trabalhadores da usina esperavam que as condições melhorassem, mas, quando fizeram greve, o Exército mais uma vez entrou em ação.

Em 1960, num sinal da importância simbólica e prática de Misr, quando Nasser inclinou-se para a esquerda e abraçou o "socialismo árabe", a fábrica foi a primeira indústria a ser nacionalizada. Sob propriedade estatal, a tradição de militância dos operários continuou, com a participação numa greve de três dias em 1975 que levou a aumentos substanciais de salários para os operários industriais empregados pelo Estado. Em 1986, os trabalhadores voltaram a entrar em greve, obtendo um aumento salarial, e dois anos depois fizeram nova greve, dessa vez criticando explicitamente o presidente Hosni Mubarak. Uma greve na fábrica no final de 2006, quando o governo voltou atrás no pagamento de bônus prometidos, desencadeou uma onda de protestos de trabalhadores em outras fábricas têxteis e foi o prelúdio de uma greve ainda maior no ano seguinte, que obteve um grande aumento nos bônus.

Em abril de 2008, um protesto dos trabalhadores de Mahalla, reprimido por milhares de policiais e que deixou pelo menos três mortos, ajudou a desencadear a oposição a Mubarak que culminou em sua queda, em 2011, durante a chamada Primavera Árabe. Em fevereiro de 2014, os operários da fábrica voltaram a entrar em greve, exigindo a remoção de funcionários da época de Mubarak que ainda estavam na administração da empresa. Mesmo depois que outro regime quase militar assumiu o poder, liderado por Abdel Fattah el-Sisi, os trabalhadores têxteis mantiveram sua militância e entraram em greve, em outro conflito sobre bônus, para protestar contra a decisão do governo de acabar com os subsídios ao algodão e para pedir a destituição de funcionários corruptos da empresa. Como havia acontecido em outros lugares, a abertura de uma fábrica gigantesca em nome do nacionalismo e da modernidade criou uma força de trabalho com visões próprias do que isso significava, numa posição estratégica para fazer suas ideias sobre o passado, o presente e o futuro serem levadas em conta.[61]

7. "Foxconn City"

Fábricas gigantes na China e no Vietnã

Em meados de 2010, uma onda de suicídios de trabalhadores atraiu a atenção mundial para uma empresa que três anos antes o *Wall Street Journal* chamara de "a maior exportadora de que você nunca ouviu falar", a Hon Hai Precision Industry Co., que operava com o nome de Foxconn. Naquele ano, dezoito trabalhadores entre dezessete e 25 anos tentaram se suicidar em suas fábricas na China, catorze deles com sucesso. Com exceção de um, todos pularam de um edifício da empresa. Embora surpreendentes por si mesmos, o que tornou os suicídios uma grande notícia em todo o mundo foi que ocorreram em fábricas que montavam iPads e iPhones, dois dos produtos de consumo mais quentes do mercado, símbolos da modernidade e da boa vida. A justaposição de trabalhadores que se sentiam tão oprimidos e alienados pelo emprego que tiraram a própria vida com os produtos da Apple elegantemente desenhados — sem emendas, luxuosos, futuristas — levantou por um momento questões incômodas sobre a fábrica de salsichas na qual a carne da modernidade estava sendo produzida e sobre o custo humano de aparelhos elegantes e convenientes.[1]

A reação corporativa aos suicídios se mostrou quase tão perturbadora quanto as mortes. As empresas que usavam a Foxconn para produzir seus produtos, entre elas Apple, Dell e Hewlett-Packard, adotaram uma postura discreta, expressando preocupaçao e dizendo que estavam investigando o tema. Steve Jobs, CEO da Apple, disse que os suicídios eram "muito preocupantes" e acrescentou: "Estamos dando toda atenção a isso". Em 2012, após mais notícias negativas a respeito da Foxconn, a Apple contratou a Fair Labor Association, uma organização sem fins lucrativos, para inspecionar suas fábricas e seu cumprimento do código de conduta do grupo de monitoramento no local de trabalho. Mas nenhum dos principais clientes da Foxconn, nem mesmo a Apple, deixou de usar seus serviços.

De início, Terry Gou, fundador e presidente da Foxconn, considerou os suicídios insignificantes, tendo em vista o tamanho de sua força de trabalho. Mas, à medida que as mortes e a publicidade negativa aumentaram e o preço de suas ações caiu, a empresa começou a agir. Em junho de 2010, a Foxconn aumentou os salários básicos em suas fábricas de Shenzhen, onde ocorreu a maioria dos suicídios, do mínimo exigido legalmente de novecentos renminbi por mês (132 dólares) para 1200 renminbi (176 dólares), e em outubro aumentou novamente os salários. Também montou um centro de aconselhamento 24 horas para seus trabalhadores e organizou uma grande celebração em sua maior fábrica, com desfile, carros alegóricos, animadoras de torcida, Homens-Aranha, acrobatas, fogos de artifício e cânticos de "valorize sua vida" e "cuidem uns dos outros para construir um futuro maravilhoso".[2]

Mas houve também um lado mais sombrio na reação da Foxconn. A empresa tentou limitar seu envolvimento em futuras mortes exigindo que os funcionários assinassem uma declaração de exoneração de responsabilidade que dizia:

> Caso surja qualquer lesão ou morte pela qual a Foxconn não possa ser responsabilizada (inclusive suicídios e automutilação), eu concordo por meio desta em entregar o caso aos procedimentos legais e regulamentares da empresa. Meus familiares e eu não buscaremos uma indenização extra acima da exigida pela lei, para que a reputação da empresa não seja arruinada e sua operação permaneça estável.

A indignação dos trabalhadores logo a levou a abandonar essa tentativa. A empresa também começou a transferir a produção de Shenzhen para novas fábricas no interior da China, em grande medida para reduzir salários, mas também por acreditar que, se seus trabalhadores migrantes — a imensa maioria — estivessem mais próximos de casa, teriam menor probabilidade de se matar. Por fim, a Foxconn começou a colocar telas de arame nas sacadas e escadarias externas dos dormitórios e travas nas janelas do andar superior para evitar que os trabalhadores saltassem, além de cercar todos os prédios de fábricas e dormitórios com uma rede colocada a seis metros do solo, de modo que, se um trabalhador conseguisse saltar, não morreria. A empresa usou mais de 3 milhões de metros quadrados de redes amarelas nesse processo, quase o suficiente para cobrir todo o Central

Park de Nova York. A reação swiftiana da Foxconn — em vez de mudar um regime de produção que levava jovens homens e mulheres a pular de prédios, tentar pegá-los antes que caíssem no chão — parecia um retorno ao utilitarismo torto de Thomas Gradgrind (personagem do romance *Tempos difíceis*, de Charles Dickens), aplicado a fábricas tão grandes que faziam as têxteis de Manchester parecer lojinhas de esquina.[3]

Embora algumas reportagens sobre os suicídios da Foxconn tenham notado o tamanho muito grande das fábricas envolvidas, nenhuma mencionou que o Parque de Ciência e Tecnologia Longhua, em Shenzhen, mais conhecido como "Foxconn City", era, tanto quanto se sabia, o maior da história em número de empregados. O extremo secretismo da Foxconn torna impossível ter certeza até mesmo de informações básicas como o número de trabalhadores em suas fábricas, mas relatos jornalísticos e acadêmicos informaram que, na época, Longhua tinha mais de 300 mil empregados e, segundo alguns relatos, mais de 400 mil, deixando muito para trás até mesmo monumentos ao gigantismo como River Rouge e Magnitogorsk, que juntas tinham muito menos trabalhadores do que a fábrica da Foxconn. Um executivo da Apple, ao encontrar seu carro preso no meio de uma massa de empregados do Longhua durante uma mudança de turno, declarou: "A escala é inimaginável".[4]

Embora nenhuma fábrica tenha igualado Longhua em número de trabalhadores, há muitas outras gigantescas no Leste Asiático. A própria Foxconn possui muitas delas. Em 2016, a empresa empregava 1,4 milhão de pessoas em trinta países, com mais de 1 milhão trabalhando em fábricas na China, que tinham de 80 mil a várias centenas de milhares de trabalhadores. Uma segunda fábrica da Foxconn em Shenzhen, que funciona em estreita coordenação com Longhua, empregava 130 mil trabalhadores em 2010. Numa fábrica de Chengdu, um complexo de dez quilômetros quadrados várias vezes maior do que o campus de Longhua, 165 mil trabalhadores produziam iPads. E nos momentos de pico durante o ano de 2016, uma multidão de 350 mil trabalhadores fazia iPhones num complexo da Foxconn em Zhengzhou, uma das fábricas mais populosas da história.[5]

Outras empresas do setor eletrônico também têm fábricas muito grandes na China. Em 2011, após o problema na Foxconn, a Apple começou a transferir parte da produção do iPad e do iPhone para a Pegatron, de propriedade taiwanesa, tal como a Foxconn. No final de 2013, a Pegatron tinha mais de 100 mil trabalhadores em sua fábrica de Xangai, 80 mil dos quais moravam em dormitórios superlotados.[6] Fábricas de eletrônicos com 10 mil, 20 mil ou até 40 mil trabalhadores não são incomuns na China. Apesar de pequenas pelos padrões da Foxconn, elas têm mais empregados do que quase todas as fábricas nos Estados Unidos. O filme *Manufactured Landscapes* [Paisagens manufaturadas], de 2006, sobre o fotógrafo canadense Edward Burtynsky, começa com uma tomada de câmera que avança lentamente pelo corredor de uma fábrica, na cidade de Xiamen, província de Fujian, que tinha cerca de 20 mil operários fabricando cafeteiras elétricas, ferros de passar e outros eletrodomésticos pequenos. A tomada continua por quase oito minutos completos, dando uma ideia da imensidão de uma fábrica com apenas vinte trabalhadores.[7]

Algumas outras indústrias, além da eletrônica, possuem fábricas muito grandes na Ásia. O Grupo Huafang, um dos principais produtores têxteis da China, tinha um complexo fabril com mais de cem prédios e 30 mil empregados. Algumas fábricas de brinquedos também são muito grandes.[8] E há outras verdadeiramente gigantescas que fazem tênis e sapatos informais.

A Foxconn dos calçados é a Yue Yuen Industrial (Holdings) Limited, uma subsidiária da empresa taiwanesa Pou Chen Corporation, fundada em 1969. A pouco mais de uma hora de carro ao norte da Foxconn City fica uma fábrica da Yue Yuen em Dongguan que em meados da década de 2000 tinha 110 mil operários que faziam dela a maior fábrica de calçados da história. Os trabalhadores produziam quase 1 milhão de pares de calçados por mês para marcas internacionais como a Nike (que tinha escritórios dentro da fábrica), bem como para a YYSports, da própria Yue Yuen, vendida por meio de uma cadeia de lojas próprias na China. Tal como a Foxconn City e muitas outras indústrias chinesas, ela tinha dormitórios e refeitórios para seus trabalhadores, bem como uma sala de leitura e discoteca construída pela Nike. A Yue Yuen possuía outras cinco fábricas na China, inclusive mais três na província de Guangdong. A Pou Chen, que faturou 8,4 bilhões de dólares em 2015, controlava fábricas de calçados em Taiwan, Indonésia, Vietnã, Estados Unidos, México, Bangladesh, Camboja e Mianmar. Em junho de 2011, mais de 90 mil operários entraram em greve numa fábrica da Yue Yuen no Vietnã, naquela que foi provavelmente a maior greve em um único local do mundo em décadas.[9]

Dois acontecimentos levaram ao último capítulo do gigantismo fabril. Primeiro foi a abertura, a partir da década de 1980, da China e do Vietnã para o capital privado e estrangeiro, parte dos esforços nacionais para elevar os padrões de vida e adotar uma modernidade cada vez mais medida por padrões globais, em grande parte capitalistas. Em segundo lugar, houve uma revolução no varejo nos Estados Unidos e na Europa Ocidental, pois, em muitas linhas de produtos, os comerciantes, e não os fabricantes, tornaram-se os principais atores no design, no marketing e na logística. A convergência dessas mudanças resultou na construção das maiores fábricas da história.

O gigantismo da fábrica do século XXI lembra, de muitas maneiras, momentos anteriores do industrialismo exagerado, de uma forma quase sinistra. Mas, em alguns aspectos, é bastante diferente e representa uma nova forma do gigante fabril. Embora tenham se baseado na experiência passada em termos de organização, administração, relações de trabalho e tecnologia, as fábricas gigantescas asiáticas contemporâneas desempenham papéis econômicos, políticos e culturais diferentes daqueles das antigas fábricas gigantes. Como as maiores e mais avançadas fábricas do passado, os gigantes industriais de hoje encarnam as possibilidades e os horrores da indústria de grande escala. Mas o fazem em grande parte fora dos holofotes, escondidas em vez de celebradas como as fábricas de outros tempos.

Gigantismo maoista

As monumentais fábricas construídas na China e no Vietnã nas últimas duas décadas vieram depois de um dos últimos esforços substanciais para voltar a conceber a fábrica como uma instituição social. Nos anos que se seguiram à vitória das forças comunistas na China em 1949, uma história complicada de escala e luta se desenrolou no esforço de modernizar o país por meio da industrialização. De vez em quando, os comunistas chineses experimentavam novas maneiras de organizar a produção, sem se contentar em simplesmente transplantar para a China revolucionária a fábrica tal como ela se desenvolveu no capitalismo e no stalinismo. As tentativas mostraram-se profundamente controversas, contribuindo para divisões que quase separaram o país e levaram finalmente a uma reorientação política e econômica radical.

De início, a história da fábrica na China comunista parecia uma repetição da experiência soviética, muito semelhante ao que estava ocorrendo na Europa Oriental. Em 1953, depois de um período de recuperação econômica com o fim da guerra civil, o governo comunista, aconselhado pelos soviéticos, lançou um Plano Quinquenal. Seguindo o precedente soviético, esse plano dava forte ênfase à indústria, que respondia por mais da metade do investimento planejado no país predominantemente agrícola. Bens de produção, sobretudo as indústrias de ferro e aço, mecânica, energia elétrica, carvão, petróleo e química tinham prioridade. Um total de 694 projetos de capital intensivo em grande escala seria a força motriz do crescimento econômico, um quarto dos quais seria construído com assistência soviética. A China importou grande parte das máquinas e dos equipamentos da União Soviética mediante empréstimos de curto prazo. Tal como a Europa Oriental, tornou-se herdeira de uma tradição industrial que viajara dos Estados Unidos através da União Soviética, com ênfase em tarefas e equipamentos especializados, produção de alto volume, administração hierárquica e pagamento de incentivos.[10]

Mas, mesmo antes do final do Plano Quinquenal, os líderes chineses começaram a se afastar do modelo soviético. Primeiro, rejeitaram a "administração de um único homem" das fábricas, buscando um envolvimento mais amplo do partido e dos operários, e começaram a abandonar o pagamento de incentivo individual. Depois, no planejamento preliminar de um Segundo Plano Quinquenal, a prioridade mudou de grandes projetos de capital intensivo para unidades fabris de escala menor e distribuição mais ampla, consideradas mais apropriadas para a capacidade financeira limitada da China.

O Segundo Plano Quinquenal nunca foi concluído por causa de uma mudança mais radical, o Grande Salto Adiante, lançado em 1958 num esforço para acelerar o crescimento econômico por meio da mobilização em massa e da inovação descentralizada. Ele teve um teor antiburocrático profundamente disruptivo. Na indústria, a nova política adotou o "andar sobre duas pernas": continuou com o desenvolvimento de fábricas modernas em grande escala e ao mesmo tempo promoveu a indústria de pequena escala, de mão de obra intensiva e tecnologicamente simples que usava recursos locais. A microindústria pretendia tirar proveito de mão de obra e materiais rurais subutilizados, servir à agricultura e fornecer insumos para instalações industriais de grande escala. As mais famosas foram as várias centenas de milhares de altos-fornos de "quintal" construídos em todo o país, que, junto com as pequenas minas para alimentá-los, empregaram, em certo momento, 60 milhões de trabalhadores. As iniciativas locais assumiram um papel mais proeminente no desenvolvimento industrial, enquanto a importância das diretivas centrais diminuía.

Além de experimentar escalas diferentes de fábricas, os defensores do Grande Salto Adiante também tentaram romper a divisão entre administração e trabalho dentro da fábrica e a distribuição desigual de poder e privilégio. Em maio de 1957, o Comitê Central do Partido Comunista determinou que todo o pessoal administrativo e técnico das fábricas, além da direção, passasse parte de seu tempo diretamente envolvido em atividades produtivas, expondo-os às condições, preocupações e opiniões dos trabalhadores. Ao mesmo tempo, os trabalhadores ganharam mais oportunidades de participar da gestão das fábricas, ou pelo menos de opinar sobre o comportamento dos gerentes. Congressos periódicos de trabalhadores avaliavam a ação gerencial, enquanto jornais murais proporcionavam um veículo mais imediato para as críticas. Algumas tarefas administrativas, como contabilidade, programação, controle de qualidade, atribuições de tarefas e disciplina, foram transferidas de gerentes para equipes de trabalhadores. Para capacitar os trabalhadores a se envolver em questões técnicas e administrativas de maneira informada, o país lançou um programa enorme de educação técnica que lembrava a União Soviética da década de 1930.

Os esforços para criar uma indústria rural de pequena escala e dar mais voz aos trabalhadores sobre a gestão das fábricas refletiam a crença maoista de que a mobilização popular era fundamental para o desenvolvimento econômico e a construção do socialismo. Mas o Grande Salto Adiante, inclusive seu experimento radical com escala industrial, foi um desastre. A produção de alguns bens disparou, mas eram de qualidade tão baixa e muitas vezes em variedades desnecessárias que se mostraram praticamente inúteis. Enquanto isso, a transferência da mão de obra da agricultura para a indústria local, o caos resultante do enfraquecimento do planejamento central e as estimativas totalmente erradas das próximas colheitas levaram a uma grave escassez de alimentos. Até os mais fortes defensores do Grande Salto Adiante, inclusive Mao, foram obrigados a reconhecer que o crescimento econômico não poderia ser alcançado simplesmente por meio da mobilização em massa.

No entanto, ao mesmo tempo que a liderança chinesa fechava a maior parte dos altos-fornos de quintal, reafirmava o controle central e colocava especialistas de volta ao comando das indústrias, prosseguia a experimentação promovida particularmente por Mao, num esforço para evitar o que era visto como falhas do modelo soviético e endurecimento da hierarquia e da burocracia em detrimento dos ideais comunistas. Ao mesmo tempo que adotava novamente o gigantismo industrial como caminho para o desenvolvimento nacional, Mao esperava conceder autonomia considerável às grandes empresas, a fim de diminuir a complexidade e a rigidez do planejamento central e criar um ambiente favorável ao maior envolvimento dos trabalhadores na administração.

A Companhia de Ferro e Aço de Anshan e o Campo Petrolífero de Daqing tornaram-se um modelo para a abordagem esquerdista da administração industrial promovida por Mao. Anshan, localizada no nordeste do país, fora uma das duas maiores siderúrgicas da China pré-comunista, ampliada com a ajuda soviética durante o Primeiro Plano Quinquenal. Em 1960, Mao aprovou uma "constituição" para a administração da usina, supostamente escrita por seus funcionários. Embora detalhes não tenham sido publicados, seus princípios gerais enfatizavam pôr a política no comando, basear-se na mobilização em massa, trazer os trabalhadores para a administração, evitar regras e regulamentos irracionais e criar equipes de trabalho que unissem técnicos, operários e gerentes. A "Constituição de Anshan" foi apresentada explicitamente como um contraponto ao método de gestão de Magnitogorsk, que subordinava os trabalhadores mediante regras e regulamentos restritivos.[11]

Mao acreditava que empresas industriais gigantescas poderiam se tornar âncoras de uma nova organização social. Em vez de simplesmente produzir uma gama restrita de bens, uma usina siderúrgica também poderia operar máquinas, produtos químicos, de construção e outras empresas, tornando-se uma organização multiúso, comercial, social, educacional e até agrícola e militar. A fábrica seria o núcleo de uma comunidade abrangente, indo além do papel expansivo das grandes fábricas da União Soviética e da Europa Oriental. O Campo Petrolífero de Daqing, situado tal como Magnitogorsk no que era uma área pouco povoada, representava uma oportunidade para conceber um novo tipo de povoamento que romperia a divisão urbano-rural. Ao contrário de Magnitogorsk, onde os soviéticos construíram uma nova cidade conforme o modelo convencional, em Daqing, os chineses desenvolveram áreas residenciais dispersas, ao mesmo tempo que apoiaram a produção agrícola e uma série de serviços sociais e educacionais.[12]

Mao também acreditava que a chave do avanço para uma sociedade socialista, com maior igualdade e crescimento mais rápido, estava nas relações de produção, não simplesmente no nível de desenvolvimento material. Quem dirigia a fábrica fazia toda a diferença. Mas houve muitos críticos entre os líderes chineses quando se desenrolou um debate no final dos anos

1950 e início dos 1960 — que lembrava de algum modo o debate que houvera na União Soviética na década de 1920 — sobre políticas econômicas e práticas industriais. Após o Grande Salto Adiante, em vez de promover a autossuficiência empresarial e o autogoverno dos trabalhadores, muitos líderes chineses pediram uma maior especialização das empresas e dos trabalhadores e maior uso de incentivos materiais.

Ma Wen-jui, ministro do Trabalho, representava um lado do debate quando, em 1964, argumentou — tal como Trótski quatro décadas antes — que a indústria moderna, com sua maquinaria complexa e a atividade coordenada de grande número de trabalhadores, exigia uma forma particular de organização, fosse numa sociedade capitalista ou socialista. Maximizar a produção "para satisfazer as necessidades da sociedade" continuava sendo a "tarefa básica" das empresas estatais. O socialismo eliminava o conflito de classes inerente à fábrica no capitalismo porque toda a produção era para o benefício da sociedade como um todo, de modo que operários e gerentes não tinham mais interesses divergentes. Mas a organização interna da fábrica não precisava diferir significativamente dos modelos capitalistas. Ma Wen-jui apoiava o envolvimento dos trabalhadores na supervisão dos gerentes, mas não previa eliminar a distinção entre eles.

Para outros, porém, a mudança na propriedade constituía apenas o primeiro passo na transformação da fábrica e da sociedade em geral. Eles argumentavam que a política precisava assumir o comando dentro e fora da fábrica, promovendo não apenas uma maior igualdade, mas também "a revolução do homem". O socialismo deveria diminuir as distinções entre trabalho mental e trabalho manual e entre gerente e operário. Na prática, significava exigir que todos os associados à fábrica fizessem algum trabalho físico, levar operários para órgãos administrativos e de liderança e fazer com que o Partido Comunista supervisionasse o gerenciamento das fábricas. Os trabalhadores podiam continuar a se envolver em atividades altamente especializadas dentro de uma divisão detalhada do trabalho, mas isso não seria tudo o que fariam. Com seus colegas, com o pessoal técnico e os quadros políticos, eles participariam junto com os gerentes das decisões em todos os aspectos do funcionamento da fábrica.[13]

A Revolução Cultural que começou em 1966 intensificou a luta sobre quem deveria dirigir a fábrica e o que ela deveria fazer. Embora tenha demorado a ser arrastada para a crescente disputa política, a fábrica acabou se tornando um centro de batalha quando o clima político turbulento encorajou ataques contra líderes de fábricas incrustados e os poderes e privilégios de que desfrutavam. Os operários críticos e seus aliados contestavam o que consideravam burocracias inchadas, com muitos funcionários fazendo pouca coisa útil e trabalhadores impedidos de participar de áreas fundamentais como a inovação técnica. Num questionamento mais radical, os defensores do movimento contestavam a noção de que a fábrica deveria ser entendida simplesmente como uma unidade econômica responsável pela produção máxima. Voltando à opinião de Mao durante o Grande Salto Adiante, eles argumentavam que a fábrica deveria ser uma instituição social que atendesse às múltiplas necessidades de seus trabalhadores e da comunidade vizinha, mesmo à custa da redução da produção e dos lucros. Alguns pressionavam pela desespecialização das fábricas, especialmente nas áreas rurais, para que seus equipamentos e conhecimentos pudessem ser usados para atender às necessidades locais e fabricar produtos variados para o consumo local, e não apenas uma gama restrita de produtos para o mercado nacional.

O período de experimentação radical teve duração curta. Enquanto o conflito político nas escolas, agências governamentais e fábricas se intensificava e ameaçava ficar completamente fora de controle, os principais líderes comunistas tomaram medidas para reafirmar sua autoridade, usando o Exército como seu agente, enquanto as unidades locais do Partido Comunista se dividiam irremediavelmente. A ordem foi restaurada, assim como a hierarquia, embora com grande variação de fábrica para fábrica, pois continuou a haver algum grau de participação dos trabalhadores na administração e de experimentação com formas organizacionais. Contudo, a mudança da maré foi clara.[14]

"Sentindo as pedras"

A Revolução Cultural levou a uma ruptura entre a primeira revolução industrial chinesa, baseada em empresas estatais de capital intensivo que faziam bens de produção como o aço e produtos petroquímicos, e uma segunda, baseada na manufatura intensiva em mão de obra de bens de consumo por empresas privadas. O caos da Revolução Cultural, seguido pela morte de Mao em 1976, deixou uma abertura para os reformadores, liderados por Deng Xiaoping, que procuravam reavivar uma economia estagnada e melhorar a vida dos chineses. Em muitos casos, vítimas eles mesmos da

Revolução Cultural, os líderes da reforma rejeitavam os princípios maoistas básicos entre eles, a posição central da mobilização de massas e a necessidade de rejeitar todas as formas capitalistas de organização. No final da década de 1970, muitos comunistas passaram a acreditar que a pobreza da China e seu atraso não apenas em relação aos países ocidentais desenvolvidos, mas também aos países asiáticos em rápido desenvolvimento, como Cingapura, decorriam da falta de mercados do país.

Para estimular o crescimento, os reformadores buscaram pelo menos a instauração limitada de mercados. E pressionaram em favor de uma mudança do investimento estatal na indústria pesada. Tal como Bukhárin e outros tinham feito na União Soviética meio século antes, eles argumentavam que a produção de bens de consumo intensiva em mão de obra proporcionaria um caminho mais efetivo para o crescimento econômico e o aumento dos padrões de vida em um país sem capital, mas com mão de obra subutilizada. Com o tempo, os recursos gerados pela manufatura leve poderiam ser canalizados para empreendimentos mais avançados e intensivos em capital.[15]

Deng e seus aliados buscaram capital e experiência estrangeiros para ajudar a expandir a indústria sem ter um projeto de longo prazo. Em vez disso, ele falou em "cruzar o rio sentindo as pedras". Como experiência, em 1979, o governo criou "zonas econômicas especiais" nas províncias de Guangdong (outrora conhecida como Cantão) e Fujian, destinadas a atrair empresas estrangeiras. Dentro dessas zonas, as empresas seriam tributadas a taxas mais baixas do que em outras partes do país. Além disso, poderiam obter isenções fiscais de até cinco anos; repatriar seus lucros e, após um período contratado, seus investimentos de capital; importar matérias-primas isentas de impostos e produtos intermediários para produtos de exportação; e não pagariam impostos de exportação. As autoridades locais dessas zonas ganharam uma autonomia considerável e, em geral, se alinharam com as empresas privadas que estavam sendo cortejadas. Consideradas um sucesso, mais zonas especiais foram criadas ao longo da década de 1980 em outras áreas costeiras e, em 1990, na Nova Área de Pudong, em Xangai. Dois anos depois, criou-se um novo conjunto de zonas em outras partes do país.[16]

Durante a década de 1980, os líderes chineses passaram a compartilhar a fé com traços de seita no poder e eficácia dos mercados, associada no Ocidente a Margaret Thatcher, Ronald Reagan e seus seguidores. O sonho de modernidade na China, escreveu a cientista social Pun Ngai, de Hong Kong, foi associado à "grande crença no capital e no mercado", uma mudança de 180 graus em relação à crença anterior de que o socialismo representava uma fase mais avançada da história. "Procura da modernidade" e "busca pela globabilidade" tornaram-se slogans enquanto começava a marquetização de uma economia quase completamente socialista.[17]

Uma guinada semelhante ocorreu no Vietnã. A longa guerra com os Estados Unidos, os conflitos subsequentes com a China e o Camboja e o boicote internacional após o último esgotaram drasticamente a economia vietnamita. Os líderes comunistas tiveram grande dificuldade em integrar a economia capitalista do que era o Vietnã do Sul com a economia socializada do Norte. O Vietnã era um dos países mais pobres do mundo considerando a renda per capita.

Numa tentativa de reviver a economia do Sul, em 1981 e 1982, as autoridades locais permitiram que os comerciantes chineses de Saigon retomassem suas atividades, levando a uma explosão de prosperidade. Em 1986, os comunistas que haviam liderado a experiência de Saigon conquistaram posições de liderança nacional e promoveram reformas pró-mercado. A política de Doi Moi [renovação], destinada a conduzir o Vietnã para uma "economia de mercado orientada para o socialismo", incluía reformas no setor estatal e a abertura do país a investimento estrangeiro, atividades de mercado e indústrias de exportação. Como na China, a mudança ideológica acompanhou a guinada nas políticas práticas, com o Partido Comunista falando das leis objetivas do mercado com uma certeza outrora reservada às virtudes do planejamento central. A entrada na Organização Mundial do Comércio (OMC) em 2007 aprofundou a integração aos mercados globais e facilitou ainda mais a manufatura de exportação.[18]

Na China, as novas políticas orientadas para o mercado transformaram rapidamente a região do delta do rio das Pérolas (Zhu Jiang), na província de Guangdong. A região foi selecionada para ser uma das primeiras zonas econômicas especiais devido ao seu relativo isolamento dos principais centros populacionais e de energia do país e sua proximidade de Hong Kong e Macau, o que foi fundamental para seu sucesso. Na época, a economia de Hong Kong (ainda sob controle britânico) dependia muito de indústria, comércio e transporte. Com o aumento dos custos de terra e mão de obra, a abertura da parte adjacente da República Popular proporcionou uma oportunidade de mudar a produção para uma área de custo muito menor, com a qual muitos empresários de Hong Kong tinham laços familiares. De início, operações dentro da China das empresas administradas em Hong Kong visavam principalmente o mercado interno chinês, mas a partir de meados dos anos 1980, quando o governo chinês afrouxou as restrições aos investimentos estrangeiros diretos, a manufatura orientada para exportação tornou-se cada vez mais predominante, primeiro na indústria de vestuário, depois nos setores de calçados e plásticos, e, por fim, no de eletrônica.

A combinação Hong Kong-Guangdong tornou-se uma notável máquina de lucro, refletindo as vantagens para os capitalistas do desenvolvimento global desigual. As empresas de Hong Kong, em muitos casos com vasta experiência no comércio internacional, transferiram inicialmente suas operações mais simples e mais intensivas em mão de obra para a República Popular, tirando proveito dos custos muito menores da força de trabalho e da terra e das rédeas soltas que receberam para a gestão das relações trabalhistas. As operações administrativas, de design e de marketing foram mantidas em Hong Kong e a infraestrutura avançada do território britânico, como o porto de contêineres mais movimentado do mundo e a capacidade de carga aérea, foi usada para exportar os produtos fabricados na China. Como dizem os autores de um estudo sobre o delta do rio das Pérolas, "custos no nível do Terceiro Mundo combinam-se com a gestão, a infraestrutura e o conhecimento do mercado de calibre do Primeiro Mundo".[19]

À medida que as incursões iniciais de Hong Kong na manufatura na China se mostravam bem-sucedidas e o governo chinês afrouxava ainda mais as regulamentações e investia pesado em infraestrutura para atender às zonas econômicas especiais, mais investimentos chegavam. As empresas de Hong Kong começaram a mudar para a China processos de fabricação mais complexos, logística e controle de qualidade, fontes de suprimento e embalagem. Ao mesmo tempo, as empresas sediadas em Taiwan também começaram a fabricar na China continental, logo seguida por companhias do Japão e da Coreia, de início quase sempre operando através de intermediários de Hong Kong ou de Macau. Muitas das empresas taiwanesas eram dirigidas por executivos com laços familiares com o continente. Terry Gou, o dono da Foxconn que construiu sua primeira fábrica chinesa em Shenzhen em 1988, era um carismático veterano do Exército cuja família vinha do centro-norte da China e cujo pai lutara com o Kuomintang antes de fugir com Chiang Kai-shek para Taiwan, em 1949. Depois que os Estados Unidos concederam à China relações comerciais normais permanentes em 2000 e a China ingressou na OMC no ano seguinte, empresas americanas também começaram a transferir operações de manufatura para o país asiático.[20]

Uma medida do crescimento explosivo da manufatura chinesa orientada para a exportação pode ser vista no vertiginoso aumento da população de Shenzhen, que subiu de 321 mil em 1980 para mais de 7 milhões em 2000, um dos crescimentos urbanos mais rápidos da história. A maioria dos novos residentes eram migrantes de outras partes da China que foram trabalhar nas fábricas que surgiam em toda parte.[21] A fonte de mão de obra local esgotou-se rapidamente e desenvolveu-se um sistema de trabalho migrante que foi fundamental na segunda revolução industrial da China e que tornou possível o hipergigantismo da manufatura chinesa do século XXI.

As fábricas soviéticas e do Leste Europeu recrutaram camponeses deslocados pela coletivização da agricultura. Na China, foi a descoletivização da agricultura que liberou uma força de trabalho que não contava mais com os benefícios e as obrigações da fazenda coletiva. Após a morte de Mao, as fazendas comunitárias foram desmanteladas e pequenos lotes de terras foram arrendados aos agricultores dentro do "sistema de responsabilidade doméstica", o qual lhes permitia vender no mercado aberto produtos que excedessem as cotas. De início, o novo sistema causou um rápido aumento do padrão de vida rural. Mas outras mudanças, como a abertura do país à importação de alimentos e o aumento dos custos de assistência médica, educação e outros benefícios sociais, deixaram o campo muito mais pobre do que as cidades. Inúmeros filhos de famílias de agricultores, ao ver suas oportunidades econômicas e sociais limitadas, mudaram-se para os novos centros de produção orientados para a exportação a fim de pegar empregos fabris.

Mas, em geral, era uma mudança apenas temporária. Ao contrário do que aconteceu na Inglaterra ou na União Soviética, os camponeses chineses não foram despojados de suas propriedades; embora o Estado continuasse a possuir todas as terras agrícolas, arrendamentos de trinta anos proporcionavam às famílias seu controle efetivo. Os trabalhadores podiam ir e vir das fazendas e das fábricas sabendo que tinham um lugar para o qual retornar em suas aldeias de origem, e de fato o faziam.[22]

Na maioria dos casos, precisavam voltar para casa, gostassem ou não, devido ao sistema *hukou* de autorização de residência, instituído na década de 1950. Os chineses precisam de uma autorização para morar em áreas específicas, e a maioria dos benefícios sociais, como assistência médica e educação pública, está ligada a seu *hukou*. Os trabalhadores migrantes recebiam permissão de residência temporária, que era arranjada pelo empregador e expirava quando deixavam o emprego. Obter uma autorização permanente de mudança de residência para uma cidade era praticamente impossível. Para a primeira geração de trabalhadores migrantes, os empregos fabris (e os trabalhos na construção urbana e em serviços) eram necessariamente interlúdios que em geral duravam alguns anos, muitas vezes entre o tempo de terminar ou abandonar a escola e começar uma família, tal como fora para os trabalhadores fabris da Nova Inglaterra.[23]

Operários migrantes tinham um status social diferente e inferior ao dos funcionários de empresas estatais. Até as reformas que começaram no final da década de 1980, os empregadores estatais e coletivos concediam uma ampla gama de benefícios, como estabilidade no emprego, treinamento, moradia, assistência médica vitalícia, pensões e outras provisões de bem-estar social, incluindo cortes de cabelo subsidiados. Em geral, a intensidade do trabalho era leve e a disciplina gerencial era mínima.[24] Não foi o caso nas fábricas de propriedade privada que floresceram quando as empresas estatais começaram a encolher. A rotatividade de emprego nas zonas econômicas especiais era surpreendentemente alta. Muitas empresas forneciam moradia para trabalhadores migrantes gratuitamente ou mediante uma taxa, mas, afora isso, não se responsabilizavam pelo bem-estar deles. Quaisquer benefícios que os trabalhadores estivessem qualificados para receber — inclusive oportunidades educacionais para filhos e pensões — vinham de sua área de origem, onde estavam registrados conforme o sistema *hukou*. Os patrões privados eram obrigados legalmente a contribuir com fundos de benefícios sociais para os trabalhadores, mas, tal como o salário mínimo e as regulamentações de horas extras, o requisito era frequentemente ignorado. A intensidade do trabalho nas fábricas do setor privado era alta e a disciplina era rígida.[25]

Com efeito, a China desenvolveu dois sistemas bastante diferentes de produção fabril, um estatal ou de propriedade coletiva, outro de propriedade privada, com diferentes ideologias subjacentes, leis, costumes, padrões de vida e forças de trabalho. Até mesmo a terminologia para os trabalhadores diferia. Os empregados das estatais eram *gongren* [trabalhadores], donos, pelo menos em teoria, do mais alto status social na China durante o apogeu comunista. Os trabalhadores migrantes rurais, em contraste, eram frequentemente chamados de *dagongmei* [menina trabalhadora] ou *dagongzai* [menino trabalhador], termos recém-cunhados com a conotação de empregado temporário, uma denominação de status baixo.[26]

O sistema de trabalho migrante proporcionou aos empregadores uma vasta força de trabalho que podiam expandir ou encolher à vontade. O grupo de jovens rurais de ambos os sexos era tão grande que demorou quase duas gerações para que começasse a faltar mão de obra. E era uma fonte de mão de obra barata. A maioria das fábricas pagava aos migrantes o salário mínimo legal (que na China é definido pelos governos locais) ou menos, já que a fiscalização costumava ser mínima. Ao recrutar num mercado de trabalho rural, onde os padrões de vida e salários estavam muito abaixo do urbano, as fábricas de exportação da costa não tinham de igualar os salários aos dos trabalhadores locais ou das empresas estatais. Elas atraíam trabalhadores de qualquer maneira, porque os baixos salários que ofereciam eram substanciais pelos padrões da aldeia. Além disso, como não pagavam pela maioria dos benefícios sociais para seus trabalhadores, as indústrias estavam efetivamente sendo subsidiadas pelos governos rurais que os pagavam, o que permitia que seus custos trabalhistas ficassem abaixo do custo de reprodução social nas áreas em que estavam localizadas. Tal como a industrialização stalinista, a industrialização chinesa dependeu de arrancar riqueza do campo.[27]

Alojar empregados nos dormitórios da empresa era uma necessidade e uma vantagem para as grandes fábricas de exportação. Os trabalhadores migrantes, devido à escassez de moradia nas cidades em expansão e à sua falta de status de residente permanente, muitas vezes tinham dificuldade em encontrar alojamento. Para atrair trabalhadores, as próprias fábricas forneciam moradia, tal como haviam feito as de Lowell e os gigantes industriais soviéticos. Isso permitia que pagassem menos aos trabalhadores do que se eles tivessem que obter moradia no mercado aberto.

Nos primeiros anos de crescimento do número de indústrias privadas, a maioria dos trabalhadores migrantes era composta de mulheres jovens e, portanto, alojá-las em dormitórios da empresa também envolvia proporcionar um ambiente casto. Uma grande firma eletrônica exigia como condição de emprego que todas as jovens solteiras morassem em dormitórios dentro do complexo fabril. Mesmo depois de homens começarem a ser contratados para trabalhos de produção, os dormitórios permaneciam sexualmente segregados.

O sistema de dormitório deu às empresas um controle extraordinário sobre seus trabalhadores. Como nas fábricas de estilo Lowell, muitas indústrias chinesas tinham (e têm) regras detalhadas de comportamento, impondo multas não apenas por atrasos, trabalho de má qualidade, ou falar durante o expediente, mas também por jogar lixo na rua ou deixar o dormitório desarrumado. A Foxconn proíbe que trabalhadores do sexo oposto visitem os quartos uns dos outros, além de beber e jogar, e impõe um toque de recolher.

Moradias da empresa permitem que as fábricas mobilizem rapidamente um grande número de trabalhadores quando chegam tarefas urgentes e torna mais fácil ter um grande número de mulheres jovens trabalhando no período noturno. Turnos de trabalho extremamente longos — de doze horas por vez ou mais, uma prática comum, especialmente durante as épocas de maior movimento — são mais fáceis de exigir quando os trabalhadores moram na fábrica.[28]

Em meados da década de 1990, estimou-se que havia entre 50 milhões e 70 milhões de trabalhadores chineses migrantes. Em 2008, 120 milhões. Em 2014, mais de 270 milhões, quase o dobro do número de trabalhadores civis empregados de qualquer tipo nos Estados Unidos, um movimento oceânico da população de fazendas para fábricas e vice-versa.

As redes da cidade natal desempenharam um papel importante no movimento, pois os trabalhadores migrantes falam com irmãos e vizinhos das oportunidades e da vida na cidade e os ajudam a encontrar emprego. Os governos provinciais e locais facilitaram o fluxo. As províncias do interior ajudaram a recrutar operários para o trabalho fabril em outros lugares, graças às as remessas de dinheiro enviadas para casa. Alguns governos locais abriram escritórios em Shenzhen para conectar trabalhadores de sua região a fábricas de propriedade estrangeira. Sem suporte estatal ativo, o sistema não teria sido possível.

O emprego urbano dos trabalhadores rurais transformou a semana do Festival da Primavera, em torno do Ano-Novo chinês, numa epopeia de logística, emoção e recrutamento de mão de obra. Todos os anos, milhões e milhões de trabalhadores migrantes voltam para casa no feriado, para se reunir com pais, filhos e amigos da aldeia, no que se tornou a maior migração humana periódica do mundo. Em 2009, o sistema ferroviário chinês esperava transportar cerca de 188 milhões de passageiros durante o período de férias. Enormes multidões enchem estações e transbordam para as ruas vizinhas. Os sistemas de bilhetagem caem sob o peso da demanda. Trens e ônibus ficam abarrotados e sobrecarregados com pessoas e bagagens (embora a recente expansão do sistema ferroviário chinês tenha amenizado o caos). Quando o feriado termina, nem todos voltam. Todos os anos, milhões de trabalhadores migrantes decidem ficar em casa, obrigando as fábricas e outros empregadores a se esforçarem para encontrar substitutos.[29]

Por que tão grande?

A mão de obra migrante tornou possível a expansão rápida da manufatura orientada para a exportação na China — e também no Vietnã —, mas não explica a criação de fábricas maiores do que já se conhecia.[30] Em grande medida, o tamanho não decorre de requisitos técnicos de produção. Em uma fotografia de uma grande fábrica de tênis, digamos, no Vietnã, o que provavelmente se vê são fileiras de trabalhadores sentados em estações de trabalho individuais montando peças pré-cortadas. (Tênis e calçados informais são feitos colando e costurando pedaços de borracha, tecidos sintéticos, couro sintético e, às vezes, couro de verdade.) Massas de trabalhadores podem estar sob o mesmo teto, mas em geral o trabalho é individual ou feito em pequenos grupos, que fazem tarefa idêntica à de outros indivíduos ou grupos próximos, sem interagir com eles.[31] Nesse aspecto, essas fábricas são menos parecidas com River Rouge ou Magnitogorsk e se assemelham mais às primeiras têxteis inglesas, onde tecelões ou fiandeiras ficavam lado a lado cumprindo tarefas individuais.

Mesmo quando os produtos exigem uma montagem mais complexa, muitas vezes não há uma relação clara entre o número de operários necessários para fabricar algo e o tamanho de uma fábrica. Na EUPA, a fábrica de pequenos eletrodomésticos de propriedade taiwanesa apresentada em *Manufacturing Landscapes* e em uma das mais conhecidas fotografias de Edward Burtynsky, os trabalhadores da montagem estão num galpão vasto e moderno de um único andar. Mas cada linha de montagem é curta e relativamente simples. Trinta linhas fazem grelhas elétricas, só que cada uma tem uma média de apenas 28 trabalhadores, não as centenas encontradas em linhas de montagem integradas em fábricas de automóveis ou tratores. Filas de operários de montagem, um diante dos outros, ladeiam uma esteira em movimento lento. Na maioria das vezes, eles usam ferramentas manuais simples, sem o ritmo mecânico da produção, pondo e retirando peças da esteira, em vez de trabalhar em componentes móveis, como numa fábrica de automóveis.

Trabalhadores fazendo tênis Reebok numa fábrica da cidade de Ho Chi Minh, Vietnã, 1997.

As empresas de eletrônicos são notoriamente sigilosas, por isso é difícil ter uma noção completa de seus processos de fabricação. Um relato sobre uma área de produção da Apple dentro do complexo Longhua da Foxconn descreveu linhas de montagem que tinham de dezenas a mais de cem trabalhadores cada, maiores do que as de produção de calçados ou pequenos eletrodomésticos, mas ainda assim de tamanho muito modesto em comparação com o tamanho total das fábricas, com suas centenas de milhares de trabalhadores.

A integração vertical aumenta o tamanho da fábrica. Algumas fábricas de calçados produzem os materiais sintéticos que são usados em tênis e sapatos, moldam e cortam peças e bordam logotipos. A EUPA fabrica a maioria das peças usadas em seus produtos. A Foxconn faz alguns dos componentes que entram nos dispositivos que monta, embora a maioria dos elementos de alta qualidade venha de outros lugares.

Ainda assim, mesmo acrescentando a fabricação de peças, os requisitos tecnológicos não explicam o tamanho gigantesco das fábricas. Ao contrário, elas lembram o comentário de Alfred Marshall sobre fiação e tecelagem de algodão: "Uma grande fábrica é apenas várias fábricas menores paralelas sob o mesmo teto". Na Foxconn City, era quase literalmente o caso, com prédios separados usados para montar produtos similares para diferentes empresas.

Depois de certo ponto, as economias de escala na produção diminuem ou desaparecem. Em seu clássico estudo *Scale and Scope*, depois de notar que, a certa altura, aproximadamente um quarto da produção mundial de querosene vinha de apenas três refinarias da Standard Oil, Alfred D. Chandler Jr. escreveu:

> Imagine-se as *deseconomias* de escala que resultariam de colocar perto de um quarto da produção mundial de calçados, têxteis ou madeira em três fábricas ou usinas! Nesses casos, a coordenação administrativa da operação de quilômetros e quilômetros de máquinas e a enorme concentração de mão de obra necessária para operar essas máquinas não fariam sentido econômico nem social.

No entanto, algo próximo disso aconteceu na produção de aparelhos eletrônicos e de alguns tipos de calçado. No caso da Apple, a concentração da produção foi além do que Chandler imaginou ser absurdo; todos os iPad são montados em uma única fábrica e a maioria dos modelos de iPhone em apenas uma ou duas.[32]

Por que as fábricas são tão grandes? A resposta parece estar nas economias de escala e nas vantagens competitivas, não para os fabricantes, mas para os varejistas que vendem os produtos que eles fabricam. Isso reflete uma mudança fundamental nas relações entre as duas partes. Até muito recentemente, o design, a fabricação e a comercialização de produtos de consumo ocorriam geralmente dentro dos limites de uma empresa. Mas, desde a década de 1970, eles foram desvinculados. E, como argumentou o sociólogo Richard P. Appelbaum, nas cadeias de suprimento globais contemporâneas, varejistas e gerentes de marcas (designers e profissionais de marketing que dependem de outros para a manufatura) têm mais poder para estabelecer os arranjos e os termos de produção do que os donos das fábricas. O gigantismo de fábrica serve aos interesses deles.[33]

No início da história da produção fabril, alguns dos industriais mais bem-sucedidos estabeleceram seu domínio vendendo seus produtos sob nomes de marca e controlando redes de distribuição. Nos Estados Unidos, as fábricas de Lowell foram pioneiras nessa abordagem, adotada por empresas emblemáticas como a McCormick Harvesting Machine Company. A Singer

Manufacturing Company ampliou o modelo para uma escala global, pois seus vendedores e agentes de distribuição comercializavam máquinas de costura em toda a Europa e nas Américas, produzidas em grande parte em apenas duas fábricas. Os grandes fabricantes de automóveis também usavam o modelo, vendendo carros de sua marca — Ford, Chevrolet, Chrysler e Cadillac — através de concessionárias de propriedade independente que na prática controlavam. Do mesmo modo, a General Electric, a IBM e a RCA vendiam ou arrendavam seus produtos com seu próprio nome e exerciam influência considerável, se não total controle, sobre as redes de distribuição.

O sistema dominado pelos fabricantes de produtos de marca perdurou na Europa e nos Estados Unidos até a década de 1970. Produtores de mercadorias como Volkswagen, GM, Siemens, Sony, Ford, Whirpool, Levis Strauss e sapatos Clark (que conquistaram grande atenção pela primeira vez quando seus produtos foram premiados na exposição do Palácio de Cristal, em 1851) persistiram como nomes familiares. As companhias, seus produtos e as fábricas que os produziam permaneciam estreitamente ligadas na realidade e na imagem.[34]

A grave recessão mundial da década de 1970 e uma série de eventos subsequentes desfizeram esses laços. Com as taxas de lucro em declínio em consequência do aumento da concorrência internacional, do aumento dos custos de energia e mão de obra, do crédito apertado e da inflação, muitas grandes empresas americanas, sob pressão de especuladores corporativos, procuraram reduzir custos e evitar operações menos lucrativas. Para se tornar mais enxutas e flexíveis e mostrar uma queda rápida nos gastos, elas começaram a terceirizar funções que tradicionalmente elas mesmas executavam. Isso teve início com os serviços de suporte, como processamento de dados e comunicações. Mas, com o tempo, as empresas passaram a terceirizar suas funções principais, inclusive a fabricação.[35]

Tomemos o exemplo dos tênis. Desde seu aparecimento no século XIX até a década de 1960, geralmente eram projetados e fabricados pelas mesmas empresas, em sua maioria grandes fabricantes de borracha, como a United States Rubber Company (Keds) e a BF Goodrich (PF Flyers). Mas o domínio do mercado passou para empresas como Adidas, Puma, Reebok e Nike, que foram construídas em torno de calçados e roupas esportivos, em vez de borracha, e estavam focadas em inovação tecnológica, design e marketing. Até a década de 1980, a maioria dos líderes do setor, como a Nike, fazia ao menos uma parte de seus produtos, mas passou a terceirizar cada vez mais a produção, até se tornar basicamente gerente de marca.[36]

Nas indústrias de eletrônicos e computadores, as empresas líderes também começaram a terceirizar parte de sua fabricação. A Sun e a Cisco, duas histórias de sucesso do Vale do Silício, trabalhavam com firmas subcontratadas especializadas, como a Solectron e a Flextronics (antes da ascensão da Foxconn, a maior do tipo), para fabricar produtos avançados, vendidos com sua marca. Algumas empresas, entre elas a IBM, a Texas Instruments e a Ericsson (a gigante sueca de telecomunicações), venderam fábricas ou mesmo divisões completas de manufatura para firmas menores, as quais subcontratavam para fazer seus produtos. Com o tempo, os fabricantes terceirizados tornaram-se cada vez mais sofisticados em suas capacidades de projeto e logística, estabelecendo parcerias com seus clientes em sistemas integrados de produção, unidos pela comunicação eletrônica de dados.[37]

Durante o mesmo período, ocorreu uma revolução nas vendas com duas facetas: o surgimento de varejistas novos, gigantescos e de baixo preço, e o florescimento de companhias de marcas globais que faziam pouca ou nenhuma manufatura.

Nos Estados Unidos, os novos varejistas surgiram na década de 1960, quando uma série de redes de lojas de descontos, como WalMart e Target, foi fundada. Mas foi somente na década de 1980 que elas realmente decolaram. A Wal-Mart, usando uma combinação de mão de obra barata, preços baixos, tecnologia avançada e logística altamente eficiente, transformou-se no maior varejista do mundo. Em 2007, contava com 4 mil lojas nos Estados Unidos e 2800 em outros países. Embora nenhuma empresa tenha chegado nem perto dela em tamanho, outros varejistas sediados na Europa e nos Estados Unidos, como Carrefour, Tesco e Home Depot, se multiplicaram por meio de expansão e aquisições.

Com seu enorme poder de compra, os varejistas gigantescos ganharam uma vantagem sobre seus fornecedores, fossem empresas bem conhecidas, como a Levi Strauss, ou firmas obscuras que faziam produtos para ser vendidos com a etiqueta das grandes lojas. As novas tecnologias de comunicações e logística, como códigos de barras, sistemas de rastreamento por computador e internet, possibilitaram que os varejistas monitorassem, se comunicassem e orientassem os fornecedores quase instantaneamente. Diante da possibilidade de perda de pedidos enormes, as empresas que fabricavam mercadorias para o megavarejo estavam à mercê deles e frequentemente reestruturavam suas operações para atender às suas necessidades e desejos.[38]

Um processo paralelo aconteceu no crescimento de empresas de produtos de marcas como Apple, Disney e Nike. Elas conseguiram vendas mundiais em massa ao se concentrar no design de produto e, acima de tudo, no marketing, fazendo de seus produtos símbolos de moda, sofisticação, modernidade e diversão. Algumas grandes marcas fizeram peças de seus produtos, em algum momento, mas acabaram terceirizando a maior parte ou a totalidade delas. Em 1998, Koichi Nishimura, CEO da Solectron, disse de seus clientes: "As empresas mais sofisticadas trabalham na criação de riqueza e na criação de demanda. E deixam outra pessoa fazer tudo entre esses dois pontos". A Apple inicialmente fabricava seus próprios produtos, alguns perto de sua sede no Vale do Silício. Mas, em meados da década de 1990, começou a vender e fechar fábricas, terceirizando quase toda a sua produção física. Em 2016, produziu apenas um produto importante, um computador desktop de última geração, nos Estados Unidos. Da mesma forma, na década de 1990, a Adidas, que fazia a maior parte de seus calçados em fábricas na Alemanha, começou a sair do negócio de manufatura, fechando todas as suas fábricas, exceto uma pequena, que usava como centro de tecnologia.[39]

Uma vantagem de terceirizar a manufatura é que isso distanciava as empresas de marca conhecidas das condições de trabalho sob as quais seus produtos eram fabricados. Buscar mão de obra mais barata significava normalmente transferir a manufatura para regiões com baixos salários, em geral com governos autocráticos ou corruptos, além de evitar sindicatos e prestar menos atenção à saúde, à segurança e ao bem-estar do trabalhador. Se trabalho infantil, excesso de horas, uso de produtos químicos tóxicos, repressão aos sindicalistas e coisas semelhantes acontecessem dentro das instalações de uma empresa de marca, sua imagem — seu ativo mais importante — poderia ser prejudicada. Mas, se os problemas pudessem ser atribuídos a um terceirizado ao longo da cadeia de fornecimento, o dano seria menos dispendioso e mais facilmente contido. Tanto a Nike quanto a Apple conseguiram sobreviver com danos no longo prazo incrivelmente pequenos a revelações sobre condições de trabalho e tratamento dos trabalhadores nas fábricas que faziam seus produtos, culpando os subcontratados, prometendo melhor supervisão e mais transparência e emitindo novos códigos de conduta.[40]

A localização e o tamanho das fábricas terceirizadas que atendem grandes varejistas e empresas de marca variavam muito e mudaram com o tempo. No início, muitas empresas americanas de eletrônicos contrataram empresas locais, algumas no Vale do Silício ou perto dele, para fazer seus produtos. Mas as mudanças logísticas e políticas tornaram ainda mais fácil a localização de fábricas terceirizadas a grandes distâncias das empresas contratantes. O transporte marítimo por contêineres e a expansão da capacidade de carga aérea aumentaram a velocidade e reduziram o custo do transporte. Tarifas internacionais baratas de telefone, conexões via satélite e a internet melhoraram as comunicações. Impostos de importação mais baixos reduziram o custo da fabricação em outros países.

Enquanto varejistas e firmas de marcas como WalMart e Apple pressionavam implacavelmente seus fornecedores e subcontratados para reduzir seus preços, as empresas vasculhavam o mundo em busca de regiões de baixos salários para localizar suas fábricas. O México era um dos lugares preferidos. O mesmo aconteceu com os países da Europa Oriental após o colapso soviético. As indústrias têxteis e de vestuário construíram fábricas na América Central, no Caribe, na Ásia meridional e na África. Malásia, Cingapura e Tailândia atraíram fabricantes terceirizados de eletrônicos. E, cada vez mais, as indústrias procuraram localizar suas fábricas na China, com sua mão de obra vasta e barata e autoridades governamentais cooperativas.[41]

O tamanho impressionante das encomendas de empresas transnacionais como Hewlett-Packard, Adidas e WalMart tornou conveniente que dependessem de centros de produção concentrados, minimizando as tarefas administrativas e logísticas que resultariam do uso de muitos fornecedores espalhados. A modificação da economia do transporte possibilitou que concentrassem a produção em uma única região pequena ou em uma única fábrica. Nos séculos XIX e XX, até empresas conhecidas pela produção centralizada e verticalmente integrada, como a Ford, abriram filiais para montar produtos destinados a mercados distantes de suas principais fábricas. Mas a redução radical nos custos do transporte e o aumento na velocidade de envio, em grande parte consequência do transporte por contêineres e da logística portuária muito eficiente, significaram que empresas como a Apple poderiam fornecer um produto específico para lojas de varejo e clientes da internet em todo o mundo a partir de um ou dois lugares.[42]

A produção concentrada não significou necessariamente fábricas grandes. Às vezes, significava distritos ou centros industriais onde muitas pequenas fábricas e serviços auxiliares se agrupavam. Em meados da década de 2000, mais de um terço das meias do mundo — 9 bilhões de pares por ano — era produzido em Datang, na China, não por uma firma, mas por muitas, que supriam gigantes do varejo como a WalMart. A fabricação de gravatas começou em Shengzhou, na China, em 1985, quando uma empresa de Hong Kong transferiu sua produção para lá. Logo vários gerentes saíram para abrir suas próprias empresas e a produção de gravatas cresceu até que a cidade se tornou líder mundial, capaz de atender ordens de centenas de milhares de unidades de cada vez. Em determinado momento, Yiwu, na China, tinha seiscentas fábricas onde operários que, em muitos casos, não sabiam o que era o Natal, produziam mais de 60% das decorações e dos acessórios natalinos do mundo.[43]

Mas, às vezes, aumentar a escala significava apenas uma fábrica gigante. Para alguns produtos, como calçados e eletrônicos, grandes compradores, especialmente os comercializadores de marcas, preferiram fábricas muito grandes, que podem fornecer regularmente uma ampla quantidade de produtos que eles vendem e preparar rapidamente novos produtos ou atender a pedidos urgentes. A Apple representa essa tendência levada ao extremo. Ela produz um número muito limitado de produtos, mas em quantidades espantosas. Sua estratégia de marketing depende de lançamentos de produtos anuais ou semestrais cuidadosamente coreografados e altamente divulgados, estimulando a corrida mundial de consumidores ansiosos por obter o mais novo produto e demonstrar que estão na vanguarda da tecnologia, do estilo e da modernidade. Em junho de 2010, a empresa vendeu 1,7 milhão de iPhone 4 nos três dias seguintes ao seu lançamento. Em setembro de 2012, vendeu 5 milhões de iPhone 5 no primeiro fim de semana de vendas. Três anos depois, vendeu mais de 13 milhões de unidades de iPhone 6 e 6 Plus nos primeiros três dias após o lançamento. Com o design final do produto muitas vezes liberado somente pouco antes do início das vendas, a Apple precisa mobilizar uma grande quantidade de mão de obra em um tempo muito curto para produzir o estoque para a corrida de consumo que está por vir. O gigantismo de fábrica foi a solução adotada, embora as fábricas gigantescas em si não sejam suas.

A utilização de gigantes terceirizados, como a Foxconn e a Yue Yuen, permitiu que a Apple, a Nike e outras empresas do tipo operassem sem grandes estoques permanentes de produtos que segurariam o capital e aumentariam as despesas com depósitos. Mais importante ainda, a produção *just-in-time* evita a possibilidade de pilhas de celulares, laptops ou tênis encalhados e obsoletos naquilo que são essencialmente indústrias da moda. Tim Cook, o executivo da Apple que planejou a mudança da empresa da produção interna para a terceirização antes de suceder Steve Jobs no posto de CEO, chamou certa vez o estoque de "fundamentalmente ruim". "É preciso administrá-lo como no negócio de laticínios. Se passar da data de validade, você está com um problema."[44]

A Foxconn e a Pegatron mantêm o leite da Apple fresco, mobilizando rapidamente centenas de milhares de trabalhadores chineses jovens e mal pagos, muitas vezes em condições adversas (talvez mais próximas do mal do que o estoque). Em 2007, apenas algumas semanas antes do lançamento programado do primeiro iPhone, Jobs decidiu mudar a tela de plástico para de vidro. Quando a primeira remessa de telas de vidro chegou à fábrica da Foxconn em Longhua à meia-noite, 8 mil trabalhadores foram acordados nos dormitórios, receberam um biscoito e uma xícara de chá e foram enviados para começar um turno de doze horas de encaixe das telas nas molduras. Trabalhando 24 horas por dia, a fábrica logo produzia 10 mil iPhones por dia. Na ocasião, para atender a um pedido, a Foxconn transferiu grandes grupos de operários de uma fábrica para outra, numa região totalmente diferente do país. O atendimento de surtos de demanda exige não apenas um vasto exército de trabalhadores, mas também um grande corpo de funcionários subalternos, milhares de engenheiros industriais para montar linhas de montagem e supervisioná-las, algo que a China, com seu programa enorme de educação técnica, pode oferecer. É essa capacidade de ampliar rapidamente (e, quando a corrida acabar, reduzir rapidamente) a produção que a Apple e outros clientes prezam nas gigantescas fábricas terceirizadas que surgiram no leste da Ásia.[45]

Uma combinação de fordismo e taylorismo facilita a rápida mobilização de trabalhadores não qualificados. A Apple é ideal para essa abordagem, porque faz um número muito limitado de produtos muito padronizados, tal como Henry Ford fazia. Alguns dos procedimentos finais de montagem dos computadores e aparelhos móveis da empresa são altamente automatizados, mas a maioria não é, envolvendo uma divisão extrema do trabalho: tarefas muito simples repetidas muitas e muitas vezes. Os trabalhadores podem aprendê-las quase de imediato, o que é fundamental, tendo em vista a alta rotatividade da mão de obra em fábricas que empregam trabalhadores migrantes chineses (que não têm motivos para ser leais a seus patrões e trocam com frequência de emprego) e a necessidade de trazer rapidamente magotes de novos empregados quando entram grandes pedidos. A orientação para os novos contratados pela Foxconn envolve palestras sobre a cultura e as regras da empresa, mas nenhum treinamento em tarefas concretas da produção.[46]

Muitas grandes indústrias terceirizadas lidam com grandes encomendas subcontratando pequenas empresas com as quais se relacionam para fazer parte do trabalho. Em vez de competir, elas costumam operar em relações simbióticas em que as maiores ajudam as menores, que às vezes são apenas oficinas familiares, a se estabelecer como fornecedoras de peças ou como montadoras ou processadoras subcontratadas. Essas redes contribuem para a capacidade das grandes empresas de aumentar rapidamente a produção sem elevar custos fixos.[47]

Alguns fabricantes terceirizados preferem fábricas de grande escala por sua própria conveniência ou devido a um tipo de vaidade empresarial, separada da preferência de seus clientes. O dono de uma empresa que fazia caixas para PCs e consoles de videogames contou que preferia comprar terras em áreas de baixos salários perto dos principais mercados, construir uma grande fábrica e estabelecer fornecedores ali mesmo. Em vez de muitas pequenas fábricas, sua empresa administra seis grandes parques industriais espalhados pelo mundo. Em parte, a Yue Yuan construiu fábricas gigantescas simplesmente como uma estratégia para aumentar rapidamente sua capacidade de produzir um grande volume de sapatos em sua tentativa bem-sucedida de se tornar a maior empresa de calçados do mundo. A fábrica de Longhua, da Foxconn, tornou-se muito grande devido à pressa de ampliar a produção, além de servir como vitrine para a empresa e seu CEO. O administrador do complexo achou que era grande demais para uma operação eficiente. A maioria das fábricas posteriores da Foxconn é consideravelmente menor, embora ainda muito grande.[48]

O gigantismo industrial asiático requer apoio estatal. Nas últimas décadas, o governo chinês manteve a visão soviética e da época de Mao de que concentrações muito grandes de capacidade produtiva são o caminho mais rápido para o avanço industrial e o crescimento econômico (uma política que o Vietnã também seguiu), e as fábricas pequenas e disseminadas não são mais incentivadas. Concentração não significa necessariamente fábricas gigantescas. O governo chinês estimulou ativamente a criação de grandes aglomerados de pequenas e médias empresas que produzem produtos especializados, mediante o fornecimento de grandes terrenos, a criação de parques industriais, a construção de infraestrutura e transportes, e o oferecimento de benefícios fiscais. Mas isso muitas vezes significa fábricas descomunais. Um diretor da indústria automobilística chinesa, parcialmente controlada e fortemente orientada por entidades governamentais, disse à socióloga Lu Zhang: "O governo quer firmas grandes. Para conseguir grandes escalas e grandes volumes em um curto espaço de tempo, contamos não apenas com máquinas muito avançadas, mas também com nossos trabalhadores dedicados — nossa vantagem comparativa". Os governos provinciais chineses adotaram o gigantismo industrial como estratégia de desenvolvimento. Às companhias que buscam construir grandes fábricas novas, eles oferecem terrenos (às vezes de graça), incentivos fiscais, eletricidade com custo reduzido e ajuda no recrutamento de mão de obra (inclusive estudantes para estágio, uma fonte cada vez mais importante de mão de obra barata para as indústrias).[49]

Dentro do mastodonte

Como é trabalhar nos gigantes industriais da Ásia moderna? De certa forma, a experiência é extraordinariamente parecida com a dos operários fabris de gerações e até séculos atrás na Inglaterra, nos Estados Unidos e na União Soviética. Como foi o caso das fábricas de estilo Lowell do século XIX, muitos jovens de ambos os sexos foram atraídos pelas fábricas asiáticas do século XX e XXI pela oportunidade de ganhar dinheiro, ajudar a família, construir uma casa, pagar pela educação de um irmão, economizar para abrir um negócio ou se casar (fornecendo às mulheres alguma proteção caso o casamento não desse certo). Algumas mulheres procuravam escapar de casamentos arranjados, do controle patriarcal ou de disputas familiares. Assim como nas fábricas de Lowell, a maioria dos trabalhadores retornou à cidade natal depois de alguns anos de trabalho na fábrica para se estabelecer no campo e casar, constituir família, dedicar-se à agricultura ou abrir pequenos negócios.

Mas o trabalho fabril na China não tem sido somente um meio para ganhar dinheiro, mas também uma maneira de escapar do provincianismo rural e experimentar a vida da cidade e o que é considerado modernidade. A primeira geração de trabalhadores migrantes, nas décadas de 1980 e 1990, tinha pouca noção do que esperar. Aqueles que retornavam eram cartazes vivos de um mundo diferente. Uma adolescente de uma minoria étnica da província de Guangxi lembrou que, quando os jovens de sua aldeia voltaram com suas roupas novas para as celebrações do Ano-Novo, ela ficou com inveja, numa repetição da experiência de adolescentes da Nova Inglaterra quase dois séculos antes. A jovem não demorou a partir para trabalhar numa fábrica de eletrônicos. Os migrantes posteriores eram mais sofisticados, tendo visto imagens da vida na cidade e fábricas modernas na televisão e, pelo menos superficialmente, se familiarizado com a moda e produtos populares através de smartphones. Uma jovem operária da província de Hunan, que conseguiu emprego numa fábrica de eletrônicos próxima a Guangzhou, lembrou: "Quando eu via fábricas na TV, elas sempre pareciam tão legais: prédios bem construídos, ladrilhos e um ambiente limpo, então achei que seria divertido".[50]

A ida do campo para uma fábrica a centenas de quilômetros de distância, repleta de dezenas ou mesmo centenas de milhares de trabalhadores, podia ser profundamente desorientadora. As cidades chinesas recentemente industrializadas não se parecem com equivalentes modernos de Manchester. Como um número enorme de trabalhadores mal pagos mora em dormitórios das empresas, não há disseminação de favelas. Alguns centros industriais, como Shenzhen, contêm bairros ou vilas cheias de trabalhadores migrantes e negócios que os servem, reproduzindo um pouco da sensação de vida na aldeia. Mas a maioria das novas regiões industriais é moderna e de grande escala. Ao norte de Xangai, o sociólogo Andrew Ross relatou: "Rodovias imaculadas e recém-construídas se estendem em todas as direções. Superando todos os outros prédios viam-se os recém-chegados industriais: armazéns gordos e atarracados com telhados de alta tecnologia, fileiras de fábricas, tão longas quanto trens de carga, e uma infinidade de caixas pós-modernas que exibiam a marca de seus donos corporativos, mas não diziam nada do que se fazia dentro de suas paredes". Passando de carro por Dongguan, Nelson Lichtenstein e Richard Appelbaum viram "ruas largas, mas de trânsito pesado, continuamente ladeadas por lojas movimentadas, oficinas de soldagem, armazéns, pequenos fabricantes e o ocasional complexo fabril. É assim que as cidades do antigo cinturão de ferrugem americano deviam parecer, cheirar e até mesmo vibrar".[51]

A simples necessidade de achar o caminho em torno de vastos complexos industriais como a Foxconn City podia ser desconcertante para os adolescentes que raramente, ou nunca, saíam de suas pequenas aldeias. A fábrica de Longhua tem mais de dois quilômetros quadrados: leva-se uma hora para ir de um lado ao outro. Muitos sinais nas fábricas da Foxconn eram acrônimos em inglês, sem sentido para os recém-chegados. A frustração e anomia de uma imersão repentina num mundo estranho contribuíram para a onda de suicídios ali.

Mas havia também entusiasmo. Muitos trabalhadores migrantes ficavam maravilhados com novas visões e experiências. Um operário de Hunan, designado para um dormitório da fábrica, relembrou: "Eu nunca havia morado em um prédio de vários andares, então foi emocionante subir escadas e ficar no andar de cima". Assim como aconteceu na União Soviética na década de 1930, algo tão simples — e tido como dado — quanto uma escada podia ser a linha divisória entre dois universos.[52]

Os gigantes fabris na China e no Vietnã não são fábricas clandestinas de trabalho escravo. Em geral, são de construção recente e aparência moderna, embora indistintos. No interior, costumam ser limpos, organizados e bem iluminados. Alguns têm ar-condicionado. Como regra geral, condições, salários e benefícios são melhores em grandes fábricas de propriedade estrangeira do que em pequenas fábricas e oficinas locais. E as grandes são menos propensas do que as pequenas a enganar trabalhadores no que lhes é devido, um grande problema na China.[53]

Contudo, o trabalho dentro delas é muitas vezes difícil e a atmosfera é opressiva. Muitos gigantes industriais de propriedade de taiwaneses usam uma disciplina quase militar para controlar a força de trabalho cheia de recém-chegados. Os operários da EUPA, da Foxconn e de outras grandes fábricas usam uniforme. A segurança das instalações é intensa. Todo o perímetro da Foxconn City é murado, com arame farpado no topo em algumas partes. Tal como em River Rouge, entra-se somente por portões com guardas. Cartões de identificação são necessários para entrar na maioria dos grandes complexos industriais e, às vezes, até em determinados prédios. Nas fábricas da Foxconn, as câmeras de vigilância são onipresentes.

Essa empresa enfatiza particularmente o cumprimento de regras e instruções de trabalho detalhadas — uma espécie de hipertaylorismo —, impostas por uma hierarquia de gerenciamento de várias camadas. Os líderes das linhas, eles mesmos trabalhadores mal pagos, supervisionam as linhas de produção individuais e, por sua vez, são supervisionados por camadas e camadas de supervisores de nível superior. Os operários são proibidos de falar no trabalho (embora, na prática, a fiscalização varie muito) ou de se deslocar pela fábrica. Slogans adornam estandartes e cartazes nas paredes, alguns lembrando Aleksei Gástev — "Valorize a eficiência a cada minuto, a cada segundo" —, outros mais hiperbólicos — "Alcance os objetivos ou o sol não vai mais se levantar" — e outros constituem ameaças grosseiras: "Dê duro no trabalho hoje ou dê duro para encontrar um emprego amanhã".

Na Foxconn e em outras fábricas de propriedade estrangeira na China, não há eco dos experimentos com o envolvimento dos trabalhadores na administração que ocorreram em empresas estatais. A genealogia da organização interna dos gigantes da fábrica chinesa moderna aponta para os sistemas de administração ocidentais e japoneses, e não para os primeiros anos da China comunista. A hierarquia é inquestionável, os regulamentos e regras são extensos. Sistemas de controle de qualidade, importados de países capitalistas desenvolvidos, promovem a organização de cima para baixo.[54]

Os empregos na fábrica de montagem que exigem a repetição rápida de uma série de movimentos por longos períodos são exaustivos e até mesmo debilitantes, lembrando as primeiras fábricas têxteis inglesas em que crianças sofriam danos físicos ao executar as mesmas tarefas repetidas vezes. Na fábrica da Foxconn de Chengdu, as pernas de alguns trabalhadores inchavam tanto por ficarem o dia todo de pé que eles tinham dificuldade de andar. Horas de trabalho extremamente longas agravam o problema. Embora as leis chinesas estipulem uma jornada de trabalho normal de quarenta horas semanais e limitem as horas extras a nove por semana, as fábricas costumam ignorá-las. Semanas de mais de sessenta horas não são incomuns. Na Foxconn, doze horas de trabalho diárias (incluindo horas extras) são comuns, mas lá e em outros lugares, quando os prazos dos pedidos se aproximam, esse número pode se estender ainda mais. Os operários da Foxconn trocam de turnos uma vez por mês, quase como os siderúrgicos americanos costumavam fazer a cada duas semanas, levando à perda de sono e à desorientação. Embora os trabalhadores gostem de horas extras porque aumentam seus ganhos, também lutaram para limitá-las e por salários maiores, de modo que enormes quantidades de horas extras não sejam necessárias para uma vida decente. Em uma gigantesca fábrica da Yue Yuen, os operários consideraram as horas extras obrigatórias tão exaustivas que fizeram greve em protesto. Como na época de Marx, grande parte da luta entre trabalho e capital nas megafábricas de hoje gira em torno da duração da jornada de trabalho.[55]

A disciplina é outro ponto de disputa. Em muitas fábricas gigantes chinesas, a disciplina é dura e degradante. As empresas comumente impõem multas por negligência e até mesmo por pequenas violações das regras, como falar ou rir no trabalho, lembrando as têxteis inglesas, onde, como observou Marx, "punições naturalmente se transformam em multas e deduções de salários, e o talento de julgar do Licurgo fabril organiza as coisas de tal modo que uma violação de suas leis é, se possível, mais proveitosa para ele do que a manutenção delas". (Já no Vietnã, multas como forma de disciplina trabalhista são ilegais.) Alguns administradores estrangeiros acreditam que medidas disciplinares especialmente rigorosas são exigidas na China devido ao ritmo frouxo de trabalho herdado do socialismo, junto com uma cultura de "todos comerem da mesma tigela de arroz", com esforço e recompensa coletivos, em vez de individuais.

Na Foxconn, os supervisores abusam verbalmente dos trabalhadores por violar regras menores. Em um exemplo, um supervisor forçou um operário a copiar citações do CEO trezentas vezes, num cruzamento entre o castigo escolar e a Revolução Cultural. Os seguranças às vezes batem nos trabalhadores suspeitos de roubo ou de simplesmente violar uma regra (lembrando o Departamento de Serviços em River Rouge). Algumas fábricas chinesas contratam policiais fora de serviço como guardas, dando-lhes uma sensação de impunidade.[56]

Xu Lizhi, um operário da Foxconn que se suicidou em 2014, tratou da disciplina de fábrica em um poema, "Oficina, minha juventude ficou encalhada aqui", publicado no jornal da empresa *Foxconn People*:

Ao lado da linha de montagem, dezenas de milhares de trabalhadores
se alinham como palavras em uma página,
"Mais rápido, apresse-se!"
De pé entre eles, ouço o latido do supervisor.

Em "Eu dormi em pé daquele jeito", ele escreveu:

Eles me treinaram para me tornar dócil
Não sei gritar ou me rebelar
Como reclamar ou denunciar
Apenas como sofrer em silêncio a exaustão.[57]

Algumas fábricas gigantescas asiáticas tiveram graves problemas de saúde e segurança. Em 1997, um relatório interno encomendado pela Nike encontrou problemas sérios com produtos químicos tóxicos em uma grande fábrica terceirizada de propriedade coreana no Vietnã. Os níveis de tolueno no ar ultrapassaram em muito os padrões americanos e vietnamitas. A poeira difusa e o calor e o ruído opressivos pioravam as condições já ruins. Na China, a exposição ao tolueno, junto com benzeno e xileno, também criou condições perigosas nas fábricas de calçados. Os solventes químicos usados na limpeza de telas são um perigo nas fábricas de eletrônicos. O pó de alumínio, usado para fazer e polir estojos para iPad, representa outro perigo; os trabalhadores o inspiram, e ele pode ser altamente explosivo. Em 2011, uma explosão na fábrica da Foxconn em Chengdu matou quatro trabalhadores e feriu gravemente outras dezoito pessoas.[58]

Em Lowell, pensões, centros de sociabilidade e relaxamento, embora estritamente regulados pelas empresas, proporcionavam uma espécie de alívio à monotonia, fadiga e disciplina rígida da fábrica. Na China, muitas fábricas estão longe disso. Cerca de um quarto dos trabalhadores da Foxconn em Shenzhen vive em alojamentos da empresa, em um dos 33 dormitórios dentro de seus complexos industriais ou nos 120 dormitórios que ela aluga nas proximidades. Os dormitórios da Foxconn abrigam normalmente de seis a doze trabalhadores, mais do que o número de alojados em quartos de pensão de Lowell, embora, ao contrário de Lowell, cada trabalhador/a tenha sua própria cama. (Muitas fábricas de propriedade de taiwaneses também têm moradias de nível superior para os gerentes.) Os empregados são alocados aleatoriamente, de modo que amigos, parentes, trabalhadores da mesma área de produção ou da mesma região raramente ficam juntos. Como alguns colegas de quarto trabalham em turnos diurnos e outros à noite, as interrupções ocorrem regularmente e os quartos não podem ser usados para sociabilização. Como em Lowell, regras estritas regulam o comportamento do dormitório: há toques de recolher, restrições a visitantes e proibição de cozinhar.[59]

Muitos gigantes industriais, inclusive algumas fábricas da Foxconn (mas nem todas), têm amplas instalações sociais e recreativas no local de trabalho que oferecem oportunidades de relaxamento, convivência e entretenimento. A Foxconn City, além de dormitórios, edifícios de produção e armazéns, possui uma biblioteca, livrarias, uma variedade de lanchonetes e restaurantes, supermercados, amplas instalações esportivas, com piscinas, quadras de basquete, campos de futebol e um estádio, um cinema, salas de jogos eletrônicos, cybercafés, uma loja de vestidos de noiva, bancos, caixas eletrônicos, dois hospitais, corpo de bombeiros, uma agência de correio e enormes telas de LED que mostram anúncios e desenhos animados. Em 2012, uma cozinha central usou três toneladas de carne suína e treze toneladas de arroz todos os dias para alimentar os trabalhadores. O complexo fabril de outra empresa, onde os empregados faziam pequenos motores para aparelhos eletrônicos e acessórios de automóveis, continha uma pista de patinação, quadras de basquete, de badminton e de tênis de mesa, bilhares e um cybercafé (embora os trabalhadores se queixassem da falta de Wi-Fi nos dormitórios).

Na Foxconn City, as telas gigantes de televisão ao ar livre e os amplos locais de compras e lazer trouxeram a modernidade do consumidor para dentro da própria fábrica, oferecendo aos operários um gostinho do mundo que buscavam ao deixar suas aldeias. Os trabalhadores migrantes costumam se adaptar rapidamente a essa realidade. Depois de visitar Longhua em 2012, o jornalista James Fallows escreveu: "Nas fábricas que eu havia visto anteriormente na China, os trabalhadores pareciam pessoas do campo, desgastadas por sua criação grosseira, e agiam como elas. A maioria dos funcionários da Foxconn tem a aparência de quem frequentou uma faculdade". Muitos trabalhadores migrantes de segunda geração possuem — ou estão economizando para isso — os produtos que eles mesmos fazem e que simbolizam a modernidade, como smartphones e calçados e roupas da moda.[60]

Operários militantes

Para Fallows, a China é a história feliz de um país que passa rapidamente das condições de vida da classe trabalhadora como as da Inglaterra de William Blake para outras parecidas com a dos Estados Unidos na década de 1920, e que continua melhorando. Desde que o país começou a permitir que indústrias estrangeiras construíssem e administrassem fábricas, houve um enorme declínio da pobreza, e o mesmo aconteceu no Vietnã. De acordo com dados do Banco Mundial, entre 1981 e 2012, mais de meio bilhão de chineses ultrapassou a linha de pobreza, definida como o equivalente a 1,90 dólar (de 2011) por dia ou menos. A expectativa de vida no nascimento aumentou de 67 anos em 1981 para 76 em 2014. Não obstante, mesmo nos gigantes industriais mais modernos da China e do Vietnã, que oferecem salários e condições de trabalho acima das normas locais, os trabalhadores expressaram várias vezes sua insatisfação por meio de altas taxas de rotatividade, greves e protestos.

Nas últimas décadas, a China sofreu uma onda de greves em massa que não foram bem divulgadas. O *China Labour Bulletin* detalha 180 em 2014 e 2015 que envolveram mil ou mais trabalhadores e estima que tenha informações sobre apenas 10% a 15% de todas as ocorridas. Em contraste, durante esses mesmos dois anos, houve apenas 33 greves com mil ou mais trabalhadores nos Estados Unidos.[61]

Todos os tipos de fábricas chinesas — grandes e pequenas, estatais e de propriedade privada — foram atingidos por greves. Elas ocorreram nos principais gigantes industriais dos setores de eletrônicos e calçados por questões de remuneração, benefícios e jornada de trabalho. As táticas, além da interrupção do trabalho, incluíram ameaças de suicídios, bloqueio de ruas e estradas e passeatas até repartições do governo. Como muitos grevistas moram em dormitórios de empresas, as interrupções se tornam muitas vezes ocupações e paralisações de fato.

Até os maiores fabricantes terceirizados foram afetados. Em 2012, 150 operários de uma fábrica da Foxconn em Wuhan passaram dois dias no telhado de um prédio ameaçando pular para protestar contra um corte de pagamento que acompanhou a transferência deles de Shenzhen e contra as condições na nova fábrica. Na primavera de 2014, a maioria dos 40 mil trabalhadores de uma fábrica da Yue Yuen, na província de Guangdong, exigiu que a empresa cumprisse uma lei que a obriga a contribuir para a aposentadoria, numa das maiores greves em uma única fábrica que a China já viu. Alguns protestos foram violentos. Trabalhadores da fábrica da Foxconn em Chengdu se revoltaram várias vezes em virtude de condições inabitáveis de dormitórios e de cortes salariais. Em um caso, foram necessários duzentos policiais para acabar com o protesto.

As greves chinesas ocorrem numa zona cinzenta legal. Durante anos, os trabalhadores tinham o direito de greve, codificado nas constituições de 1975 e 1978. Mas em 1982, quando o governo se mobilizou para atrair investimentos estrangeiros e rejeitar as mobilizações de massa da Revolução Cultural, esse direito foi retirado da lei fundamental. Agora, os trabalhadores não podem organizar ou divulgar abertamente açoes no emprego. Mas mesmo assim fazem greves. A maioria das paralisações surge com pouca ou nenhuma organização prévia, sem envolvimento sindical e sem líderes claros, e dura um dia ou dois no máximo. Com frequência, terminam quando o governo intervém para mediar.

Desde que as paralisações sejam locais, curtas e apolíticas, o governo geralmente as tolera. Mas, se saírem do controle ou durarem muito tempo, a força física e as prisões são usadas para interrompê-las. As autoridades querem se assegurar de que a turbulência trabalhista não afaste os investidores estrangeiros ou ameace o status quo político. Por sua vez, os donos de fábricas estrangeiras parecem confiar em que o governo manterá a militância operária sob controle e não hesitam em concentrar a produção em fábricas muito grandes, que se fechadas parariam a maior parte ou toda a produção de bens de consumo específicos.[62]

As greves são ainda mais comuns no Vietnã do que na China. Os trabalhadores de lá têm o direito legal de greve, embora, na prática, a maioria das paralisações tenha ocorrido sem as complexas etapas necessárias para se obter autorização. As greves de operários atingiram grandes fábricas de propriedade sul-coreana e taiwanesa que fabricavam tênis para Nike, Adidas e outras marcas globais em 2007, 2008, 2010, 2012 e 2015. A gigantesca greve de 2011 na fábrica da Yue Yuen, em virtude dos baixos salários, chamou a atenção internacional pelo seu tamanho.

Ainda mais surpreendentes foram os tumultos que ocorreram três anos depois, que danificaram ou destruíram dezenas de fábricas de propriedade estrangeira nos arredores da cidade de Ho Chi Minh. Os distúrbios começaram com uma manifestação de trabalhadores que protestavam contra a instalação pela China de uma plataforma de petróleo em águas reivindicadas pelo Vietnã. Mas os manifestantes logo se voltaram contra as fábricas de roupas e tênis das proximidades, muitas das quais eram taiwanesas, sul-coreanas, japonesas ou malaias, furiosos com a estagnação dos salários e a exploração estrangeira. Um funcionário da taiwanesa Chutex Garment Factory relatou que cerca de 8 mil a 10 mil trabalhadores participaram de um ataque à fábrica, queimando "tudo, todos os materiais, computadores, máquinas".[63]

Na China, a militância operária resultou em aumento de salários e melhora das condições de trabalho, ajudada pela pressão de grupos internacionais de direitos trabalhistas e empresas de marcas, temerosas de que suas reputações fossem sujas por histórias de exploração de trabalhadores. Mesmo assim, em 2010, grandes fábricas estavam tendo dificuldade para recrutar e reter trabalhadores migrantes. A rápida expansão da manufatura, o encolhimento da população rural, um desequilíbrio de gênero favorecendo os homens e o crescimento do emprego feminino no setor de serviços fizeram com que o número de mulheres jovens do campo, que as fábricas preferiam, diminuísse. As empresas foram forçadas a ampliar suas práticas de contratação, recorrendo aos homens — que agora constituem a maioria dos empregados da Foxconn — e a trabalhadores mais velhos.[64]

As empresas reagiram ao aumento dos salários e à escassez de mão de obra construindo novas fábricas em regiões de salários mais baixos no centro da

China. Muitas também recorreram a medidas semicoercitivas para recrutar e reter trabalhadores, numa lembrança, embora muito atenuada, de práticas dos primeiros tempos das fábricas. Algumas exigiram que os trabalhadores migrantes fizessem "depósitos" para obter emprego, que só seriam reembolsados se fossem embora com permissão da empresa. Da mesma forma, elas retinham parte do salário dos trabalhadores, prometendo pagá-los no final do ano.[65] As fábricas maiores, submetidas a mais fiscalização e mais sintonizadas com os padrões internacionais, eram menos propensas a se envolver nessas táticas. Em vez disso, apelavam para estudantes como uma nova fonte de mão de obra barata.

Escolas profissionais chinesas exigem a conclusão de um estágio de seis meses ou um ano para a formatura. A Foxconn e outras empresas exploraram essa exigência trabalhando com o governo e as autoridades educacionais para que um grande número de estagiários fosse enviado a suas fábricas, juntamente com seus professores, que funcionavam como capatazes. No verão de 2010, a Foxconn tinha 150 mil estagiários, dos quais mais de 28 mil faziam produtos da Apple em sua fábrica de Guanlan, em Shenzhen. Em geral, os estagiários são usados em tarefas de produção básica que não têm relação com seu campo de estudo. Na verdade, não passa de trabalho forçado: os estudantes podem ir embora, mas isso põe em risco sua formatura. Os estagiários recebem salários básicos de início de carreira, mas sem benefícios, o que os torna mais baratos do que os empregados comuns. Embora não sejam mão de obra servil como os aprendizes de paróquia nas fábricas têxteis inglesas, os estudantes, que se tornaram um componente cada vez mais importante da força de trabalho das fábricas chinesas, tampouco são operários livres contratados por meio de um mercado de trabalho aberto. Eles são mobilizados por arranjos institucionais entre o Estado e as empresas que não lhes dão liberdade de escolha efetiva.[66]

Negócios escondidos

As fábricas mastodônticas da China e do Vietnã não receberam o tipo de notícia que tiveram em suas primeiras encarnações na Inglaterra, nos Estados Unidos, na União Soviética e na Europa Oriental. Deu-se uma atenção considerável à situação difícil dos trabalhadores migrantes chineses, particularmente no cinema, mas muito menos às fábricas em que trabalham.[67] Parte do motivo disso é o sigilo de seus donos, que em sua maioria veem apenas desvantagens em permitir que suas instalações sejam visitadas ou documentadas. Nos séculos XIX e XX, as empresas consideravam suas fábricas uma boa publicidade, símbolos de sua posição na vanguarda da indústria e uma maneira de tornar seus produtos mais conhecidos entre os consumidores. As autoridades soviéticas e do Leste Europeu viam suas fábricas gigantes como vitrines do socialismo que também atraíam, de maneira diferente, um público amplo. Em contraste, os donos de grandes empresas de manufatura chinesas e vietnamitas não querem nada com o público. Em geral, seus clientes não são usuários finais, mas outras empresas. E, no que diz respeito às últimas, quanto menos se souber sobre os processos de fabricação, melhor.

Por um lado, empresas como Apple e Adidas querem manter em segredo métodos e detalhes patenteados dos produtos prestes a ser lançados. De outro, temem críticas às condições de trabalho nas quais seus produtos são fabricados, inclusive por grupos internacionais de justiça social, peritos em circular imagens e informações sobre o abuso de trabalhadores. Enquanto os turistas comuns podiam — e ainda podem — visitar River Rouge, essa ideia é impensável para fábricas da Foxconn ou a maioria das outras gigantes da China. Acadêmicos, jornalistas e documentaristas têm grande dificuldade de ultrapassar os portões e, quando o fazem, são acompanhados e orientados por guarda-costas, sem nunca obter acesso total. A mídia da época estava repleta de imagens de fábricas de tecidos inglesas, Lowell, Homestead, da Tractorstrói de Stalingrado e de Nowa Huta. No entanto, fotografias de fábricas de propriedade de Foxconn, Pegatron e Yue Yuen são surpreendentemente incomuns, e imagens do que acontece dentro delas são ainda mais raras.[68]

Como as maiores fábricas asiáticas não servem como propaganda ou símbolo dos produtos feitos dentro delas, não há incentivo para investir em arquitetura diferenciada ou inovadora, como fizeram os principais industriais dos séculos XIX e XX. Não há Fábrica Redonda de Belper ou Lingotto da Fiat na China, apenas edifícios genéricos, com aparência moderna, mas sem nenhuma ornamentação ou características distintivas, nem mesmo a disposição de janelas que outrora marcava as grandes fábricas. Muitas fábricas chinesas parecem ser edifícios de escritórios suburbanos. A *Bloomberg Businessweek* descreveu a Foxconn City, com seus prédios de vários andares de concreto cinza ou branco, como "monótonos e utilitários". Nas últimas décadas, a China tem sido o principal centro mundial de contratação de arquitetos famosos para construir estruturas modernistas incomuns e de grande escala, mas são prédios de escritórios, salas de concerto, estádios, museus, bibliotecas, shoppings e hotéis, não fábricas.[69]

As fábricas construídas recentemente na China e no Vietnã não são consideradas fonte de orgulho nacional, como as siderúrgicas de Braddock, na Pensilvânia, e a Nowa Huta foram outrora. Ao contrário das fábricas gigantescas que serviam de vitrine no passado, as novas gigantes da China e do Vietnã são, em grande parte, de propriedade estrangeira, administradas por gerentes estrangeiros, que produzem bens em grande parte para consumo fora do país. Em vez de simbolizar o progresso de seu país de acolhimento, servem de lembrete do quanto ele precisa fazer para se equiparar a outros como Coreia do Sul, Taiwan e Japão em tecnologia, design e administração.

Muitos líderes do mundo subdesenvolvido, inclusive a China, não consideram a manufatura em grande escala e de propriedade local seu verdadeiro alvo nem sua insígnia de entrada para o clube das nações do Primeiro Mundo. Eles estão bem conscientes de que países ricos como os Estados Unidos estão deixando de lado a produção em massa e se concentrando na produção de bens especializados, design, inovação tecnológica, marketing, serviços e finanças. A manufatura básica, para o bem ou para o mal, parece coisa de ontem em grande parte do mundo avançado, especialmente nos Estados Unidos, uma atitude adotada somente em países menos desenvolvidos. A linha de montagem não significa modernidade para os políticos e as elites chinesas. Para eles, a manufatura em massa é um estágio a ser percorrido e deixado para trás na conquista da modernidade. As autoridades chinesas ainda veem um papel para a produção em massa na elevação dos padrões de vida; elas esperam manter a manufatura mais barata e de remuneração menor transferindo-a para regiões mais pobres do interior. Mas, nas partes mais ricas do país, como as zonas econômicas especiais pioneiras, o impulso é ir além da produção básica de linhas de montagem. Em Shenzhen, o epicentro da explosão do gigantismo industrial chinês, as fábricas mais antigas estão sendo derrubadas para construir prédios comerciais e residenciais de luxo.[70]

Considerada mais uma necessidade do que um triunfo, as fábricas gigantescas chinesas e vietnamitas estão desprovidas dos tons heroicos associados a projetos industriais anteriores de grande escala ou a projetos de infraestrutura modernos da China, como a Represa das Três Gargantas ou os arranha-céus, pontes e trilhos de alta velocidade que refizeram a paisagem.

Em parte, trata-se de uma questão de gênero: a mão de obra das fábricas de vestuário moderno, calçados e artigos eletrônicos é constituída em sua grande maioria por mulheres, ao contrário das siderúrgicas, fábricas de automóveis e grandes construções, onde os homens dominavam a força de trabalho e em grande parte ainda dominam. Indústrias fortemente femininas foram às vezes associadas a sonhos utópicos, como as primeiras fábricas têxteis da Nova Inglaterra, mas a ousadia prometeica era em geral associada a operários do sexo masculino musculosos, trabalhadores parecidos com o retrato comum do próprio Prometeu.[71]

A natureza dos produtos que saem dos gigantes industriais asiáticos contribui para sua banalidade. As fábricas do século XXI com o maior número de empregados costumam produzir coisas pequenas, como cafeteiras, tênis ou smartphones, que cabem numa caixa ou na palma da mão, não os impressionantes canhões, vigas, máquinas, veículos e aeronaves produzidos pelas maiores fábricas dos séculos XIX e XX. Bilhões de pessoas em todo o mundo podem querer iPhones ou tênis Nike e considerá-los símbolos da modernidade, mas esses acessórios carecem da aura histórica mundial dos produtos que saíram das gigantescas usinas siderúrgicas e fábricas de automóveis de antigamente.

Em vez de representar um engrandecimento do espírito humano, os gigantes fabris modernos parecem simbolizar sua diminuição. As imagens típicas das fábricas chinesas não celebram a máquina ou o domínio do homem sobre a natureza, mas documentam estruturas sem graça, insípidas, ou retratam a repetitividade — o tamanho como reprodução infinita.[72] O que torna as fotografias de Burtynsky de fábricas chinesas tão extraordinárias não é a extensão do poder humano através do domínio de materiais e máquinas, ou a beleza do maquinário em si, temas de muitos retratos anteriores de fábricas, mas a escala reduzida das pessoas, organizadas em linhas e grades dentro dos vastos limites dos galpões das fábricas. Burtynsky, como Andreas Gursky, também conhecido por suas fotografias espetaculares de fábricas e espaços públicos no Vietnã e na China, em geral tira fotos de grande formato à distância, mostrando seres humanos em padrões quase abstratos, raras vezes focalizando algum indivíduo, da mesma forma como faziam fotógrafos de fábrica anteriores, como Margaret Bourke-White e Walker Evans, pelo menos ocasionalmente.[73]

A Foxconn, a Yue Yuen e os outros gigantes modernos da manufatura asiática representam a culminação da história do gigantismo industrial. Elas se inspiram no passado e incorporam todas as lições sobre a montagem e a coordenação de massas de trabalhadores, a divisão detalhada do trabalho, equipamentos com energia externa, transferência mecânica de componentes e ritmo de produção, economias de escala e determinação de todos os aspectos da vida dos trabalhadores. Todo o passado vive no presente. Mas o futuro não, exceto do modo mais limitado e técnico. A fábrica gigante já não representa a visão de um mundo novo e diferente, de um futuro utópico ou de um novo tipo de pesadelo. A modernidade, estilo Foxconn, pode estar associada a padrões de vida mais altos e tecnologia inovadora, mas não a uma nova fase da história humana, como as fábricas gigantescas estiveram outrora, fosse com a chegada de um novo tipo de sociedade de classes na Inglaterra e nos Estados Unidos ou com um novo tipo de sociedade sem classes na União Soviética e na Polônia. O futuro já chegou, e parece que estamos entalados nele.

Conclusão

As fábricas mastodônticas estão conosco há três séculos, mas nenhuma delas resistiu tanto tempo. A Derby Silk Mill, dos irmãos Lombe, a primeira grande fábrica moderna, foi também uma das mais duradouras; com altos e baixos, os trabalhadores continuaram a produzir fio de seda nela até 1890, somando 169 anos de existência. Em contraste, o primeiro cotonifício de Awkright em Cromford praticamente fechou em setenta anos. O primeiro complexo fabril de Lowell, Massachusetts, construído pela Merrimack Manufacturing Company, durou mais que seus sucessores, produzindo têxteis por 134 anos. Amoskeag, que foi o maior complexo têxtil do mundo, fechou depois de pouco mais de um século. A siderúrgica pioneira Cambria Iron Works, em Johnstown, Pensilvânia, funcionou até 1992, totalizando 140 anos, 35 anos a mais do que a Homestead Steel Works, palco de batalhas trabalhistas homéricas.[1]

Alguns gigantes fabris que foram marcos históricos continuam a existir. Embora o Dodge Main, complexo da Chevy em Flint, e a fábrica de Lingotto da Fiat tenham sido desativados décadas atrás, River Rouge continua fazendo parte do sistema de produção descentralizado da Ford, onde cerca de 6 mil trabalhadores montam caminhões F-150, o veículo mais vendido nos Estados Unidos.[2] A Tractorstrói, em Stalingrado, a Magnitogorsk e a Nowa Huta também continuam abertas.

Cem ou 150 anos podem parecer bastante tempo, mas muitas outras instituições funcionam rotineiramente em seus prédios originais por bem mais: parlamentos, prisões, hospitais, igrejas, mesquitas, faculdades, escolas preparatórias e até mesmo companhias de ópera, para citar algumas. Vistas à distância no tempo, as fábricas gigantescas perdem a solidez, o ar de permanência que tanto impressionaram seus contemporâneos. Poucas duram mais do que uma vida ou duas.

O próprio dinamismo da modernidade que cria a fábrica gigante leva ao seu desaparecimento. Elas têm um ciclo de vida natural. Chegam com força explosiva e transformam não apenas métodos de produção, mas sociedades inteiras. Em geral, seu sucesso depende, pelo menos em parte, da exploração de trabalhadores anteriormente fora do mercado de trabalho: crianças e adolescentes, pequenos agricultores e camponeses, nômades, prisioneiros e tutelados pelo Estado. Durante um período de acumulação primitiva, os trabalhadores podiam ser explorados, às vezes brutalmente, por longas horas, baixos salários e em condições severas, porque careciam de liberdade de movimento, direitos legais ou alternativas.

Inovações fabris radicais foram seguidas por períodos de melhoria lenta ou estagnação. A grande quantidade de capital imobilizado em prédios e maquinário promove o conservadorismo institucional e possibilita que novos concorrentes usem métodos e tecnologias mais avançados para se tornar produtores mais eficientes. Enquanto isso, os protestos dos trabalhadores e a pressão dos reformadores sociais aumentam os custos trabalhistas. Algumas empresas conseguem estender os altos lucros da acumulação primitiva recrutando repetidamente novas forças de trabalho, com novas ondas de trabalhadores jovens ou migrantes. Mas, em algum momento, uma combinação de tecnologia arcaica, instalações envelhecidas e aumento dos custos de mão de obra força a escolha entre modernizar, recomeçar em outro lugar ou explorar ao máximo uma propriedade e depois fechá-la.

Os proprietários da Boott em Lowell eram típicos. Em 1902, um consultor contratado relatou:

> Seus edifícios antigos talvez tenham cumprido bem sua finalidade no passado, mas estão obsoletos há muito tempo e não têm nenhum valor agora. [...] Recomendo, portanto, a demolição completa das estruturas atuais, ou pelo menos daquelas em que seja perigoso trabalhar, ou que de alguma forma interfiram no melhor arranjo e na construção de uma nova fábrica de primeira classe.

No entanto, quando muitos industriais da Nova Inglaterra estavam investindo em fábricas no sul do país, onde os salários eram mais baixos, os donos da Boott, em vez de construir uma "nova fábrica de primeira classe", decidiram continuar usando suas antigas e perigosas instalações, onde os trabalhadores continuaram a produzir tecidos e lucros para os investidores por mais meio século.[3]

No mundo socialista, os cálculos de custos desempenhavam um papel diferente, porque os trabalhadores eram mais importantes ideológica e politicamente, e as grandes fábricas eram essenciais para os sistemas de bem-estar social. O fechamento delas ou mesmo sua redução representavam enormes riscos sociais e políticos que os países evitavam, preferindo manter forças de trabalho infladas em fábricas cada vez menos competitivas. Mesmo hoje, o governo chinês age com cautela em seu esforço prolongado para fechar fábricas estatais gigantescas desnecessárias ou ineficientes. Mas o colapso do bloco soviético e a mudança da maior parte do que resta do mundo comunista para economias de mercado trouxeram uma convergência nas práticas industriais entre as esferas outrora socialistas e as que sempre foram capitalistas.

Tomados em conjunto, os ciclos sobrepostos do desenvolvimento de gigantes fabris, espalhados no tempo e no espaço, representam continuidade e progresso, com o aparecimento de operações de manufatura cada vez maiores e mais eficientes que, não obstante, conservam uma clara herança genética que remonta ao vale do Derwent há trezentos anos. A imitação, o licenciamento e o roubo permitiram que cada onda de criadores de fábricas incorporasse inovações passadas, à medida que o gigantismo industrial atravessava oceanos e divisões políticas. Mas, embora resiliente e durável como uma totalidade, esse gigantismo em qualquer lugar dado se mostrou insustentável. Comunidades específicas não vivenciaram a fábrica gigante como uma continuidade de progresso, mas como um arco disruptivo de inovação, crescimento, declínio e abandono. Como afirmaram os historiadores Jefferson Cowie e Joseph Heathcott num livro sobre a desindustrialização americana, "a cultura industrial forjada na fornalha do investimento em capital fixo era ela mesma uma condição temporária. O que milhões de trabalhadores e trabalhadoras podem ter experimentado como trabalho sólido, confiável, de salário decente durou apenas por um breve momento".[4] Especialmente em áreas dominadas por uma única indústria, quando o ciclo de gigantismo fabril seguiu em frente, a consequência foi uma devastação prolongada, mesmo que em outro lugar do mundo as fábricas gigantescas estivessem criando novas possibilidades e riqueza.

O atual ciclo de gigantismo industrial compartilha muito das iterações anteriores, mas também difere em aspectos importantes. Por um lado, o arco do desenvolvimento ao declínio tornou-se menor. Apenas trinta anos depois que a Foxconn construiu sua primeira fábrica em Shenzhen, passou o auge da região como centro fabril de grande escala, à medida que as empresas, inclusive ela própria, estão se mudando para outras áreas da China e de outros países para obter terrenos e mão de obra mais baratos. Por outro lado, muitos trabalhadores das novas fábricas gigantescas não compartilham a ilusão de permanência que os operários de fábricas anteriores talvez nutrissem, esperando passar a maior parte da vida em outro lugar, voltando para casa ou em uma situação melhor.

Embora as fábricas gigantescas ainda sejam vistas como veículos para o lucro e para o desenvolvimento econômico nacional, é muito menos provável que sejam celebradas nos dias de hoje ou apresentadas como modelos para a sociedade em geral. Muitas vezes, são quase desconhecidas dos compradores das mercadorias que produzem, os quais muito provavelmente estão a inúmeros quilômetros e fronteiras nacionais de distância. Antes, um comprador de uma máquina de costura Singer ou de um Ford Modelo T sabia exatamente onde eram feitos. Hoje, o comprador de um tênis, de uma geladeira ou até mesmo de um automóvel provavelmente não tem ideia do país em que foi fabricado, e muito menos em que fábrica. A produção — o trabalho —, outrora associada orgulhosamente aos bens físicos de que precisamos e valorizamos, está agora em grande parte escondida.

Como fenômeno global, a fábrica gigante talvez tenha atingido seu apogeu. Embora algumas muito grandes continuem a ser construídas, muitas indústrias tomaram outras direções, procurando reduzir os custos de mão de obra e evitar a chance de, como aconteceu no passado, os trabalhadores aproveitarem a concentração da produção para afirmar seu poder. A mecanização e a automação contínuas são um caminho e causa de uma perda muito maior de empregos fabris nos Estados Unidos do que a mudança de fábricas para o exterior. Até a Foxconn, maior empregadora mundial de operários fabris, está experimentando maior automação. Na sua fábrica de smartphones em Kunshan, China, não muito longe de Xangai, a companhia investiu pesadamente em robôs, o que possibilitou a redução do número de empregados de 110 mil para 50 mil, ainda uma força de trabalho muito grande, mas distante do topo da lista das maiores fábricas do mundo.[5] Outras empresas recorreram a muitas fábricas de pequeno e médio porte em regiões de salários muito baixos, como Bangladesh, numa aparente volta ao passado, com jovens chegadas de aldeias rurais produzindo bens para gigantes globais como a WalMart e a H&M em fábricas de baixa tecnologia, superlotadas e com frequência extraordinariamente perigosas, que mais se assemelham às instalações escravizantes americanas do final do século XIX do que às modernas gigantes chinesas.[6]

Mas, se a fábrica gigante perdeu um pouco do seu fascínio, ainda há empresários ansiosos para recomeçar o ciclo em território novo, sem uma história de ativismo trabalhista ou deterioração ambiental. A Huajian Shoes, uma empresa chinesa que produz calçados para marcas internacionais como a Guess, abriu em 2012 uma fábrica na Etiópia, onde em 2014 o salário mínimo básico líquido era de trinta dólares por mês, em comparação com o salário médio fabril de 560 dólares chinês. Em dois anos, já contava com 3500 trabalhadores. Mas a empresa tinha planos muito mais ambiciosos, centrados num novo complexo industrial perto de Addis Abeba, que empregaria 30 mil operários e teria dormitórios para trabalhadores, um resort, uma universidade técnica, um hotel e um hospital, tudo construído em um local cercado por uma réplica da Grande Muralha e em forma de sapato de mulher. Em outubro de 2016, a Huajian anunciou planos de transferir sua produção de calçados da linha Ivanka Trump de sua fábrica em Dongguan para a Etiópia.[7]

Qualquer que seja o futuro da fábrica gigantesca, ela já deixou como herança um mundo transformado. De certa forma, os gigantes industriais realizaram os sonhos de seus promotores, tendo sido parte integrante de melhorias extraordinariamente grandes e rápidas de bem-estar social, conforto, longevidade, posses materiais e segurança, sem precedentes na história. A Revolução Industrial, impulsionada pela fábrica gigante, contribuiu não só para elevar os padrões de vida, mas também para a criação do Estado moderno, da sociedade urbanizada e de uma face transformada do planeta.

Ela também ajudou a criar um "homem novo". Talvez não exatamente em sintonia com o maquinário automático e os processos industriais da fábrica gigantesca, tal como imaginado por Henry Ford, Aleksei Gástev e Antonio Gramsci, cada um à sua maneira. Mas, ainda assim, um homem novo e uma mulher nova, com um senso de tempo ditado pelas necessidades de massa, atividades coordenadas e pelos ritmos do maquinário, comprometidos com a ideia de progresso através da inovação técnica e do aumento da eficiência, que adoram produtos fabris e a estética industrial, e que tomam por certa a ideia de sacrifício agora para ganhos futuros.

Em suma, a fábrica gigante ajudou a produzir modernidade, o agora em que ainda vivemos, mesmo que não seja mais a novidade inspiradora que já foi. E essa modernidade transcende os sistemas políticos e econômicos. Em geral, a fábrica de grande escala é retratada como um produto do capitalismo, um estágio de seu desenvolvimento histórico. No entanto, como mostra este estudo, retratá-la como uma instituição estritamente capitalista exige que se elimine grande parte de sua história, inclusive algumas das maiores fábricas já construídas. A fábrica gigante foi fundamental tanto para o desenvolvimento capitalista quanto para o socialista, não apenas do ponto de vista econômico, mas também social, cultural e político. Ela nunca é a mesma dentro de diferentes culturas e sistemas sociais, mas suas características essenciais mostraram-se notavelmente estáveis e duradouras, uma vez que percorreram o mundo, instalando-se em lugares que pareciam o completo oposto uns dos outros. Não é uma característica do capitalismo, e sim da modernidade, em todas as suas variações.[8]

A fábrica gigantesca transformou sonhos em realidade, mas também tornou pesadelos reais. Em todas as sociedades, sua grande produtividade baseou-se em grandes sacrifícios, quase sempre compartilhados de maneira desigual. No mundo capitalista, foram os trabalhadores da própria fábrica que mais obviamente sofreram, explorados para produzir rios de produtos e lucros. Mas sofreram também os trabalhadores que produziam as matérias-primas para ela, incluindo, em vários momentos, os escravos das plantações de algodão, os mineiros de carvão, os mineiros de ferro, os colhedores de borracha e, hoje, os mineiros de elementos de terras raras necessários para componentes eletrônicos. O mesmo aconteceu com os trabalhadores que usavam métodos mais antigos, forçados a competir com a produção fabril.

No mundo socialista, os operários fabris trabalhavam duro, mas muitas vezes ocupavam um lugar relativamente privilegiado na sociedade, com melhores moradias, alimentação e benefícios do que outros cidadãos. Os maiores sacrifícios na União Soviética e na China maoista aconteceram longe da própria fábrica, com os camponeses sendo fortemente pressionados, às vezes até a morte, a fim de gerar os recursos necessários para construir gigantes industriais.

Por algumas décadas após a Segunda Guerra Mundial, na Europa e nos Estados Unidos, a fábrica gigante tornou-se um veículo para uma melhoria extraordinária nos salários, nos benefícios e na segurança dos operários (embora o trabalho em si permanecesse fisicamente desgastante, monótono e alienante). Graças, em grande parte, à sindicalização, os trabalhadores compartilharam dos grandes ganhos de produtividade da indústria em grande escala, num momento de relativa igualdade e democracia na longa história da sociedade capitalista. À luz das últimas quatro décadas de estagnação da renda e crescente insegurança da classe trabalhadora, o período do pós-Segunda Guerra Mundial parece, em retrospecto, uma era dourada, e as críticas à fábrica então feitas foram quase esquecidas. Mas o resíduo da fábrica gigante é difícil de ignorar.

Se os custos de criação e operação foram divididos de forma desigual, o mesmo aconteceu com os desastres ambientais e sociais decorrentes dela. Nenhum lugar simboliza melhor o pesadelo da vida após a morte do gigantismo industrial do que Flint, Michigan, outrora centro do grande império da General Motors e hoje uma comunidade encolhida e profundamente empobrecida, tão pouco respeitada que autoridades estaduais e locais envenenaram a população com água contaminada por chumbo para economizar durante uma administração imposta pelo estado. O destino tóxico de Flint pode ser encontrado com variações em todo o mundo, nos antigos centros industriais deprimidos do meio-oeste americano, norte da Inglaterra, norte da França, da Europa Oriental, Rússia, Ucrânia e do norte da China, com suas pragas de desemprego, pobreza, terra e água contaminadas, abuso de drogas e álcool e desespero.

O que vem depois? É muito cedo para declarar que a fábrica gigante acabou como instituição global. Mas em muitas cidades, regiões e nações sua importância diminuiu enormemente ou quase desapareceu. Cidades abandonadas pela indústria tentaram se reinventar, esperando muitas vezes usar o preço desvalorizado da terra e das estruturas industriais abandonadas como base para o ressurgimento de centros culturais e empresariais, uma estratégia que produziu, na melhor das hipóteses, retornos modestos.[9] Em nível nacional, o capital na Inglaterra, nos Estados Unidos e em outros países industriais pioneiros passou da produção para as finanças, possibilitando ganhos econômicos contínuos advindos do sistema fabril, mas agora através do financiamento do sistema e de suas muitas atividades auxiliares, em vez de operações fabris reais, uma estratégia que gerou grande riqueza para alguns, crescente desigualdade econômica e profundas fissuras sociais.

Enquanto a chegada da fábrica gigantesca foi associada a visões utópicas (e temores distópicos), sua morte tem sido associada a mal-estar social e encolhimento da imaginação. A Revolução Industrial e a fábrica mastodôntica deixaram em seu rastro a crença constante numa teleologia do progresso e do tecnodeterminismo. Mas, para muitos, o futuro já chegou e se foi, talvez deixando-os com tênis e smartphones, mas com pouca esperança ou crença em sua capacidade de criar um mundo novo, pós-fabril, que se baseie nos extraordinários avanços da fábrica gigante para forjar um tipo novo e diferente de modernidade, mais democrático e mais sustentável do ponto de vista social, econômico e, talvez mais importante, ecológico.

Estamos todos nessa, todos implicados. Em 2016, a segunda maior detentora de ações da Hon Hai Precision Industry, principal proprietária da Foxconn Technology Company, era The Vanguard Group, Inc., uma empresa de fundos mútuos com uma imagem benigna que detém as contas de poupança e aposentadoria de mais de 20 milhões de pessoas (inclusive a deste autor). Pouquíssimas sabiam que eram donas de um pedaço de uma fábrica de cujo telhado trabalhadores desesperados pulavam para a morte. (A Vanguard era também a terceira maior detentora de ações da Pegatron Corporation, maior rival da Foxconn, e a nona maior detentora de ações da fabricante de calçados Yue Yuen.) Até mesmo fundos que alegam ser socialmente responsáveis têm as mãos sujas; a maior acionista da Calvert Investments, "fundada na crença de que o capital de investimento, devidamente administrado, pode melhorar o mundo para seus habitantes menos poderosos", é a Apple, parceira e maior cliente da Foxconn.[10] E é evidente que, mesmo que não possua um pedaço minúsculo de uma fábrica gigante através de um fundo de aposentadoria ou de uma poupança, é quase certo que você possui um produto feito em uma delas.

A fábrica gigante nos deixou um legado complexo e muitas lições. Ela demonstrou, de maneira prática e concreta, a capacidade da humanidade de exercer domínio sobre a natureza (pelo menos por um tempo), melhorando imensamente o padrão de vida de bilhões de pessoas, mas também espoliando a terra. A fábrica gigante iluminou os laços profundos entre coerção e liberdade, exploração e avanço material. Revelou a beleza a ser encontrada não só no mundo natural, mas também no mundo artificial, no trabalho e em seus produtos. Demonstrou o profundo anseio dos trabalhadores pelo controle sobre suas vidas e por um pouco de justiça, pois, década após década, século após século, eles iniciaram lutas contra a exploração de patrões e Estados opressores, muitas vezes contra enormes adversidades. Mas, neste momento, a lição mais importante da fábrica gigante talvez seja a mais fácil de esquecer: que é possível reinventar o mundo. Isso já foi feito antes e pode ser feito novamente.

Agradecimentos

Este livro não seria possível sem o trabalho de gerações de acadêmicos, jornalistas e escritores que compartilharam um fascínio pelas grandes fábricas e sua importância social e cultural. Suas publicações, citadas nas notas, representam coletivamente uma conquista intelectual estupenda, indispensável para entender o passado e o presente. Tenho para com eles uma grande dívida.

Terminei este estudo ao mesmo tempo que meu pai, Harold Freeman, completou cem anos, e percebi o quanto a sensibilidade dele o permeia. Ao longo de sua vida, meu pai combinou um profundo interesse por assuntos técnicos com uma postura política crítica e ampla familiaridade com a cultura europeia e americana, uma espécie de perspectiva iluminista outrora comum no meio operário em que ele cresceu. Lembro-me vividamente de meu pai me levar junto quando criança numa visita a uma fábrica de vidro, de assistir a um operário tirar uma garrafa de Coca-Cola ainda rubra da esteira, esticá-la e retorcê-la com pinças para nossa diversão. Suspeito que naquela pitada de magia está a origem deste projeto.

Tive a sorte de aprender sobre a fábrica e suas implicações não apenas com estudiosos, mas também com operários e sindicalistas. Meu estágio de verão aos dezoito anos numa fábrica de cosméticos abriu meus olhos para o denso drama humano que ocorre dentro das paredes de um local de produção, a combinação de tédio, orgulho, fadiga e solidariedade; a fofoca, a contação de histórias e a discussão; as diferentes experiências e crenças em contato; as habilidades de trabalho, sobrevivência e manobra que mulheres e homens precisam dominar. Nos anos seguintes, em outros empregos e em meu trabalho com o movimento operário, tive o privilégio de aprender mais sobre o que o poeta Philip Levine chamou de "O que é o trabalho". Sou grato aos diversos ativistas e trabalhadores que, muitas vezes sem perceber, enriqueceram minha compreensão do trabalho, do sindicalismo, da política e da vida da classe operária.

Uma versão embrionária deste estudo apareceu na revista *New Labour Forum*, numa série de colunas que escrevi com Steve Fraser sob o título "No espelho retrovisor". Steve teve a ideia de uma coluna que analisasse os precedentes históricos de acontecimentos atuais. Sua noção de como ligar o passado e o presente acabou desencadeando neste livro, que às vezes penso ser uma das nossas colunas, só que muito mais longo. O encorajamento de meus colegas do Instituto Joseph S. Murphy de Educação do Trabalhador e Estudos do Trabalho da City University de Nova York, que ouviram uma palestra na hora do almoço sobre a história das fábricas gigantes, me convenceu de que valeria a pena aprofundar o assunto. Brian Palmer me incentivou ao sugerir que eu apresentasse uma versão dessa palestra para publicação em *Labor/Le Travail*, a revista vivaz e sofisticada que editava havia muito tempo.

Uma bolsa de um ano no Advanced Research Collaborative do Centro de Pós-Graduação da City University de Nova York tornou possível a pesquisa para este livro. Sou muito grato ao seu diretor, Donald Robotham, e aos meus colegas por um ano extraordinariamente estimulante e frutífero. O apoio adicional para este projeto foi fornecido por um Prêmio PSC-CUNY, financiado em conjunto por The Professional Staff Congress e pela City University de Nova York.

Mark Levinson, do Sindicato Internacional dos Empregados em Serviços, e Cathy Feingold, da AFL-CIO, junto com Robert Szewczyk e Dorota Miklos, do NSZZ Solidarność, ajudaram a organizar meu encontro com líderes sindicais do Solidariedade em Nowa Huta. Stanisław Lebiest, Roman Natkonski, Krysztof Pfister e seus colegas (com a competente tradução de Piotr Smreczynski) foram extraordinariamente generosos com seu tempo para discutir a história da usina e seu sindicato e me acompanhar numa visita. May Ying Chen e Ruting Chen, do Murphy Institute, e Lu Zhang, da Temple University, fizeram grandes esforços para conseguir que eu visitasse as fábricas chinesas. No fim das contas, não foi possível, mas aprecio profundamente suas tentativas e o muito que aprendi sobre a China com elas.

Vários outros ajudaram ao longo do caminho. No começo, Carol Quirke me deu valiosas sugestões de leitura sobre fotografia industrial. Dave Gillespie, John Thayer e Maayan Brodsky prestaram assistência na pesquisa.

Josh Brown foi extraordinariamente generoso em sua ajuda com as ilustrações, compartilhando seu incomparável conhecimento de imagens do século XIX e digitalizando imagens pessoalmente para garantir que saíssem boas. Meus alunos do Queens College toleraram com bom humor ser cobaias para muitas das ideias deste livro em um curso de história mundial que tratou de fábricas e industrialização. Daniel Esterman me acompanhou numa viagem de pesquisa a Lowell e se envolveu em numerosas discussões sobre este projeto enquanto se desenrolava, fornecendo uma caixa de ressonância e muitas boas ideias. Também conversei várias vezes sobre fábricas com Edgar Masters. Sua longa carreira na indústria têxtil e seus esforços para preservar locais industriais fizeram dele um repositório de informações e insights.

Sou especialmente grato aos colegas que leram rascunhos de capítulos sobre lugares a respeito dos quais eu estava escrevendo pela primeira vez: Timothy Alborn (capítulo 1), Kate Brown (capítulo 5) e Xiaodan Zhang (capítulo 7). Sua expertise e seus conselhos foram inestimáveis, mesmo quando minhas interpretações diferiam. Estes capítulos melhoraram graças à generosidade deles. Jack Metzgar mais uma vez foi um apoiador incansável enquanto eu trabalhava neste livro; ele leu o rascunho de cada capítulo, fez comentários detalhados e, o mais importante, me assegurou de que eu estava no caminho certo quando tinha dúvidas. Ninguém poderia pedir um colega e amigo mais generoso.

Steve Fraser estava lá no final, assim como esteve no começo, para ler o manuscrito completo e reagir do modo como eu esperava, com comentários detalhados e abrangentes, levantando questões históricas e vendo conexões que perdi, e fazendo sugestões de mudanças estruturais que fortaleceram muito a narrativa. Sua amizade e nossa colaboração ao longo dos anos foram extremamente importantes para mim. Kim Phillips-Fein deixou tudo de lado para ler os primeiros capítulos do manuscrito quando eu me aproximava da linha de chegada, ajudando a esclarecê-los e aprofundá-los.

Quase duas décadas atrás, Matt Weiland editou um livro meu, e foi uma ótima experiência. A oportunidade de reprisar isso foi um dos prazeres deste projeto. Mais uma vez, Matt entendeu imediatamente o que eu estava tentando fazer e me encorajou a ser mais ousado e expansivo, combinando um senso de aventura com o realismo necessário. Remy Cawley me conduziu através do processo de publicação com bom ânimo, bons conselhos e uma notável capacidade de acompanhar os detalhes intermináveis.

Quero agradecer também a William Hudson, por sua edição de texto; Brian Mulligan, pelo belo design da edição original; e todos na W. W. Norton pelo seu extraordinário profissionalismo.

Finalmente, quero agradecer à minha família por seu amor e apoio, especialmente minha companheira de muitos anos, Deborah Ellen Bell, que entre muitas outras coisas leu o manuscrito deste livro e forneceu seus bons conselhos de sempre, e a nossas filhas maravilhosas, Julia Freeman Bell e Lena Freeman Bell.

Notas

Introdução [pp. 11-7]

1. A maioria dos empregos em manufatura encontra-se em fábricas, mas nem todos. Alguns estão em estabelecimentos de varejo, como padarias, ou até mesmo em casas de famílias. U.S. Bureau of Labor Statistics, “Employment, Hours and Earnings from the Current Employment Statistics survey (National)”. Disponível em: <data.bls.gov/pdq/SurveyOutputServlet>. Acesso em: 6 nov 2018. [Todos os links foram acessados em 6 nov. 2018, a menos que indicada outra data.]
2. Heather Long, “U.S. Has Lost 5 Million Manufacturing Jobs Since 2000”, *CNN Money*, 29 mar. 2016. Disponível em: <money.cnn.com/2016/03/29/news/economy/us-manufacturing-jobs>; The World Bank, World Data Bank, “Employment in Industry and World Development Indicators” (baseado em dados da OIT). Disponível em: <data.worldbank.org/indicator/SL.IND.EMPL.ZS> e <databank.worldbank.org/data/reports.aspx?source=2&series=SL.IND.EMPL.ZS&country=>; CIA, *The World Factbook, 2017* (Nova York: Skyhorse, 2016), p. 179.
3. Sobre a vida às vésperas da Revolução Industrial, ver Fernand Braudel, *The Structures of Everyday Life: Civilization and Capitalism, 15th-18th Century*, v. 1 (Nova York: Harper and Row, 1981), e E. J. Hobsbawm, *The Age of Revolution, 1789-1848* (Nova York: New American Library, 1962), pp. 22-43. Ver também Roderick Floud, Kenneth Wachter e Annabel Gregory, *Height, Health and History: Nutritional Status in the United Kingdom, 1750-1980* (Cambridge: Cambridge University Press, 1990), p. 292; Thomas Piketty, *Capital in the Twenty-First Century* (Cambridge, MA: Harvard University Press, 2014), pp. 71-2; e CIA, *World Factbook, 2017*, pp. 303, 895, 943.
4. Tim Strangleman, “‘Smokestack Nostalgia’, ‘Ruin Porn’ or Working-Class Obituary: The Role and Meaning of Deindustrial Representation”, *International Labor and Working-Class History*, v. 84, outono 2013, pp. 23-37; Marshall Berman, “Dancing with America: Philip Roth, Writer on the Left”, *New Labor Forum*, v. 9, outono-inverno 2001, pp. 53-4.
5. “*Modern*, adj. and n.” e “*modernity*, n.”, OED on-line, Oxford University Press, set. 2016. Disponível em: <www.oed.com/view/Entry/120618>; Raymond Williams, *Keywords: A Vocabulary of Culture and Society*, ed. rev. (Nova York: Oxford University Press, 1983), pp. 208-9; Jürgen Habermas, “Modernity: An Unfinished Project”, em M. Passerin d’Entreves e Seyla Benhabib (Orgs.), *Habermas and the Unfinished Project*

of Modernity: Critical Essays on the Philosophical Discourse of Modernity (Cambridge, MA: MIT Press, 1997); Peter Gay, *Modernism: The Lure of Heresy, From Baudelaire to Beckett and Beyond* (Nova York: W. W. Norton, 2008).

6. O tamanho pode ser medido de diferentes maneiras. Eu o defini pelo número de empregados. Como historiador do trabalho, isso parece natural, vindo de um interesse pela experiência vivida dos trabalhadores e das relações de classe. Há outras formas úteis de definir escala que levariam à seleção de um conjunto diferente de fábricas a serem estudadas. Se fôssemos olhar para o tamanho dos prédios das fábricas, na época atual iam se destacar as descomunais fábricas de aeronaves da Boeing e da Airbus, que são estruturas enormes, mas com menos trabalhadores do que muitas outras fábricas compactas. Para entender o impacto ecológico das fábricas grandes, podemos definir o tamanho pela área onde as instalações de produção se localizam. Por esse critério, as fábricas de produtos químicos e, em especial, os complexos de combustível atômico e de armas ultrapassam em tamanho a maioria das fábricas discutidas neste livro. Minha definição de tamanho é um pouco arbitrária, mas serve bem ao foco deste estudo sobre a ligação entre a fábrica e a modernidade.
7. Gillian Darley, *Factory* (Londres: Reaktion, 2003), e Nina Rappaport, *Vertical Urban Factory* (Nova York: Actar, 2016), são exceções, mas com forte inclinação para a arquitetura.

1. "Como Minerva do cérebro de Júpiter" [pp. 19-58]

1. Antes de 1721, poucas indústrias britânicas tinham instalações de produção centralizadas, e, por padrões posteriores, elas eram bem pequenas, como as oficinas de tricô de Nottingham que empregavam várias dezenas de trabalhadores cada. Na Europa central e ocidental, havia algumas operações de manufatura em larga escala e não mecanizadas. Maxine Berg, *The Age of Manufactures: Industry, Innovation and Work in Britain, 1700-1820* (Oxford: Basil Blackwell, 1985), p. 212; Fernand Braudel, *The Wheels of Commerce: Civilization and Capitalism, 15th-18th Century*, v. II (Nova York: Harper & Row, 1982), pp. 329-38. Dados americanos calculados com base no censo de 1850 em U.S. Census Office, *Manufacturers of the United States in 1860* (Washington, D.C., 1865), p. 730.
2. A Derby Silk Mill é geralmente considerada a primeira fábrica da Inglaterra, pioneira da Revolução Industrial. Havia instalações de produção anteriores que tinham algumas, se não todas, características das fábricas modernas, entre elas as fábricas de seda do século XVI em Bolonha, que criaram uma parte do maquinário e da organização que os irmãos Lombe copiaram mais tarde. Anthony Calladine, "Lombe's Mill: An Exercise in Reconstruction", *Industrial Archeology Review* XVI, v. 1, outono 1993, pp. 82, 86.
3. Calladine, "Lombe's Mill", pp. 82, 89; William Henry Chaloner, *People and Industries* (Londres: Frank Cass, 1963), pp. 14-5. Em 1891, um incêndio destruiu a maior parte do prédio, que foi reconstruído em escala menor. Hoje, é ocupado pelo museu da Derby Silk Mill.
4. S. R. H. Jones, "Technology, Transaction Costs, and the Transition to Factory Production in the British Silk Industry, 1700-1870", *Journal of Economic History*, v. XLVII,

1987, p. 75; Chaloner, *People and Industries*, pp. 9-18; Calladine, "Lombe's Mill", pp. 82, 87-8; R. B. Prosser e Susan Christian, "Lombe, Sir Thomas (1685-1739)", rev. Maxwell Craven, Susan Christian, *Oxford Dictionary of National Biography* (Oxford: Oxford University Press, 2004); ed. on-line, jan. 2008. Disponível em: <www.oxforddnb.com/view/article/16956>.

5. John Guardivaglio, um dos operários italianos que voltara com John Lombe, ajudou a instalar a fábrica perto de Manchester. O *tram* podia ser feito a partir da seda bruta importada da Pérsia, mais fácil de se obter do que a seda de melhor qualidade italiana ou chinesa necessária para o organsim. Calladine, "Lombe's Mill", pp. 87, 96-7; Berg, *Age of Manufactures*, pp. 202-3; Jones, "Technology, Transaction Costs, and the Transition to Factory Production", p. 77.
6. Daniel Defoe, *A Tour Thro' the Whole Island of Great Britain*, 3. ed., v. III (Londres: J. Osborn, 1742), p. 67; Charles Dickens, *Hard Times for These Times* (Londres: Oxford University Press, 1955 [1854]), pp. 7, 1.
7. James Boswell, *The Life of Samuel Johnson*, v. III (Londres: J.M. Dent & Sons, 1906), p. 121.
8. Embora a Índia fosse o centro mais importante da produção têxtil de algodão, havia outros, como o Sudeste Asiático, o golfo Pérsico e o Império Otomano, onde os artesãos produziam imitações do algodão indiano. Prasannan Parthasarathi, "Cotton Textiles in the Indian Subcontinent, 1200-1800", pp. 17-41, e Giorgio Riello, "The Globalization of Cotton Textiles: Indian Cottons, Europe, and the Atlantic World, 1600-1850", p. 274, em Riello e Parthasarathi (Orgs.), *The Spinning World: A Global History of Cotton Textiles, 1200-1850* (Oxford: Oxford University Press, 2009), pp. 17-41.
9. Giorgio Riello, *Cotton: The Fabric that Made the Modern World* (Cambridge: Cambridge University Press, 2013), p. 126; Andrew Ure, *The Philosophy of Manufactures or An Exposition of the Scientific, Moral, and Commercial Economy of the Factory System of Great Britain* (Nova York: Augustus M. Kelley, 1967 [1835]), p. 12.
10. D. T. Jenkins, "Introduction", em *The Textile Industries*, v. 8 de R. A. Church e E. A. Wrigley (Orgs.), *Industrial Revolutions* (Cambridge, MA: Blackwell, 1994), p. xvii; Riello, *Cotton*, p. 127.
11. Riello, *Cotton*, pp. 172-3, 176; Berg, *Age of Manufactures*, p. 205.
12. O fustão era mais fácil de produzir do que o tecido de puro algodão porque era menos provável que as urdiduras do linho se rompessem durante a tecelagem.
13. Riello, "The Globalization of Cotton Textiles", pp. 337-9; Riello, *Cotton*, pp. 217, 219.
14. Na década de 1850, os Estados Unidos forneciam 77% do algodão cru importado pela Inglaterra, 90% do importado pela França, 92% do importado pela Rússia e 60% do importado pelos Estados germânicos. Entre 1820 e 1860, o número de escravos no Mississippi e na Louisiana, a maioria dos quais trabalhava no cultivo do algodão, subiu de 101 878 para 768 357. R. S. Fitton e A. P. Wadsworth, *The Strutts and the Arkwrights 1758-1830: A Study of the Early Factory System* (Manchester: Manchester University Press, 1958), pp. 347-8; Riello, *Cotton*, pp. 188, 191, 195 (citação de Marx), 200-7, 259; Frederick Douglass, "What to the Slave Is the Fourth of July?", em Philip S. Foner (Org.), *Frederick Douglass: Selected Speeches and Writings* (Chicago: Lawrence Hill, 1999), p. 197; Sven Beckert, *Empire of Cotton: A Global History* (Nova York: Knopf,

2014), p. 243; Walter Johnson, *River of Dark Dreams: Slavery and Empire in the Cotton Kingdom* (Cambridge, MA: Harvard University Press, 2013), p. 256.

15. Edward Baines, *History of the Cotton Manufacture in Great Britain* (Londres: H. Fisher, R. Fisher, and P. Jackson, 1835), p. 11; R. L. Hills, "Hargreaves, Arkwright and Crompton, 'Why Three Inventors?'", *Textile History*, v. 10, 1979, pp. 114-5.
16. Baines, *History of the Cotton Manufacture*, p. 115; Deborah Valenze, *The First Industrial Woman* (Nova York: Oxford University Press, 1995), p. 78; David S. Landes, *The Unbound Prometheus: Technological Change and Industrial Development in Western Europe from 1750 to the Present* (Cambridge: Cambridge University Press, 1969), p. 57. Durante muito tempo, comentaristas e historiadores europeus afirmaram que os salários indianos estavam muito abaixo dos britânicos, levando a preços mais baixos para os produtos de algodão, mas recentemente alguns historiadores contestaram essa conclusão. Para uma reafirmação da posição ortodoxa, ver Beckert, *Empire of Cotton*, p. 64; para uma reavaliação que sugere uma quase paridade dos salários, ver Prasannan Parthasarathi, *Why Europe Grew Rich and Asia Did Not: Global Economic Divergence, 1600-1850* (Cambridge: Cambridge University Press, 2011), pp. 35-46.
17. Jenkins, "Introduction", p. x; Franklin F. Mendels, "Proto-Industrialization: The First Phase of the Industrialization Process", *Journal of Economic History*, v. xxxii, 1972, pp. 241-61; S. D. Chapman, "Financial Restraints on the Growth of Firms in the Cotton Industry, 1790-1850", *Textile History*, v. 5, 1974, pp. 50-69; Berg, *Age of Manufactures*, p. 182.
18. Hills, "Hargreaves, Arkwright and Crompton", pp. 118-23; Berg, *Age of Manufactures*, p. 236; Fitton e Wadsworth, *The Strutts and the Arkwrights*, pp. 61-8, 76-8, 94-7; Adam Menuge, "The Cotton Mills of the Derbyshire Derwent and Its Tributaries", *Industrial Archeology Review*, v. XVI, n. 1, outono 1993, p. 38.
19. Berg, *Age of Manufactures*, pp. 236, 239, 244, 248, 258; George Unwin, *Samuel Oldknow and the Arkwrights* (Manchester: Manchester University Press, 1924), pp. 30-2, 71, 124-5; Landes, *Unbound Prometheus*, p. 85; E. P. Thompson, *The Making of the English Working Class* (Londres: Pelican, 1968 [1963]), pp. 327, 335; Jones, "Technology, Transaction Costs, and the Transition to Factory Production", pp. 89-90.
20. Chaloner, *People and Industries*, pp. 14-5; Fitton e Wadsworth, *The Strutts and the Arkwrights*, pp. 98-9, 192-5, 224-5.
21. Pequenos teares manuais de quatro fusos, construídos a partir de planos de Arkwright para um modelo de demonstração, encontram-se nos museus de Cromford e Belper. Hills, "Hargreaves, Arkwright and Crompton", p. 121; Berg, *Age of Manufactures*, pp. 236, 239, 242, 246; Menuge, "The Cotton Mills of the Derbyshire Derwent", p. 56 (citação de Arkwright).
22. John S. Cohen, "Managers and Machinery: An Analysis of the Rise of Factory Production", *Australian Economic Papers*, v. 20, 1981, pp. 27-8; Berg, *Age of Manufactures*, pp. 19, 24, 40-2.
23. Jenkins, "Introduction", p. xv.
24. Berg, *Age of Manufactures*, pp. 40-1, 231-2, 282-3; Pat Hudson, *The Genesis of Industrial Capital: A Study of the West Riding Wool Textile Industry c. 1750-1850* (Cambridge: Cambridge University Press, 1986), p. 137; Jones, "Technology, Transaction Costs, and the Transition to Factory Production", pp. 89-90; Roger Lloyd-Jones e A. A. Le

Roux, "The Size of Firms in the Cotton Industry: Manchester 1815-1840", *The Economic History Review*, nova série, v. 33, n. 1, fev. 1980, p. 77.

25. V. A. C. Gatrell, "Labour, Power, and the Size of Firms in Lancashire Cotton in the Second Quarter of the Nineteenth Century", *Economic History Review*, nova série, v. 30, n. 1, fev. 1977, pp. 96, 98, 112; Jenkins, "Introduction", p. xv.
26. Berg, *Age of Manufactures*, pp. 23-4; Thompson, *Making of the English Working Class*, pp. 208-11; Robert Gray, *The Factory Question and Industrial England, 1830-1860* (Cambridge: Cambridge University Press, 1996), pp. 3-4.
27. Charles Babbage, *On the Economy of Machinery and Manufacturers*, 4. ed. (Londres: Charles Knight, 1835), pp. 211-23.
28. Gatrell, "Labour, Power, and the Size of Firms", pp. 96-7, 108; Alfred Marshall, *Principles of Economics* (Londres: Macmillan, 1920 [1890]), 8. ed., livro IV, cap. XI. Disponível em: <www.econlib.org/library/Marshall/marP25.html#Bk.IV,CH.XI>.
29. Baines, *History of the Cotton Manufacture*, pp. 184-5.
30. Landes, *Unbound Prometheus*, p. 41; Jones, "Technology, Transaction Costs, and the Transition to Factory Production", pp. 71-4; Jenkins, "Introduction", p. xiii; Berg, *Age of Manufactures*, pp. 23-4, 190, 246; Hudson, *Genesis of Industrial Capital*, pp. 70-1. Marx discutiu a questão da economia de escala e a ascensão do sistema fabril em *Capital: A Critique of Political Economy*, v. 1 (Nova York: International Publishers, 1967 [1867]), caps. 13-4 ("Cooperation" e "Division of Labour and Manufacture").
31. Jenkins, "Introduction", pp. x-xii; Berg, *Age of Manufactures*, p. 24; Hudson, *Genesis of Industrial Capital*, pp. 81, 260; Thompson, *Making of the English Working Class*, pp. 299, 302.
32. Gatrell, "Labour, Power, and the Size of Firms", pp. 96-7, 107.
33. Sobre formas britânicas de riqueza, ver Thomas Piketty, *Capital in the Twenty-First Century* (Cambridge, MA: Harvard University Press, 2014), pp. 113-20, 129-31. O castelo de Willersley é agora um hotel Christian Guild. Fitton e Wadsworth, *The Strutts and the Arkwrights*, pp. 91, 94-8, 102, 169, 246; R. S. Fitton, *The Arkwrights: Spinners of Fortune* (Matlock, Inglaterra: Derwent Valley Mills Educational Trust, 2012 [1989]), pp. 224-96; Frances Trollope, *The Life and Adventures of Michael Armstrong the Factory Boy* (Londres: Frank Cass, 1968 [1840]), citação na p. 76.
34. Porém, as torres das igrejas locais rivalizavam em altura com as fábricas. Mark Girouard, *Cities & People. A Social and Architectural History* (New Haven, CT. Yale University Press, 1985), pp. 211-8; Thomas A. Markus, *Buildings and Power: Freedom and Control in the Origin of Modern Building Types* (Londres: Routledge, 1993), p. 263
35. Fitton, *The Arkwrights*, pp. 30, 50, 81.
36. Fitton, *The Arkwrights*, pp. 30, 81; Thomas A. Markus, "Factories, to 1850", *The Oxford Companion to Architecture*, v. 1, org. de Patrick Goode (Nova York: Oxford University Press, 2009), pp. 304-5; Fitton e Wadsworth, *The Strutts and the Arkwrights*, pp. 200-7, 211-2; Malcolm Dick, "Charles Bage, the Flax Industry and Shrewsbury's Iron-Framed Mills". Disponível em: <www.revolutionaryplayers.org.uk/charles-bage-the-flax-industry-and-shrewsburys-iron-framed-mills>; Markus, *Buildings and Power*, pp. 266-7, 270-1, 281-2; Menuge, "The Cotton Mills of the Derbyshire Derwent", pp. 52-6.

37. A. J. Taylor, "Concentration and Specialization in the Lancashire Cotton Industry, 1825-1850", *Economic History Review*, 2. série, v. I, 1949, pp. 119-20; Markus, *Buildings and Power*, p. 275. Nem todos os teares mecânicos situavam-se em galpões; alguns industriais construíam tecelagens de vários andares. Ver Colum Giles, "Housing the Loom, 1790-1850: A Study of Industrial Building and Mechanization in a Transitional Period", *Industrial Archeology Review*, v. XVI, outono 1993, pp. 30-3. Sobre a propagação para os Estados Unidos do telhado dente de serra, chamado inicialmente de "telhado de galpão de tecelagem", ver Betsy Hunter Bradley, *The Works: The Industrial Architecture of the United States* (Nova York: Oxford University Press, 1999), pp. 192-3.
38. As primeiras fábricas de Cromford, embora próximas do rio Derwent, eram movidas por um canal subterrâneo que drenava uma mina de chumbo e um riacho, não o próprio rio. Fitton, *The Arkwrights*, pp. 28-9.
39. A energia a vapor foi usada pela primeira vez num cotonifício em 1789, mas a água permaneceu como a fonte de energia mais comum por várias décadas. Um censo industrial de 1870 descobriu que as fábricas de algodão usavam mais energia dos motores a vapor do que qualquer outra indústria. Fitton e Wadsworth, *The Strutts and the Arkwrights*, p. 103; Unwin, *Samuel Oldknow*, p. 119; Markus, *Buildings and Power*, pp. 265-6; Parthasarathi, *Why Europe Grew Rich and Asia Did Not*, p. 155; Dickens, *Hard Times*, pp. 22, 69; W. Cooke Taylor, *Notes of a Tour in the Manufacturing Districts of Lancashire*, 2. ed. (Londres: Duncan and Malcolm, 1842), pp. 1-2.
40. No primeiro relatório da Comissão das Fábricas, Edwin Chadwick descreveu um elevador como "uma sala que sobe e desce, movida por vapor". Ure, *The Philosophy of Manufactures*, pp. 32-3, 44-54 ("túneis verticais" na p. 45); Markus, *Buildings and Power*, pp. 275, 280-1; Gray, *The Factory Question*, pp. 92-3.
41. A Fábrica Redonda, construída entre 1803 e 1813, continuou em pé até 1959, quando quatro trabalhadores morreram em sua demolição. Fitton e Wadsworth, *The Strutts and the Arkwrights*, p. 221; Markus, *Buildings and Power*, p. 125; Humphrey Jennings, *Pandemonium, 1660-1886: The Coming of the Machine as Seen by Contemporary Observers*, org. de Mary-Lou Jennings e Charles Madge (Nova York: Free Press, 1985), p. 98; Belper Derbyshire, Historical & Genealogical Records, "Belper & the Strutts: The Mills", 20 jul. 2011. Disponível em: <www.belper-research.com/strutts_mills/mills.html>.
42. As moradias que Arkwright construiu em Cromford ainda estão habitadas. As casas geminadas tinham apartamentos para os tecelões, que compravam fios de Arkwright. As esposas e os filhos trabalhavam em sua fábrica. Fitton, *The Arkwrights*, pp. 29, 187; Apresentação da Arkwright Society em Cromford Mills, 15 maio 2015; Fitton e Wadsworth, *The Strutts and the Arkwrights*, pp. 97, 102-4, 246; Chris Aspin, *The First Industrial Society; Lancashire, 1750-1850* (Preston, UK: Carnegie, 1995), p. 184; Unwin, *Samuel Oldknow and the Arkwrights*, p. 95.
43. Fitton e Wadsworth, *The Strutts and the Arkwrights*, pp. 246, 252; Unwin, *Samuel Oldknow and the Arkwrights*, p. 191; Friedrich Engels, *The Condition of the Working Class in England*, trad. de W. O. Henderson e W. H. Chaloner (Stanford, CA: Stanford University Press, 1958), p. 205.
44. Fitton e Wadsworth, *The Strutts and the Arkwrights*, pp. 240-4; Unwin, *Samuel Oldknow and the Arkwrights*, p. 178.

45. Ure, *The Philosophy of Manufactures*, pp. 150, 283-4, 312; Fitton, *The Arkwrights*, pp. 146, 151; John Brown, *A Memoir of Robert Blincoe, An Orphan Boy* (1832), reeditado em James R. Simmons Jr. (Org.), *Factory Lives: Four Nineteenth Century Working-Class Autobiographies* (Peterborough, ON: Broadview, 2007), p. 169; Cohen, "Managers and Machinery", p. 25; Engels, *The Condition of the Working Class in England*, pp. 174, 199; Marx, *Capital*, v. 1, p. 422. O estudo clássico da mudança do trabalho por tarefa para o trabalho por tempo é de E. P. Thompson, "Time, Work-Discipline, and Industrial Capitalism", *Past and Present*, v. 38, dez. 1967, pp. 56-97.
46. Landes, *Unbound Prometheus*, p. 43; Ellen Johnston, *Autobiography* (1869), reeditado em Simmons Jr. (Org.), *Factory Lives*, p. 308; Aspin, *First Industrial Society*, p. 92; "*knocker*, n.", OED on-line, Oxford University Press, set. 2016. Disponível em: <www.oed.com/view/Entry/104097>; "*knock*, v.", OED on-line, Oxford University Press. Disponível em: <www.oed.com/view/Entry/104090>.
47. Fitton e Wadsworth, *The Strutts and the Arkwrights*, p. 97; Gray, *The Factory Question*, p. 136; Giorgio Riello e Patrick K. O'Brien, "The Future Is Another Country: Offshore Views of the British Industrial Revolution", *Journal of Historical Sociology*, v. 22, n. 1, mar. 2009, pp. 4-5.
48. Taylor, *Notes of a Tour*, p. 4.
49. Robert Southey, *Journal of a Tour in Scotland in 1819*, citado em Jennings, *Pandemonium*, p. 156; Steven Marcus, *Engels, Manchester, and the Working Class* (Nova York: Random House, 1974), pp. 34-40, 60-1; Riello e O'Brien, "The Future Is Another Country", p. 6; Benjamin Disraeli, *Sybil, or the Two Nations* (Londres: Henry Colburn, 1845), p. 195; Karl Marx, *The Eighteenth Brumaire of Louis Bonaparte* (Nova York: International Publishers, 1963 [1852]), p. 15.
50. Trollope, *The Life and Adventures of Michael Armstrong*, pp. 236-7; Flora Tristan, *Promenades dans Londres* (Paris, 1840), citado em Riello e O'Brien, "The Future Is Another Country", p. 5.
51. Dickens, *Hard Times*, p. 69; Aspin, *First Industrial Society*, pp. 4, 239-41.
52. Um sinal da rapidez com que o sistema estava se espalhando é o fato de Taylor ter usado a metáfora da máquina para descrever a sociedade, o que era raro antes do século XVIII. Gray, *The Factory Question*, pp. 23-4; Thompson, *Making of the English Working Class*, p. 209; Taylor, *Notes of a Tour*, pp. 4-5; "*machinery*, n.", OED on-line, Oxford University Press, set. 2016. Disponível em: <www. oed.com/view/Entry/111856>.
53. Thompson, *Making of the English Working Class*, p. 341; Ure, *The Philosophy of Manufactures*, pp. 20-2, 474.
54. Fitton e Wadsworth, *The Strutts and the Arkwrights*, p. 226; Katrina Honeyman, "The Poor Law, the Parish Apprentice, and the Textile Industries in the North of England, 1780-1830", *Northern History*, v. 44, n. 2, set. 2007, p. 127.
55. Brown, *Memoir of Robert Blincoe*, pp. 115-8, 132, 173; William Dodd, *A Narrative of the Experience and Sufferings of William Dodd, A Factory Cripple, Written by Himself* (1841), reeditado em Simmons Jr. (Org.), *Factory Lives*, pp. 191, 193-5; Fitton e Wadsworth, *The Strutts and the Arkwrights*, pp. 98-9, 103, 226; Fitton, *The Arkwrights*, pp. 152, 160-1; Honeyman, "The Poor Law", pp. 123-5; Ure, *The Philosophy of Manufactures*, pp. 171, 179-80, 299, 301; Jennings, *Pandemonium*, pp. 214-5.

56. Algumas fábricas retinham parte do salário dos trabalhadores sob contrato até o fim de cada trimestre como mais uma garantia contra a saída deles. Fitton e Wadsworth, *The Strutts and the Arkwrights*, pp. 104-6, 226, 233; Aspin, *First Industrial Society*, pp. 53, 104.
57. Parthasarathi, *Why Europe Grew Rich and Asia Did Not*, pp. 3-4, 53-54. Ver, por exemplo, Thomas E. Woods Jr., "A Myth Shattered: Mises, Hayek, and the Industrial Revolution", 1º nov. 2001, Foundation for Economic Education. Disponível em <fee.org/articles/a-myth-shattered-mises-hayek-and-the-industrial-revolution/>; "Wake Up America", Freedom: A History of US (PBS). Disponível em: <www.pbs.org/wnet/historyofus/web04>.
58. Livesey citado em Aspin, *First Industrial Society*, p. 86. Ver também Brown, *Memoir of Robert Blincoe*, pp. 91, 109, 138-9.
59. Trollope, *The Life and Adventures of Michael Armstrong*, citado na p. 186.
60. A equiparação de operários britânicos a escravos das Índias Ocidentais foi usada não só por críticos do sistema fabril, mas também por defensores da escravidão, que argumentavam que os escravos tinham uma vida melhor do que os operários das fábricas. Thompson, *Making of the English Working Class*, p. 220; Engels, *The Condition of the Working Class in England*, pp. 202, 204, 207-8; Disraeli, *Sybil*, p. 198; Catherine Gallagher, *The Industrial Reformation of English Fiction: Social Discourse and Narrative Form, 1832-1867* (Chicago: University of Chicago Press, 1985), pp. 1-2.
61. Southey, *Journal of a Tour in Scotland in 1819*, citado em Jennings, *Pandemonium*, pp. 157-8; Robert Southey, *Espiella's Letters*, citado em Aspin, *First Industrial Society*, p. 53.
62. Gallagher, *Industrial Reformation of English Fiction*, pp. 6-21 (citações nas pp. 7 e 10).
63. Jennings, *Pandemonium*, p. 230; Taylor, *Notes of a Tour*, pp. 1-2, 30.
64. Marcus, *Engels, Manchester, and the Working Class*, pp. 45-6.
65. Jennings, *Pandemonium*, p. 231.
66. Johnson, *River of Dark Dreams*, pp. 154-7, 180-3; Paul L. Younger, "Environmental Impacts of Coal Mining and Associated Wastes: A Geochemical Perspective", *Geological Society, London, Special Publications*, v. 236, 2004, pp. 169-209.
67. William Blake, *Collected Poems*, org. de W. B. Yeats (Londres: Routledge, 2002 [1905]), pp. 211-2. O manuscrito original de Blake, com a pontuação usada aqui, está disponível em: <en.wikipedia.org/wiki/And_did_those_feet_in_ancient_time#mediaviewer/File:Milton_preface.jpg>. Steven E. Jones, *Against Technology: From the Luddites to Neo-Luddism* (Nova York: Routledge, 2006), pp. 81-96.
68. Em 1881, a população de Lancashire já havia dobrado de novo, para 630 323 habitantes. GB Historical GIS/University of Portsmouth, "Lancashire through time", "Population Statistics", "Total Population", *A Vision of Britain through Time*. Disponível em: <www.visionofbritain.org.uk/unit/10097848/cube/TOT_POP>. Engels, *The Condition of the Working Class in England*, p. 16; Tristram Hunt, *Marx's General: The Revolutionary Life of Friedrich Engels* (Nova York: Metropolitan, 2009), pp. 78-9.
69. Landes, *Unbound Prometheus*, pp. 116-7.
70. Taylor, *Notes of a Tour*, pp. 6-7. Para uma opinião diferente que enfatiza a infecção pela cobiça tanto de industriais quanto de trabalhadores, ver Robert Owen, *Observations on the Effect of the Manufacturing System*, 2. ed. (Londres: Longman, Hart, Rees, and Orml, 1817), pp. 5-9.

71. Engels escreveu isso pouco depois de seu primeiro período no cotonifício de sua família em Manchester, um trabalho que ele mesmo abominava e ao qual voltaria por mais duas décadas. Engels, *The Condition of the Working Class in England*, pp. 9-12, 153, 174, 199-202.
72. O livro *A situação da classe trabalhadora na Inglaterra* exerceu uma enorme influência tanto no desenvolvimento do marxismo quanto nas percepções de Manchester e da Revolução Industrial. No entanto, não teve impacto imediato no mundo anglófono, pois apareceu em inglês somente em 1886, quando saiu uma edição americana, mais de quarenta anos após sua publicação em alemão. Ele só foi publicado na Inglaterra em 1892. Engels, *The Condition of the Working Class in England*, pp. 134-8; Thompson, *Making of the English Working Class*, p. 209; Hunt, *Marx's General*, pp. 81, 100, 111-2, 312.
73. Para a história do debate sobre legislação fabril, ver Gray, *The Factory Question*.
74. Marx, *Capital*, v. 1, p. 418; Ure, *The Philosophy of Manufactures*, pp. 17-8, 171, 179-80, 290, 299-301.
75. Taylor, *Notes of a Tour*, pp. 3-4, 46, 237-8, 330.
76. Thomas Carlyle, *Chartism*, citado em Jennings, *Pandemonium*, p. 35. Marx e Engels compartilhavam a crença de que a ascensão do sistema fabril representava progresso para a humanidade e estabelecia as bases para um novo sistema social mais democrático, igualitário e produtivo. Ver, por exemplo, Hunt, *Marx's General*, pp. 323-4.
77. Gray, *The Factory Question*, pp. 100-1, 103-4; Ure, *The Philosophy of Manufactures*, p. 295.
78. Taylor, *Notes of a Tour*, pp. 80-2, 223-4; Ure, *The Philosophy of Manufactures*, pp. 334-8; Engels, *The Condition of the Working Class in England*, pp. 27, 156, 278.
79. Gray, *The Factory Question*; Valenze, *The First Industrial Woman*, p. 5.
80. B. L. Hutchins e A. Harrison, *A History of Factory Legislation* (Londres: P.S. King & Son, 1911).
81. Gray, *The Factory Question*, pp. 23-4, 59-60, 72, 88 (citado do Primeiro Relatório da Comissão sobre Fábricas), p. 130; Michael Merrill, "How Capitalism Got Its Name", *Dissent*, outono 2014, pp. 87-92.
82. Engels, *The Condition of the Working Class in England*, p. 195.
83. Marx dedicou o capítulo 10 do primeiro volume do *Capital* a "O dia de trabalho", "sede vampiresca [do capital] pelo sangue do trabalhador", incluindo uma discussão detalhada das leis fabris. Marx, *Capital*, v. 1, pp. 231-302 ("luta" na p. 235; "vampiro" na p. 256). Engels analisou essas leis em *The Condition of the Working Class in England*, pp. 191-9.
84. Marx, *Capital*, v. 1, p. 219; Hunt, *Marx's General*, pp. 1, 7, 179, 198, 234. Como Hunt não se cansa de repetir, os anos de Engels na posição de gerente de fábrica proporcionaram a Marx não somente informações detalhadas sobre como o negócio funcionava, mas também o apoio financeiro de que precisava para escrever *O capital*.
85. Janice Carlisle, "Introduction", em Simmons Jr. (Org.), *Factory Lives*, pp. 27-8. Ver também David Vincent, *Bread, Knowledge, and Freedom: A Study of Nineteenth Century Working-Class Autobiography* (Londres: Europa, 1981), e Kevin Binfield (Org.), *Writings of the Luddites* (Baltimore, MD; Londres: Johns Hopkins, 2004), sobre como são limitadas as fontes para sabermos as opiniões da classe operária sobre o sistema fabril.
86. Em *Against Technology*, Steven E. Jones traça a mudança de compreensão do luddismo nas culturas britânica e americana durante o século XX.

87. Berg, *Age of Manufactures*, p. 262; E. J. Hobsbawm, "The Machine Breakers", em *Labouring Men: Studies in the History of Labour* (Garden City, NY: Anchor, 1967 [1964]), p. 7-26; Fitton, *The Arkwrights*, pp. 51, 53-5.
88. Há uma extensa literatura sobre o luddismo. Particularmente úteis são Hobsbawm, "The Machine Breakers"; Thompson, *Making of the English Working Class*, cap. 14 ("An Army of Redressers"); e Kevin Binfield (Org.), *Writings of the Luddites* (carta citada na p. 74).
89. Thompson, *Making of the English Working Class*, pp. 570-91, 608-18.
90. Maxine Berg, *The Age of Manufactures*, pp. 42, 259; Aspin, *First Industrial Society*, p. 67; Thompson, *Making of the English Working Class*, pp. 211, 297-346, 616-21; Marx, *Capital*, v. 1, pp. 431-2.
91. Jones, *Against Technology*, pp. 9, 47; Hobsbawm, "The Machine Breakers", pp. 9-16.
92. Thompson, no entanto, questionou a afirmação de Engels de que os trabalhadores dos cotonifícios compunham o núcleo do movimento operário nascente. Aspin, *First Industrial Society*, p. 55; Engels, *The Condition of the Working Class in England*, pp. 24, 137, 237; Thompson, *Making of the English Working Class*, pp. 211, 213.
93. Não só os trabalhadores não podiam votar como os distritos em que as fábricas estavam localizadas eram imensamente sub-representados no Parlamento em consequência da forma como os assentos eram distribuídos. Aspin, *First Industrial Society*, pp. 56-7, 153-4; Henry Pelling, *A History of British Trade Unionism* (Hammondsworth, UK: Penguin, 1963), pp. 18-9.
94. Pelling, *History of British Trade Unionism*, pp. 24-9; Beckert, *Empire of Cotton*, p. 196.
95. Hobsbawm resume as principais erupções de agitação na Inglaterra entre 1800 e 1850 em *Labouring Men*, p. 155. Ver também Ure, *The Philosophy of Manufactures*, pp. 287, 366-7; Pelling, *History of British Trade Unionism*, pp. 29-33, 36-7, 43-4, 46-9; e Thompson, *Making of the English Working Class*, pp. 308, 706-8, 734-68.
96. Landes, *Unbound Prometheus*, pp. 48-50, 62, 71. Walt Rostow fez afirmação similar em W. W. Rostow, *The Stages of Economic Growth: A Non-Communist Manifesto* (Cambridge: Cambridge University Press, 1960), pp. 33-4, 54.
97. Ver, por exemplo, Ludwig Von Mises, *Human Action: A Treatise on Economics* (Auburn, AL: Ludwig Von Mises Institute, 1998), pp. 613-9. Diz Von Mises sobre as primeiras fábricas: "Os donos de fábricas não tinham o poder de obrigar ninguém a assumir um trabalho fabril", ignorando o fato de que o Estado desempenhava essa função para eles. Sobre o enforcamento de praticantes do luddismo, ver Thompson, *Making of the English Working Class*, pp. 627-8, e o discurso eloquente de Lord Byron na Câmara dos Lordes contra tornar quebra de máquinas um crime capital. Disponível em: <www.luddites200.org.uk/LordByronspeech.html>.
98. Patrick Joyce, *Work, Society and Politics: The Culture of the Factory in Later Victorian England* (New Brunswick, NJ: Rutgers University Press, 1980), p. 55; Leo Marx, *The Machine in the Garden: Technology and the Pastoral Ideal in America* (Nova York: Oxford University Press, 1964), p. 194; Aspin, *First Industrial Society*, pp. 15-7, 23-30; revista *Mechanics'*, 25 set. 1830, reeditada em Jennings, *Pandemonium*, pp. 176-9; J. C. Jeaffreson e William Pole, *The Life of Robert Stephenson, F.R.S.*, v. 1 (Londres: Longmans, Green, Reader, and Dyer, 1866), p. 141; Tony Judt, "The Glory of the Rails" e "Bring Back the Rails!", *The New York Review of Books*, v. 57, n. 20, 23 dez. 2010, e v. 58, n. 1, 13 jan. 2011.

99. Timothy L. Alborn, *Conceiving Companies; Joint-Stock Politics in Victorian England* (Londres e Nova York: Routledge, 1998), pp. 182-3; Jennings, *Pandemonium*, pp. 311-2; Landes, *Unbound Prometheus*, p. 121.
100. G. W. Hilton, "The Truck Act of 1831", *The Economic History Review*, nova série, v. 10, n. 3, 1958, pp. 470-9; Hutchins e Harrison, *History of Factory Legislation*, pp. 43-70; Hunt, *Marx's General*, pp. 184-6.
101. Gray, *Factory Question*, pp. 140, 163; Aspin, *First Industrial Society*, p. 185. Sobre paternalismo, ver Joyce, *Work, Society and Politics*, esp. pp. 135-53, 168-71, 185.
102. Brontë, *Shirley*, pp. 487-8; Pelling, *History of British Trade Unionism*, pp. 43-9; Carlisle, "Introduction", em Simmons Jr (Org.), *Factory Lives*, pp. 63-5.
103. Engels, "Principles of Communism", citado em Hunt, *Marx's General*, p. 144.

2. "A luz viva" [pp. 59-93]

1. Charles Dickens, *American Notes for General Circulation* (Londres: Chapman and Hall, 1842), pp. 152-64 (citação na p. 164); [John Dix], *Local Loiterings and Visits in the Vicinity of Boston* (Boston: Redding, 1845), p. 44; Michael Chevalier, *Society, Manner and Politics in the United States: Being a Series of Letters on North America* (Boston: Weeks, Jordan, 1839), pp. 128-44 (citações nas pp. 136, 142-3); Anthony Trollope, *North America* (Nova York: Knopf, 1951 [1862]), pp. 247-55 (citação na p. 250).
2. Marvin Fisher, *Workshops in the Wilderness; The European Response to American Industrialization, 1830-1860* (Nova York: Oxford University Press, 1967), pp. 32-43, 92-5, 105-8; Dix, *Local Loiterings*, pp. 48-9, 75, 79; Chevalier, *Society, Manner and Politics in the United States*, pp. 133, 137.
3. Caroline F. Ware, *The Early New England Cotton Manufacture: A Study in Industrial Beginnings* (Nova York: Russell & Russell, 1966 [1931]), pp. 17-8, 30. Três das histórias mais importantes da indústria têxtil da Nova Inglaterra foram escritas por mulheres: o livro de Ware; Vera Shlakman, *Economic History of a Factory Town; A Study of Chicopee, Massachusetts* (Northampton, MA: Department of History of Smith College, 1936); e Hannah Josephson, *The Golden Threads; New England's Mill Girls and Magnates* (Nova York: Duell, Sloan and Pearce, 1949). Na época, a história econômica (e a erudição acadêmica em geral) era quase exclusivamente uma atividade masculina. Talvez elas tenham sido atraídas para o tema pelo grande número de mulheres que trabalhavam na indústria têxtil. Numa avaliação de suas contribuições, Herbert Gutman e Donald Bell escreveram que as três "ampliaram os limites da história da classe trabalhadora americana além daqueles fixados por John R. Commons e outros descritos como pais fundadores dessa matéria. Seus livros [...] ofereceram novas maneiras de *pensar* sobre a história da classe operária. [...] Suas perspectivas diferiam, mas todas faziam perguntas novas sobre o início da história do capitalismo e do trabalho assalariado na Nova Inglaterra". Muito antes da atual moda na história do capitalismo, essas estudiosas extraordinárias escreveram exatamente isso. Herbert G. Gutman e Donald H. Bell (Orgs.), *The New England Working Class and the New Labor History* (Urbana: University of Illinois Press, 1987), p. xii.

4. George Rogers Taylor, "Introduction", em Nathan Appleton e Samuel Batchelder, *The Early Development of the American Cotton Textile Industry* (Nova York: Harper & Row, 1969 [1858 e 1863]), p. xiv.
5. George S. White, *Memoir of Samuel Slater: The Father of American Manufactures: Connected with a History of the Rise and Progress of the Cotton Manufacture in England and America* (Filadélfia: Carpenter Street n. 46, 1836), pp. 33-42; Sven Beckert, *Empire of Cotton: A Global History* (Nova York: Knopf, 2014), pp. 152-4; Ware, *Early New England Cotton Manufacture*, pp. 19-23; Betsy W. Bahr, "New England Mill Engineering: Rationalization and Reform in Textile Mill Design, 1790-1920", dissertação de ph.D., Universidade de Delaware, 1987, pp. 13-6.
6. Ware, *Early New England Cotton Manufacture*, pp. 26-7, 29-30, 60, 82, 227.
7. Seguindo o exempo inglês, Slater e outros industriais do sul da Nova Inglaterra montaram escolas dominicais para seus operários infantis. Ware, *Early New England Cotton Manufacture*, pp. 22-3, 28, 30-2, 245-7, 284-5; Samuel Batchelder, *Introduction and Early Progress of the Cotton Manufacture in the United States* (Boston: Little, Brown, 1863), em Appleton e Batchelder, *Early Development of the American Cotton Textile Industry*, pp. 46, 74.
8. Ware, *Early New England Cotton Manufacture*, pp. 17, 28, 50-5.
9. Nathan Appleton, *Introduction of the Power Loom, and Origin of Lowell* (Lowell, MA: Proprietors of the Locks and Canals on Merrimack River, 1858), em Appleton e Batchelder, *Early Development of the American Cotton Textile Industry*, p. 7; Robert Brook Zevin, "The Growth of Cotton Textile Production After 1815", em Robert W. Fogel e Stanley L. Engerman (Orgs.), *The Reinterpretation of American Economic History* (Nova York: Harper & Row, 1971), p. 139; Taylor, "Introduction", em Appleton e Batchelder, *Early Development of the American Cotton Textile Industry*, p. 9. Lowell também estava em contato com maquinistas em Rhode Island que podiam construir equipamentos de fiar. Ver, por exemplo, Wm. Blackburns para Francis Cabot Lowell, 2 jun. 1814, manuscritos avulsos, caixa 6, Old B7 F7.19, Francis Cabot Lowell Papers (1775-1817), Sociedade Histórica de Massachusetts, Boston, Massachusetts.
10. Registros do diretor, v. 1, MSS:442, pp. 1-2, registros da Boston Manufacturing Company, Baker Library Historical Collections, Harvard Business School, Allston, Massachusetts; Robert F. Dalzell, Jr., *Enterprising Elite: The Boston Associates and the World They Made* (Cambridge, MA: Harvard University Press, 1987), pp. 8-10, 26; Ware, *Early New England Cotton Manufacture*, pp. 63, 138, 147-8.
11. A cardagem era feita no térreo, a fiação no primeiro andar e a tecelagem no terceiro e no quarto. Em 1820, depois de construir uma segunda fábrica, a Boston Manufacturing empregava entre 230 e 265 operários, dos quais cerca de 85% eram do sexo feminino e apenas 5% eram "meninos". Appleton, *Introduction of the Power Loom*, p. 1; Richard M. Candee, "Architecture and Corporate Planning in the Early Waltham System", em Robert Weible, *Essays from the Lowell Conference on Industrial History 1982 and 1983: The Arts and Industrialism, The Industrial City* (North Andover, MA: Museum of American Textile History, 1985), pp. 19, 24, 26; Departamento do Interior dos Estados Unidos, Serviço Nacional de Parques, "National Register of Historical Places Inventory: Nomination Form", Boston Manufacturing Company. Disponível

em: <pdfhost.focus.nps.gov/ docs/NHLS/Text/77001412.pdf>; Ware, *Early New England Cotton Manufacture*, p. 64.

12. Peter Temin, "Product Quality and Vertical Integration in the Early Cotton Textile Industry", *Journal of Economic History*, v. XVIII, 1988, pp. 893, 897; Appleton, *Introduction of the Power Loom*, pp. 9-12; Beckert, *Empire of Cotton*, p. 147; Ware, *Early New England Cotton Manufacture*, pp. 65, 70-2; Zevin, "The Growth of Cotton Textile Production", pp. 126-7.
13. As duas fábricas originais de Waltham ainda estão de pé, mas de forma alterada: os telhados inclinados foram substituídos por planos e o espaço entre eles foi preenchido por uma construção posterior. Ware, *Early New England Cotton Manufacture*, p. 66; Candee, "Architecture and Corporate Planning in the Early Waltham System", pp. 24-5; "National Register of Historical Places Inventory: Nomination Form", Boston Manufacturing Company.
14. Enquanto a primeira fábrica instaurou a estrutura básica para a produção, a segunda estabeleceu o modelo físico para as futuras. Candee, "Architecture and Corporate Planning in the Early Waltham System", pp. 29, 34; Appleton, *Introduction of the Power Loom*, p. 14.
15. Batchelder, *Introduction and Early Progress of the Cotton Manufacture*, p. 81; Dalzell Jr., *Enterprising Elite*, pp. 30-1, 50; Appleton, *Introduction of the Power Loom*, p. 9; Ware, *Early New England Cotton Manufacture*, p. 83; Laurence Gross, *The Course of Industrial Decline: The Boott Cotton Mills of Lowell, Mass., 1835-1955* (Baltimore: Johns Hopkins University Press, 1993), p. 12; Thomas Dublin, *Women at Work: The Transformation of Work and Community in Lowell, Massachusetts, 1826-1860* (Nova York: Columbia University Press, 1979), p. 59; Betsy Hunter Bradley, *The Works: The Industrial Architecture of the United States* (Nova York: Oxford University Press, 1999), p. 93.
16. Ware, *Early New England Cotton Manufacture*, pp. 63, 139, 145, 184; Gross, *Course of Industrial Decline*, pp. 6-7, 229.
17. Entre os relatos recentes que enfatizam a natureza global da indústria do algodão estão Prasannan Parthasarathi e Giorgio Riello (Orgs.), *The Spinning World: A Global History of Cotton Textiles, 1200-1850* (Oxford: Oxford University Press, 2009); Riello, *Cotton: The Fabric that Made the Modern World* (Cambridge: Cambridge University Press, 2013); e Beckert, *Empire of Cotton*. Sobre as exportações americanas de algodão, ver Ware, *Early New England Cotton Manufacture*, pp. 189-91.
18. Gross, *Course of Industrial Decline*, pp. 4-5; Appleton, *Introduction of the Power Loom*, pp. 23-4; Minutas: Diretores, 1822-43, prateleira n. 1, registros da Merrimack Manufacturing Company, Baker Library, HBS, pp. 5, 15; Shlakman, *Economic History of a Factory Town*, p. 36.
19. Fábricas desse tipo ainda podem ser vistas em grande parte da Nova Inglaterra, muitas agora convertidas em condomínios, escritórios, armazéns, estúdios de artistas, museus ou centros culturais, ou simplesmente abandonadas.
20. A Merrimack comprou da Boston Manufacturing o direito de usar máquinas que ela havia projetado e patenteado. Todo o espaço nos cinco edifícios da fábrica não foi inicialmente preenchido com equipamentos, mas a empresa logo comprou mais. Minutas: Diretores, 1822-43, prateleira n. 1, registros da Merrimack Manufacturing Company, pp. 5, 51-4; Bradley, *The Works*, pp. 93, 113-4, 125-8, 133-5, 139; Bahr, "New

England Mill Engineering", pp. 13, 21, 27, 40-1, 44-5; Gross, *Course of Industrial Decline*, p. 7. Para um exemplo da preocupação com o fogo, ver o relatório de 1829 de um comitê do Conselho Diretor da Merrimack sobre medidas "para tornar as fábricas de Lowell mais seguras em relação ao fogo", em Minutas: Diretores, 1822-43, prateleira n. 1, registros da Merrimack Manufacturing Company, pp. 61, 63-5.

21. Dalzell Jr., *Enterprising Elite*, pp. 47-50; Thomas Dublin, *Farm to Factory: Women's Letters, 1830-1860* (Nova York: Columbia University Press, 1981), pp. 5-8; Appleton, *Introduction of the Power Loom*, pp. 28-9; Samuel Batchelder para Nathan Appleton, 25 set. 1824, e William Appleton para Samuel Batchelder, 8 out. 1824, em Minutas: Diretores, 1824-57; Proprietários, 1824-64, registros da Hamilton Manufacturing Company, Baker Library; registros F-1, 1828-58, pp. 26-7, coleção Bigelow Stanford Carpet Co., registros da Lowell Manufacturing Company, Baker Library; Shlakman, *Economic History of a Factory Town*, pp. 38, 42. Uma lista das diversas firmas têxteis de Lowell, com seus diretores e principais acionistas, encontra-se em Shlakman, pp. 39-42.
22. Candee, "Architecture and Corporate Planning in the Early Waltham System", pp. 25-30.
23. Minutas: Diretores, 1822-43, registros da Merrimack Manufacturing Company, pp. 23, 25-6, 81; Candee, "Architecture and Corporate Planning in the Early Waltham System", pp. 38-9; Appleton, *Introduction of the Power Loom*, p. 24; registros da Lowell Manufacturing Company, 1828-58, pp. 66-8; Dublin, *Farm to Factory*, pp. 5-8; U.S. Bureau of the Census, "Population of the 100 Largest Urban Places: 1840", 15 jun. 1998. Disponível em: <www.census.gov/population/www/documentation/twps0027/tab07.txt>.
24. Shlakman, *Economic History of a Factory Town*, pp. 25-6, 36-7, 39-42.
25. Operários locais foram contratados para trabalhos de construção associados às fábricas. Mas mesmo para isso foram trazidos alguns trabalhadores de fora, como escavadores de canais irlandeses. Dalzell Jr., *Enterprising Elite*, pp. x, xi, 56; Shlakman, *Economic History of a Factory Town*, pp. 24-5, 49, 64-5; Tamara K. Hareven e Randolph Lanenbach, *Amoskeag: Life and Work in an American Factory City* (Nova York: Pantheon, 1978), p. 16.
26. A Lowell Machine Shop, separada da Eclusas e Canais em 1845, empregava 550 trabalhadores, o que fazia dela uma gigante entre as oficinas mecânicas. Ela produzia não somente equipamentos têxteis, mas também máquinas de aplainar, caldeiras, fresadoras e até locomotivas. Alfred D. Chandler, Jr., *The Visible Hand: The Managerial Revolution in American Business* (Cambridge, MA: Harvard University Press, 1977), p. 60; United States Census Office, *Manufacturers of the United States in 1860* (Washington, DC: 1865), p. 729; "Statistics of Lowell Manufactures. January, 1857. Compiled from authentic sources." [Lowell, 1857], Biblioteca do Congresso. Disponível em: <memory.loc.gov/cgi-bin/query/h?ammem/rbpebib:@field(NUMBER+@band[rbpe+0620280a]>; David R. Meyer, *Networked Machinists: High Technology Industries in Antebellum America* (Baltimore: Johns Hopkins University Press, 2006), p. 205.
27. Algumas empresas introduziram novos tipos de máquinas de fiar capazes de funcionar a velocidades maiores. Dublin, *Farm to Factory*, pp. 5-8; Dalzell, Jr., *Enterprising*

Elite, pp. 55, 69-71; Daniel Nelson, *Managers and Workers: The Origins of the New Factory System in the United States, 1880-1920* (Madison: University of Wisconsin Press, 1975), p. 6; Gross, *Course of Industrial Decline*, pp. 37, 42; Candee, "Architecture and Corporate Planning in the Early Waltham System", pp. 34, 38.

28. As empresas acabaram substituindo suas rodas-d'água originais por turbinas hidráulicas mais eficientes. Mesmo depois da Guerra Civil, só gradualmente instalaram motores a vapor. Ainda na década de 1890, as fábricas de Boott recebiam metade de sua energia da água. Gross, *Course of Industrial Decline*, pp. 19-20, 42-3; Ware, *Early New England Cotton Manufacture*, pp. 144-5. Para uma comparação entre o custo da energia a vapor e da hidráulica, ver "Difference between the cost of power to be used at Dover the next 15 years and a full supply of water", caixa 6, v. III-IX, nov. 1847, Amos Lawrence Papers, Sociedade Histórica de Massachusetts.
29. Shlakman, *Economic History of a Factory Town*, p. 37; Ware, *Early New England Cotton Manufacture*, pp. 86-7; "Statistics of Lowell Manufactures. January, 1857".
30. Gross, *Course of Industrial Decline*, pp. 30-1, 37, 42, 50-3; David A. Zonderman, *Aspirations and Anxieties: New England Workers & The Mechanized Factory System, 1815-1850* (Nova York: Oxford University Press, 1992), pp. 69-70; Chandler, *The Visible Hand*, pp. 68-71.
31. Hareven e Lanenbach, *Amoskeag*, pp. 9-10, 13-6.
32. Mesmo depois de aumentar muito seu tamanho, a Amoskeag continuou a ser dirigida por um único tesoureiro que trabalhava em Boston. Hareven e Lanenbach, *Amoskeag*, p. 16. A melhor visão geral do desenvolvimento da administração americana continua sendo Chandler, *The Visible Hand*.
33. *New-York Daily Tribune*, 17 jan. 1844. Sobre a experiência de mulheres jovens em cotonifícios ingleses, ver Deborah Valenze, *The First Industrial Woman* (Nova York: Oxford University Press, 1995), pp. 103-11.
34. Dalzell Jr., *Enterprising Elite*, pp. 31-4; Robert S. Starobin, *Industrial Slavery in the Old South* (Nova York: Oxford University Press, 1970), p. 13; Ware, *Early New England Cotton Manufacture*, pp. 12-3, 198-9, 203. O trabalho escravo também era usado na indústria do algodão no Egito, onde o primeiro equipamento mecanizado foi introduzido na mesma época em que as fábricas de Waltham estavam sendo construídas. Beckert, *Empire of Cotton*, pp. 166-8.
35. Dublin, *Women at Work*, pp. 5, 31-4, 141; Zonderman, *Aspirations and Anxieties*, pp. 131, 270-1, 276; Dublin, *Farm to Factory*, pp. 13-4; Ware, *Early New England Cotton Manufacture*, pp. 217-8.
36. Dublin, *Women at Work*, pp. 26, 31, 64-5; Zonderman, *Aspirations and Anxieties*, pp. 130, 138-40. Em 1826, quando a Merrimack Manufacturing estava planejando imprimir chitas, enviou seu tesoureiro Kirk Boott à Inglaterra "com o propósito de obter um gravador de primeira linha, ou o que ele puder obter", bem como reunir informações "que ele possa achar que serão úteis na fabricação, impressão ou construção de máquinas". Minutas: Diretores, 1822-43, prateleira n. 1, registros da Merrimack Manufacturing Company, pp. 32-3. Porcentagem de 1857 calculada a partir de "Statistics of Lowell Manufactures. January, 1857".
37. Ware, *Early New England Cotton Manufacture*, pp. 212-5, 220-1; Thomas Dublin, *Transforming Women's Work: New England Lives in the Industrial Revolution* (Ithaca,

NY: Cornell University Press, 1994), pp. 82-3, 89; Shlakman, *Economic History of a Factory Town*, p. 49; Zonderman, *Aspirations and Anxieties*, pp. 163-4, 166-8.

38. Ware, *Early New England Cotton Manufacture*, pp. 224-5; Zonderman, *Aspirations and Anxieties*, pp. 256-7. Thomas Dublin descobriu numa amostra de trabalhadores da fábrica de Hamilton, em Lowell, que aqueles que nunca se casaram trabalhavam em média 3,9 anos; os que se casaram, 2,4. Dublin, *Farm to Factory*, p. 110.
39. *Burlington Free Press*, 5 dez. 1845; Ware, *Early New England Cotton Manufacture*, pp. 200, 263; "Regulations to Be Observed by All Persons Employed in the Factories of the Middlesex Company", 1846; "General Regulations, to Be Observed by All Persons Employed by the Lawrence Manufacturing Company, In Lowell", 1833; "Regulations to Be Observed by All Persons Employed by the Lawrence Manufacturing Company", 1838; e "Regulations for the Boarding Houses of the Middlesex Company", s.d. Todas na Osborne Library, American Textile History Museum, Lowell, Massachusetts; Zonderman, *Aspirations and Anxieties*, pp. 150, 152, 157-60; Dublin, *Women at Work*, pp. 78-9.
40. Zonderman, *Aspirations and Anxieties*, pp. 66-7, 90; Shlakman, *Economic History of a Factory Town*, p. 59; Friedrich Engels, *The Condition of the Working Class in England*, trad. de W. O. Henderson e W. H. Chaloner (Stanford, CA: Stanford University Press, 1958), pp. 30-87.
41. Augusta Harvey Worthen, *The History of Sutton, New Hampshire: Consisting of the Historical Collections of Erastus Wadleigh, Esq., and A. H. Worthen*, 2 partes (Concord, NH: Republican Press Association, 1890), p. 192, citado em Dublin, *Women at Work*, p. 55; população de Sutton, New Hampshire Office of Energy and Planning, State Data Center. Disponível em: <www.nh.gov/oep/data-center/documents/1830-1920-historic.pdf>; Harriet H. Robinson, *Loom and Spindle, or Life Among the Early Mill Girls* (Nova York: Thomas Y. Crowell, 1898), pp. 69-70; Dublin, *Transforming Women's Work*, pp. 111-8.
42. Zonderman, *Aspirations and Anxieties*, p. 8. *Farm to Factory*, de Dublin, apresenta uma excelente seleção de cartas de operárias fabris.
43. *The Lowell Offering and Magazine*, maio 1843, p. 191; Dublin, *Farm to Factory*, pp. 69, 73; Zonderman, *Aspirations and Anxieties*, pp. 22-7, 30, 38-40.
44. *The Lowell Offering and Magazine*, jan. 1843, p. 96; Zonderman, *Aspirations and Anxieties*, pp. 42-3, 78-9, 82-3, 113-4.
45. De acordo com Harriet Robinson, em 1843 havia "catorze sociedades religiosas regularmente organizadas" em Lowell. Robinson, *Loom and Spindle*, p. 78; Zonderman, *Aspirations and Anxieties*, p. 97; Dublin, *Farm to Factory*, pp. 80-1; Ware, *Early New England Cotton Manufacture*, pp. 256-9.
46. Ware, *Early New England Cotton Manufacture*, pp. 38, 85-6, 110, 112; Shlakman, *Economic History of a Factory Town*, pp. 98-101, 103-7; Dublin, *Women at Work*, pp. 136-7. Como ressalta Dublin, a expiração das patentes tiradas pelo grupo Waltham-Lowell e os avanços no design de equipamentos em outros lugares facilitaram a competição de novas empresas. Sobre o custo relativo do algodão em rama e do trabalho, ver, por exemplo, "Boston Manufacturing Company Memo of Cloth Made and Cost of Same... 25th August 1827 to 30th August 1828" e "Appleton Co. Mem. of Cloth Made to May 30, 1829", ambos em caixa 1, pasta 16, v. 42, Patrick Tracy Jackson Papers, Sociedade Histórica de Massachusetts.

47. Minutas: Diretores, 1822-43, registros da Merrimack Manufacturing Company, p. 142; Shlakman, *Economic History of a Factory Town*, pp. 98-9; Dublin, *Women at Work*, pp. 89-90, 98, 109-11, 137.
48. Dublin, *Women at Work*, pp. 90-102.
49. Dublin, *Women at Work*, pp. 93-6; Robinson, *Loom and Spindle*, p. 84. Uma versão da canção original começava assim: "Pena que uma menina tão bonita como eu deva ser enviada a um convento para definhar e morrer!". E dizia o coro: "Então não serei freira, não posso ser freira! Gosto tanto do prazer que não posso ser freira". Disponível em: <thesession.org/tunes/3822>. Sobre o crescimento do movimento operário antes da Guerra Civil, o relato mais abrangente continua sendo John R. Commons et al., *History of Labor in the United States*, v. 1 (Nova York: Augustus M. Kelley, 1966 [1918]).
50. Houve algumas greves posteriores em outras cidades fabris e uma pequena greve de trabalhadores imigrantes em Lowell, em 1859. Zonderman, *Aspirations and Anxieties*, pp. 235, 241; *New-York Daily Tribune*, 14 maio 1846; Fisher, *Workshops in the Wilderness*, pp. 146-7; Dublin, *Women at Work*, pp. 203-5.
51. Massachusetts restringiu as horas de trabalho de crianças menores de doze anos e Connecticut reduziu as de menores de catorze anos a dez por dia. New Hampshire estabeleceu a jornada de dez horas para todos, mas permitia contratos que exigiam mais horas de trabalho, tornando a lei praticamente sem sentido. Zonderman, *Aspirations and Anxieties*, pp. 242-9; Dublin, *Women at Work*, pp. 108-22.
52. Muito mais tarde, historiadores de tendência esquerdista talvez tenham dado importância demasiada às greves e agitação. Para discussões extensas dos protestos que enfatizam sua importância, ver, por exemplo, Zonderman, *Aspirations and Anxieties*, e Dublin, *Women at Work*. Ao contrário, Ware, escrevendo antes, desdenhou de algum modo das manifestações, que segundo ela "eram muito menos greves do que manifestações, explosões desorganizadas lideradas por alguns espíritos inflamados que tinham pouca ideia do que queriam, mas que levaram as garotas a um estado de grande excitação". Ware também escreveu que "o sentimento público em geral não apoiava 'mulheres grevistas'". Ware, *Early New England Cotton Manufacture*, pp. 275, 277.
53. David Crockett, *An Account of Col. Crockett's Tour to the North and Down East* (Filadélfia: E. L. Carey and A. Hart, 1835), pp. 91-9; John F. Kasson, *Civilizing the Machine: Technology and Republican Values in America, 1776-1900* (Nova York: Penguin, 1977), p. 81; Zonderman, *Aspirations and Anxieties*, p. 208.
54. Para discussoes mais amplas dessa evoluçao, ver Leo Marx, *The Machine in the Garden: Technology and the Pastoral Ideal in America* (Nova York: Oxford University Press, 1964), e Kasson, *Civilizing the Machine*, esp. cap. 1 2. Ver também Lawrence A. Peskin, "How the Republicans Learned to Love Manufacturing: The First Parties and the 'New Economy'", *Journal of the Early Republic*, v. 22, n. 2, verão 2002, pp. 235-62, e Jonathan A. Glickstein, *Concepts of Free Labor in Antebellum America* (New Haven, CT: Yale University Press, 1991), esp. pp. 233-5.
55. John G. Whittier, "The Factory Girls of Lowell", em *Voices of the True-Hearted* (Filadélfia: J. Miller M'Kim, 1846), pp. 40-1.
56. Seth Luther, *An Address to the Working Men of New England on the State of Education and on the Condition of the Producing Classes in Europe and America*, 2. ed. (Nova York: George H. Evans, 1833), p. 19.

57. Fisher, *Workshops in the Wilderness*, p. 165; Emerson citado em Kasson, *Civilizing the Machine*, pp. 124-5. Antes, Emerson havia saudado a fabricação por libertar a Nova Inglaterra da necessidade de cultivar em condições incompatíveis: "Onde eles têm sol, deixe-os plantar; nós, que não o temos, vamos usar nossas canetas e rodas-d'água". Ralph Waldo Emerson, Edward Waldo Emerson e Waldo Emerson Forbes, *Journals of Ralph Waldo Emerson with Annotations*, v. IV (Boston: Houghton Mifflin, 1910), p. 209.
58. Zonderman, *Aspirations and Anxieties*, pp. 115-8.
59. Ainda em 1853, havia mais de 1800 crianças com menos de quinze anos trabalhando em estabelecimentos industriais de Rhode Island, inclusive 621 entre nove e doze anos e 59 com menos de nove. Luther, *An Address to the Working Men of New England*, pp. 10, 21-2, 30; Ware, *Early New England Cotton Manufacture*, p. 210; Jonathan Prude, *The Coming of Industrial Order: Town and Factory Life in Rural Massachusetts, 1810-1860* (Cambridge: Cambridge University Press, 1983), pp. 86, 213.
60. Trollope, *North America*, p. 253; John Robert Godley, *Letters from America*, v. 1 (Londres: John Murray, 1844), pp. 7-11; Edward Bellamy, "How I Wrote 'Looking Backwards'", em *Edward Bellamy Speaks Again* (Chicago: Peerage, 1937), p. 218, citado em Kasson, *Civilizing the Machine*, p. 192. Tamanho relativo da indústria retirado de Beckert, *Empire of Cotton*, p. 180.
61. Herman Melville, "The Paradise of Bachelors and the Tartarus of Maids", *Harper's*, abr. 1855, pp. 670-8; Scott Heron, "Harper's Magazine as Matchmaker: Charles Dickens and Herman Melville", *Browsings: The Harper's Blog*, 13 jan. 2008. Disponível em: <harpers.org/blog/2008/01/harpers-magazine-dickens-and-melvilles-paradise-of-bachelors>.
62. Kasson, *Civilizing the Machine*, pp. 90-3.
63. Luther, *An Address to the Working Men of New England*, p. 29.
64. Fisher, *Workshops in the Wilderness*, pp. 115-6, 119, 130-5, 139-41, 146.
65. Dublin, *Women at Work*, pp. 139-40.
66. U.S. Bureau of the Census, *Historical Statistics of the United States: Colonial Times to 1970, Bicentennial Edition Part 1* (Washington, D.C.: U.S. Government Printing Office, 1975), p. 106; Ware, *Early New England Cotton Manufacture*, pp. 227-32; Dublin, *Women at Work*, pp. 138-9.
67. Dublin, *Women at Work*, pp. 134, 140-4, 155, 198; Gross, *Course of Industrial Decline*, p. 83.
68. Dublin, *Farm to Factory*, p. 187; Gross, *Course of Industrial Decline*, pp. 37, 42-3, 79; Nelson, *Managers and Workers*, p. 6; Ardis Cameron, *Radicals of the Worst Sort: Laboring Women in Lawrence, Massachusetts, 1860-1912* (Urbana: University of Illinois Press, 1993), pp. xiv-xv, 28, 75; Hareven e Lanenbach, *Amoskeag*, p. 10.
69. Dublin, *Farm to Factory*, p. 187; Gross, *Course of Industrial Decline*, pp. 80, 142; Hareven e Lanenbach, *Amoskeag*, pp. 18-9, 202-3; Cameron, *Radicals of the Worst Sort*, pp. 29-30, 75, 82-3, 97 (citação).
70. Os relatos sobre o número de mortos no colapso de Pemberton variam bastante, indo de 83 a 145. Clarisse A. Poirier, "Pemberton Mills 1852-1938: A Case Study of the Industrial and Labor History of Lawrence, Massachusetts", dissertação de ph.D., Universidade de Boston, 1978, pp. 81-4, 191-3; *Polynesian* [Honolulu], 3 mar. 1860; *New York Times*, 12 jan. 1860 e 4 fev. 1860; *The Daily Dispatch* [Richmond, Virginia], 16 jan. 1860; *The Daily Exchange* [Baltimore], 12 jan. 1860; *New-York Daily Tribune*, 16

jan. 1860; Alvin F. Oickle, *Disaster in Lawrence: The Fall of the Pemberton Mill* (Charleston, SC: History, 2008); Bahr, "New England Mill Engineering", pp. 68-71; Cameron, *Radicals of the Worst Sort*, pp. 18-9.

71. Na época em que Hine visitou Amoskeag, crianças com menos de dezesseis anos constituíam realmente apenas uma pequena parte da força de trabalho têxtil da Nova Inglaterra: 2% em New Hampshire, 5,7% em Massachusetts e 6% em Rhode Island, em comparação com 10,4% em todo o país e 20,3% no Mississippi. Hareven e Lanenbach, *Amoskeag*, p. 33; Arden J. Lea, "Cotton Textiles and the Federal Child Labor Act of 1916", *Labor History*, v. 16, n. 4, outono 1975, p. 492.
72. Gross, *Course of Industrial Decline*, pp. 88-90; Cameron, *Radicals of the Worst Sort*, pp. 7, 47-62, 77.
73. Na linguagem racista da época, que muitos socialistas compartilhavam, Berger continuou: "Homens e mulheres brancos de qualquer nacionalidade suportarão certo grau de escravidão, e não mais. O limite de resistência parece ter sido alcançado em Lawrence". House Committee on Rules, *The Strike at Lawrence, Hearings before the Committee on Rules of the House of Representatives on House Resolutions 409 and 433, March 2-7, 1912* (Washington, D.C.: Government Printing Office, 1912), pp. 10-1. Existe uma profusa literatura sobre a greve de 1912. Um excelente relato encontra-se em Melvyn Dubofsky, *We Shall Be All: A History of the Industrial Workers of the World* (Chicago: Quadrangle, 1969).
74. Hareven e Lanenbach, *Amoskeag*, pp. 11, 336; Gross, *Course of Industrial Decline*, pp. 165, 190-5, 225-9; Mary H. Blewett, *The Last Generation: Work and Life in the Textile Mills of Lowell, Massachusetts, 1910-1960* (Amherst: University of Massachusetts Press, 1990).
75. A população britânica não inclui a Irlanda. Chandler Jr., *Scale and Scope*, p. 4; B. R. Mitchell, *International Historical Statistics: Europe, 1750-1993* (Londres: Macmillan Reference, 1998), pp. 4, 8; U.S. Bureau of the Census, *Historical Statistics of the United States: Colonial Times to 1970*, p. 8.

3. "O progresso da civilização" [pp. 95-130]

1. Joshua Freeman et al., *Who Built America? Working People and the Nation's Economy, Politics, Culture, and Society*, v. 2 (Nova York: Pantheon, 1992), pp. xii-xx; *Frank Leslie's Illustrated Newspaper*, 20 maio 1876; J. S. Ingram, *The Centennial Exposition, Described and Illustrated* (Filadélfia: Hubbard Bros., 1876); Linda P. Gross e Theresa R. Snyder, *Philadelphia's 1876 Centennial Exhibition* (Charleston, SC: Arcadia, 2005); John E. Findling (Org.), *Historical Dictionary of World's Fairs and Expositions, 1851-1988* (Nova York: Greenwood Press, 1990), pp. 57-9; Robert W. Rydell, *All the World's a Fair: Visions of Empire at American International Expositions, 1876-1916* (Chicago: University of Chicago Press, 1987), pp. 9-37; Centennial Photographic Co., "[Saco] Water Power Co.: Cotton Machinery", Centennial Exhibition Digital Collection, Philadelphia, 1876, Biblioteca Livre da Filadélfia, CEDC n. c032106. Disponível em: <libwww.library.phila.gov/CenCol/Details.cfm?ItemNo=c032106>. Ver também Bruni Giberti, *Designing the Centennial: A History of the 1876 International Exhibition in Philadelphia* (Lexington: University of Kentucky Press, 2002).

2. Sobre as divisões nacionais na época da exposição, ver Freeman et al., *Who Built America?* v. 2, pp. xx-xxiv.
3. Diz-se que, quando visitou a Exposição do Centenário, Whitman sentou-se em silêncio durante meia hora diante do motor Corliss. Leo Marx, *The Machine in the Garden: Technology and the Pastoral Ideal in America* (Nova York: Oxford University Press, 1964), pp. 150-8, 163-4; Andrea Sutcliffe, *Steam: The Untold Story of America's First Great Invention* (Nova York: Palgrave, 2004); Walter Johnson, *River of Dark Dreams: Slavery and Empire in the Cotton Kingdom* (Cambridge, MA: Harvard University Press, 2013), pp. 73-96; Edmund Flagg, *The Far West: or, A Tour Beyond the Mountains*, v. 1 (Nova York: Harper & Brothers, 1838), pp. 17-8; John F. Kasson, *Civilizing the Machine: Technology and Republican Values in America, 1776-1900* (Nova York: Penguin, 1977), p. 141; Robert W. Rydell, *All the World's a Fair*, pp. 15-6.
4. Walt Whitman, *Two Rivulets: Including Democratic Vistas, Centennial Songs, and Passage to India* (Camden, NJ: [Walt Whitman], 1876), pp. 25-6; Marx, *Machine in the Garden*, p. 27. Há uma vasta literatura sobre ferrovia e modernidade. Ver, por exemplo, Wolfgang Schivelbusch, *The Railway Journey: The Industrialization of Time and Space in the 19th Century* (Berkeley: University of California Press, 1986).
5. Giberti, *Designing the Centennial*, pp. 2-3; "Manufactures of Massachusetts", *The North American Review*, v. 50, n. 106, jan. 1840, pp. 223-31.
6. O Palácio de Cristal foi destruído por um incêndio em 1936. Jeffrey A. Auerbach, *The Great Exhibition of 1851: A Nation on Display* (New Haven, CT: Yale University Press, 1999); Benjamin citado em Robert W. Rydell, *Worlds of Fairs: The Century-of--Progress Expositions* (Chicago: University of Chicago Press, 1993), p. 15.
7. Muitas peças não estavam prontas quando a feira de Nova York abriu, enfraquecendo a visitação do púlblico. Ao contrário da original, que foi rentável, essa acabou falida. Charles Hirschfeld, "America on Exhibition: The New York Crystal Palace", *American Quarterly*, v. 9, n. 2, pt. 1, verão 1957, pp. 101-16.
8. Pauline de Tholozany, "The Expositions Universelles in Nineteenth Century Paris", Brown University Center for Digital Scholarship. Disponível em: <library.brown.edu/cds/paris/worldfairs.html>. Para uma lista de feiras e exposições internacionais dos séculos XIX e XX, ver Findling (Org.), *Historical Dictionary of World's Fairs and Expositions*, pp. 376-81.
9. *Report of the Board of Commissioners Representing the State of New York at the Cotton States and International Exposition held at Atlanta, Georgia, 1895* (Albany, NY: Wynkoop Hallenbeck Crawford, 1896), citação na p. 205; C. Vann Woodward, *Origins of the New South, 1877-1913: A History of the South* (Baton Rouge: Louisiana State University, 1951), pp. 123-4.
10. Jill Jonnes, *Eiffel's Tower: The Thrilling Story Behind Paris's Beloved Monument and the World's Fair Where Buffalo Bill Beguiled Paris, the Artists Quarreled, and Thomas Edison Became a Count* (Nova York: Viking, 2009); "Origins and Construction of the Eiffel Tower", <www.toureiffel.paris/en/the-monument/history>, e "All You need to Know About the Eiffel Tower", <www.toureiffel.paris/images/PDF/about_the_Eiffel_Tower.pdf>, ambos acessados em 21 out. 2016; Roland Barthes, *The Eiffel Tower and Other Mythologies* (Berkeley: University of California Press, 1997 [1979]), pp. 8-14.

11. Carta publicada em *Le Temps*, 14 fev. 1887, reeditada em "All You Need to Know About the Eiffel Tower".
12. "Représentation de la tour Eiffel dans l'art". Disponível em: <fr.wikipedia.org/wiki/Repr%C3%A9sentation_de_la_tour_Eiffel_dans_l%27art>; e Michaela Haffner, "Diego Rivera, *The Eiffel Tower, 1914*", Davis Museum at Wellesley College. Disponível em: <www.wellesley.edu/davismuseum/artwork/node/37002>. Para uma leitura diferente da iconografia da Torre Eiffel, com menos ênfase em sua importância como símbolo do industrialismo e da era mecânica, ver Gabriel Insausti, "The Making of the Eiffel Tower as a Modern Icon", em Rui Carvalho Homem e Maria de Fátima Lambert, *Writing and Seeing: Essays on Word and Image* (Amsterdam: Editions Rodopi, 2006).
13. Guillaume Apollinaire, "Zone", trad. de Donald Revell. Disponível em: <www.poets.org/poetsorg/poem/zone>. Para uma tradução alternativa, mais literal, de Charlotte Mandell, ver <www.charlottemandell.com/Apollinaire>.
14. Blaise Cendrars, "Elastic Poem 2: Tower", trad. de Tony Baker, *GutCult*, v. 2, inverno 2004. Disponível em: <gutcult.com/Site/litjourn3/html/cendrars1.html>.
15. As grandes exposições do século XIX não diziam respeito apenas à indústria e aos bens de consumo. Também celebravam a identidade e a grandeza nacional tal como manifestadas nas artes e no império. E o império estava intimamente ligado a ideias de hierarquia racial, um tema que se repetia sem rodeios feira após feira. Avanço tecnológico e progresso racial estavam inextricavelmente ligados. Ver Auerbach, *Great Exhibition of 1851*, pp. 159-89; Joseph Harris, *The Tallest Tower: Eiffel and the Belle Epoque* (Bloomington, IN: Unlimited, 2004), pp. 88-9, 107-8; Rydell, *All the World's a Fair*, pp. 21-2; Rydell, *Worlds of Fairs*, pp. 19-22; Findling (Org.), *Historical Dictionary of World's Fairs and Expositions*, pp. 79, 181, 183.
16. Guy de Maupassant, *La Vie Errane, Allouma, Toine, and Other Stories* (Londres: Classic, 1911), pp. 1-4.
17. Auerbach, *Great Exhibition of 1851*, pp. 128-58; Freeman et al., *Who Built America?* v. 2, p. xxiii.
18. Auerbach, *Great Exhibition of 1851*, pp. 132, 156; Friedrich Engels para Laura Lafarge, 11 jun. 1889. Disponível em: <www.marxists.org/archive/marx/works/1889/letters/89_06_11.htm>; Tristram Hunt, *Marx's General: The Revolutionary Life of Friedrich Engels* (Nova York: Metropolitan, 2009), pp. 335-6.
19. *The Making, Shaping and Treating of Steel*, publicado pela U.S. Steel em dez edições entre 1919 e 1985, oferece informações enciclopédicas e históricas sobre a fabricação de ferro e aço. Para uma história e análise desse volume notável, ver Carol Siri Johnson, "The Steel Bible: A Case Study of 20th Century Technical Communication", *Journal of Technical Writing and Communication*, v. 37, n. 3, 2007, pp. 281-303. Ver também Peter Temin, *Iron and Steel in Nineteenth-Century America: An Economic Inquiry* (Cambridge, MA: MIT Press, 1964), pp. 13-7, 83-5.
20. Eric Hobsbawm, *The Age of Capital 1848-1875* (Nova York: Charles Scribner's Sons, 1975), pp. 39, 54-5; Temin, *Iron and Steel*, pp. 3-5, 14-5, 21. Sobre as dificuldades da produção de trilhos, ver John Fritz, *The Autobiography of John Fritz* (Nova York: John Wiley & Sons, 1912), pp. 92-101, 111-5, 121-3, 149. Overman citado em Paul Krause, *The Battle for Homestead, 1880-1892: Politics, Culture, and Steel* (Pittsburgh, PA: University of Pittsburgh Press, 1992), p. 47.

21. Além de minério de ferro e combustível (carvão vegetal, coque ou, às vezes, carvão antracito), colocava-se calcário nos altos-fornos para ajudar a formar a escória a partir das impurezas. Temin, *Iron and Steel*, pp. 58-62, 96-8, 157-63; U.S. Steel, *The Making, Shaping and Treating of Steel* (Pittsburgh, PA: U.S. Steel, 1957), pp. 221-5.
22. Krause, *Battle for Homestead*, pp. 48-9; David Montgomery, *Workers' Control in America* (Cambridge: Cambridge University Press, 1979), pp. 11-2. Para uma narrativa em primeira mão da pudlagem, ver James J. Davis, *The Iron Puddler; My Life in the Rolling Mills and What Came of It* (Nova York: Grosset & Dunlop, 1922).
23. Temin, *Iron and Steel*, pp. 66-7, 85, 105-6, 109-13; Fritz, *Autobiography of John Fritz*, pp. 91-135; Marvin Fisher, *Workshops in the Wilderness: The European Response to American Industrialization, 1830-1860* (Nova York: Oxford University Press, 1967), pp. 162-3.
24. Krause, *Battle for Homestead*, pp. 52-65; Temin, *Iron and Steel*, pp. 125-7, 130, 153; David Brody, *Steelworkers in America: The Nonunion Era* (Nova York: Harper & Row, 1969 [1960]), p. 8.
25. Algumas companhias também faziam integração vertical, comprando ou arrendando minas de minério de ferro para fazer seu próprio coque. Temin, *Iron and Steel*, pp. 153-69, 190-1; Brody, *Steelworkers in America*, pp. 10-12; William Serrin, *Homestead: The Glory and Tragedy of an American Steel Town* (Nova York: Random House, 1992), pp. 56-9.
26. Hobsbawm, *Age of Capital*, p. 213; Harold James, *Krupp: A History of the Legendary German Firm* (Princeton, NJ: Princeton University Press, 2012), pp. 47, 53; Gross e Snyder, *Philadelphia's 1876 Centennial Exhibition*, p. 83; Schneider Electric, *170 Years of History* (Rueil-Malmaison, França: Schneider Electric, 2005), pp. 3-5, 20-2. Disponível em: <www.schneider-electric.com/documents/presentation/en/local/2006/12/se_history_brands_march2005.pdf>.
27. Daniel Nelson, *Managers and Workers: Origins of the New Factory System in the United States, 1880-1920* (Madison: University of Wisconsin Press, 1975), pp. 6-7; David Nasaw, *Andrew Carnegie* (Nova York: Penguin, 2006), p. 405; U.S. Census Office, *Twelfth Census of the United States — 1900; Census Reports*, v. VII, *Manufactures*, parte I (Washington, D.C.: U.S. Census Office, 1902), pp. 583, 585, 597.
28. U.S. Steel, *Making, Shaping and Treating of Steel*; Carnegie citado em Brody, *Steelworkers in America*, p. 21.
29. Michael W. Santos, "Brother against Brother: The Amalgamated and Sons of Vulcan at the A. M. Byers Company, 1907-1913", *The Pennsylvania Magazine of History and Biography*, v. III, n. 2, abr. 1987, pp. 199-201; Davis, *Iron Puddler*, p. 85; John Fitch, *The Steel Workers* (Nova York: Charities Publication Committee, 1910), pp. 36, 40-4, 48, 52. O romance de *Blood on the Forge* (Nova York: New York Review of Books, 2005 [1941]), de William Attaway, ambientado em Pittsburgh no final da Primeira Guerra Mundial, dá uma boa noção do ritmo da siderurgia, com seus períodos alternados de trabalho exaustivo e a espera pela próxima explosão de atividade.
30. Harry B. Latton, "Steel Wonders", *The Pittsburgh Times*, 1º jun. 1892, reeditado em David P. Demarest Jr. (Org.), *"The River Ran Red": Homestead 1892* (Pittsburgh, PA: University of Pittsburgh Press, 1992), pp. 13-5; Fritz, *Autobiography of John Fritz*, p. 203; Brody, *Steelworkers in America*, p. 9; Mark Reutter, *Sparrows Point; Making Steel: The Rise and Ruin of American Industrial Might* (Nova York: Summit, 1988), p. 18.

31. Fitch, *The Steel Workers*, p. 3; Nathaniel Hawthorne, *Passages from the English Note-Books of Nathaniel Hawthorne*, v. 1 (Boston: James R. Osgood, 1872), pp. 370-2. Fui levado à declaração de Hawthorne por John F. Kasson, que cita parte dela em *Civilizing the Machine*, p. 142.
32. Marx, *The Machine in the Garden*, pp. 192, 200, 270-1; Joseph Stella, "In the Glare of the Converter", "In the Light of a Five-Ton Ingot", "At the Base of the Blast Furnace" e "Italian Steelworker". Disponível em: <www.clpgh.org/exhibit/stell1.html>. Acesso em 28 abr. 2015; W. J. Gordon, *Foundry, Forge and Factory with a Chapter on the Centenary of the Rotary Press* (Londres: Religious Tract Society, 1890), p. 15; John Commons et al., *History of Labour in the United States*, v. II (Nova York: Augustus M. Kelley, 1966 [1918]), p. 80.
33. Hawthorne, *Passages from the English Note-Books*, p. 371; Thomas G. Andrews, *Killing for Coal: America's Deadliest Labor War* (Cambridge, MA: Harvard University Press, 2008), p. 62; Joseph Stella, "Discovery of America: Autobiographical Notes", citado em Maurine W. Greenwald, "Visualizing Pittsburgh in the 1900s: Art and Photography in the Service of Social Reform", em Greenwald e Margo Anderson (Orgs.), *Pittsburgh Surveyed: Social Science and Social Reform in the Early Twentieth Century* (Pittsburgh, PA: University of Pittsburgh Press, 1996), p. 136; Lincoln Steffens, *The Autobiography of Lincoln Steffens* (Nova York: Harcourt, Brace, 1931), p. 401.
34. Nasaw, *Carnegie*, p. 164; Mary Heaton Vorse, *Men and Steel* (Nova York: Boni and Liveright, 1920), p. 12; Sharon Zukin, *Landscapes of Power: From Detroit to Disney World* (Berkeley: University of California Press, 1991), p. 60; Gunther citado em Reutter, *Sparrows Point*, p. 9.
35. Para um relato vívido das tumultuosas lutas da Era Dourada, ver Steve Fraser, *The Age of Acquiescence: The Life and Death of American Resistance to Organized Wealth and Power* (Nova York: Little, Brown, 2015), caps. 4-6, em especial cap. 5, sobre conflitos industriais.
36. A Associação Amalgamada de Trabalhadores do Ferro e do Aço foi criada em 1876 pela fusão dos Filhos de Vulcano com dois sindicatos de operários laminadores. Brody, *Steelworkers in America*, pp. 50-3; "Preamble to the Constitution of the Amalgamated Association of Iron and Steel Workers", reimpresso em Demarest, Jr. (Org.), "*The River Ran Red*", p. 17; David Montgomery, *The Fall of the House of Labor: The Workplace, the State, and American Labor Activism, 1865-1925* (Cambridge: Cambridge University Press, 1987), pp. 9-22.
37. Algumas empresas continuaram a fabricar apenas produtos de ferro, sem o espírito intensamente competitivo dos produtores de aço dominantes. Montgomery, *Fall of the House of Labor*, pp. 22-36; Brody, *Steelworkers in America*, pp. 1-10, 23-8, 31-2.
38. Krause, *Battle for Homestead*, pp. 177-92; Nasaw, *Carnegie*, pp. 314-26.
39. Nasaw, *Carnegie*, pp. 363-72. Ver também Krause, *Battle for Homestead*, pp. 240-51.
40. Joshua B. Freeman, "Andrew and Me", *The Nation*, 16 nov. 1992; Nasaw, *Carnegie*, p. 406.
41. Frick fizera uma fortuna produzindo coque antes de unir forças com Carnegie. A maioria das acusações contra os trabalhadores foi retirada após absolvições nos primeiros julgamentos. *The Local News*, 2 jul. 1892, *New York Herald*, 7 jul. 1892, *Pittsburgh Commercial Gazette*, 25 jul. 1892, e Robert S. Barker, "The Law Takes Sides",

todos em Demarest Jr. (Org.), *"The River Ran Red"*, uma maravilhosa compilação de ensaios, relatos da época, fotografias e desenhos sobre a batalha de 1892; Freeman, "Andrew and Me"; Krause, *Battle for Homestead*; Nasaw, *Carnegie*, pp. 405-27.

42. Russell W. Gibbons, "Dateline Homestead", e Randolph Harris, "Photographers at Homestead in 1892", em Demarest Jr. (Org.), *"The River Ran Red"*, pp. 158-61.
43. Nasaw, *Carnegie*, p. 469; Anne E. Mosher, *Capital's Utopia: Vandergrift, Pennsylvania, 1855-1916* (Baltimore, MD: Johns Hopkins University Press, 2004), pp. 66-7; Montgomery, *Fall of the House of Labor*, p. 41; Brody, *Steelworkers in America*, pp. 56-8, 60-75.
44. Hamlin Garland, "Homestead and Its Perilous Trades; Impressions of a Visit", *McClure's Magazine*, v. 3, n. 1, jun. 1894, em Demarest Jr. (Org.), *"The River Ran Red"*, pp. 204-5; Dreiser em Nasaw, *Carnegie*, p. 470; Fitch, *The Steel Workers*, pp. 214-29; Serrin, *Homestead*, pp. 175-6.
45. Floyd Dell, "Pittsburgh or Petrograd?", *The Liberator*, v. 2, n. 11, dez. 1919, pp. 7-8.
46. A Bethlehem Steel comprou mais tarde a usina de Sparrows Point, que na década de 1950 era o maior complexo de aço do mundo. Mosher, *Capital's Utopia*, pp. 73-4; Reutter, *Sparrows Point*, pp. 10, 55-71.
47. Mosher, *Capital's Utopia*, pp. 73-127.
48. Brody, *Steelworkers in America*, pp. 87-9; Mosher, *Capital's Utopia*, pp. 74, 102; Reutter, *Sparrows Point*, p. 50.
49. Durante muitos anos após sua formação, a U.S. Steel funcionou essencialmente como uma holding, com suas muitas subsidiárias operando de forma independente. Alfred D. Chandler Jr., *The Visible Hand: The Managerial Revolution in American Business* (Cambridge, MA: Harvard University Press, 1977), pp. 359-62; Nasaw, *Carnegie*, pp. 582-8.
50. Para evitar que os trabalhadores sitiassem ou tomassem a fábrica, a U.S. Steel redirecionou um rio do local para um canal de concreto, criando um fosso que separava a usina da cidade. James B. Lane, *"City of the Century": A History of Gary, Indiana* (Bloomington: Indiana University Press, 1978), pp. 27-37; Brody, *Steelworkers in America*, p. 158; Mosher, *Capital's Utopia*, p. 177; S. Paul O'Hara, *Gary, the Most American of All American Cities* (Bloomington: Indiana University Press, 2011), pp. 19-20, 38-53.
51. Richard Edwards, *Contested Terrain: The Transformation of the Workplace in the Twentieth Century* (Nova York: Basic, 1979), p. 25.
52. No relato de Taylor, todos os carregadores de ferro acabaram por atingir essa tonelagem, mas provas independentes indicam que apenas um trabalhador era capaz de transportar algo como 47 toneladas de ferro-gusa por dia durante um período prolongado. Daniel Nelson, *Frederick W. Taylor and the Rise of Scientific Management* (Madison: University of Wisconsin Press, 1980); Montgomery, *The Fall of the House of Labor*, esp. cap. 6; Harry Braverman, *Labor and Monopoly Capital: The Degradation of Work in the Twentieth Century* (Nova York: Monthly Review Press, 1974), pp. 85-123. Ver também Charles D. Wrege e Ronald G. Greenwood, *Frederick W. Taylor, the Father of Scientific Management: Myth and Reality* (Homewood, IL: Business One Irwin, 1991).
53. Brody, *Steelworkers in America*, pp. 31-40, 170-3; U. S. Steel, *Making, Shaping and Treating of Steel*, p. 314; Fitch, *Steel Workers*, pp. 43, 60, 166-81.
54. Fitch, *The Steel Workers*, pp. 57-64.

55. As siderúrgicas de Maryland também contrataram um número substancial de trabalhadores negros. Homestead era uma espécie de exceção na forte solidariedade entre os trabalhadores da Europa oriental e os trabalhadores qualificados de língua inglesa, antes e durante o conflito de 1892. Brody, *Steelworkers in America*, pp. 96-111, 135-7; Henry M. McKiven, *Iron and Steel: Class, Race, and Community in Birmingham, Alabama, 1875-1920* (Chapel Hill: University of North Carolina Press, 1995), p. 41; Paul Kraus, "East-Europeans in Homestead", em Demarest Jr. (Org.), *"The River Ran Red"*, pp. 63-5. Para um retrato evocativo dos operários siderúrgicos eslovacos em Braddock, Pensilvânia, ver o romance *Out of This Furnace* (Pittsburgh, PA: University of Pittsburgh Press, 1976 [1941]), de Thomas Bell.
56. Em termos estritos, esses grevistas não eram operários siderúrgicos — eles trabalhavam numa fábrica que construía vagões de aço. Brody, *Steelworkers in America*, pp. 125, 145-70; Philip S. Foner, *History of the Labor Movement in the United States*, v. IV, *The Industrial Workers of the World, 1905-1917* (Nova York: International Publishers, 1965), pp. 281-305.
57. "Labor", em Eric Foner e John A. Garrity (Orgs.), *The Reader's Companion to American History* (Boston: Houghton Mifflin, 1991), p. 632; Steven Fraser, *Labor Will Rule: Sidney Hillman and the Rise of American Labor* (Nova York: Free Press, 1991), pp. 146-7.
58. Andrew Carnegie, "Wealth", *The North American Review*, v. 148, n. 391, 1889, p. 654.
59. Montgomery, *Fall of the House of Labor*, 88; Whiting Williams, *What's on the Worker's Mind, By One Who Put on Overalls to Find Out* (Nova York: Charles Scribner's Sons, 1920); "WILLIAMS, WHITING", em *The Encyclopedia of Cleveland History*. Disponível em: <ech.case.edu/cgi/article.pl?id=WW1>; Nasaw, *Carnegie*, p. 386. Existe uma vasta literatura sobre a reforma da Era Progressista. Um bom ponto de partida é Michael McGeer, *Fierce Discontent: The Rise and Fall of the Progressive Movement in America, 1870-1920* (Nova York: Oxford University Press, 2005).
60. O Pittsburgh Survey examinou toda a região e sua economia, mas o aço dominou o estudo e foi o principal tema de vários volumes. Greenwald e Anderson (Orgs.), *Pittsburgh Surveyed*.
61. Em 1920, a Suprema Corte rejeitou a ação de antitruste contra a U.S. Steel. Brody, *Steelworkers in America*, pp. 147, 154, 161-71; Fitch, *The Steel Workers*, pp. 178-9.
62. Melvyn Dubofsky, *The State and Labor in Modern America* (Chapel Hill: University of North Carolina Press, 1994), pp. 61-76; dados sobre sindicatos calculados a partir de U.S. Bureau of the Census, *Historical Statistics of the United States, Colonial Times to 1970, Bicentennial Edition*, parte 1 (Washington, D.C.: U.S. Government Printing Office, 1975), pp. 126, 177; Fraser, *Labor Will Rule*, pp. 121-40, 144 (citação).
63. David Brody, *Labor in Crisis: The Steel Strike of 1919* (Filadélfia: J.B. Lippincott, 1965), pp. 45-51, 59-60.
64. Os relatos mais completos sobre a campanha de organização dos siderúrgicos e a greve de 1919 são de William Z. Foster, *The Great Steel Strike* (Nova York: B.W. Huebsch, 1920), e Brody, *Labor in Crisis*. Exceto menção em contrário, baseei-me neles.
65. Freeman et al., *Who Built America?*, pp. 258-61.
66. Sobre a greve em Gary, ver Lane, *"City of the Century"*, pp. 90-3. Para um retrato cativante da greve do ponto de vista de trabalhadores negros, ver Attaway, *Blood on the Forge*.

67. As verdadeiras exigências dos operários em greve estavam longe de ser radicais e tratavam, de forma muito concreta, de horas, salários e reconhecimento sindical. Ver Brody, *Labor in Crisis*, pp. 100-1, 129. O *New York Times*, como muitos jornais, deu ampla cobertura à greve. De 23 a 26 de setembro, publicou manchetes de três linhas sobre a greve na primeira página que enfatizavam seu tamanho e sua violência.
68. Foster, *The Great Steel Strike*, p. 1; Vorse, *Men and Steel*, p. 21; John Dos Passos, *The Big Money* (Nova York: Harcourt, Brace, 1936).

4. "Eu venero as fábricas" [pp. 131-78]

1. Henry Ford, "Mass Production", em *Encyclopedia Britannica*, 13. ed. (Nova York: The Encyclopædia Britannica, 1926), v. 30, pp. 821-3; David A. Hounshell, *From the American System to Mass Production, 1800-1932* (Baltimore, MD: Johns Hopkins Press, 1984), pp. 1, 218-9, 224; Helen Jones Earley e James R. Walkinshaw, *Setting the Pace: Oldsmobile's First 100 Years* (Lansing, MI: Public Relations Department, Oldsmobile Division, 1996), p. 461; The Locomobile Society of America, "List of Cars Manufactured by the Locomobile Company of America", disponível em: <www.locomobile-society.com/cars.cfm>, e "U.S. Automobile Production Figures", disponível em: <en.wikipedia.org/wiki/U.S._Automobile_Production_Figures>; Joshua Freeman et al., *Who Built America? Working People and the Nation's Economy, Politics, Culture, and Society*, v. 2 (Nova York: Pantheon, 1992), p. 277.
2. Hounshell, *From the American System to Mass Production*, pp. 1, 228. Minha descrição do desenvolvimento do sistema de Ford baseia-se muito no soberbo estudo de Hounshell.
3. Edward A. Filene, *The Way Out: A Forecast of Coming Changes in American Business and Industry* (Garden City, NY: Page, 1924), p. 180; Vicki Goldberg, *Margaret Bourke-White: A Biography* (Nova York: Harper & Row, 1986), p. 74.
4. Hounshell, *From the American System to Mass Production*, pp. 4-8, 15-50.
5. Eric Hobsbawm, *The Age of Capital 1848-1875* (Nova York: Charles Scribner's Sons, 1975), p. 44.
6. John A. James e Jonathan S. Skinner, "The Resolution of the Labor Scarcity Paradox", documento de trabalho n. 1504, National Bureau of Economic Research, nov. 1984.
7. Hounshell, *From the American System to Mass Production*, pp. 115-23; Alfred D. Chandler, Jr., *Scale and Scope: The Dynamics of Industrial Capitalism* (Cambridge, MA: Harvard University Press, 1994), p. 196.
8. Alfred D. Chandler Jr., *The Visible Hand: The Managerial Revolution in American Business* (Cambridge, MA: Harvard University Press, 1977), pp. 240, 249-53; Hounshell, *From the American System to Mass Production*, pp. 240-3.
9. Até 1915, James Couzens, sócio de Ford, desempenhou um papel central na Ford Motor Company, onde desenvolveu muitas de suas práticas inovadoras e contribuiu enormemente para seu sucesso geral. Keith Sward, *The Legend of Henry Ford* (Nova York: Rinehart, 1948), pp. 9-27, 43-6.
10. Sward, *The Legend of Henry Ford*, pp. 44-5; Hounshell, *From the American System to Mass Production*, p. 224.

11. Stephen Meyer, *The Five Dollar Day; Labor Management and Social Control in the Ford Motor Company, 1908-1921* (Albany: State University of New York Press, 1981), pp. 16, 18; Adam Smith, *An Inquiry into the Nature and Causes of the Wealth of Nations* (Londres: Oxford University Press, 1904 [1776]), pp. 6-7; Hounshell, *From the American System to Mass Production*, p. 227.
12. Embora vários relatos da época e posteriores, inclusive da Ford, tenham alegado que a permutabilidade completa de peças havia sido alcançada, tudo indica que, por vários anos, ocorreram algumas limagens e esmerilhamentos de peças na linha de montagem. Sward, *The Legend of Henry Ford*, pp. 42, 46, 68-77; *Ford Factory Facts* (Detroit, MI: Ford Motor Company, 1912), pp. 46-7, 49; Allan Nevins e Frank Ernest Hill, *Ford: Expansion and Challenge, 1915-1933* (Nova York: Charles Scribner's Sons, 1957), p. 522; Hounshell, *From the American System to Mass Production*, pp. 219-20, 224-5, 230-3; Meyer, *The Five Dollar Day*, pp. 10, 22-9; Jack Russell, "The Coming of the Line; The Ford Highland Park Plant, 1910-1914", *Radical America*, v. 12, maio--jun. 1978, pp. 30-3.
13. Daniel Nelson, *Managers and Workers: The Origins of the New Factory System in the United States 1880-1920* (Madison: University of Wisconsin Press, 1975), pp. 21-3; David Gartman, "Origins of the Assembly Line and Capitalist Control of Work at Ford", em Andrew Zimbalist (Org.), *Case Studies on the Labor Process* (Nova York: Monthly Review Press, 1979), pp. 197-8; Ford, "Mass Production", p. 822; Meyer, *The Five Dollar Day*, pp. 29-31; Karl Marx, *Capital: A Critique of Political Economy*, v. 1 (Nova York: International Publishers, 1967 [1867]), p. 380.
14. Hounshell, *From the American System to Mass Production*, pp. 237-49; Gartman, "Origins of the Assembly Line", p. 201.
15. Russell, "The Coming of the Line", pp. 33-4, 37 (inclui a citação de Ford). Fotografias de carros e caminhões sendo montados com o uso do método artesanal em vários dos primeiros fabricantes de veículos podem ser vistas em Bryan Olsen e Joseph Cabadas, *The American Auto Factory* (St. Paul, MN: Motorbooks, 2002).
16. Hounshell, *From the American System to Mass Production*, pp. 250-60.
17. Gartman, "Origins of the Assembly Line", pp. 199, 201-2.
18. Hounshell, *From the American System to Mass Production*, pp. 249-53; Russell, "The Coming of the Line", p. 38; Lindy Biggs, *The Rational Factory: Architecture, Technology, and Work in America's Age of Mass Production* (Baltimore, MD: Johns Hopkins University Press, 1996), p. 27.
19. Joyce Shaw Peterson, *American Automobile Workers, 1900-1933* (Albany: State University of New York Press, 1987), p. 43; Meyer, *The Five Dollar Day*, pp. 40-1; Biggs, *The Rational Factory*, pp. 133-4; Nevins e Hill, *Ford: Expansion and Challenge*, p. 534.
20. Meyer, *The Five Dollar Day*, pp. 10, 50; Terry Smith, *Making the Modern: Industry, Art and Design in America* (Chicago: University of Chicago Press, 1993), p. 53; Department of Commerce, Bureau of the Census, *Abstract of the Census of Manufactures, 1919* (Washington, D.C.: Government Printing Office, 1923), pp. 355, 374-5; Chandler Jr., *Scale and Scope*, p. 27; Nelson, *Managers and Workers*, p. 9.
21. Nevins e Hill, *Ford: Expansion and Challenge*, p. 288. Uma seleção da enorme coleção de fotografias da Ford que documentam a fábrica de Highland Park encontra-se disponível em: <www.thehenryford.org/collections-and-research>.

22. David Montgomery, *The Fall of the House of Labor; the Workplace, the State, and American Labor Activism, 1865-1925* (Cambridge: Cambridge University Press, 1987), pp. 133-5, 238-40.
23. Meyer, *The Five Dollar Day*, pp. 77-8, 80-5, 89-93, 156; Russell, "The Coming of the Line", pp. 39-40.
24. Em 1926, a Ford reduziu a semana de trabalho de seis dias para cinco, tornando-se uma das primeiras grandes empresas industriais a instituir a semana de quarenta horas. Meyer, *The Five Dollar Day*, pp. 95-168; Peterson, *American Automobile Workers*, p. 156; John Reed, "Why They Hate Ford", *The Masses*, v. 8, out. 1916, pp. 11-2.
25. Nelson, *Managers and Workers*, pp. 101-21; Montgomery, *The Fall of the House of Labor*, pp. 236-8; Reed, "Why They Hate Ford"; Meyer, *The Five Dollar Day*, pp. 114, 156-7.
26. Sward, *Legend of Henry Ford*, pp. 107-9; Antonio Gramsci, *Selections from the Prison Notebooks of Antonio Gramsci*, org. e trad. de Quintin Hoare e Geoffrey Nowell Smith (Nova York: International Publishers, 1971), pp. lxxxvi- lxxxvii, 286, 302, 305.
27. Meyer, *The Five Dollar Day*, pp. 197-200; Sward, *Legend of Henry Ford*, pp. 291-342. Ver também Harry Bennett, *We Never Called Him Henry* (Greenwich, CT: Gold Medal, 1951).
28. Biggs, *The Rational Factory*, pp. 89-94. A fábrica da Piquette Avenue ainda está de pé. Atualmente abriga um museu e pode ser alugada para festas de empresas, casamentos e bar mitzvás. Ver: <www.fordpiquetteavenueplant.org>.
29. Hounshell, *From the American System to Mass Production*, pp. 225-6; "Industry's Architect", *Time*, 29 jun. 1942; Grant Hildebrand, *Designing for Industry: The Architecture of Albert Kahn* (Cambridge, MA: MIT Press, 1974), pp. 26-7. Algumas das primeiras obras de Kahn podem ser vistas em W. Hawkins Ferry, *The Legacy of Albert Kahn* (Detroit, MI: Wayne State University Press, 1970).
30. George N. Pierce tornou-se o fabricante dos automóveis Pierce-Arrow. Nelson, *Managers and Workers*, pp. 15-6; Betsy Hunter Bradley, *The Works: The Industrial Architecture of the United States* (Nova York: Oxford University Press, 1999), pp. 155-8; Hildebrand, *Designing for Industry*, pp. 28-43; Albert Kahn, "Industrial Architecture" (discurso), 25 de maio de 1939, caixa 1, Albert Kahn Papers, Bentley Historical Library, Universidade do Michigan, Ann Arbor, Michigan; Smith, *Making the Modern*, p. 59.
31. Biggs, *The Rational Factory*, pp. 93-102, 110; Kahn, "Industrial Architecture".
32. Smith, *Making the Modern*, pp. 41-2, 71; Biggs, *The Rational Factory*, pp. 78, 109, 120-5; Hildebrand, *Designing for Industry*, p. 52.
33. Agradeço a Jeffrey Trask por chamar minha atenção para isso. Ver Gillian Darley, *Factory* (Londres: Reaktion, 2003), pp. 157-89.
34. Biggs, *The Rational Factory*, pp. 103-4, 150; *Ford Factory Facts* (Detroit, MI: Ford Motor Company, 1915) é uma versão ampliada e atualizada do livreto de 1912.
35. Tanto a fábrica de Lingotto quanto o prédio de serviços da New York Packard ainda estão de pé. O primeiro foi convertido em um complexo cultural, hoteleiro, comercial e educacional por Renzo Piano; o outro agora é ocupado por uma concessionária de carros. Jean Castex, *Architecture of Italy* (Westport, CT: Greenwood, 2008), pp. 47-9; Darley, *Factory*, pp. 10-2; Christopher Gray, "The Car Is Still King on 11th Avenue", *The New York Times*, 9 jul. 2006.

36. Fotografias de todos os prédios mencionados encontram-se em Ferry, *The Legacy of Albert Kahn*, exceto a casa de Joy, que está em Hildebrand, *Designing for Industry*, p. 74. Sobre os projetos de carros de Kahn e a organização de sua firma, ver Olsen e Cabadas, *The American Auto Factory*, pp. 39, 65; George Nelson, *Industrial Architecture of Albert Kahn, Inc.* (Nova York: Architectural Book Publishing Company, 1939), pp. 19-23; Smith, *Making the Modern*, pp. 76-8, 85-7; e Hildebrand, *Designing for Industry*, pp. 60, 124.
37. Olsen e Cabadas, *The American Auto Factory*, p. 39; Biggs, *The Rational Factory*, pp. 138-40, 151. Sobre os tratores Ford, ver Reynold Wik, *Henry Ford and Grassroots America* (Ann Arbor: University of Michigan Press, 1972), pp. 82-97.
38. Biggs, *The Rational Factory*, pp. 146, 151; Writers' Program of the Works Progress Administration, *Michigan: A Guide to the Wolverine State* (Nova York: Oxford University Press, 1941), pp. 221-4; Greg Grandin, *Fordlandia: The Rise and Fall of Henry Ford's Forgotten Jungle City* (Nova York: Metropolitan, 2009). Kingsford pertence agora a The Clorox Company. The Clorox Company, "A Global Portfolio of Diverse Brands". Disponível em: <www.thecloroxcompany.com/products/our-brands>.
39. A fundição de Rouge também fazia peças para os tratores Fordson. Biggs, *The Rational Factory*, pp. 148-9, 152; Hounshell, *From the American System to Mass Production*, pp. 268, 289.
40. Nelson, *Industrial Architecture of Albert Kahn, Inc.*, p. 132; Biggs, *The Rational Factory*, pp. 129, 141-57; Kahn, "Industrial Architecture"; Ferry, *The Legacy of Albert Kahn*, pp. 113-6, 120-2, 129-301; The Reminiscences of Mr. B. R. Brown Jr., Benson Ford Research Center, Dearborn, Michigan; Works Progress Administration, *Michigan*, pp. 220-1; Hildebrand, *Designing for Industry*, pp. 91-2, 99, 102-8, 172-82. Sobre o antimodernismo de Kahn e Ford, ver Albert Kahn, "Architectural Trend" (discurso), 15 abr. 1931, caixa 1, Albert Kahn Papers; Sward, *Legend of Henry Ford*, pp. 259-75; e Smith, *Making the Modern*, pp. 144-55 (embora a interpretação de Smith seja muito diferente da minha).
41. Além de Highland Park e River Rouge, a Ford construiu grandes fábricas no Canadá e na Inglaterra, que faziam carros e caminhões acabados e forneciam peças para fábricas de filiais estrangeiras. Enquanto o emprego no Rouge aumentava, em Highland Park diminuía. Em 1929, quando o número médio de trabalhadores no Rouge era de 98 337, em Highland Park era de apenas 13 444. Após a queda da Bolsa, o emprego no Rouge caiu, mas continuou a ser substancial. Edmund Wilson, *The American Earthquake* (Garden City, NY: Doubleday, 1958), pp. 219-20, 234, 687; Nevins e Hill, *Ford: Expansion and Challenge*, pp. 210, 365-6, 542-3; Chandler Jr., *Scale and Scope*, pp. 207-8; Bruce Pietrykowski, "Fordism at Ford: Spatial Decentralization and Labor Segmentation at the Ford Motor Company, 1920-1950", *Economic Geography*, v. 71, n. 4, out. 1995, pp. 386, 389-91; Historic American Engineering Record, Mid-Atlantic Region National Park Service, "Dodge Bros. Motor Car Company Plant (Dodge Main): Photographs, Written Historical and Descriptive Data" (Filadélfia: Departamento do Interior, 1980); Ronald Edsforth, *Class Conflict and Cultural Consensus: The Making of a Mass Consumer Society in Flint, Michigan* (New Brunswick, NJ: Rutgers University Press, 1987), p. 77; *The New York Times*, 31 maio 1925, 9 abr. 1972; Hounshell, *From the American System to Mass Production*, pp. 263-301; Biggs, *The Rational Factory*, p. 148; Sward, *Legend of Henry Ford*, pp. 185-205; lembranças de B. R. Brown Jr.

42. No entanto, nem todos ficaram encantados. O fabricante de automóveis europeu André Citroën, depois de dizer que sua visita a Dearborn o deixou "muito impressionado com o poder da produção da Ford e suas maravilhosas criações industriais na fábrica de River Rouge", acrescentou: "Infelizmente, o elemento artístico está ausente. Nada em Ford ou em sua fábrica sugere um traço das qualidades estéticas mais refinadas". Hounshell, *From the American System to Mass Production*, pp. 260-1; Olsen e Cabadas, *The American Auto Factory*, pp. 61, 63, 67, 70-1; *The New York Times*, 22 abr. 1923.
43. Kahn também ajudou a projetar os pavilhões da General Motors e da Ford na Feira Mundial de Nova York de 1939. John E. Findling (Org.), *Historical Dictionary of World's Fairs and Expositions, 1851-1988* (Nova York: Greenwood, 1990), p. 22; Nevins e Hill, *Ford: Expansion and Challenge*, pp. 1-2; Grandin, *Fordlandia*, p. 2; Richard Guy Wilson, Dianne H. Pilgrim e Dickran Tashjian, *The Machine Age in America 1918-1941* (Nova York: The Brooklyn Museum e Harry N. Abrams, 1986), p. 27; Nelson, *Industrial Architecture of Albert Kahn, Inc.*, p. 97; Hildebrand, *Designing for Industry*, pp. 206, 213; Works Progress Administration, *Michigan*, pp. 286, 292-3; *The New York Times*, 9 abr. 1972; U.S. Travel Service, U.S. Department of Commerce, *USA Plant Visits 1977-1978* (Washington, D.C.: U.S. Government Printing Office, s.d.).
44. David Roediger, "Americanism and Fordism: American Style: Kate Richards O'Hare's 'Has Henry Ford Made Good?'", *Labor History*, v. 29, n. 2, primavera 1988, pp. 241-52.
45. John Reed, "Why They Hate Ford", pp. 11-2; Nevins e Frank Ernest Hill, *Ford: Expansion and Challenge*, p. 88.
46. Edmund Wilson, "The Despot of Dearborn", *Scribner's Magazine*, jul. 1931, pp. 24-36; Roediger, "Americanism and Fordism: American Style", p. 243; Steven Fraser, *Labor Will Rule: Sidney Hillman and the Rise of American Labor* (Nova York: Free Press, 1991), pp. 259-70; Filene, *The Way Out*, pp. 199, 201, 215-7, 221. Sobre o antissemitismo de Ford, ver Sward, *Legend of Henry Ford*, pp. 146-60.
47. John Dos Passos, *The Big Money* (Nova York: New American Library, 1969 [1936]), pp. 70-7, e introdução de Alfred Kazin a essa edição, pp. xi-xii. Cecelia Tichi ampliou a observação de Kazin em *Shifting Gears: Technology, Literature, Culture in Modernist America* (Chapel Hill: University of North Carolina Press, 1987), pp. 194-216.
48. Smith, *Making the Modern*, pp. 16-8; Louis-Ferdinand Céline, *Journey to the End of the Night* (Nova York: New Directions, 1938 [1932]); Upton Sinclair, *The Flivver King: A Story of Ford-America* (Emaus, PA: Rodale, 1937); Aldous Huxley, *Brave New World: A Novel* (Londres: Chatto & Windus, 1932).
49. Darley, *Factory*, pp. 15-27, 34; Wilson, Pilgrim e Tashjian, *The Machine Age in America*, pp. 23, 29; Kim Sichel, *From Icon to Irony: German and American Industrial Photography* (Seattle: University of Washington Press, 1995); Leah Bendavid-Val, *Propaganda and Dreams: Photographing the 1930s in the U.S.S.R. and U.S.A.* (Zurich: Stemmle, 1999).
50. Margaret Bourke-White, *Portrait of Myself* (Nova York: Simon and Schuster, 1963), citações nas pp. 18, 33, 40, 49; Goldberg, *Margaret Bourke-White*, citação na p. 74. Bourke-White talvez tenha se inspirado na peça de O'Neill, na qual um personagem diz: "Amo dínamos. Adoro ouvi-los cantar". Eugene O'Neill, *Dynamo* (Nova York: Horace Liveright, 1929), p. 92.
51. Wilson, Pilgrim e Tashjian, *The Machine Age in America*, p. 69; Goldberg, *Margaret Bourke-White*, pp. 87-9; *Life*, 23 nov. 1936; William H. Young e Nancy K. Young, *The*

1930s (Westport, CT: Greenwood, 2002), p. 156. "Margaret Bourke-White Photographic Material, Itemized Listing" é uma lista abrangente das fotografias que se encontram em Margaret Bourke-White Papers, Special Collections Research Center, Syracuse University Libraries, incluindo suas fotos de fábricas. Disponível em: <library.syr.edu/digital/guides/b/bourke-white_m.htm#series7>. Para Hine, ver, por exemplo, Jonathan L. Doherty (Org.), *Women at Work: 153 Photographs by Lewis W. Hine* (Nova York: Dover e George Eastman, 1983).

52. O portfólio das fotografias de Sheeler de Rouge pode ser visto no site do Instituto de Arte de Detroit para a exposição "The Photography of Charles Sheeler, American Modernist", de 2004. Disponível em: <www.dia.org/exhibitions/sheeler/content/rouge_gallery/hydra_shear.html>. Acesso em: 23 set. 2015. Sharon Lynn Corwin, "Selling 'America': Precisionism and the Rhetoric of Industry, 1916-1939", dissertação de ph.D., Universidade da Califórnia em Berkeley, 2001, pp. 17-79, 158; Carol Troyen, "Sheeler, Charles", American National Biography Online, fev. 2000. Disponível em: <www.anb.org/articles/17/17-00795.html>; Wilson, Pilgrim e Tashjian, *The Machine Age in America*, pp. 24, 78, 218-9; Smith, *Making the Modern*, pp. 111-13. A Ford retornou em 1940 à estratégia de vender carros por meio de imagens da magia e majestade de sua produção num filme encomendado, *Sinfonia em fá*, exibido na Feira Mundial de Nova York, que pode ser visto em "Symphony in F: An Industrial Fantasia for the World of Tomorrow", The National Archives, Unwritten Record Blog, 3 mar. 2016. Disponível em: <unwritten-record.blogs.archives.gov/2016/03/03/symphony-in-f-an-industrial-fantasia-for-the-world-of-tomorrow>.
53. Leo Marx, *The Machine in the Garden: Technology and the Pastoral Ideal in America* (Nova York: Oxford University Press, 1964), pp. 355-6; Nevins e Hill, *Ford: Expansion and Challenge*, pp. 282-3. Sobre a fotomontagem de Sheeler, "Industry", ver Wilson, Pilgrim e Tashjian, *The Machine Age in America*, pp. 24, 218. *Paisagem americana* encontra-se agora na coleção do Museum of Modern Art; *Paisagem clássica* está na coleção da National Gallery of Art. Ver também *River Rouge Plant*, Whitney Museum of American Art, e *City Interior*, Worcester Art Museum. *Amoskeag Mill Yard # 1* e *Amoskeag Canal* estão na coleção do Currier Museum of Art, em Manchester, New Hampshire. *Amoskeag Mills #2* está na coleção do Crystal Bridges Museum em Bentonville, Arkansas. As fotos de Hine de Amoskeag pertencem à Biblioteca do Congresso e podem ser vistas em <www.loc.gov/pictures/search/?q=Amoskeag%20hine>. As fotos de Bourke-White de Amoskeag estão em Oversize 5, pastas 31-5, Margaret Bourke-White Papers.
54. Smith, *Making the Modern*, p. 194; Troyen, "Sheeler, Charles".
55. Carol Quirke, *Eyes on Labor: News Photography and America's Working Class* (Nova York: Oxford University Press, 2012), pp. 273-4; Corwin, "Selling 'America'", p. 127; *Life*, 23 nov. 1936; 14 nov. 1938.
56. Sharon Lynn Corwin enfatiza, ao contrário da opinião corrente e de Terry Smith, que os trabalhadores aparecem nas fotos que Sheeler fez em Rouge e são fundamentais para seu significado. Corwin, "Selling 'America'", p. 23; *Fortune*, dez. 1940.
57. Tal como Bourke-White, Driggs cresceu familiarizado com o mundo da indústria: seu pai era engenheiro de uma siderúrgica. Rivera e muitos dos precisionistas tinham uma ligação no passado com o cubismo. Corwin, "Selling 'America'", pp. 145-8,

159-62, 165; Barbara Zabel, "Louis Lozowick and Technological Optimism of the 1920s", *Archives of American Art Journal*, v. 14, n. 2, 1974, pp. 17-21; Wilson, Pilgrim e Tashjian, *The Machine Age in America*, pp. 237-42, 343; Linda Bank Downs, *Diego Rivera: The Detroit Industry Murals* (Nova York: Norton, 1999), p. 21.

58. Downs, *Diego Rivera*, pp. 22, 28.
59. Henry Ford ofereceu um Lincoln com motorista para Rivera e Kahlo usarem em sua exploração da cidade, mas Rivera achou que seria constrangedor serem vistos com tal luxo, então aceitou um carro mais modesto de Edsel. Mark Rosenthal, "Diego and Frida"; Juan Rafael Coronel Rivera, "April 21, 1932"; Linda Downs, "The Director and the Artist: Two Revolutionaries"; e John Dean, "'He's the Artist in the Family': The Life, Times, and Character of Edsel Ford", todos em Rosenthal, *Diego Rivera and Frida Kahlo in Detroit* (Detroit, MI: Instituto de Artes de Detroit, 2015). Sobre o impacto da Depressão em Detroit, ver Steve Babson, com Ron Alpern, Dave Elsila e John Revitte, *Working Detroit: The Making of a Union Town* (Nova York: Adama, 1984), pp. 52-60.
60. Rosenthal, *Diego Rivera and Frida Kahlo*, pp. 102-3, 219.
61. A representação de Rivera das máquinas e dos processos no Rouge, trabalhando a partir de esboços, fotografias e informações fornecidas pelos engenheiros da Ford, é notavelmente precisa. A única grande exceção é a máquina gigantesca de estampagem no painel da parede sul. Rivera pintou uma máquina de modelo mais antigo — a que Sheeler havia fotografado — em vez da que estava em uso. (Ele pode ter trabalhado a partir da foto de Sheeler.) Aparentemente, Rivera preferiu as qualidades antropomórficas da máquina mais antiga. Para uma descrição detalhada e análise dos murais e sua relação com a atividade real do Rouge, ver Downs, *Diego Rivera*.
62. Rosenthal, *Diego Rivera and Frida Kahlo*, pp. 103-7, 182; *Detroit News*, 22 mar. 1933, e 12 maio 1933. Antes de retornar ao México, Rivera completou uma série de murais para a New Workers School, de esquerda, na cidade de Nova York, que incluía uma representação da greve de Homestead. Ver David P. Demarest Jr. (Org.), *"The River Ran Red": Homestead 1892* (Pittsburgh, PA: University of Pittsburgh Press, 1992), p. 218. O Rouge aparece em outro mural de Detroit, pintado em 1937 pelo artista Walter Speck, da WPA, para a sede do United Automobile Workers Local 174. Está agora na Walter Reuther Library, Wayne State University, Detroit. Ver "Collection Spotlight: UAW Local 174 Mural", 20 out. 2016. Disponível em: <reuther.wayne.edu/node/13600>.
63. Em outra pintura que Kahlo começou em Detroit, *Autorretrato na fronteira entre México e Estados Unidos*, a usina geradora de Highland Park aparece ao fundo. Downs, *Diego Rivera*, pp. 58-60; Rosenthal, "Diego and Frida: High Drama in Detroit", e Solomon Grimberg, "The Lost Desire: Frida Kahlo in Detroit", em Rosenthal, *Diego Rivera and Frida Kahlo*.
64. Charles Chaplin, *Tempos modernos* (United Artists, 1936); Hounshell, *From the American System to Mass Production*, pp. 319-20; Charles Musser, "Modern Times (Chaplin 1936)". Disponível em: <actionspeaksradio.org/chaplin-by-charles-musser-2012>); Joyce Milton, *Tramp: The Life of Charlie Chaplin* (Nova York: HarperCollins, 1996), pp. 336, 348, 350; Mark Lynn Anderson, *"Modern Times"*. Disponível em: <laborfilms.org/modern-times>; Edward Newhouse, "Charlie's Critics", *Partisan Review*

and Anvil, abr. 1936, pp. 25-6 (inclui citação da resenha do *Daily Worker*); Stephen Kotchin, *Magic Mountain: Stalinism as a Civilization* (Berkeley: University of California Press, 1995), p. 184; Octavio Cortazar, *Por Primera Vez/For the First Times* (El Instituto Cubano, Lombarda Industria Cinematografia, 1967). Numa coda estranha, após a conclusão de *Tempos modernos*, Paulette Goddard e Chaplin terminaram seu relacionamento amoroso e ela começou a ter um caso com Rivera. Num mural pintado em San Francisco em 1940, *Unión de la Expresión Artistica del Norte y Sur de este Continente*, ele incluiu imagens de Chaplin, Kahlo e Paulette Goddard se olhando com desconfiança e uma mistura da deusa asteca Coatlicue com uma máquina de estampar da Detroit Motor Company, um raro retorno a um tema de *Indústria de Detroit*. David Robinson, *Chaplin, His Life and Art* (Nova York: McGraw-Hill, 1985), p. 509; City College of San Francisco, "Pan American Unity Mural". Disponível em: <www.ccsf.edu/en/about-city-college/diego-rivera-mural/overview.html>.

65. Ruth McKenney, *Industrial Valley* (Nova York: Harcourt, Brace, 1939), pp. 261-2.
66. Para uma visão geral dessa época, ver Joshua B. Freeman, *American Empire, 1945-2000: The Rise of a Global Empire, the Democratic Revolution at Home* (Nova York: Viking, 2012).
67. Há uma vasta literatura sobre o crescimento do movimento operário da década de 1930, mas o melhor relato continua sendo o de Irving Bernstein, *Turbulent Years: A History of the American Worker 1933-1941* (Boston: Houghton Mifflin, 1970).
68. Além de Bernstein, *Turbulent Years*, ver Ronald W. Schatz, *The Electrical Workers: A History of Labor at General Electric and Westinghouse, 1923-1960* (Urbana: University of Illinois Press, 1983); Daniel Nelson, *American Rubber Workers and Organized Labor, 1900-1941* (Princeton, NJ: Princeton University Press, 1988); e Sidney Fine, *The Automobile Under the Blue Eagle: Labor, Management, and the Automobile Manufacturing Code* (Ann Arbor: University of Michigan Press, 1964).
69. Bernstein, *Turbulent Years*, pp. 509-51; Henry Kraus, *The Many and the Few: A Chronicle of the Dynamic Auto Workers* (Urbana: University of Illinois Press, 1985 [1947]). Ver também Sidney A. Fine, *Sit-down: The General Motors Strike of 1936-1937* (Ann Arbor: University of Michigan Press, 1969).
70. Joshua Freeman et al., *Who Built America?*, p. 395; Bernstein, *Turbulent Years*, pp. 551-4, 608-9, 613; Steve Jefferys, *Management and Managed: Fifty Years of Crisis at Chrysler* (Cambridge: Cambridge University Press, 1986), pp. 71-7; Jefferson Cowie, *Capital Moves: RCA's Seventy-Year Quest for Cheap Labor* (Ithaca, NY: Cornell University Press, 1999), pp. 17-33.
71. Robert H. Zieger, *The CIO, 1935-1955* (Chapel Hill: University of North Carolina Press, 1995), pp. 54-60; Bernstein, *Turbulent Years*, pp. 432-73.
72. Bernstein, *Turbulent Years*, pp. 478-98; Zieger, *CIO*, pp. 79, 82.
73. Zieger, *CIO*, pp. 121-31.
74. Nenhuma outra eleição de tamanho semelhante seria realizada até 1999, quando 74 mil trabalhadores em assistência domiciliar de Los Angeles receberam cédulas para votar se queriam representação sindical. John Barnard, *American Vanguard: The United Auto Workers during the Reuther Years, 1935-1970* (Detroit, MI: Wayne State University Press, 2004), pp. 153-64; Zieger, *CIO*, pp. 122-4; *Los Angeles Times*, 26 fev. 1999.
75. Joshua Freeman, "Delivering the Goods: Industrial Unionism During World War II", *Labor History*, v. 19, n. 4, outono 1978; U.S. Department of Commerce, *Historical*

Statistics of the United States, 1789-1945 (Washington, D.C., U.S. Government Printing Office, 1949), p. 72. Ver também Nelson Lichtenstein, *Labor's War at Home: The CIO in World War II* (Filadélfia: Temple University Press, 2003 [1982]).

5. "O comunismo é o poder soviético mais a eletrificação de todo o país" [pp. 179-230]

1. *Detroit Sunday News*, 15 dez. 1929. As fotografias do local da fábrica e de sua construção estão na caixa 10, Albert Kahn Papers, Bentley Historical Library, Universidade do Michigan, Ann Arbor, Michigan. Ver também "Agenda for Meeting with Russian Visitors: Saturday, June 13, 1964", Russian Scrapbooks, v. II, caixa 13, Kahn Papers; *Those Who Built Stalingrad, As Told by Themselves* (Nova York: International Publishers, 1934), p. 29; Alan M. Ball, *Imagining America: Influence and Images in Twentieth-Century Russia* (Lanham, MD: Rowman & Littlefield, 2003), p. 124; *The New York Times*, 29 mar. 1930, 18 maio 1930; Margaret Bourke-White, *Eyes on Russia* (Nova York: Simon and Schuster, 1931), pp. 118-27.
2. V. I. Lênin, "Our Foreign and Domestic Position and Party Tasks", discurso proferido na Conferência de Moscou do Partido Comunista Revolucionário, 21 nov. 1920, *Lenin's Collected Works*, v. 31 (Moscou: Progress, 1966), pp. 419-20.
3. Edward Hallett Carr e R. W. Davies, *Foundations of a Planned Economy, 1926-1929*, v. I-II (Londres: Macmillan, 1969), pp. 844, 898-902; Alexander Erlich, *The Soviet Industrialization Debate, 1924-1928* (Cambridge, MA: Harvard University Press, 1967), pp. 164-5; J. V. Stálin, "A Year of Great Change, On the Occasion of the Twelfth Anniversary of the October Revolution", *Pravda*, v. 259, 7 nov. 1929). Disponível em: <www.marxists.org/reference/archive/stalin/works/1929/11/03.htm>; Stephen Kotkin, *Magnetic Mountain: Stalinism as a Civilization* (Berkeley: University of California Press, 1995), pp. 32 (trecho citado), 69-70, 363, 366.
4. Arens tornou-se um importante designer industrial, tendo trabalhado para algumas das mais conhecidas empresas americanas. Barnaby Haran cita os comentários dele em seu artigo "Tractor Factory Facts: Margaret Bourke-White's *Eyes on Russia* and the Romance of Industry in the Five-Year Plan", *Oxford Art Journal*, v. 38, n. 1, 2015, p. 82. O texto completo está em *New Masses*, v. 3, n. 7, nov. 1927, p. 3. Sobre Arens, ver "Biographical History", Egmont Arens Papers Special Collections Research Center, Syracuse University Libraries. Disponível em: <library.syr.edu/digital/guides/a/arens_e.htm#d2e97>.
5. Evidentemente, sempre houve algumas fábricas de propriedade do governo, sobretudo para produzir armamentos. Como vimos no capítulo 4, às vezes elas desempenharam um papel importante no desenvolvimento de técnicas de produção.
6. Sobre o impacto da administração científica e da produção em massa na Europa, ver Thomas P. Hughes, *American Genesis: A Century of Invention and Technological Enthusiasm, 1870-1970* (Nova York: Viking, 1989), pp. 285-323; Judith Merkle, *Management and Ideology: The Legacy of the International Scientific Management Movement* (Berkeley: University of California Press, 1980), esp. pp. 105, 136-223; Charles S. Maier, "Between Taylorism and Technocracy: European Ideologies and the Vision of Industrial Productivity in the 1920s", *Journal of Contemporary History*, v. 5, n. 2, 1970, pp. 27-61;

e Antonio Gramsci, "Americanism and Fordism", em *Selections from the Prison Notebooks of Antonio Gramsci*, org. e trad. de Quintin Hoare e Geoffrey Nowell Smith (Nova York: International Publishers, 1971).

7. Lênin sentia-se particularmente atraído pelo trabalho de Gilbreth (como aconteceria com outros comunistas russos) porque, ao simplificar os movimentos para completar tarefas, ele alegava aumentar a produtividade sem explorar mais os trabalhadores. S. A. Smith, *Red Petrograd: Revolution in the Factories 1917-1918* (Cambridge: Cambridge University Press, 1983), pp. 7-12; Merkle, *Management and Ideology*, pp. 105-6, 179; Daniel A. Wren e Arthur G. Bedeian, "The Taylorization of Lenin: Rhetoric or Reality?", *International Journal of Social Economics*, v. 31, n. 3, 2004, pp. 287-99 (citação de Lênin na p. 288); V. I. Lênin, *Imperialism: The Highest Stage of Capitalism; A Popular Outline* (Nova York: International Publishers, 1939 [1917]).
8. As observações de Lênin sobre Taylor foram logo traduzidas para o inglês, circularam nos Estados Unidos e eram citadas com frequência em círculos empresariais. Wren e Bedeian, "Taylorization of Lenin", pp. 288-9; Merkle, *Management and Ideology*, pp. 111-5 (citação na p. 113).
9. Isaac Deutscher, *The Prophet Armed; Trotsky: 1879-1921* (Nova York: Oxford University Press, 1954), pp. 499-502; Merkle, *Management and Ideology*, pp. 118-9; Kendall E. Bailes, "Aleksei Gástev and the Soviet Controversy over Taylorism, 1918-24", *Soviet Studies*, v. 29, n. 3, jul. 1977, pp. 374, 380-3.
10. Merkle, *Management and Ideology*, pp. 114-20; Bailes, "Aleksei Gástev"; Vladimir Andrle, *Workers in Stalin's Russia: Industrialization and Social Change in a Planned Economy* (Nova York: St. Martin's Press, 1988), pp. 101-2; Wren e Bedeian, "Taylorization of Lenin", pp. 290-1; Deutscher, *The Prophet Armed*, pp. 498-501.
11. A Conferência de Toda a Rússia sobre Gestão Científica foi organizada por Trótski em 1921, mas não conseguiu resolver as diferenças entre os dois lados do debate. Bailes, "Alexei Gastev", pp. 387-93; Kendall E. Bailes, "The American Connection: Ideology and the Transfer of American Technology to the Soviet Union, 1917-1941", *Comparative Studies in Society and History*, v. 23, n. 3, jul. 1981, p. 437; Wren e Bedeian, "Taylorization of Lenin", p. 291.
12. Em 1926, quando uma delegação da Ford Motor Company visitou o instituto de Gástev, eles consideraram "um circo, uma comédia, uma casa maluca", "um lamentável desperdício de tempo dos jovens". Merkle, *Management and Ideology*, p. 123; Andrle, *Workers in Stalin's Russia*, pp. 93-4; Bailes, "Alexei Gastev", pp. 391, 393; Timothy W. Luke, *Ideology and Soviet Industrialization* (Westport, CT: Greenwood, 1985), pp. 165-66; Wren e Bedeian, "Taylorization of Lenin", pp. 291-6; Ball, *Imagining America*, pp. 28-9.
13. Minha abordagem da Raic baseia-se em Steve Fraser, "The 'New Unionism' and the 'New Economic Policy'", em James E. Cronin e Carmen Sirianni (Orgs.), *Work, Community and Power: The Experience of Labor in Europe and America, 1900-1925* (Filadélfia: Temple University Press, 1983).
14. William Z. Foster, *Russian Workers and Workshops in 1926* (Chicago: Trade Union Educational League, 1926), p. 52; Erlich, *Soviet Industrialization Debate*, pp. 24-5, 105-6, 114.
15. Erlich, *Soviet Industrialization Debate*, pp. xvii-xviii, 140, 147, 161; Smith, *Red Petrograd*, pp. 7-8, 10-2; Orlando Figes, *Revolutionary Russia, 1891-1991: A History* (Nova York: Metropolitan, 2014), p. 112.

16. Bailes, "The American Connection", pp. 430-1; Hans Rogger, "Amerikanizm and the Economic Development of Russia", *Comparative Studies in Society and History*, v. 23, n. 3, julho 1981; Hughes, *American Genesis*, p. 269; Dana G. Dalrymple, "The American Tractor Comes to Soviet Agriculture: The Transfer of a Technology", *Technology and Culture*, v. 5, n. 2, primavera 1964, pp. 192-4, 198; Allan Nevins e Frank Ernest Hill, *Ford: Expansion and Challenge, 1915-1933* (Nova York: Charles Scribner's Sons: 1957), pp. 255, 673-7.
17. Foster também afirmou que os trabalhadores soviéticos aceitaram o trabalho por peça e o taylorismo porque "os benefícios do aumento do fluxo de produção vão para os trabalhadores, não para os capitalistas gananciosos". William Z. Foster, *Russian Workers*, pp. 13, 54; *The New York Times*, 17 fev. 1928 ("Fordizatsia").
18. Ao conceber o socialismo como resultado de uma combinação do domínio soviético com os métodos americanos, Trótski não estava apenas ecoando Lênin, mas expressando uma crença bolchevique comum. Em 1923, por exemplo, Nikolai Bukhárin declarou: "Precisamos de marxismo mais americanismo". Rogger, "Amerikanizm", p. 384. As citações de Trótski são de seu ensaio "Culture and Socialism", *Krasnaya Nov*, v. 6, 3 fev. 1926, traduzido por Brian Pearce, em L. Trótski, *Problems of Everyday Life and Other Writings on Culture and Science* (Nova York: Monad, 1973).
19. O Plano Quinquenal era um documento extremamente detalhado, com mais de 1700 páginas. Erlich, *Soviet Industrialization Debate*; Carr e Davies, *Foundations of a Planned Economy*, pp. 894, 896; Figes, *Revolutionary Russia*, pp. 4, 139, 146-8.
20. Talvez houvesse também um elemento cultural na adesão soviética ao gigantismo industrial; a Rússia, antes e depois da revolução, tinha uma predileção geral pela monumentalidade, evidente, por exemplo, em construções como o Hermitage e o nunca terminado Palácio dos Sovietes em Moscou. Meus agradecimentos a Kate Brown por essa sugestão. Carr e Davies, *Foundations of a Planned Economy*, pp. 844, 898-902; Erlich, *Soviet Industrialization Debate*, pp. 67-8, 107-8, 140; Andrle, *Workers in Stalin's Russia*, p. 27; *Those Who Built Stalingrad*, pp. 33-8.
21. Bailes, "The American Connection", p. 431; Merkle, *Managementand Ideology*, p. 125; Rogger, "Amerikanizm", pp. 416-7.
22. Outro americano, Bill Shatov, supervisionou um segundo grande projeto soviético, a ferrovia Turksib, mas se trata de uma história muito diferente; Shatov era um anarquista nascido na Rússia, ativo nos Estados Unidos nos Trabalhadores Industriais do Mundo, que retornou à Rússia em 1917. Hughes, *American Genesis*, pp. 264-9; Carr e Davies, *Foundations of a Planned Economy*, pp. 900-1; Bourke-White, *Eyes on Russia*, pp. 76-88; Sonia Melnikova-Raich, "The Soviet Problem with Two 'Unknowns': How an American Architect and a Soviet Negotiator Jump-Started the Industrialization of Russia: Part II: Saul Bron", *Industrial Archeology*, v. 37, n. 1/2, 2011, pp. 8-9. O artigo de Melnikova-Raich é a segunda parte de seu exame revelador do papel das empresas e especialistas americanos na industrialização soviética, com base em extensas pesquisas em arquivos americanos e soviéticos. Sobre Shatov, ver Emma Goldman Papers, Editors' Notes. Disponível em: <editorsnotes.org/projects/emma/topics/286>.
23. Adler, "Russia 'Arming' with Tractor"; Maurice Hindus, "Preface", em Bourke-White, *Eyes on Russia*, pp. 14-5; Dalrymple, "The American Tractor Comes to Soviet Agriculture", p. 210; Andrle, *Workers in Stalin's Russia*, p. 3.

24. Os soviéticos planejavam produzir um trator baseado num modelo da International Harvester, recebendo cooperação da companhia sem pagar royalties. *The New York Times*, 5 nov. 1928, 5 maio 1929 e 7 maio 1929; Sonia Melnikova-Raich, "The Soviet Problem with Two 'Unknowns': How an American Architect and a Soviet Negotiator Jump-Started the Industrialization of Russia: Part I: Albert Kahn", *Industrial Archeology*, v. 36, n. 2, 2010, pp. 60-1, 66; *Economic Review of the Soviet Union*, 1º abr. 1930.
25. *Detroit Free Press*, 14 maio 1929 e 1º jun. 1929.
26. Melnikova-Raich, "The Soviet Problem with Two 'Unknowns', Part I", pp. 61, 66-8; *The New York Times*, 1º jun. 1929, 29 mar. 1930, 18 maio 1930 e 27 mar. 1932; *Those Who Built Stalingrad*, pp. 38-45, 50-6 (citação de Ivánov na p. 52), 206; Andrle, *Workers in Stalin's Russia*, pp. 84-5; Rogger, "Amerikanizm", pp. 383-4.
27. *The New York Times*, 19 jun. 1930; *Those Who Built Stalingrad*, pp. 13, 62.
28. Melnikova-Raich, "The Soviet Problem with Two 'Unknowns', Part II", pp. 9-11, 23-4; *The New York Times*, 5 maio 1929, 7 maio 1929, 1º jun. 1929; Nevins e Hill, *Ford: Expansion and Challenge*, pp. 677-8, 683; Richard Cartwright Austin, *Building Utopia: Erecting Russia's First Modern City, 1930* (Kent, OH: Kent State University Press, 2004), p. 12.
29. Melnikova-Raich, "The Soviet Problem with Two 'Unknowns', Part II", pp. 11-2; *Michigan Manufacturer and Financial Record*, 19 abr. 1930; Lewis H. Siegelbaum, *Cars for Comrades: The Life of the Soviet Automobile* (Ithaca, NY: Cornell University Press, 2008), p. 40; Betsy Hunter Bradley, *The Works: The Industrial Architecture of the United States* (Nova York: Oxford University Press, 1999), p. 22; Austin, *Building Utopia*, pp. 5-6, 13-9.
30. Austin, *Building Utopia*, pp. 31-43, 59-101, 121-39; *The New York Times*, 2 dez. 1931.
31. Em abril de 1930, o Fundo Soviético para Construção de Automóveis decidiu que tinha sido um erro pedir a Austin que projetasse a cidade dos trabalhadores: "Os americanos são especialistas em construção de automóveis, mas certamente estão longe de ser especialistas em projetar cidades soviéticas para as Repúblicas Soviéticas". Não obstante, mesmo na visão socialista radical da cidade, houve alguma influência americana. Uma das principais figuras envolvidas, o arquiteto e educador Aleksandr Zelenko, passara um tempo nos Estados Unidos, tendo visitado a Hull House, em Chicago, e o University Settlement, em Nova York, onde foi influenciado pelas ideias de John Dewey. *The New York Times*, 16 dez. 1929, 11 abr. 1931, 2 mar. 1932; Yordanka Valkanova, "The Passion for Educating the 'New Man': Debates about Preschooling in Soviet Russia, 1917-1925", *History of Education Quarterly*, v. 49, n. 2, maio 2009, p. 218; Austin, *Building Utopia*, pp. 45-53, 84-5, 161-8; Kotkin, *Magnetic Mountain*, p. 366.
32. O romance soviético muito popular *Cement* (Nova York: Frederick Ungar, 1973 [1925]), de Fiódor Vassílievitch Gladkov, retrata com vivacidade os enormes obstáculos e os esforços heroicos envolvidos na industrialização soviética. Para um relato em primeira pessoa em inglês do trabalho nos projetos do Primeiro Plano Anual, ver *Those Who Built Stalingrad* e John Scott, *Behind the Urals: An American Worker in Russia's City of Steel* (Cambridge, MA: Houghton Mifflin, 1942).
33. Reportagens *in loco* encontram-se em *The Detroit Sunday News*, 15 dez. 1929, e *The New York Times*, 21 nov. 1930. A cobertura da *Time* inclui os artigos "Great Kahn", 20 maio 1929, "Austin's Austingrad", 16 set. 1929, e "Architects to Russia", 20 jan. 1930.

34. Saul G. Bron, *Soviet Economic Development and American Business* (Nova York: Horace Liveright, 1930), pp. 76, 144-6.
35. Melnikova-Raich, "The Soviet Problem with Two 'Unknowns', Part I", pp. 60-3; *The New York Times*, 11 jan. 1930; "Architects to Russia", *Time*, 20 jan. 1930; Terry Smith, *Making the Modern: Industry, Art and Design in America* (Chicago: University of Chicago Press, 1993), p. 85; *Detroit Free Press*, 18 jan. 1930; *Detroit Times*, 17 mar. 1930.
36. "Industry's Architect", *Time*, 29 jun. 1942; Melnikova-Raich, "The Soviet Problem with Two 'Unknowns', Part I", pp. 62-6, 75.
37. O projeto do trator a ser produzido em Tcheliabinsk e grande parte da engenharia para sua fabricação foram feitos num escritório em Detroit que tinha doze engenheiros americanos e quarenta soviéticos. Melnikova-Raich, "The Soviet Problem with Two 'Unknowns', Part I", pp. 69-71.
38. *Those Who Built Stalingrad*, pp. 56-8, 261; Bourke-White, *Eyes on Russia*, p. 188. Por não falarem russo e não estarem familiarizados com as circunstâncias, é bem possível que Bourke-White e outros observadores americanos não conseguissem entender completamente o que estavam vendo e suas causas.
39. *The New York Times*, 7 nov. 1930, 27 dez. 1930, 28 set. 1931, 4 out. 1931, 14 abr. 1934; Nevins e Hill, *Ford: Expansion and Challenge*, p. 522; Meredith Roman, "Racism in a 'Raceless' Society: The Soviet Press and Representations of American Racial Violence at Stalingrad in 1930", *International Labor and Working-Class History*, v. 71, primavera 2007, p. 187; *Those Who Built Stalingrad*, pp. 64-6, 161, 164, 228-9, 261, 263.
40. *The New York Times*, 20 jul. 1930; Austin, *Building Utopia*, pp. 190-1; Victor Reuther, *The Brothers Reuther and the Story of the UAW* (Boston: Houghton Mifflin, 1976), pp. 93, 101.
41. *The New York Times*, 20 jul. 1930; 11 maio 1931; 14 maio 1931; 18 maio 1931; 2 dez. 1931 (Duranty), 18 maio 1932; Austin, *Building Utopia*, pp. 190-1, 197; Andrle, *Workers in Stalin's Russia*, p. 35; Reuther, *Brothers Reuther*, pp. 88, 93, 101, 110.
42. Melnikova-Raich, "The Soviet Problem with Two 'Unknowns', Part I", p. 69; *Those Who Built Stalingrad*, p. 158; *The New York Times*, 2 dez. 1931.
43. O relato seguinte sobre Magnitogorsk baseia-se principalmente no livro brilhante de Stephen Kotkin, *Magnetic Mountain*, e no relato em primeira pessoa *Behind the Urals*, do americano John Scott, que trabalhou na fábrica.
44. "Mighty Giant" de *USSR in Construction*, n. 9, 1930, p. 14. A fábrica de Níjni Taguil se parecia muito com uma fábrica de Kahn, mas aparentemente apenas especialistas soviéticos estavam envolvidos no projeto, na construção e na abertura, inclusive muitos veteranos do Primeiro Plano Quinquenal. Ver *USSR in Construction*, 1936, n. 7, julho.
45. "Super-American tempo", *USSR in Construction*, n. 9, 1930, p. 14. Sobre o clima, ver: <www.weatherbase.com/weather/weather.php3?s=83882&cityname=Magnitogorsk-Chelyabinsk-Russia>, e Scott, *Behind the Urals*, pp. 9-10, 15. Para muitos americanos, além de Scott, o frio foi uma característica definidora da experiência na União Soviética. Quando Victor Herman, que acompanhou seu pai à fábrica de automóveis de Gorki, compareceu a uma comemoração no Kremlin dos primeiros veículos que saíram da linha de montagem, a primeira coisa que notou foi o calor no salão de banquetes, percebendo que ele não tinha se sentido "realmente quente por inteiro"

desde que chegara ao país. Victor Herman, *Coming Out of the Ice* (Nova York: Harcourt Brace Jovanovich, 1979), p. 53.

46. Kotkin e Scott discutem extensamente o uso de mão de obra não livre. Ver também William Henry Chamberlin, *Russia's Iron Age* (Boston: Little, Brown, 1934), pp. 51-3; Lynne Viola, *The Unknown Gulag: The Lost World of Stalin's Special Settlements* (Nova York: Oxford University Press, 2007), p. 101.
47. Além de Kotkin e Scott (trecho citado na p. 159), ver Melnikova Raich, "The Soviet Problem with Two 'Unknowns'", parte II, p. 19; Herman, *Coming Out of the Ice*; e Siegelbaum, *Cars for Comrades*, pp. 58-9.
48. Scott, *Behind the Urals*, pp. 204-5, 277-9.
49. Siegelbaum, *Cars for Comrades*, p. 45; Andrle, *Workers in Stalin's Russia*, p. 16; Robert C. Allen, *Farm to Factory: A Reinterpretation of the Soviet Industrial Revolution* (Princeton, NJ: Princeton University Press, 2003), pp. 92-3, 102-6. Sobre a dificuldade de se obter dados econômicos soviéticos exatos, ver Oscar Sanchez-Sibony, *Red Globalization: The Political Economy of the Soviet Cold War from Stalin to Khrushchev* (Cambridge: Cambridge University Press, 2014), pp. 12-9.
50. Kotkin, *Magnetic Mountain*, pp. 70, 363; Sheila Fitzpatrick, *Everyday Stalinism: Ordinary Life in Extraordinary Times: Soviet Russia in the 1930s* (Nova York: Oxford University Press, 1999), pp. 79-83.
51. Scott, *Behind the Urals*, p. 16; *Those Who Built Stalingrad*, pp. 168-73.
52. Andrle, *Workers in Stalin's Russia*, p. 35; Scott, *Behind the Urals*, p. 144; Kotkin, *Magnetic Mountain*, p. 189. As tensões sobre a mudança dos papéis de gênero são um tema importante em *Cimento*, o romance amplamente lido de Gladkov sobre a luta para reabrir uma enorme fábrica de cimento de antes da revolução.
53. Nelson Lichtenstein, *The Most Dangerous Man in Detroit: Walter Reuther and the Fate of American Labor* (Nova York: Basic, 1995), p. 39; *Those Who Built Stalingrad*, p. 98.
54. Scott, *Behind the Urals*, pp. 138, 152, 212-9; Fitzpatrick, *Everyday Stalinism*, p. 87; Kotkin, *Magnetic Mountain*, pp. 214-5.
55. Scott, *Behind the Urals*, p. 40; Katerina Clark, "Little Heroes and Big Deeds: Literature Responds to the First Five-Year Plan", em Sheila Fitzpatrick (Org.), *Cultural Revolution in Russia, 1928-1931* (Bloomington: Indiana University Press, 1978), p. 197; Reuther, *Brothers Reuther*, pp. 98-9; *Those Who Built Stalingrad*, pp. 52-3. Parece que palmeiras artificiais eram uma espécie de moda na União Soviética; em 1929, quando Ernst May e uma equipe de arquitetos alemães entraram no país para projetar novas cidades industriais, eles perceberam que era comum encontrar palmeiras artificiais em salas de espera de ferrovias. Ernst May, "Cities of the Future", em Walter Laqueur e Leopold Labedz (Orgs.), *Future of Communist Society* (Nova York: Praeger, 1962), p. 177.
56. Fitzpatrick, *Everyday Stalinism*, pp. 49, 55-6, 95-103; Andrle, *Workers in Stalin's Russia*, p. 37; A. Baikov, *Magnitogorsk* (Moscou: Foreign Language, 1939), pp. 19, 30-1; Kotkin, *Magnetic Mountain*, pp. 67, 182-92, 290-1; Scott, *Behind the Urals*, pp. 235-6.
57. Herman, *Coming Out of the Ice*, p. 38; Scott, *Behind the Urals*, p. 234; Kotkin, *Magnetic Mountain*, pp. 108-23.
58. Fitzpatrick, *Everyday Stalinism*, pp. 80-2; *Those Who Built Stalingrad*, pp. 212-9.
59. Clark, "Little Heroes and Big Deeds", pp. 190-2; Susan Tumarkin Goodman, "Avant-garde and After: Photography in the Early Soviet Union", em Goodman e Jens

Hoffman (Orgs.), *The Power of Pictures: Early Soviet Photography, Early Soviet Film* (New Haven, CT: Yale University Press, 2015), pp. 23, 31-2; Lydia Tchukóvskaia, *Sofia Petrovna* (Evanston, IL: Northwestern University Press, 1988 [1962]), p. 4. A novela de Tchukóvskaia só foi publicada em russo em 1962 e em inglês em 1967.

60. Para uma comparação entre a fotografia documental nos Estados Unidos e na União Soviética, ver Bendavid-Val, *Propaganda and Dreams: Photographing the 1930s in the U.S.S.R. and U.S.A.* (Zurique: Stemmle, 1999).
61. Com o tempo, a revista começou a abordar assuntos mais variados, como eventos políticos, o Exército, grupos étnicos, regiões distantes do país e esportes. *USSR in Construction, 1930-1941*; *USSR in Construction: An Illustrated Exhibition Magazine* (Sundsvall, Suécia: Fotomuseet Sundsvall, 2006); University of Saskatchewan Library, Digital Collections, *USSR in Construction*, "About". Disponível em: <library2.usask.ca/USSRConst/about>; Goodman, "Avant-garde and After", pp. 27-8; Bendavid-Val, *Propaganda and Dreams*, pp. 62-5.
62. *SSSR stroit sotsializm* (Moscou: Izogiz, 1933); *USSR in Construction: An Illustrated Exhibition Magazine* (dados sobre tiragem); B. M. Tal, *Industriia sotsializma. Tiazhelaia promyshlennost'k VII vsesoiuznomu s'ezdy sovetov* [Indústria do socialismo. Indústria pesada para o Sétimo Congresso de Sovietes] (Moscou: Stroim, 1935).
63. Goodman, "Avant-garde and After", pp. 15, 17; *USSR in Construction*, n. 1, 1930.
64. Goodman, "Avant-garde and After", pp. 22-7, 38. Leah Bendavid-Val destaca as semelhanças entre os fotógrafos americanos e soviéticos em *Propaganda and Dreams*, que inclui fotos de Magnitogorsk feitas por Debábov, Albert e Petrúsov. Para coleções mais extensas da obra de Petrúsov, ver *Georgij Petrussow, Pioneer Sowjetischer Photographie* (Colônia, Alemanha: Galerie Alex Lachmann, s.d.), e *Georgy Petrusov: Retrospective/ Point of View* (Moscou: GBUK, Museu da Casa da Fotografia de Moscou, 2010).
65. *Entuziazm (Simfonija Donbassa)*, Ukrainfilm, 1931. Cineastas como Vertov e Serguei Eisenstein, que usavam técnicas de vanguarda para tratar de temas revolucionários, chamavam muita atenção fora da União Soviética, mas o público soviético preferia o entretenimento mais convencional. Jens Hoffman, "Film in Conflict", em Goodman e Hoffman, *The Power of Pictures.*
66. Os soviéticos também publicaram em inglês uma coletânea de cartas de estrangeiros que trabalharam na União Soviética. Melnikova-Raich, "The Soviet Problem with Two 'Unknowns', Part II", pp. 17-8; Cynthia A. Ruder, *Making History for Stalin; The Story of the Belomor Canal* (Gainesville: University Press of Florida, 1998); *Those Who Built Stalingrad*; Baikov, *Magnitogorsk*; Garrison House Ephemera. Disponível em: <www.garrisonhouseephemera.com/?page=shop/flypage&product_id=546>; *Sixty Letters: Foreign Workers Write of Their Life and Work in the U.S.S.R.* (Moscou: Co-operative Publishing Society of Foreign Workers in the U.S.S.R., 1936).
67. Os artigos de Duranty sobre a indústria soviética são numerosos demais para serem citados individualmente. Sobre Chamberlin, ver *Russia's Iron Age*. Sobre acadêmicos especialistas e intelectuais americanos, ver David C. Engerman, *Modernization from the Other Shore: American Intellectuals and the Romance of Russian Development* (Cambridge, MA: Harvard University Press, 2003), esp. pp. 5-6, 9, 156-7, 166, 237 (citação de Fischer).
68. Hans Schoots, *Living Dangerously: A Biography of Joris Ivens* (Amsterdam: Amsterdam University Press, 2000), pp. 74-81.

69. Bourke-White retornou à União Soviética em 1941, quando fotografou Moscou durante os bombardeios alemães, Stálin no Kremlin e a linha de frente. Bourke-White, *Eyes on Russia* (citações nas pp. 23 e 42); Margaret Bourke-White, *Portrait of Myself* (Nova York: Simon and Schuster, 1963), pp. 90-104, 174-88; Vicki Goldberg, *Margaret Bourke-White: A Biography* (Nova York: Harper & Row, 1986), pp. 128-32; Haran, "Tractor Factory Facts".
70. Para comparar as fotografias de Bourke-White de fábricas têxteis soviéticas e americanas, ver Bourke-White, *Eyes on Russia*, e Bourke-White, "Amoskeag" (1932), reproduzidas em Richard Guy Wilson, Dianne H. Pilgrim e Dickran Tashjian, *The Machine Age in America 1918-1941* (Nova York: Brooklyn Museum e Harry N. Abrams, 1986), p. 234. Bourke-White também tirou fotos semelhantes na American Woolen Company, em Lawrence, Massachusetts. Para uma interessante discussão de seu trabalho soviético, ver Haran, "Tractor Factory Facts".
71. Uma queda na produção de grãos durante os primeiros anos de coletivização, combinada com a exportação de grãos, exacerbou a crise alimentar. Sanchez-Sibony, *Red Globalization*, pp. 36-53 (citação de Stálin na p. 51); Bailes, "The American Connection", pp. 433, 442-3; *Those Who Built Stalingrad*, pp. 150, 198; Scott, *Behind the Urals*, pp. 86-7, 174; Melnikova-Raich, "The Soviet Problem with Two 'Unknowns', Part I", pp. 74-5; *The New York Times*, 26 mar. 1932; *Detroit Free Press*, 29 mar. 1932; *Daily Express*, 19 abr. 1932; *Detroit News*, 24 abr. 1932; Nevins e Hill, *Ford: Expansion and Challenge*, p. 682.
72. Merkle, *Management and Ideology*, p. 132; Bailes, "The American Connection", pp. 442-4; *Those Who Built Stalingrad*, pp. 54, 198; Michael David-Fox, *Showcasing the Great Experiment: Cultural Diplomacy and Western Visitors to the Soviet Union, 1921-1941* (Nova York: Oxford University Press, 2012), pp. 285-6, 297-9; Melnikova-Raich, "The Soviet Problem with Two 'Unknowns', Part I", pp. 75-6; Scott, *Behind the Urals*, pp. 230-1.
73. Bailes, "The American Connection", p. 445; Chamberlin, *Russia's Iron Age*, pp. 61-5; R. W. Davies, Mark Harrison e S. G. Wheatcroft (Orgs.), *The Economic Transformation of the Soviet Union, 1913-1945* (Nova York: Cambridge University Press, 1993), pp. 95, 155; Figes, *Revolutionary Russia*, pp. 5, 178.
74. Wikipédia, "Alexei Gastev". Disponível em: <en.wikipedia.org/wiki/Alexei_Gastev>; Melnikova-Raich, "The Soviet Problem with Two 'Unknowns', Part II", pp. 17-20; Patrick Flaherty, "Stalinism in Transition, 1932-1937", *Radical History Review*, v. 37, inverno 1987. Bill Shatov, que voltara dos Estados Unidos e supervisionara o projeto da ferrovia Turksib, foi exilado para a Sibéria em 1937 e executado no ano seguinte. Emma Goldman Papers, Editors' Notes. Disponível em: <editorsnotes.org/projects/emma/topics/286>. Para um relato do longo encarceramento, exílio siberiano e finalmente retorno aos Estados Unidos de um jovem trabalhador americano da fábrica de automóveis de Gorki, ver Herman, *Coming Out of the Ice*.
75. Donald Filtzer, *Soviet Workers and Stalinist Industrialization: The Formation of Modern Soviet Production Relations, 1928-1941* (Armonk, NY: M.E. Sharpe, 1986), pp. 126-7, 261-6; Erlich, *Soviet Industrialization Debate*, pp. 182-3; Allen, *Farm to Factory*, pp. 152, 170-1; Flaherty, "Stalinism in Transition", pp. 48-9.
76. Após a revolução, os soviéticos (tal como os franceses) introduziram uma nova organização do tempo que substituía o fim de semana por um sistema de um dia de

folga a cada cinco dias (quatro dias no setor metalúrgico), depois mudaram para um dia de folga a cada seis dias antes de finalmente voltar ao sistema mais convencional. Filtzer, *Soviet Workers*, pp. 91-6, 156; Kate Brown, *A Biography of No Place: From Ethnic Borderland to Soviet Heartland* (Cambridge, MA: Harvard University Press, 2003), pp. 92-117; Fitzpatrick, *Everyday Stalinism*, pp. 4, 42-5.

77. A maioria dos 20 mil trabalhadores da fábrica de tratores de Stalingrado foi evacuada quando a batalha começou. A fábrica foi reconstruída após a guerra. A fábrica de vagões de Níjni Taguil também foi convertida para a produção militar e, como a fábrica de Tcheliabinsk, continua a produzir equipamentos militares e civis, empregando 30 mil operários em 2016. Melnikova-Raich, "The Soviet Problem with Two 'Unknowns', Part I", pp. 68-9, 71-3; Reuther, *Brothers Reuther*, pp. 102-3; Siegelbaum, *Cars for Comrades*, pp. 61-2; Jochen Hellbeck, *Stalingrad: The City that Defeated the Third Reich* (Nova York: Public Affairs Press, 2015), p. 89; "History: Chelyabinsk tractor plant (ChTZ)", disponível em: <chtz-uraltrac.ru/articles/categories/24.php>; *The New York Times*, 25 fev. 2016; Scott, *Behind the Urals*, pp. vii-viii, 63-5, 103.
78. John P. Diggins, *Up from Communism* (Nova York: Columbia University Press, 1994 [1975]), pp. 189-98; Christopher Phelps, "C.L.R. James and the Theory of State Capitalism", em Nelson Lichtenstein (Org.), *American Capitalism: Social Thought and Political Economy in the Twentieth Century* (Filadélfia: University of Pennsylvania Press, 2006); Filtzer, *Soviet Workers*, pp. 270-1.
79. Andrle, *Workers in Stalin's Russia*, pp. 126-76, 198-201; Kotkin, *Magnetic Mountain*, pp. 206-7, 318-9; Filtzer, *Soviet Workers*, pp. 233-6; Federico Bucci, *Albert Kahn: Architect of Ford* (Nova York: Princeton Architectural Press, 1993), p. 92.
80. Quando muito, Freyn achava que os soviéticos eram um pouco democráticos demais; seria melhor se "mais decisões pudessem ser tomadas por indivíduos responsáveis, e não por comitês e comissões". Edmund Wilson, "A Senator and an Engineer", *New Republic*, 27 maio 1931; "An American Engineer Looks at the Five Year Plan", *New Republic*, 6 maio 1931; *Detroit News*, 24 abr. 1932.

6. "Requisitos comuns da industrialização" [pp. 231-71]

1. Muitos dos argumentos de Burnham foram apresentados anteriormente por Bruno Rizzi, mas receberam pouca atenção fora dos pequenos círculos de esquerda. Mais ou menos na mesma época, C. L. R. James rompeu com Trótski e descreveu a União Soviética como exemplo de "capitalismo de Estado", com empreendimentos produtivos que pertenciam coletivamente a uma classe capitalista que ressurgia através do governo. Segundo James, em última análise, os Estados Unidos também seguiriam esse rumo. James Burnham, *The Managerial Revolution* (Bloomington: Indiana University Press, 1960 [1941]); Isaac Deutscher, *The Prophet Outcast; Trotsky: 1929-1940* (Nova York: Oxford University Press, 1963), pp. 459-77; Christopher Phelps, "C. L. R. James and the Theory of State Capitalism", em Nelson Lichtenstein (Org.), *American Capitalism: Social Thought and Political Economy in the Twentieth Century* (Filadélfia: University of Pennsylvania Press, 2006).

2. Estes parágrafos se baseiam substancialmente em David C. Engerman, "To Moscow and Back: American Social Scientists and the Concept of Convergence", em Lichtenstein (Org.), *American Capitalism.*
3. Disponível em: <brooklynnavyyard.org/the-navy-yard/history>. Para uma visão geral popular do papel das empresas privadas na produção para defesa em tempo de guerra, ver Arthur Herman, *Freedom's Forge: How American Business Produced Victory in World War II* (Nova York: Random House, 2012).
4. Para empreender o trabalho de guerra, o número de empregados da firma de Kahn passou de quatrocentos para seiscentos. Hawkins Ferry, *The Legacy of Albert Kahn* (Detroit, MI: Wayne State University Press, 1970), pp. 25-6.
5. Para ampliar o contingente de mão de obra para Willow Run, a Ford abriu empregos para as mulheres, que acabaram por representar 35% da força de trabalho. No entanto, num afastamento de sua política em Highland Park e no Rouge, praticamente rejeitou os negros. Os operários da Willow Run acabaram alcançando produtividade muito acima do padrão da indústria aeronáutica. O uso mais recente da propriedade foi como local de teste para carros sem motoristas. Sarah Jo Peterson, *Planning the Home Front: Building Bombers and Communities at Willow Run* (Chicago: University of Chicago Press, 2013); Allan Nevins e Frank Ernest Hill, *Ford: Expansion and Challenge, 1915-1933* (Nova York: Charles Scribner's Sons: 1957), pp. 242-7; Nelson Lichtenstein, *The Most Dangerous Man in Detroit: Walter Reuther and the Fate of American Labor* (Nova York: Basic Books, 1995), pp. 160-74; Gail Radford, *Modern Housing for America: Policy Struggles in the New Deal Era* (Chicago: University of Chicago Press, 1996), pp. 121-32; *The New York Times,* 6 jun. 2016.
6. Nem todos os operários de outras indústrias de aviões estavam alojados em fábricas individuais; a Republic e a Grumman construíram fábricas auxiliares perto de suas instalações principais a fim de levar o trabalho para mais perto de onde os trabalhadores moravam, reduzindo os problemas de deslocamento e moradia. T. P. Wright Memorandum for Charles E. Wilson, 21 mar. 1943, caixa 7, National Aircraft War Production Council, Harry S. Truman Library, Independence, MO; Ferry, *Legacy of Albert Kahn*, pp. 25, 127-8; Tim Keogh, "Suburbs in Black and White: Race, Jobs and Poverty in Twentieth-Century Long Island", dissertação de ph.D., City University of New York, 2016, pp. 53-6, 77; T. M. Sell, *Wings of Power: Boeing and the Politics of Growth in the Northwest* (Seattle: University of Washington Press, 2001), p. 19; John Gunther, *Inside U.S.A.* (Nova York: Harper & Brothers, 1947), pp. 142-3.
7. "Bethlehem Ship", *Fortune*, ago. 1945, p. 220; Bernard Matthew Mergen, "A History of the Industrial Union of Marine and Shipbuilding Workers of America, 1933-1951", dissertação de ph.D., University of Pennsylvania, 1968, pp. 2-3, 103-4, 134-7, 142; [Baltimore] *Evening Sun*, 8 d dez. 1943; 5 abr. 1944; 20 abr. 1944; 15 maio 1944; 1º jul. 1944; Karen Beck Skold, "The Job He Left Behind: American Women in Shipyards During World War II", em Carol R. Berkin e Clara M. Lovett (Orgs.), *Women, War, and Revolution* (Nova York: Holmes & Meier, 1980), esp. pp. 56-8; Eric Arnesen e Alex Lichtenstein, "Introduction: 'All Kinds of People'", em Katherine Archibald, *Wartime Shipyard: A Study in Social Disunity* (Urbana: University of Illinois Press, 2006 [1947]), pp. xvi, xxxi-xxxv; Joshua B. Freeman, *American Empire, 1945-2000: The Rise*

of a Global Empire, the Democratic Revolution at Home (Nova York: Viking, 2012), p. 21; Peterson, *Planning the Home Front*, p. 279.

8. A respeito do impacto da Segunda Guerra Mundial sobre a classe operária americana, ver Joshua Freeman, "Delivering the Goods: Industrial Unionism during World War II", *Labor History*, v. 19, n. 4, outono 1978; Nelson Lichtenstein, "The Making of the Postwar Working Class: Cultural Pluralism and Social Structure in World War II", *The Historian*, v. 51, n. 1, nov. 1988, pp. 42-63; Gary Gerstle, "The Working Class Goes to War", *Mid-America*, v. 75, n. 3, 1993, pp. 303-22. Dorothea Lange e Charles Wollenberg, *Photographing the Second Gold Rush: Dorothea Lange and the East Bay at War, 1941-1945* (Berkeley, CA: Heyday, 1995).
9. Jack Metzgar, "The 1945-1946 Strike Wave", em Aaron Brenner, Benjamin Day e Immanuel Ness (Orgs.), *The Encyclopedia of Strikes in American History* (Armonk, NY: M.E. Sharpe, 2009); Art Preis, *Labor's Giant Step: Twenty years of the CIO* (Nova York: Pioneer, 1965), pp. 257-83.
10. Ronald W. Schatz, *The Electrical Workers: A History of Labor at General Electric and Westinghouse, 1923-1960* (Urbana: University of Illinois Press, 1983), pp. 105-64; Nelson Lichtenstein, *The Most Dangerous Man in Detroit*, pp. 282-98; Freeman, *American Empire*, pp. 119-24; *Labor's Heritage: Quarterly of the George Meany Memorial Archives*, v. 4, 1992, p. 28; Joshua Freeman, "Labor During the American Century: Work, Workers, and Unions Since 1945", em Jean-Christophe Agnew e Roy Rosenzweig (Orgs.), *A Companion to Post-1945 America* (Malden, MA: Blackwell, 2002); Ruth Milkman, *Farewell to the Factory: Auto Workers in the Late Twentieth Century* (Berkeley: University of California Press, 1997); Charles Corwin, *New York Daily Worker*, 4 fev. 1949, citado em Karen Lucic, *Charles Sheeler and the Cult of the Machine* (Cambridge, MA: Harvard University Press, 1991), p. 114; Jack Metzgar, *Striking Steel: Solidarity Remembered* (Filadélfia: Temple University Press, 2000), pp. 30-45 (citação na p. 39).
11. Daniel Nelson, *American Rubber Workers and Organized Labor, 1900-1941* (Princeton, NJ: Princeton University Press, 1988), pp. 82-3, 234-45, 257-64, 271, 307-9, 315-7; Charles A. Jeszeck, "Plant Dispersion and Collective Bargaining in the Rubber Tire Industry", dissertação de ph.D., Universidade da Califórnia em Berkeley, 1982, pp. 31, 47-54, 106-8.
12. A fábrica de Bloomington aumentou o número de empregados para mais de 8 mil depois que a RCA começou a produzir televisores lá, mas a empresa acabou transferindo a maior parte da produção para Memphis e, depois, para Ciudad Juárez, no México. Jefferson Cowie, *Capital Moves: RCA's Seventy-Year Quest for Cheap Labor* (Ithaca, NY: Cornell University Press, 1999), pp. 10, 15, 17, 22-35, 42-3.
13. Em um esforço adicional para evitar interrupções na produção, a General Motors, diferentemente da Ford, adotou a política de usar fornecedores externos para a maioria das peças e dos acessórios que entravam em seus veículos. Douglas Reynolds, "Engines of Struggle: Technology, Skill and Unionization at General Motors, 1930-1940", *Michigan Historical Review*, v. 15, primavera 1989, pp. 79-80; *The New York Times*, 12 ago. 1935; Alfred D. Chandler, Jr., *Scale and Scope: The Dynamics of Industrial Capitalism* (Cambridge, MA: Harvard University Press, 1994), p. 208.
14. Jeszeck, "Plant Dispersion", pp. 33-5; "Flying High", Kansas City Public Library. Disponível em: <www.kclibrary.org/blog/week-kansas-city-history/flying-high>; e

"Fairfax Assembly Plant", GM Corporate Newsroom. Disponível em: <media.gm.com/media/us/en/gm/company_info/facilities/assembly/fairfax.html>; Schatz, *Electrical Workers*, p. 233. Sobre o desenvolvimento relacionado com a guerra no Sudoeste, ver Elizabeth Tandy Shermer, *Sunbelt Capitalism: Phoenix and the Transformation of American Politics* (Filadélfia: University of Pennsylvania Press, 2013).

15. Metzgar, "The 1945-1946 Strike Wave"; Freeman, *American Empire*, pp. 39-41; Kim Phillips-Fein, *Invisible Hands: The Making of the Conservative Movement from the New Deal to Reagan* (Nova York: W. W. Norton, 2009), pp. 93-7; Elizabeth A. Fones-Wolf, *Selling Free Enterprise: The Business Assault on Labor and Liberalism, 1945-60* (Urbana: University of Illinois Press, 1994), pp. 138-9.
16. Kim Phillips-Fein, "Top-Down Revolution: Businessmen, Intellectuals and Politicians Against the New Deal, 1945-1964", dissertação de ph.D., Columbia University, 2004, p. 220; Joshua B. Freeman, *Working-Class New York: Life and Labor since World War II* (Nova York: New Press, 2000), pp. 60-71; Tami J. Friedman, "Communities in Competition: Capital migration and plant relocation in the United States carpet industry, 1929-1975", dissertação de ph.D., Columbia University, 2001, pp. 22, 70-6, 201-4.
17. Schatz, *Electrical Workers*, pp. 170-5; Phillips-Fein, *Invisible Hands*, pp. 97-114.
18. Schatz, *Electrical Workers*, pp. 233-4.
19. Schatz, *Electrical Workers*, pp. 234-6; Freeman, *American Empire*, pp. 303-6; Thomas J. Sugrue, *The Origins of the Urban Crisis: Race and Inequality in Postwar Detroit* (Princeton, NJ: Princeton University Press, 1996), pp. 128-9; James C. Cobb, *The Selling of the South: The Southern Crusade for Industrial Development, 1936-1980* (Baton Rouge: Louisiana State University Press, 1982); Friedman, "Communities in Competition", pp. 111-66.
20. Ver, por exemplo, Martin Beckman, *Location Theory* (Nova York: Random House, 1968); Gerald J. Karaska e David F. Bramhall, *Locational Analysis for Manufacturing: A Selection of Readings* (Cambridge, MA: MIT Press, 1969); e Paul Krugman, *Geography and Trade* (Lovaina, Bélgica: Leuven University Press e Cambridge, MA: MIT Press, 1989), esp. pp. 62-3 para uma discussão de Akron.
21. Contrariando a visão comum da administração, a produtividade dos trabalhadores sindicalizados frequentemente superava a dos trabalhadores não sindicalizados. Roger W. Schmenner, *Making Business Location Decisions* (Englewood Cliffs, NJ: Prentice-Hall, 1982), pp. vii, 10-1, 124-6, 154-7, 239; Phillips-Fein, *Invisible Hands*, p. 104; Lawrence Mishel e Paula B. Voos (Orgs.), *Unions and Economic Competitiveness* (Nova York: M.E. Sharpe, 1992).
22. Kimberly Phillips-Fein, "American Counterrevolutionary: Lemuel Ricketts Boulware and General Electric, 1950-1960", em Lichtenstein (Org.), *American Capitalism*, pp. 266-7; John Barnard, *American Vanguard: The United Auto Workers during the Reuther Years, 1935-1970* (Detroit, MI: Wayne State University Press, 2004), p. 483; Cowie, *Capital Moves*, pp. 53-8. Ver também Friedman, "Communities in Competition", pp. 380-1, 403-21.
23. Sugrue, *Origins of the Urban Crisis*, pp. 130-5.
24. Steve Jefferys, *Management and Managed: Fifty Years of Crisis at Chrysler* (Cambridge: Cambridge University Press, 1986), p. 155; Historic American Engineering Record,

Mid-Atlantic Region National Park Service, "Dodge Bros. Motor Car Company Plant (Dodge Main): Photographs, Written Historical and Descriptive Data" (Filadélfia: Department of the Interior, 1980), p. 20.

25. Freeman, *American Empire*, p. 115; U.S. Bureau of the Census, *1967 Census of Manufactures,* v. 1: *Summary and Subject Statistics* (Washington, D.C.: U.S. Government Printing Office, 1971), tabela 1 (pp. 2-4).
26. Charles Fishman, "The Insourcing Boom", *The Atlantic*, dez. 2012; Mark Reilly, "General Electric Appliance Park", em John E. Kleber (Org.), *The Encyclopedia of Louisville* (Lexington, KY: University Press of Kentucky, 2000), pp. 333-4.
27. "The Rebirth of Ford", *Fortune*, maio 1947, pp. 81-9. As fotos de Evans estão agora no Metropolitan Museum of Art e podem ser vistas em: <www.metmuseum.org/art/collection/search/281891> e <www.metmuseum.org/art/collection/search/279282>.
28. Warren Bareiss, "The Life of Riley", Museum of Broadcast Communications: Encyclopedia of Television. Disponível em: <www.museum.tv/eotv/lifeofriley.htm>. Ver também George Lipsitz, "The Meaning of Memory: Family, Class, and Ethnicity in Early Network Television Programs", *Cultural Anthropology*, v. 1, n. 4, nov. 1986, pp. 355-87.
29. Nelson Lichtenstein, *State of the Union: A Century of American Labor* (Princeton, NJ: Princeton University Press, 2013 [2002]), pp. 148-62, 215-8; U.S. Bureau of the Census, *Census of Manufactures, 1972*, v. 1, *Subject and Special Statistics* (Washington, D.C.: U.S. Government Printing Office, 1976), p. 68; Daniel Bell, *The Coming of Post-Industrial Society; A Venture in Social Forecasting* (Nova York: Basic, 1973); Freeman, *American Empire*, pp. 303-6, 344-9; Metzgar, *Striking Steel*, pp. 210-23.
30. Anders Åman, *Architecture and Ideology in Eastern Europe during the Stalin Era; An Aspect of Cold War History* (Cambridge, MA: MIT Press, 1992), p. 76; Sonia Melnikova--Raich, "The Soviet Problem with Two 'Unknowns': How an American Architect and a Soviet Negotiator Jump-Started the Industrialization of Russia: Part II: Saul Bron", *Industrial Archeology*, v. 37, n. 1/2, 2011, pp. 21-2; "History: Chelyabinsk tractor plant (ChTZ)", disponível em: <chtz-uraltrac.ru/articles/categories/24.php>; *The New York Times*, 25 fev. 2016; Stephen Kotkin, *Steeltown, USSR: Soviet Society in the Gorbachev Era* (Berkeley: University of California Press, 1991), pp. xii-xiii, 2, 5.
31. Kate Brown, *Plutopia: Nuclear Families, Atomic Cities, and the Great Soviet and American Plutonium Disasters* (Nova York: Oxford University Press, 2013); Lewis H. Siegelbaum, *Cars for Comrades: The Life of the Soviet Automobile* (Ithaca, NY: Cornell University Press, 2008), pp. 80-1.
32. Alan M. Ball, *Imagining America: Influence and Images in Twentieth-Century Russia* (Lanham, MD: Rowman & Littlefield, 2003), p. 162.
33. A maior parte das moradias em Avtograd era composta de apartamentos unifamiliares em edifícios de cinco a dezesseis andares. Siegelbaum, *Cars for Comrades*, pp. 81-109; *The Wall Street Journal*, 11 abr. 2016.
34. KamAZ, "History". Disponível em: <kamaz.ru/en/about/history>.
35. Siegelbaum, *Cars for Comrades*, pp. 112-24; *The Wall Street Journal*, 11 abr. 2016; KamAZ, "History"; KamAZ, "General Information". Disponível em: <kamaz.ru/en/about/general-information>.
36. A Tchecoslováquia era uma exceção, pois tinha um grande partido comunista com substancial apoio popular. Tony Judt, *Postwar: A History of Europe Since 1945* (Nova

York: Penguin, 2005), pp. 129-39, 165-96; Åman, *Architecture and Ideology*, pp. 12, 28-30, 147; Mark Pittaway, "Creating and Domesticating Hungary's Socialist Industrial Landscape: From Dunapentele to Sztálinváros, 1950-1958", *Historical Archaeology*, v. 39, n. 3, 2005, pp. 76, 79-80.

37. A Romênia nunca teve uma "primeira cidade socialista", do tipo encontrado em outras partes da Europa Oriental. Åman, *Architecture and Ideology*, pp. 77 ("culto do aço"), 81, 147, 157-61; Ulf Brunnbauer, "'The Town of the Youth': Dimitrovgrad and Bulgarian Socialism", *Ethnologica Balkanica*, v. 9, 2005, pp. 92-5. Ver também Paul R. Josephson, *Would Trotsky Wear a Bluetooth? Technological Utopianism under Socialism, 1917-1989* (Baltimore, MD: Johns Hopkins University Press, 2012), pp. 65-119.
38. Åman, *Architecture and Ideology*, esp. pp. 33-9, 102-3, 158, 162; Pittaway, "Hungary's Socialist Industrial Landscape", pp. 78-81, 85-7; Brunnbauer, "'The Town of the Youth'", pp. 94, 98-111; Katherine Lebow, *Unfinished Utopia: Nowa Huta, Stalinism, and Polish Society, 1949-56* (Ithaca, NY: Cornell University Press, 2013), pp. 46, 52-6.
39. Paweł Jagło, "Steelworks", em *Nowa Huta 1949+* [versão em inglês] (Cracóvia: Muzeum Historyczne Miasta Krakowa, 2013), citação na p. 18; Lebow, *Unfinished Utopia*, pp. 19-26, 36-40, 69; Alison Stenning, "Placing (Post-)Socialism: The Making and Remaking of Nowa Huta, Poland", *European Urban and Regional Studies*, v. 7, abr. 2000, pp. 100-1; Boleslaw Janus, "Labor's Paradise: Family, Work, and Home in Nowa Huta, Poland, 1950-1960", *East European Quarterly*, v. XXXIII, n. 4, jan. 2000, p. 469; H. G. J. Pounds, "Nowa Huta: A New Polish Iron and Steel Plant", *Geography*, v. 43, n. 1, jan. 1958, pp. 54-6; entrevista com Stanisław Lebiest, Roman Natkonski e Krysztof Pfister, Nowa Huta, Polônia, 19 maio 2015. O complexo de Sparrows Point da Bethlehem Steel, a maior usina siderúrgica dos Estados Unidos em termos de emprego, tinha 28 600 mil trabalhadores em 1957 e uma capacidade de 8,2 milhões de toneladas por ano. A usina da U.S. Steel em Gary, Indiana, atingiu o pico de cerca de 25 mil trabalhadores em 1976. Em 1996, com os 7800 operários restantes, produziu 12,8 milhões de toneladas de aço. Mark Reutter, *Sparrows Point; Making Steel: The Rise and Ruin of American Industrial Might* (Nova York: Summit, 1988), pp. 10, 413; *Chicago Tribune*, 26 fev. 1996.
40. Lebow, *Unfinished Utopia*, pp. 37-40; 61-2, 74-7, 82-8, 92-3, 97-8, 103; Janus, "Labor's Paradise", pp. 455-6; *Poland Today*, v. 6, n. 7-8, jul.-ago. 1951, p. 14. Fotografias da construção de Nowa Huta em que aparecem operárias estucadoras podem ser vistas em Henryk Makarewicz e Wiktor Pental, *803 Procent Normy; pierwsze lata Nowej Huty* (Cracóvia: Fundacja Imago Mundi: Vis-à-vis/etiuda, 2007).
41. Lebow, *Unfinished Utopia*, pp. 65, 71, 157-8; Paweł Jagło, "Architecture of Nowa Huta", em *Nowa Huta 1949+*, p. 26.
42. Leszek J. Sibila, *Nowa Huta Ecomuseum: A Guidebook* (Cracóvia: Museu Histórico da Cidade de Cracóvia, 2007); Jagło, "Architecture of Nowa Huta"; Lebow, *Unfinished Utopia*, pp. 29-35, 41-2, 71-3; Åman, *Architecture and Ideology*, pp. 102-3, 151-3; *Nowa przestrzeń; Modernizm w Nowej Hucie* (Cracóvia: Muzeum Historyczne Miasta Krakowa, 2012). Para uma comparação americana, ver Freeman, *American Empire*, pp. 12-27, 136-9.
43. Lebow, *Unfinished Utopia*, pp. 3, 146-9; Åman, *Architecture and Ideology*, 151; selos: <www.stampworld.com/en_US/stamps/Poland/Postage%20stamps/?year=1951> e

<colnect.com/en/stamps/list/country/4365-Poland/theme/3059-Cranes_Machines>; Anne Applebaum, *Iron Curtain: The Crushing of Eastern Europe, 1944-56* (Nova York: Doubleday, 2012), pp. 360, 372, 377-8, 384-5 (citações de Ważyk na p. 384); Andrzej Wajda, *O homem de mármore* (Varsóvia: Zespól Filmowy X, 1977). Ver também Marci Shore, "Some Words for Grown-Up Marxists: 'A Poem for Adults' and the Revolution from Within", *Polish Review*, v. 42, n. 2, 1997, pp. 131-54.

44. Brunnbauer, "'The Town of the Youth'", pp. 96-7, 105; Janus, "Labor's Paradise", pp. 454-5; Pittaway, "Hungary's Socialist Industrial Landscape", pp. 75-6, 82-5.
45. Judt, *Postwar*, p. 172; Janus, "Labor's Paradise", pp. 464-5; Lebow, *Unfinished Utopia*, pp. 45, 47, 50-1, 56; entrevista com Lebiest et al.
46. Janus, "Labor's Paradise", pp. 459-64; Brunnbauer, "'The Town of the Youth'", p. 105; Lebow, *Unfinished Utopia*, pp. 124-5, 138-45; Pittaway, "Hungary's Socialist Industrial Landscape", p. 87.
47. Sztálinváros foi rebatizada de Dunaújváros em 1961. Josephson, *Would Trotsky Wear a Bluetooth?*, pp. 85-6; Applebaum, *Iron Curtain*, p. 459; Pittaway, "Hungary's Socialist Industrial Landscape", pp. 88-9.
48. Paweł Jagło, "Defense of the Cross", em *Nowa Huta 1949+*, pp. 39-40; Lebow, *Unfinished Utopia*, pp. 161-9.
49. Paweł Jagło, "Anti-Communist Opposition", em *Nowa Huta 1949+*; Stenning, "Placing (Post-)Socialism", pp. 105-6; *Chicago Tribune*, 10 jun. 1979.
50. Os ambientalistas de Cracóvia costumavam culpar a usina siderúrgica pela grave poluição do ar, mas os ventos predominantes levavam as emissões de Nowa Huta para o leste, para longe da cidade. Fábricas locais, indústrias a oeste de Cracóvia, fornos de queima de carvão e o tráfego crescente eram os maiores responsáveis pela poluição. Maria Lempart, "Myths and facts about Nowa Huta", em *Nowa Huta 1949+*, p. 50.
51. Judt, *Postwar*, pp. 587-9; Stenning, "Placing (Post-)Socialism", p. 106; Jagło, "Anti--Communist Opposition".
52. O sindicato oficial, reconhecido pelo governo, apoiou tacitamente a greve de 1988, embora com demandas mais modestas. A discussão do Solidariedade em Nowa Huta baseia-se principalmente em Lebow, *Unfinished Utopia*, pp. 169-76, e em minha entrevista com Lebiest et al. Ver também Jagło, "Anti-Communist Opposition"; *The New York Times*, 11 nov. 1982, 29 abr. 1988, 3 maio 1988 e 6 maio 1988; Judt, *Postwar*, pp. 605-8.
53. Entrevista com Lebiest et al.
54. "Poland Fights for Gdansk Shipyard", BBC News, 21 ago. 2007. Disponível em: <news.bbc.co.uk/2/hi/business/6956549.stm>; "Gdansk Shipyard Sinking from Freedom to Failure", *Toronto Star*. Disponível em: <www.thestar.com/news/world/2014/01/27/gdansk_shipyard_sinking_from_freedom_to_failure.html>.
55. *The New York Times*, 27 nov. 1989; entrevista com Lebiest et al.; Jagło, "Steelworks", pp. 19-20; Stenning, "Placing (Post-)Socialism", pp. 108-10, 116.
56. *The New York Times*, 6-7 out. 2015.
57. Harold James, *Krupp: A History of the Legendary German Firm* (Princeton, NJ: Princeton University Press, 2012), p. 39; Werner Abelshauser, *The Dynamics of German Industry: Germany's Path toward the New Economy and the American Challenge* (Nova York: Berghahn, 2005), pp. 3, 85-6, 89.

58. Embora em alguns aspectos a fábrica de Wolfsburg tenha tomado por modelo River Rouge, a Volkswagen não fez uma integração vertical para fabricar todas as suas peças, passando a comprar muitas delas de uma rede de fornecedores estreitamente conectados. Abelshauser, *Dynamics of German Industry*, pp. 91-104, 108-9; Volker R. Berghahn, *The Americanization of West German Industry 1945-1973* (Lemington Spa, NY: Berg, 1986), pp. 304-9.
59. Werner Abelshauser, Wolfgang Von Hippel, Jeffrey Allan Johnson e Raymond G. Stokes, *German Industry and Global Enterprise; BASF: The History of a Company* (Cambridge: Cambridge University Press, 2004), pp. 487-99 (citação na p. 488); *The New York Times*, 27 out. 2014; "BASF Headquarters". Disponível em: <www.basf.com/us/en/company/career/why-join-basf/basf-at-a-glance/basf-headquarters.html>.
60. *The New York Times*, 6 out. 2015; Gillian Darley, *Factory* (Londres: Reaktion, 2003), pp. 187-9.
61. Joel Beinin, *Workers and Peasants in the Modern Middle East* (Cambridge: Cambridge University Press, 2001), pp. 99-113 ("cidadelas" na p. 109), pp. 127, 158; Beinin, "Egyptian Textile Workers Confront the New Economic Order", Middle East Research and Information Project, 25 mar. 2007. Disponível em: <www.merip.org/mero/mero032507>; Beinin, "The Militancy of Mahalla al-Kubra", Middle East Research and Information Project, 29 set. 2007. Disponível em: <www.merip.org/mero/mero092907>; "The Factory", *Al Jazeera*, 22 fev. 2012. Disponível em: <www.aljazeera.com/programmes/revolutionthrougharabeyes/2012/01/201213013135991429.html>; "Mahalla textile workers' strike enters eighth day", *Daily News Egypt*, 17 fev. 2014. Disponível em: <www.dailynewsegypt.com/2014/02/17/mahalla-textile-workers-strike-enters-eighth-day>; Alex MacDonald e Tom Rollins, "Egypt's Mahalla textile factory workers end four-day strike after deal reached", *Middle East Eye*, 17 jan. 2015. Disponível em: <www.middleeasteye.net/news/egypts-mahalla-textile-factory-workers-end-four-day-strike-after-management-agreement-260129749>.

7. "Foxconn City" [pp. 273-313]

1. Pun Ngai, Shen Yuan, Guo Yuhua, Lu Huilin, Jenny Chan e Mark Selden, "Apple, Foxconn, and Chinese Workers' Struggles from a Global Labor Perspective", *Inter-Asia Cultural Studies*, v. 17, n. 2, 2016, p. 166; Jason Dean, "The Forbidden City of Terry Gou", *The Wall Street Journal*, 11 ago. 2007. Ngai, Chan e Selden escreveram o estudo mais importante da Foxconn e da Apple na China, *Morrendo por um iPhone*, do qual me beneficiei bastante. Deve sair em breve em inglês, mas está disponível em espanhol e italiano, *Morir por un iPhone* (Buenos Aires: Continente S.R.L., 2014) e *Moirire per un iPhone* (Milão: Jaca, 2015).
2. Para compensar os aumentos salariais, a Foxconn também aumentou seus preços. *The New York Times*, 25 maio 2010, 2 jun. 2010; Elizabeth Woyke, *The Smartphone: Anatomy of an Industry* (Nova York: New Press, 2014), pp. 135-6; *Bloomberg Businessweek*, 7 jun. 2010, 13 set. 2010; "Foxconn's Business Partners Respond to Suicides", CCTV Com English, 2 maio 2010. Disponível em: <english.cntv.cn/program/china24/20100520/101588.shtml>; "Foxconn Shares Dive on Suicides", CCTV Com English, 29 jun. 2010.

Disponível em: <english.cntv.cn/program/bizasia/20100528/102843.shtml>; "Foxconn to Hike Prices to Offset Pay Increase", CCTV Com English, 22 jul. 2010. Disponível em: <english.cntv.cn/20100722/104196.shtml>; "Foxconn Hikes Salaries Again in South China Factory After Suicides", CCTV Com English, 1º out. 2010. Disponível em: <english.cntv.cn/program/20101001/101698.shtml>.

3. Ngai, Chan, e Selden, *Dying for an iPhone*; *Bloomberg Businessweek*, 13 set. 2010; James Fallows, "Mr. China Comes to America", *The Atlantic*, dez. 2012.
4. Para várias declarações sobre o número de empregados nas fábricas da Foxconn de Shenzhen em 2010, ver "Foxconn Hikes Salaries Again in South China Factory After Suicides", CCTV Com English, 1º out. 2010; *Bloomberg Businessweek*, 7 jun. 2010, 13 set. 2010; *The New York Times*, 25 maio 2010; Pun Ngai, *Migrant Labor in China: Post-Socialist Transformations* (Cambridge: Polity, 2016), pp. 101, 119. Ver também Charles Duhigg e Keith Bradsher, "How the U.S. Lost Out on iPhone Work", *The New York Times*, 21 jan. 2012 ("inimaginável").
5. As fábricas da Foxconn fora da China são geralmente muito menores; em alguns casos, são de montagem e de tamanho modesto, atendem os mercados locais e foram construídas para burlar impostos. Algumas fábricas da Foxconn fabricam peças ou produtos acabados para vários clientes, como Microsoft, IBM, Intel, Cisco, Amazon, HP, Dell, Motorola, Sony, Toshiba, Nintendo, Samsung, LG, Nokia, Acer e Lenovo. Outras servem apenas um cliente ou fazem um único produto. Ngai, *Migrant Labor*, p. 105; Rutvica Andrijasevic e Devi Sacchetto, "Made in the EU: Foxconn in the Czech Republic", *WorkingUSA*, set. 2014; Devi Sacchetto e Martin Cecchi, "On the Border: Foxconn in Mexico", openDemocracy, 16 jan. 2015. Disponível em: <www.opendemocracy.net/devi-sacchetto-mart%C3%ACn-cecchi/on-border-foxconn-in-mexico>; Ngai, Chan e Selden, *Dying for an iPhone*; *The New York Times*, 29 mar. 2012; David Barboza, "China's 'iPhone City', Built on Billions in Perks", *The New York Times*, 29 dez. 2016.
6. Ngai, Chan e Selden, *Dying for an iPhone*; *The New York Times*, 11 dez. 2013; "BBC Documentary Highlights Conditions at a Chinese iPhone Factory, But Is It All Apple's Fault?", *MacWorld*, 19 dez. 2014. Disponível em: <www.macworld.com/article/2861381/bbc-documentary-highlights-conditions-at-a-chinese-iphone-factory-but-is-it-all-apples-fault.html>.
7. Ngai, *Migrant Labor*, p. 102; Boy Lüthje, Siqi Luo e Hao Zhang, *Beyond the Iron Rice Bowl: Regimes of Production and Industrial Relations in China* (Frankfurt: Campus, 2013), pp. 195, 198; Hao Ren (Org.), *China on Strike: Narratives of Workers' Resistance* (Chicago: Haymarket, 2016), pp. 11, 201-3; Jennifer Baichwal, *Manufactured Landscapes* (Foundry Films e National Film Board of Canada, 2006).
8. David Barboza, "In Roaring China, Sweaters Are West of Socks City", *The New York Times*, 24 dez. 2004; Ngai, *Migrant Labor*, p. 102.
9. *The New York Times*, 8 nov. 1997, 28 mar. 2000; Nelson Lichtenstein, *The Retail Revolution: How Wal-Mart Created a Brave New World of Business* (Nova York: Metropolitan, 2009), p. 173; Richard P. Appelbaum, "Giant Transnational Contractors in East Asia: Emergent Trends in Global Supply Chains", *Competition & Change*, v. 12, mar. 2008, p. 74; "About PCG", disponível em: <www.pouchen.com/index.php/en/about/locations>, e "Yue Yuen Announces Audited Results for the Year 2015", disponível

em: <www.yueyuen.com/index.php/en/news-pr/1147-2016-03-23-yue-yuen-announces-audited-results-for-the-year-2015>; International Trade Union Confederation, *2012 Annual Survey of Violations of Trade Union Rights: Vietnam*, 6 jun. 2012. Disponível em: <www.refworld.org/docid/4fd889193.html>.

10. Cerca de 10 mil técnicos soviéticos foram enviados à China para ajudar na campanha de industrialização, enquanto um número quase três vezes maior de chineses foi receber treinamento na União Soviética. Carl Riskin, *China's Political Economy: The Quest for Development Since 1949* (Oxford: Oxford University Press, 1987), pp. 53-63, 74; Nicholas R. Lardy, "Economic Recovery and the 1st Five-Year Plan", em Roderick MacFarquhar e John K. Fairbank (Orgs.), *The Cambridge History of China*, v. 14: *The People's Republic*, parte 1: *The Emergence of Revolutionary China, 1949-1965* (Cambridge: Cambridge University Press, 2008), pp. 157-60, 177-8.
11. Riskin, *China's Political Economy*, pp. 64, 117-8, 125-7, 133, 139, 161-5; Kenneth Lieberthal, "The Great Leap Forward and the Split in the Yenan Leadership", em MacFarquhar e Fairbank (Orgs.), *The Cambridge History of China*, v. 14; Stephen Andors, *China's Industrial Revolution: Politics, Planning, and Management, 1949 to the Present* (Nova York: Pantheon, 1977), pp. 68-134. Na década de 1990, a Anshan já era o maior empreendimento industrial da China, empregando cerca de 220 mil trabalhadores. "Anshan Iron and Steel Corporation", em Lawrence R. Sullivan, *Historical Dictionary of the People's Republic of China*, 2. ed. (Plymouth, UK: Scarecrow, 2007), pp. 24-6. Ver também Cheng Tsu-yuan, *Ashan Steel Factory in Communist China* (Hong Kong: The Urban Research Institute, 1955).
12. Andors, *China's Industrial Revolution*, pp. 144-7, 158-9.
13. Andors, *China's Industrial Revolution*, pp. 135-42.
14. Embora tenha havido uma ofensiva de desespecialização das fábricas durante a Revolução Cultural, aparentemente não houve um esforço para desespecializar o trabalho de cada operário no processo de produção, mesmo quando ganhavam papéis ampliados na administração e em outros setores da função fabril. Andors, *China's Industrial Revolution*, pp. 160-240.
15. Ngai, *Migrant Labor*, pp. 11, 15.
16. Henry Yuhuai He, *Dictionary of the Political Thought of the People's Republic of China* (Londres: Routledge, 2015), p. 287; Michael J. Enright, Edith E. Scott e Ka-mun Chang, *Regional Powerhouse: The Greater Pearl River Delta and the Rise of China* (Cingapura: John Wiley & Sons, 2005), pp. 6, 36-8.
17. Pun Ngai, *Made in China: Women Factory Workers in a Global Workplace* (Durham, NC: Duke University Press, 2005), pp. 1, 7.
18. Gabriel Kolko, *Vietnam: Anatomy of a Peace* (Londres: Routledge, 1997); The World Bank, "Vietnam, Overview", 11 abr. 2016. Disponível em: <www.worldbank.org/en/country/vietnam/overview>; Nguyen Thi Tue Anh, Luu Minh Duc e Trinh Doc Chieu, "The Evolution of Vietnamese Industry", *Learning to Compete*, documento de trabalho n. 19, Brookings Institution. Disponível em: <www.brookings.edu/wp-content/uploads/2016/07/L2C_WP19_Nguyen-Luu-and-Trinh-1.pdf>.
19. Enright, Scott e Chang, *Regional Powerhouse*, pp. 6, 12, 16, 36, 38-9, 67-8, 74, 98, 101-2, 117.
20. Enright, Scot, e Chang, *Regional Powerhouse*, pp. 75, 98, 108; Andrew Ross, *Fast Boat to China: Corporate Flight and the Consequences of Free Trade: Lessons from Shanghai* (Nova York: Pantheon, 2006), pp. 24-6; *Bloomberg Businessweek*, 13 set. 2010.

21. Enright, Scott e Chang, *Regional Powerhouse*, p. 47.
22. Ngai, *Migrant Labor*, pp. 2, 20-1, 25, 32, 76-8.
23. *The Guardian*, 31 jul. 2014. Disponível em: <www.theguardian.com/world/2014/jul/31/china-reform-hukou-migrant-workers>; Ren (Org.), *China on Strike*, pp. 4-5; Ngai, *Made in China*, pp. 36, 43-6.
24. Para um retrato interessante da vida em uma fábrica estatal durante os anos 1980, ver Lijoa Zhang, *"Socialism Is Great!" A Worker's Memoir of the New China* (Nova York: Atlas, 2008). Ver também Ching Kwan Lee, *Against the Law: Labor Protests in China's Rustbelt and Sunbelt* (Berkeley: University of California Press, 2007), pp. 35-6; Ross, *Fast Boat to China*, p. 57.
25. Ngai, *Migrant Labor*, pp. 35, 93, 128-9; "Workers Strike at China Footwear Plant Over Welfare Payments", *The Wall Street Journal*, 16 abr. 2014. Disponível em: <www.wsj.com/articles/SB10001424052702304626304579505451938007332>; Ren (Org.), *China on Strike*, p. 186.
26. Ngai, *Migrant Labor*, p. 31. Para uma comparação detalhada dos sistemas de fabricação na China, ver Lüthje, Luo e Zhang, *Beyond the Iron Rice Bowl*.
27. Os salários e as contribuições de benefícios das fábricas de exportação em regiões de alto custo não teriam sido suficientes para sustentar as famílias que vivem no lugar e os serviços que lhes são prestados, o custo da "reprodução social". Enright, Scott e Chang, *Regional Powerhouse*, pp. 192, 250; Ngai, *Migrant Labor*, pp. 32-5.
28. Ngai, *Migrant Labor*, pp. 83-104, 123; Hong Xue, "Local Strategies of Labor Control: A Case Study of Three Electronics Factories in China", *International Labor and Working-Class History*, v. 73, primavera 2008, p. 92; Anita Chen, *China's Workers Under Assault: The Exploitation of Labor in a Globalizing Economy* (Armonk, NY: M.E. Sharpe, 2001), p. 12; Ngai, Chan e Selden, *Dying for an iPhone*; Duhigg e Bradsher, "How the U.S. Lost Out on iPhone Work"; Ren (Org.), *China on Strike*, pp. 7, 184.
29. Para um retrato belo e doloroso de uma família de trabalhadores migrantes e suas viagens de volta para casa, ver o documentário *Last Train Home*, dirigido por Lixin Fan (EyeSteel Films, 2009). Ngai, *Migrant Labor*, pp. 30-2; Xue, "Local Strategies of Labor Control", pp. 85, 98-9; U.S. Department of Labor, Bureau of Labor Statistics, "The Employment Situation: May 2014". Disponível em: <www.bls.gov/news.release/archives/empsit_06062014. pdf>; Michael Bristow, "China's holiday rush begins early", BBC News, 7 jan. 2009. Disponível em: <news.bbc.co.uk/2/hi/asia-pacific/7813267.stm>; Ross, *Fast Boat to China*, p. 16; *The New York Times*, 26 jan. 2017.
30. No Vietnã, tal como na China, os trabalhadores migrantes compõem uma grande parte da força de trabalho em fábricas estrangeiras, especialmente perto da cidade de Ho Chi Minh. Ver Anita Chan, "Introduction", em Chan (Org.), *Labour in Vietnam* (Cingapura: Instituto de Estudos do Sudeste Asiático, 2011), p. 4.
31. Além da fotografia de Peter Charlesworth dos trabalhadores que fazem calçados da Reebok, ver, por exemplo, Dong Hung Group, "Shoe Manufacturers in Vietnam", 2012, disponível em: <www.donghungfootwear.com/en/phong-su-ve-dong-hung-group.html>, que inclui fotografias de fábricas e um vídeo mostrando os processos usados para fazer tênis. Ver também Tom Vanderbilt, *The Sneaker Book: Anatomy of an Industry and an Icon* (Nova York: New Press, 1998), pp. 78-80.

32. Para a EUPA, ver o documentário *Factory City* (Discovery Channel, 2009). Ngai, Chan e Selden, *Dying for an iPhone*; Dean, "The Forbidden City of Terry Gou"; Alfred Marshall, *Principles of Economics* (Londres: Macmillan, 1920 [1890]), 8. ed., IV.XI.7. Disponível em: <www.econlib.org/library/Marshall/marP25.html#Bk.IV,Ch.XI>; Alfred D. Chandler Jr., *Scale and Scope: The Dynamics of Industrial Capitalism* (Cambridge, MA: Harvard University Press, 1994), p. 25.
33. Para a análise de Appelbaum, na qual me baseio fortemente, ver Appelbaum, "Giant Transnational Contractors".
34. A discussão clássica sobre a importância do vínculo entre fabricação e distribuição é de Alfred D. Chandler, *The Visible Hand: The Managerial Revolution in American Business* (Cambridge, MA: Harvard University Press, 1977). Ver também Nelson Lichtenstein, "The Return of Merchant Capitalism", *International Labor and Working-Class History*, v. 81, 2012, pp. 8-27; <www.clarksusa.com/us/about-clarks/heritage>. Acesso em: 19 jul. 2016.
35. Joshua B. Freeman, *American Empire, 1945-2000: The Rise of a Global Empire, the Democratic Revolution at Home* (Nova York: Viking, 2012), pp. 343-54.
36. Vanderbilt, *Sneaker Book*, pp. 8-25, 76-88.
37. Boy Lüthje, "Electronics Contract Manufacturing: Global Production and the International Division of Labor in the Age of the Internet", *Industry and Innovation*, v. 9, n. 3, dez. 2002, pp. 227-47.
38. Há uma ampla literatura sobre mudanças no varejo. Além de Appelbaum, "Giant Transnational Contractors", são particularmente úteis Charles Fishman, *The Wal-Mart Effect: How the World's Most Powerful Company Really Works — and How It's Transforming the American Economy* (Nova York: Penguin, 2006); Lichtenstein, *The Retail Revolution*; e Xue Hong, "Outsourcing in China: Walmart and Chinese Manufacturers", em Anita Chan (Org.), *Walmart in China* (Ithaca, NY: Cornell University Press, 2011).
39. Para uma visão crítica pioneira do *branding* moderno, ver Naomi Klein, *No Logo: Taking Aimatthe Brand Bullies* (Nova York: Picador, 1999). Lüthje, "Electronics Contract Manufacturing", p. 230 (citação de Nishimura); Marcelo Prince e Willa Plank, "A Short History of Apple's Manufacturing in the U.S.", *The Wall Street Journal*, 6 dez. 2012. Disponível em: <blogs.wsj.com/digits/2012/12/06/a-short-history-of-apples-manufacturing-in-the-u-s>; Peter Burrows, "Apple's Cook Kicks Off 'Made in USA' Push with Mac Pro", 19 dez. 2013. Disponível em: <www.bloomberg.com/news/articles/2013-12-18/apple-s-cook-kicks-off-made-in-usa-push-with-mac-pro>; G. Clay Whittaker, "Why Trump's Idea to Move Apple Product Manufacturing to the U.S. Makes No Sense", *Popular Science*, 26 jan. 2016. Disponível em: <www.popsci.com/why-trumps-idea-to-move-apple-product-manufacturing-to-us-makes-no-sense>; Klein, *No Logo*, pp. 198-99.
40. Vanderbilt, *Sneaker Book*, pp. 90-9; *The New York Times*, 8 nov. 1997; Klein, *No Logo*, pp. 197-8, 365-79; Donald L. Barlett e James B. Steele, "As Apple Grew, American Workers Left Behind", 16 nov. 2011. Disponível em: <americawhatwentwrong.org/story/asapplegrewamericanworkers-left-behind>; David Pogue, "What Cameras Inside Foxconn Found", 23 fev. 2012.
41. Lüthje, "Electronics Contract Manufacturing", pp. 231, 234, 236-7; Boy Lüthje, Stefanie Hürtgen, Peter Pawlicki e Martina Sproll, *From Silicon Valley to Shenzhen: Global*

Production and Work in the IT Industry (Lanham, MD: Rowman & Littlefield, 2013), pp. 69-149; Appelbaum, "Giant Transnational Contractors", pp. 71-2.

42. Sobre a revolução do contêiner, ver Marc Levinson, *The Box: How the Shipping Container Made the World Smaller and the World Economy Bigger* (Princeton, NJ: Princeton University Press, 2006).
43. David Barboza, "In Roaring China, Sweaters Are West of Socks City"; Oliver Wainwright, "Santa's Real Workshop: The Town in China That Makes the World's Christmas Decorations", *The Guardian*, 19 dez. 2014. Disponível em: <www.theguardian.com/artanddesign/architecture-design-blog/2014/dec/19/santas-real-workshop-the-town-in-china-that-makes-the-worlds-christmas-decorations>.
44. Ngai et al., "Apple, Foxconn, and Chinese Workers' Struggles", p. 169; *The Wall Street Journal*, 22 jul. 2014; Adam Starariano e Peter Burrows, "Apple's Supply-Chain Secret? Hoard Lasers", *Bloomberg Businessweek*, 3 nov. 2011. Disponível em: <www.bloomberg.com/news/articles/2011-11-03/apples-supply-chain-secret-hoard-lasers>; e Adam Lashinsky, "Apple: The Genius Behind Steve", *Fortune*, 24 nov. 2008. Disponível em: <fortune.com/2008/11/24/apple-the-genius-behind-steve> (citação de Cook).
45. Em 2004, a Foxconn empregava 5 mil engenheiros só em Shenzhen. Duhigg e Bradsher, "How the U.S. Lost Out on iPhone Work"; Ngai, Chan e Selden, *Dying for an iPhone*; Lüthje et al., *From Silicon Valley to Shenzhen*, p. 191.
46. Lüthje, Luo e Zhang, *Beyond the Iron Rice Bowl*, pp. 188-9; Ngai, Chan e Selden, *Dying for an iPhone*.
47. Ngai, *Migrant Labor*, pp. 102-3; Xue, "Local Strategies of Labor Control", pp. 88-9.
48. Lüthje, Luo e Zhang, *Beyond the Iron Rice Bowl*, p. 197; <www.yueyuen.com/index.php/en/about-us-6/equipments>; Dean, "The Forbidden City of Terry Gou"; palestra de Pun Ngai, Joseph S. Murphy Institute, City University of New York, 23 fev. 2016.
49. Barboza, "In Roaring China, Sweaters Are West of Socks City"; Lu Zhang, *Inside China's Automobile Factories: The Politics of Labor and Worker Resistance* (Nova York: Cambridge University Press, 2015), pp. 8, 23, 60; entrevista com Qian Xiaoyan (primeiro-secretário da Embaixada da República Popular da China nos Estados Unidos), Nova York, 16 abr. 2015; Ngai, *Migrant Labor*, pp. 115-9. Sobre a política do governo vietnamita, ver Nguyen Thi Tue Anh, Luu Minh Duc e Trinh Doc Chieu, "The Evolution of Vietnamese Industry", pp. 14-24.
50. Ngai, *Migrant Labor*, pp. 66, 72, 78; Ngai, *Made in China*, pp. 2-3, 55-6, 65-73; Ren (Org.), *China on Strike*, p. 96.
51. Ngai, *Migrant Labor*, pp. 86, 101; Emily Feng, "Skyscrapers' Rise in China Marks Fall of Immigrant Enclaves", *The New York Times*, 19 jul. 2016; Ross, *Fast Boat to China*, pp. 164-5; Richard Appelbaum e Nelson Lichtenstein, "A New World of Retail Supremacy: Supply Chains and Workers' Chains in the Age of Wal-Mart", *International Labor and Working-Class History*, v. 70, 2006, p. 109.
52. Ngai, Chan e Selden, *Dying for an iPhone*; Ren (Org.), *China on Strike*, p. 97.
53. Ngai, *Made in China*, p. 32; Ren (Org.), *China on Strike*, pp. 5-9, 27.
54. Ngai, *Migrant Labor*, pp. 120-3, 128-9; Ngai et al., "Apple, Foxconn, and Chinese Workers' Struggles", p. 174; Duhigg e Bradsher, "How the U.S. Lost Out on iPhone Work"; *The Wall Street Journal*, 18 dez. 2012. Ver também Lüthje et al., *From Silicon Valley to Shenzhen*, pp. 184-7.

55. Charles Duhigg e David Barboza, "The iEconomy; In China, the Human Costs That Are Built Into an iPad", *The New York Times*, 26 jan. 2012; Ngai, Chan e Selden, *Dying for an iPhone*; Ren (Org.), *China on Strike*, pp. 7, 184; Xue, "Local Strategies of Labor Control", pp. 89, 92. Para comparar, ver William Dodd, *A Narrative of the Experience and Sufferings of William Dodd, A Factory Cripple, Written by Himself*, reeditada em James R. Simmons Jr. (Org.), *Factory Lives: Four Nineteenth-Century Working-Class Autobiographies* (Peterborough, ON: Broadview, 2007).
56. Chen, *China's Workers Under Assault*, pp. 10, 12, 23, 46-81; Xue, "Local Strategies of Labor Control", pp. 91-2; Ngai et al., "Apple, Foxconn, and Chinese Workers' Struggles", pp. 172-4; Karl Marx, *Capital: A Critique of Political Economy*, v. 1 (Nova York: International Publishers, 1967 [1867]), p. 424; Jee Young Kim, "How Does Enterprise Ownership Matter? Labour Conditions in Fashion and Footwear Factories in Southern Vietnam", em Chan (Org.), *Labour in Vietnam*, p. 288; Ngai, *Made in China*, pp. 80, 97.
57. "The poetry and brief life of a Foxconn worker: Xu Lizhi (1990-2014)", libcom.org. Disponível em: <libcom.org/blog/xulizhi-foxconn-suicide-poetry>.
58. Por mais graves que sejam esses problemas, as grandes fábricas geralmente possuem melhores equipamentos e registros de saúde e segurança do que fornecedores de peças menores, com menos recursos e menos sujeitos ao escrutínio internacional. Sob pressão da Nike, as condições da fábrica no Vietnã foram melhoradas e o uso de solventes menos tóxicos à base de água aumentou. *The New York Times*, 8 nov. 1997, 28 abr. 2000; Chen, *China's Workers Under Assault*, pp. 82-97; Duhigg e Barboza, "The iEconomy"; Ngai, Chan e Selden, *Dying for an iPhone*; Lüthje et al., *From Silicon Valley to Shenzhen*, p. 187.
59. Algumas fábricas chinesas misturam conscientemente trabalhadores de diferentes regiões nas linhas de produção, com o objetivo de dificultar a solidariedade entre eles. Outras, geralmente menores, recrutam trabalhadores de determinadas regiões ou mesmo aldeias para que os laços da cidade natal se estendam ao local de trabalho e aos dormitórios. Ngai, Chan e Selden, *Dying for an iPhone*; Ngai, *Migrant Labor*, pp. 129-30; Lüthje et al., *From Silicon Valley to Shenzhen*, p. 190; Xue, "Local Strategies of Labor Control", pp. 93, 97-8.
60. *Bloomberg Businessweek*, 13 set. 2010; Duhigg e Bradsher, "How the U.S. Lost Out on iPhone Work"; Lüthje, Luo e Zhang, *Beyond the Iron Rice Bowl*, p. 187; Ren (Org.), *China on Strike*, pp. 201-3; Ngai, *Migrant Labor*, pp. 119, 130; Fallows, "Mr. China Comes to America", p. 62. Ver também *Factory City*.
61. Ao contrário da China, a redução da pobreza no Vietnã não foi acompanhada por um grande aumento da desigualdade. World Bank, [China] "Overview". Disponível em: <www.worldbank.org/en/country/china/overview#3>; World Bank, "China" [dados]. Disponível em: <data.worldbank.org/country/china>; e World Bank, [Vietnã] "Overview". Disponível em: <www.worldbank.org/en/country/vietnam/overview>. Os dados sobre greves chinesas derivam de *Chinese Labour Bulletin*, "Strike Map". Disponível em: <maps.clb.org.hk/strikes/en>; dados americanos do United States Department of Labor, Bureau of Labor Statistics, "Work stoppages involving 1,000 or more workers, 1947-2015". Disponível em: <www.bls.gov/news.release/wkstp.t01.htm>.
62. Para visões gerais das greves na China, ver Ren (Org.), *China on Strike*; Lee, *Against the Law*; James Griffiths, "China on Strike", CNN.com, 29 mar. 2016. Disponível em:

<www.cnn.com/2016/03/28/asia/china-strike-worker-protest-trade-union>; e o extraordinariamente interativo "Strike Map" do *China Labour Bulletin*. Ver também *New York Daily News*, 11 jan. 2012; Ngai, Chan e Selden, *Dying for an iPhone*; Duhigg e Barboza, "The iEconomy".

63. O governo vietnamita é geralmente mais solidário com os trabalhadores em greve contra empresas estrangeiras do que o governo chinês e usa com menos frequência de repressão contra eles. Benedict J. Tria Kerkvliet, "Workers' Protests in Contemporary Vietnam", e Anita Chan, "Strikes in Vietnam and China in Taiwanese-owned Factories: Diverging Industrial Relations Patterns", em Chan (Org.), *Labour in Vietnam*; "10,000 Strike at Vietnamese Shoe Factory", *USA Today*, 29 nov. 2007. Disponível em: <usatoday30.usatoday.com/news/world/2007-11-29-vietnam-shoe-strike_N.htm>; "Workers Strike at Nike Contract Factory", *USA Today*, 1º abr. 2008. Disponível em: <usatoday30.usatoday.com/money/economy/2008-04-01-1640969273_x.htm>; "Shoe Workers Strike in the Thousands", *Thanh Nien Daily*. Disponível em: <www.thanhniennews.com/society/shoe-workers-strike-in-the-thousands-16949.html>; "Vietnamese workers extract concessions in unprecedented strike", *DW*, 4 fev. 2015. Disponível em: <www.dw.com/en/vietnamese-workers-extract-concessions-in-unprecedented-strike/a-18358432>; International Trade Union Confederation, *2012 Annual Survey of Violations of Trade Union Rights: Vietnam*; Kaxton Siu e Anita Chan, "Strike Wave in Vietnam, 2006-2011", *Journal of Contemporary Asia*, v. 45, n. 1, 2015, pp. 71-91; *The New York Times*, 14 maio 2014; *The Wall Street Journal*, 16 maio 2014, 19 jun. 2014.
64. Tanto o encolhimento da população rural quanto o desequilíbrio de gênero derivam em parte da política chinesa de filho único. Ngai, Chan e Selden, *Dying for an iPhone*; "Urban and rural population of China from 2004 to 2014", Statista. Disponível em: <www.statista.com/statistics/278566/urban-and-rural-population-of-china>; Ren (Org.), *China on Strike*, pp. 21-3; Ngai, *Migrant Labor*, pp. 35, 114.
65. Bruce Einhorn e Tim Culpan, "Foxconn: How to Beat the High Cost of Happy Workers", *Bloomberg Businessweek*, 5 maio 2011. Disponível em: <www.bloomberg.com/news/articles/2011-05-05/foxconn-how-to-beat-the-high-cost-of-happy-workers>; Ngai, *Migrant Labor*, pp. 114-5; Xue, "Local Strategies of Labor Control", p. 96; Chen, *China's Workers Under Assault*, p. 9.
66. Zhang, *Inside China's Automobile Factories*, pp. 57-9; Ngai, *Migrant Labor*, pp. 117-8; Ngai, Chan e Selden, *Dying for an iPhone.*
67. Para filmes que tratam de fábricas chinesas e trabalhadores migrantes, ver Elena Pollacchi, "Wang Bing's Cinema: Shared Spaces of Labor", *WorkingUSA*, v. 17, mar. 2014; Xiaodan Zhang, "A Path to Modernization: A Review of Documentaries on Migration and Migrant Labor in China", *International Labor and Working-Class History*, v. 77, primavera 2010.
68. Sobre a fábrica como ferramenta de vendas, ver Gillian Darley, *Factory* (Londres: Reaktion, 2003), pp. 157-89. Na China, a EUPA parece uma exceção, permitindo que cineastas e fotógrafos documentem sua fábrica. Para exemplos de visitas rigidamente controladas, ver James Fallows, "Mr. China Comes to America", e Dawn Chmielewski, "Where Apple Products Are Born: A Rare Glimpse Inside Foxconn's Factory Gates", 6 abr. 2015. Disponível em: <www.recode.net/2015/4/6/11561130/where-apple-products-are-born-a-rare-glimpse-inside-foxconns-factory>.

69. *Bloomberg Businessweek*, 13 set. 2010; Xing Rung, *New China Architecture* (Cingapura: Periplus, 2006); Layla Dawson, *China's New Dawn: An Architectural Transformation* (Munique: Prestel, 2005).
70. Neil Gough, "China's Fading Factories", *The New York Times,* 20 jan. 2016; Feng, "Skyscrapers' Rise in China Marks Fall of Immigrant Enclaves"; Mark Magnier, "China's Manufacturing Strategy", *The Wall Street Journal*, 8 jun. 2016.
71. Por exemplo, compare-se duas coleções de imagens do fotógrafo pioneiro americano Lewis W. Hine: Hine, *Men at Work: Photographic Studies of Modern Men and Machines* (New York: Dover, 1977 [1932]), e Jonathan L. Doherty (Org.), *Women at Work: 153 Photographs by Lewis W. Hine* (Nova York: Dover, 1981). É claro que os padrões de gênero variaram ao longo do tempo e do lugar, com mais mulheres trabalhando na indústria pesada nos países comunistas do que nos capitalistas e os desequilíbrios de gênero diminuindo ao longo do tempo.
72. Incontáveis exemplos podem ser vistos fazendo-se uma busca no Google por imagens de fábricas chinesas.
73. Sobre Burtynsky, ver: <www.edwardburtynsky.com/site_contents/Photographs/China.html>; sobre Gursky, ver, por exemplo, Marie Luise Syring, *Andreas Gursky: Photographs from 1984 to the Present* (Nova York: TeNeues, 2000).

Conclusão [pp. 315-23]

1. Kenneth E. Hendrickson III (Org.), *The Encyclopedia of the Industrial Revolution in World History,* v. III, 3. ed. (Lanham, MD: Rowman & Littlefield, 2014), p. 568; R. S. Fitton, *The Arkwrights: Spinners of Fortune* (Matlock, UK: Derwent Valley Mills Educational Trust, 2012 [1989]), pp. 228-9; Timothy J. Minchin, *Empty Mills: The Fight Against Imports and the Decline of the U.S. Textile Industry* (Lanham, MD: Rowman & Littlefield, 2013), p. 31; Tamara K. Hareven e Randolph Lanenbach, *Amoskeag: Life and Work in an American Factory City* (Nova York: Pantheon, 1978), pp. 10-1; Gray Fitzsimons, "Cambria Iron Company", Historic American Engineering Record, National Park Service, Departmento do Interior, Washington, D.C., 1989; William Serrin, *Homestead: The Glory and Tragedy of an American Steel Town* (Nova York: Random House, 1992).
2. Lindsay-Jean Hard, "The Rouge: Yesterday, Today & Tomorrow", *Urban and Regional Planning Economic Development Handbook*, Universidade do Michigan, Taubman College of Architecture and Urban Planning, 4 dez. 2005. Disponível em: <www.umich.edu/~econdev/riverrouge>; Perry Stern, "Best Selling Vehicles in America – September Edition", 2 set. 2016. Disponível em: <https://www.msn.com/en-us/autos/buyers-guide/best-selling-vehicles-in-america-%E2%80%94-september-edition/ss-BBMV7ZK>.
3. Laurence Gross, *The Course of Industrial Decline: The Boott Cotton Mills of Lowell, Mass., 1835-1955* (Baltimore, MD: Johns Hopkins University Press, 1993), pp. 44-5, 102-3, 229, 238-40.
4. Jefferson Cowie e Joseph Heathcott, "The Meanings of Deindustrialization", em Cowie e Heathcott (Orgs.), *Beyond the Ruins: The Meanings of Deindustrialization* (Ithaca, NY: Cornell University Press, 2003), p. 4. Há uma ampla literatura sobre desindustrialização. Além desse volume, ver o conjunto de artigos em "Crumbling

Cultures: Deindustrialization, Class, and Memory", Tim Strangleman, James Rhodes e Sherry Linkon (Orgs.), em *International Labor and Working-Class History*, v. 84, out. 2013.

5. Paul Wiseman, "Why Robots, Not Trade, Are Behind So Many Factory Job Losses", *AP: The Big Story*, 2 nov. 2016. Disponível em: <apnews.com/265cd8fb02fb44a69cfo eaa2063e11d9>; Mandy Zuo, "Rise of the Robots: 60,000 Workers Culled from Just One Factory as China's Struggling Electronics Hub Turns to Artificial Intelligence", *South China Morning Post*, 22 maio 2016. Disponível em: <www.scmp.com/news/china/economy/article/1949918/rise-robots-60000-workers-culled-just-one-factory-chinas>. Ver também *The Wall Street Journal*, 17 ago. 2016.
6. Rich Appelbaum e Nelson Lichtenstein, "An Accident in History", *New Labor Forum*, v. 23, n. 3, 2014, pp. 58-65; Ellen Barry, "Rural Reality Meets Bangalore Dreams", *The New York Times*, 25 set. 2016.
7. Kevin Hamlin, Ilya Gridneff e William Davison, "Ethiopia Becomes China's China in Global Search for Cheap Labor", *Bloomberg*, 22 jul. 2014. Disponível em: <www.bloomberg.com/news/articles/2014-07-22/ethiopia-becomes-china-s-china-in-search-for-cheap-labor>; Lily Kuo, "Ivanka Trump's Shoe Collection May Be Moving from 'Made in China' to 'Made in Ethiopia'", *Quartz Africa*, 8 out. 2016. Disponível em: <qz.com/803626/ivanka-trumps-shoe-collection-may-be-moving-from-made-in-china-to-made-in-ethiopia>; Chris Summers, "Inside a Trump Chinese Shoe Factory", Daily Mail.com, 6 out. 2016. Disponível em: <www.dailymail.co.uk/news/article-3824617/Trump-factory-jobs-sent-China-never-comeback.html>.
8. Para variações da fábrica em diferentes sistemas sociais, ver Michael Burawoy, *The Politics of Production: Factory Regimes Under Capitalism and Socialism* (Londres: Verso, 1985), e Dipesh Chakrabarty, *Rethinking Working Class History: Bengal, 1890-1940* (Princeton, NJ: Princeton University Press, 1989).
9. O documentário *After the Factory* (Topografie Association, 2012), que compara os esforços em Lodz, Polônia, e em Detroit de reinvenção pós-industrial, sugere as possibilidades e limitações dessas estratégias.
10. 4-traders: "Hon Hai Precision Industry Co., Ltd.", disponível em: <www.4-traders.com/HON-HAI-PRECISION-INDUSTR-6492357/company>, "Pegatron Corporation", disponível em: <www.4-traders.com/PEGATRON-CORPORATION-6500975/company>, e "Yue Yuen Industrial (Holdings) Ltd."; "Fast Facts About Vanguard", disponível em: <about.vanguard.com/who-we-are/fast-facts>; Calvert Social Investment Fund, "Annual Report", 30 set. 2016, pp. 4, 7.

Índice remissivo

Os números de páginas em *itálico* referem-se a ilustrações.

A

B

C

D

E

F

G

H

I

J

K

L

M

N

O

P

Q

R

S

T

U

V

W

X

Y

Z

Créditos das imagens

capa (i) Detroit Publishing Co. *Factory workers assembling engines at Leland & Faulconer Manufacturing Co., Detroit, Mich*, 1903 / (ii) *Moscow, USSR Union of Socialist Soviet Republics. A worker in one of Moscow's factories, where thousands of women have replaced men on machines of all kinds*, 1914 / (iii) Detroit Publishing Co. *Factory Workers on Assembly Line for Bearings*, 1924 / (iv) Jack Delano. *Workers in the small ladies coat factory in Colchester, Connecticut Levine & Levine ladies coats. Most of the workers live on farms nearby*, 1940 / (v) United States Office For Emergency Management, fotografia de Howard R. Hollem *Conversion. Toy factory. The hands of Lucille Ciecko, worker in a New England plant, tells the story of conversion in its simpler aspects. Lucille used to drill casings for toy locomotives. Here she is changing the drill on her press, about to begin the more vital work of today — drilling holes for wires in parachute flare casing. Not all conversion is as simple as this, but thousands of machines used in our peacetime industrial program are now being retooled and changed over to war work. A. C. Gilbert Company, New Haven, Connecticut*, 1942 [todas as imagens de capa foram retiradas da Library of Congress]

p. 20 *Derby Silk Mill* © Look and Learn
p. 92 *Menina em Amoskeag* © Library of Congress, Prints and Photographs Division, National Child Labor Committee Collection, LC-DIG-nclc-01782
p. 137 *Linha de montagem de magnetos* © From the Collections of The Henry Ford
p. 147 *Vista aérea de Highland Park* © From the Collections of The Henry Ford
p. 162 Charles Sheeler, americano (1883-1965). *Criss-Crossed Conveyors — Ford Plant*, 1927. Gelatin silver print, 9 7/16 × 7 9/16 inches (24 × 19,2 cm) © The Nelson-Atkins Museum of Art, Kansas City, Missouri. Gift of Hallmark Cards, Inc., 2005.27.310, Photo courtesy Nelson-Atkins Media Services
p. 166 *Kahn, Kahlo e Rivera* © Detroit Institute of Arts Research Library & Archives
p. 180 *Trabalhadores em meio a grandes rodas de metal na linha de montagem da fábrica de tratores Tractorstrói* © Margaret Bourke-White / The LIFE Picture Collection / Getty Images
p. 197 *Capa de revista soviética de 1930* © Biblioteca Pública de Nova York
p. 215 *Refeitório dos trabalhadores em Gorki* © The Austin Company
p. 235 *Linha de montagem do B-24 Liberator* © From the Collections of The Henry Ford
p. 243 *Lawrence falando para grevistas da Westinghouse* © Coleção Fotográfica UE News, 1933-98, Universidade de Pittsburgh
p. 256 *Usina Siderúrgica Lênin* © Henryk Makarewicz/ Coleção Imago Mundi Foundation
p. 258 *Nowa Huta* © Henryk Makarewicz/ Coleção Imago Mundi Foundation
p. 291 *Trabalhadores fabricam tênis Reebok em uma fábrica*, Cidade de Ho Chi Minh, Vietnã — 01/08/1997 © Peter Charlesworth/ LightRocket via Getty Images

Grafia atualizada segundo o Acordo Ortográfico da Língua
Portuguesa de 1990, que entrou em vigor em 2009.

capa
Flávia Castanheira
preparação
Lígia Azevedo
índice remissivo
Luciano Marchiori
revisão
Ana Alvares
Tomoe Moroizumi

Dados Internacionais de Catalogação na Publicação (CIP)

— —

Freeman, Joshua B. (1949-)
Mastodontes: A história da fábrica e a construção do mundo moderno
Título original: *Behemoth: A History of the Factory and the Making of the Modern World*
Tradução: Pedro Maia Soares
São Paulo: Todavia, 1ª ed., 2019
416 páginas

ISBN 978-85-88808-78-2

1. História do mundo 2. Revolução Industrial 3. Processos sociais
I. Soares, Pedro Maia II. Título
CDD 909.81

— —

Índice para catálogo sistemático:
1. História do mundo: Revolução Industrial 909.81

todavia
Rua Luís Anhaia, 44
05433.020 São Paulo SP
T. 55 11. 3094 0500
www.todavialivros.com.br

fonte
Register*
papel
Munken print cream
80 g/m²
impressão
Geográfica